DER JUGEND BROCKHAUS

GESCHICHTE

DER
JUGEND
BROCK
HAUS

GESCHICHTE

Mit Texten von Ellen Deubler, Mira Hofmann,
Wolfgang Humann, Klaus M. Lange und Kristina Petersen
und Illustrationen von Christoph Clasen

Fachliche Beratung von Dr. Stefan Meineke,
Dr. Annette Völker-Rasor und PD Dr. Matthias Waechter

F. A. BROCKHAUS
Mannheim · Leipzig

Bibliografische Information der Deutschen Bibliothek
Die Deutsche Bibliothek verzeichnet diese
Publikation in der Deutschen Nationalbibliografie;
detaillierte bibliografische Daten sind im Internet
über http://dnb.ddb.de abrufbar.

 C B A

Redaktionelle Leitung Caroline Lerch
Redaktion Kristina Petersen
Fachlektorat Dr. Stefan Meineke, Dr. Annette Völker-Rasor,
PD Dr. Matthias Waechter
Text Ellen Deubler, Mira Hofmann, Wolfgang Humann,
Klaus M. Lange, Kristina Petersen

Herstellerische Leitung Annette Aatz
Layout Sigrid Hecker
Illustration Christoph Clasen
Umschlaggestaltung Hans Helfersdorfer, Heidelberg
Satz und Herstellung Sigrid Hecker, Mannheim
Druck und Bindung Firmengruppe APPL, Wemding

Printed in Germany
ISBN-13: 978-3-7653-3221-0
ISBN-10: 3-7653-3221-6

Umschlagabbildungen Bibliographisches Institut & F.A. Brockhaus, Mannheim: Felsgemälde – © DeA Picture Library: Napoleon Bonaparte – Musée Antoine Vivenel, Compiègne: Amphore – picture-alliance/akg-images, Frankfurt am Main: Globus, griechischer Gott – picture-alliance/Bildagentur Huber, Frankfurt am Main: Sphinx – picture-alliance/dpa, Frankfurt am Main: Brandenburger Tor, Filmszene Gladiator, Kniefall Willy Brandt, Kolosseum, Nofretete, Ritterspiele, Segelschiffe, Wartburg – picture-alliance/HB-Verlag, Frankfurt am Main: Stonehenge

Wie bauten die Ägypter ihre Pyramiden? Wo gab es die erste Demokratie? Wofür kämpften die Gladiatoren in der Arena? Was machten die Kreuzritter im Mittelalter? Gab es Hexen wirklich? Warum wollten viele Menschen nicht mit der ersten Eisenbahn fahren? Wie kam es zum Bau der Berliner Mauer? Was macht das Europäische Parlament?
Diese und viele andere Fragen zur Geschichte, von den Anfängen der Menschheit bis zur Welt von heute, beantwortet dir dieses Lexikon. Von A wie »Absolutismus« bis Z wie »Zweistromland«: Über 200 Begriffe ermöglichen dir einen Gang durch die Weltgeschichte, zu nahen und fernen Kulturen. Du kannst das Buch auf verschiedene Weise nutzen: Entweder du suchst Informationen zu einem ganz bestimmten

1 Die wichtigsten Schlüsselbegriffe der Weltgeschichte haben in diesem Lexikon einen eigenen Artikel. Wo der Artikel anfängt, erkennst du an dem großen blauen **Stichwort**.

2 Innerhalb des Artikels gibt es farbige Pfeile: die **Verweispfeile**. Sie zeigen dir an, dass es zu dem nachfolgenden Begriff einen eigenen Artikel gibt. Auf welcher Seite du diesen Artikel findest, kannst du hinten im Stichwortverzeichnis nachschlagen.

3 Zu jedem Stichwort gibt es ein oder zwei **Bilder**, die den Begriff veranschaulichen: Oft sind es Fotos aus der heutigen Zeit oder historische Aufnahmen. Je nach Epoche können es aber auch Gemälde, Skulpturen oder nachempfundene Szenen sein. Dort, wo zum Verständnis ein geografischer Überblick nötig ist, findest du im Buch eine Karte.

4 Manche Artikel haben neben dem Foto auch noch eine **Illustration**. Sie zeigt einen bestimmten Aspekt des Stichworts im Detail.

Spätantike und Frühmittelalter

BIOGRAFIE

Marco Polo

Marco Polo brach 1271 von Venedig aus auf. Er bereiste die ganze Seidenstraße bis nach China, wo er eine angesehene Stellung am Hof des Herrschers innehatte. Erst 24 Jahre später kam Marco Polo wieder nach Venedig zurück. Seine Abenteuer und Erlebnisse schilderte er in einem Reisebericht.

Seidenstraße 1

Die Seidenstraße war die bedeutendste Fernhandelsroute des Mittelalters. Der 7000 Kilometer lange Weg von ▶Konstantinopel bis nach China führte durch schneebedeckte Gebirge und trockene Sandwüsten. Ihren Namen hatte die Straße von einem der edelsten Handelsgüter: der chinesischen Seide, deren Herstellung streng geheim war. Die monatelange Reise war lebensgefährlich: Oft wurden die Händler von Räubern überfallen, und wer sich nicht auskannte, verirrte sich leicht. Die unwegsame Wüste konnte man außerdem nur mit einer Kamelkarawane durchqueren. Deshalb bereisten die Kaufleute nur einen Teil der Strecke und übergaben ihre Waren dann einem anderen Händler. So kamen exotische Gewürze, kostbare Stoffe und andere Luxusgüter in Etappen nach Europa. Im Tausch gelangten dafür Gold, Silber oder Pferde in den Orient. Erst im 17. Jh. verlor die Seidenstraße an Bedeutung, als europäische Schiffe die Waren über den weiteren, aber sichereren Seeweg um den afrikanischen Kontinent herum nach Indien und China brachten (▶Handelskompanie).

Teilstrecken der **Seidenstraße** führten durch die Wüste. Nur mit Kamelen konnten die Waren zu den Märkten gebracht werden.

3

4

Völkerwanderung

Die Umbrüche und Veränderungen in der Zeit der Völkerwanderung markieren das Ende des ▶Römischen Kaiserreichs und den Beginn [illegible] Mittelalters. Aus dem Norden und dem [illegible] drangen im 4. und 5. Jh. mehrere »bar-[illegible]sche« Stämme wie die Westgoten, Hunnen, Angeln, Sachsen und Franken plündernd in die Provinzen des Römischen Reiches ein. Selbst ▶Rom war nicht vor ihren Raubzügen geschützt. Immer wieder bildeten sich neue umherziehende Gruppen auf der Suche nach Land, Nahrung und Reichtümern. Eine dieser Gruppen waren die Vandalen. Noch heute werden mutwillige Zerstörungen als »Vandalismus« bezeichnet, obwohl die Vandalen nicht die einzigen Plünderer waren.

Das Weströmische Reich zerfiel, während das Oströmische überdauerte ▶Konstantinopel). Keine der zahlreichen Völkergruppen konnte sich langfristig gegen feindliche Angriffe behaupten und sesshaft werden. Nur den Hunnen gelang es eine Zeitlang, ein Reich einzurichten und zu verteidigen. Ihr Anführer Attila (im Bild oben) zog mit seinen Kriegern durch die weiten Steppen Südrusslands und erweiterte seinen Herrschaftsbereich. Als Attila im Krieg starb, zerfiel auch sein Reich wieder. Im 6. Jh. einte Chlodwig die Franken, vertrieb die Westgoten aus Gallien, setzte sich gegen die Römer durch und hielt andere germanische Stammesgruppen in Schach. So entstand das ▶Fränkische Reich, die Völkerwanderungszeit war zu Ende.

QUELLE

Tacitus über die Germanen

Der römische Schriftsteller Tacitus schrieb 98 n. Chr. ein Buch über die Germanen. Die Römer respektierten die Fremden aus dem Norden wegen ihrer körperlichen Stärke, hielten sie aber ansonsten für unzivilisiert und schmutzig, da sie im Wald lebten und keine ▶Thermen kannten. Tacitus beschrieb ihre Kultur, die Lebensweise und das Aussehen: »... die Augen trotzig und blau, die Haare rötlich, die Körper groß, stark und sehr tauglich für den Kampf. Arbeit und Mühe ertragen sie nicht mit derselben Geduld, am wenigsten halten sie Durst und Hitze aus, sie haben sich an Kälte und Hunger, durch Klima oder Boden bedingt, gewöhnt. [...] Die Mahlzeiten sind einfach, aus wildem Obst, kräftigem Wildbret oder geronnener Milch: ohne Zubereitung und ohne Gewürze vertreiben sie den Hunger.«

82

Begriff, z. B. zum Leben der Ritter im Mittelalter. Dann schlägst du unter »Ritter« oder »Burg« am Ende des Buches im Stichwortverzeichnis nach. Dort sind alle Begriffe, die in diesem Lexikon vorgestellt oder erwähnt werden, mit Seitenzahlen aufgelistet. Vielleicht interessierst du dich aber auch für die Zeit des Mittelalters im Allgemeinen, dann kannst du die drei Kapitel zu dieser Zeit von Anfang bis Ende durchlesen. Die Inhaltsübersicht auf Seite 5 zeigt dir, wo die einzelnen Kapitel beginnen. Möglicherweise fällt dein Blick aber auch auf eines der großen Panoramabilder am Anfang jedes Kapitels und du fragst dich z.B., was die Menschen auf dem Bild auf den Seiten 184/185 gerade bewegt – das kannst du auf den nachfolgenden Seiten nachlesen und so eine für dich vielleicht unbekannte Epoche wie die Zeit des Ersten Weltkriegs kennenlernen.

Spätantike und Frühmittelalter

INFOBOX 5

Drachenboote

Ihren Erfolg verdankten die Wikinger ihren stattlichen Schiffen. Zusätzlich zu den Ruderern hatten die Boote ein einmastiges Segel, das die Fahrt bei Wind beschleunigte. Die langen, schmalen Kriegsschiffe waren mit Drachenköpfen verziert. Bis zu 60 Ruderer fanden darin Platz. Für Handelsfahrten und Beutezüge bauten die Wikinger Schiffe mit großem Laderaum, aber geringem Tiefgang und niedrigem Kiel. Damit konnten sie direkt auf Sandstränden auflaufen und brauchten zum Anlegen keinen Hafen. Mit kleineren und wendigen Schiffen befuhren sie Flüsse wie den Rhein oder die Donau und gelangten so in das Landesinnere.

Wikinger

Vom 8. bis zum 12. Jh. fielen die Wikinger oder »Nordmannen« meist mit Schiffen von Skandinavien aus in ganz Europa ein und verbreiteten bei der Bevölkerung Angst und Schrecken. Auf ihren Raubzügen überfielen, plünderten und brandschatzten sie Siedlungen, Höfe und reiche Kirchen, nahmen wohlhabende Adlige oder Geistliche gefangen und forderten Schutzgelder. Von ihrer Heimat Norwegen, Schweden und Dänemark aus befuhren die Wikinger mit ihren Kriegs- und Handelsschiffen den Atlantik, das Mittelmeer sowie die europäischen Flüsse und erkundeten die Küsten auf der Suche nach Land und Beute. Um ins Inland vorzudringen, nahmen sie sogar Pferde mit. Sie eroberten Friesland, die Britischen Inseln, Südrussland, Nordfrankreich, Süditalien sowie Island und stießen bis nach Grönland und Neufundland vor. Um im Winter in den eisigen und verschneiten nördlichen Ländern voranzukommen, benutzten die Wikinger Schlitten, Skier und Schlittschuhe. In der Regel brachen kleinere Kriegergruppen unter der Führung eines Häuptlings oder Königs zu Kriegszügen auf. Gelegentlich verbündeten sich einige Häuptlinge mit ihren Anhängern, sodass große Wikingerheere entstanden.

Das heute noch verbreitete Schreckensbild von den Wikingern als langhaarigen Ungeheuern mit gehörnten Helmen entstammt jedoch der damaligen Fantasie angsterfüllter Europäer. Das Seefahrervolk unterhielt auch freundliche Handelsbeziehungen bis nach ▸Konstantinopel und in den Orient. Die Wikinger brachten Walrosszähne oder Sklaven zu ihren Handelspartnern und erhielten im Tausch Mühlsteine vom Rhein oder Gewürze aus dem Orient. ■

Mit der gefürchteten Streitaxt überfielen die **Wikinger** Siedlungen und Kirchen auf der Suche nach Beute.

QUIZBOX

Wer entdeckte als Erster Amerika?

1. Kaiser Karl der Große
2. Leif Eriksson
3. Christoph Kolumbus

Antwort 2: Der Wikinger Leif Eriksson erreichte auf einer seiner Erkundungsfahrten von Grönland aus bereits um das Jahr 1000 die Küste Nordamerikas – 491 Jahre vor Christoph Kolumbus! Er nannte die Küste »Vinland«.

Bei Windstille konnte das große Segel der **Wikingerboote** umgelegt werden. Dann sorgten kräftige Ruderer für ein schnelles Vorankommen.

83

5 Vertiefende oder zusätzliche Informationen erhältst du in den Boxentexten. Es gibt die sogenannten **Infoboxen**, die die Stichwortartikel inhaltlich weiterführen oder ergänzen. Die Boxen **Leben damals** und **Leben heute** vermitteln dir einen »persönlichen« Eindruck davon, wie die Menschen der jeweiligen Epoche lebten, was sie aßen und tranken, wie sie feierten und was sie beschäftigte. In den **Quizboxen** werden dir knifflige Fragen gestellt. Um die richtige Antwort zu erfahren, musst du das Buch auf den Kopf stellen. Außerdem gibt es Boxen mit **Quellentexten**, die dir interessante Zeitdokumente teilweise im originalen Wortlaut vorstellen. In den **Biografieboxen** werden wichtige Aspekte aus dem Leben verschiedener Persönlichkeiten der Geschichte dargestellt. Einen Überblick über alle Boxenthemen findest du auf den Seiten 250–251. Auf Seite 252 findest du eine Aufstellung der Quellentexte und aller vorgestellten Personen mit ihren Lebensdaten.

Zu manchen Stichwörtern gibt es besonders viel zu sagen, deshalb werden sie jeweils auf zwei Seiten, den **Sonderseiten**, erklärt. Diese erkennst du daran, dass sie gelb unterlegt sind.

Da man die Geschichte der Welt besser versteht, wenn man sie im Zusammenhang liest und betrachtet, folgt das Lexikon einem besonderen Ordnungsprinzip: Die Stichwörter sind nicht streng alphabetisch sortiert, sondern nach Epochen aufgeteilt: Jeder der 16 Epochen ist ein eigenes Kapitel gewidmet, von der Urzeit bis zur Gegenwart seit 1989. Innerhalb der Kapitel folgen die Stichwörter der alphabetischen Reihenfolge.

Dem Kapitel vorangestellt ist ein großes **Panoramabild**, das einen besonderen Aspekt der Epoche abbildet und die Stimmung der Zeit einfängt. Begleitet wird es von einem kurzen Zitat, das dich auf die Epoche einstimmt. Einen Überblick über die Motive der Panoramabilder findest du auf Seite 253.

Auf die Panoramaseite folgt eine **Einführungsseite**. Damit du die Stichwörter des Kapitels in einen Zusammenhang einordnen kannst, werden hier in wenigen Sätzen die wichtigsten Aspekte der Epoche zusammengefasst. Neben dem Einleitungstext findest du alle **Stichwörter des Kapitels** in alphabetischer Reihenfolge aufgeführt. So hast du einen schnellen Überblick darüber, was dich in diesem Kapitel erwartet. Auf der gegenüberliegenden Seite findest du eine Aufstellung der wichtigsten Ereignisse der betreffenden Epoche. Anhand der Schlüsseldaten in dieser **Zeitleiste** siehst du, was in der Zeit alles passiert ist. Du kannst vergleichen, was zur gleichen Zeit anderswo auf der Welt geschah, und erfährst, wie kurz oder lang manche Geschehnisse währten.

16. bis 18. Jahrhundert

Europäer in aller Welt

Zu Recht gilt das 16. Jh. als das Jahrhundert der Entdeckungen. Neue Instrumente ermöglichten es den Seefahrern, ihre Position genauer zu bestimmen, und ermutigten sie dazu, sich bei ihren Reisen immer weiter aufs offene Meer hinauszuwagen. Zuerst wurden neue Handelswege entdeckt, dann sogar eine ganz neue Welt mit bisher unbekannten Kulturen: Amerika. Von hier gelangten neue Früchte und Getreidesorten nach Europa. Die Europäer führten ihrerseits Pferde und Feuerwaffen nach Amerika ein. Die Ureinwohner wurden von ihnen oft ausgebeutet, Hochkulturen wie die Inka und Maya wurden ausgerottet. Um ihre Plantagen in der Neuen Welt zu bewirtschaften, verschleppten die europäischen Kolonialherren Zehntausende Afrikaner auf den fremden Kontinent, wo sie in Unfreiheit zwangsarbeiten mussten. Handelskompanien erhielten vom Staat Sonderrechte, damit sie begehrte Waren einführten und Kolonien aufbauten und verwalteten. Viele verließen die Alte Welt, um in der Neuen Welt ihr Glück zu versuchen: Spanische Eroberer suchten nach Gold und Reichtum, englische Siedler nach Land oder religiösem Frieden. Längst nicht alle fanden, was sie suchten. Aber eines war sicher: Europas Blick öffnete sich auf die Welt.

Atlas
Dreieckshandel
Handelskompanie
Kolonialwaren
Konquistadoren
Neue Welt
Seefahrer
Siedler
Sklaverei
Ureinwohner

142

Europäer in aller Welt

Christoph Kolumbus sucht einen westlichen Seeweg nach Indien. Stattdessen entdeckt er Amerika	1492
Vasco da Gama findet den Seeweg nach Indien	1497–1499
Hernán Cortés erobert das Aztekenreich	1519
Der Expedition von Fernão de Magalhães gelingt die erste Weltumsegelung	1519–1521
Francisco Pizarro zerstört das Reich der Inka	1531–1533
Francis Drake gelingt die zweite Weltumsegelung	1577–1580
Erste englische Siedlung in Nordamerika	1584
Gründung der englischen East India Company	1600
Niederländische Kaufleute gründen die Vereinigte Ostindische Kompanie	1602
Willem Jansz stößt auf die australische Nordwestküste	1606
Die »Indianerprinzessin« Pocahontas stirbt in London	1617
Die ersten Afrikaner werden als Sklaven nach Nordamerika verschifft	1619
Die Pilgerväter landen an der amerikanischen Ostküste	1620
Erster Krieg zwischen weißen Siedlern und Indianern	1637
England erlässt die Navigationsakte	1651
In einem Londoner Kaffeehaus wird der erste Tee ausgeschenkt	1658
Gründung der Hudson's Bay Company	1670
James Cook umsegelt dreimal die Welt	1769–1779

143

7 Millionen Jahre vor Christus

Im Grunde bewegen nur zwei
Fragen die Menschen:
Wie hat alles angefangen und
wie wird alles enden?

Stephen Hawking,
britischer Astrophysiker (*1942)

7 Millionen Jahre vor Christus

Die Geschichte des Menschen reicht sieben Millionen Jahre zurück. Zeugnis von dieser schriftlosen Zeit, der Urgeschichte, geben uns vor allem die Funde von Knochen und ersten Arbeitsgeräten. Der aufrechte Gang, die Benutzung von Werkzeugen und die Beherrschung des Feuers waren entscheidende Schritte auf dem Weg zur Menschwerdung. Ein weiterer Einschnitt fand mit der »neolithischen Revolution« statt, als die Menschen sesshaft wurden und gesellschaftliche Regeln entwickelten. Indem er sich an seine Umwelt anpasste und die Werkzeuge weiterentwickelte, erhob sich der Mensch über die Natur. Das geschah immer schneller: Die ganze Steinzeit hindurch lebten die Menschen als Jäger und Sammler, schon bald nach der Gründung der ersten Siedlungen setzte sich Bronze als neues Material durch. Die Eisenbearbeitung markiert bereits den Übergang zu den Hochkulturen.

Über eine Million Jahre vergingen von der Menschwerdung bis zu den ersten überlieferten Kunstwerken. Weitere 25 000 Jahre dauerte es, bis die ersten Hochkulturen entstanden. Das Maschinenzeitalter begann vor 200 Jahren, das Atomzeitalter vor 60 Jahren. Vor diesem zeitlichen Hintergrund relativiert sich die Dauer so mancher geschichtlicher Epoche.

Ackerbau und Viehzucht

Faustkeil

Feuer

Höhlen

Hünengrab

Jäger und Sammler

Mensch

Ackerbau und Viehzucht

Tausende von Jahren gingen die Menschen auf die Jagd um sich zu ernähren. Als ▶Jäger und Sammler zogen sie Auerochsen, Hirschen und Kleinwild hinterher; manchmal erlegten sie sogar Höhlenbären oder Mammute. Als sich das Klima veränderte, starben diese Großtiere aus. Die Menschen mussten neue Nahrungsquellen finden. In fruchtbaren Überschwemmungsgebieten im Vorderen Orient wuchsen wilde Urformen von Getreide. Dort begannen die Menschen vor rund 12 500 Jahren das Korn zu säen und zu ernten. So wurden sie zu Ackerbauern und von der Jagd unabhängig. Sie gründeten Siedlungen, bauten Getreide, Obst und Gemüse an und züchteten Haustiere: Rinder, Pferde, Hühner und Schweine. Durch die abwechslungsreiche Kost konnten mehr Menschen ernährt werden, die Bevölkerungszahl und die Lebenserwartung stiegen. Erfindungen wie ▶Rad, Wagen und ▶Pflug erleichterten die Arbeit zusätzlich. Bald lernten die Menschen Brot zu backen, Bier zu brauen und Gefäße aus Ton zu formen. ■

Die **Felsenmalerei** in einer Höhle in der Saharawüste zeigt eine Rinderherde und Bauern. Die weißen Kreise stellen wahrscheinlich Häuser oder ein Dorf dar.

Mit dem **Faustkeil** schlugen die Menschen von harten Steinen Messer, Schaber oder Bohrer ab. Der untere Teil des Werkzeugs blieb stumpf, damit man es gut in der Hand halten konnte.

Faustkeil

Vor 1,5 Mio. Jahren lernten die Menschen, Steine so zu bearbeiten, dass daraus Werkzeuge entstanden. Das geschah vermutlich zu der Zeit, als sie lernten, das ▶Feuer zu beherrschen. Weil die Geräte hauptsächlich aus Stein gefertigt wurden, nennt man diese Epoche die Steinzeit.

Faustkeile liegen gut in der Hand und haben zwei scharfe Kanten sowie eine Spitze. Damit konnte man Fleisch schneiden, Fell abschaben und Äste anspitzen. Der Keil diente aber auch als Waffe. Größere behauene Steine befestigten die Steinzeitmenschen mit Birkenpech an einem Holzschaft und fertigten so Äxte und Beile, um Holz zu hacken. Später entstanden durch sorgfältige Bearbeitung feinere Werkzeuge: Bohrer, Schaber und scharfe Klingen zum Schnitzen von Harpunen oder Nähnadeln aus Tierknochen. ■

INFOBOX

Wie stellten die ersten Menschen ihr Werkzeug her?

Von einem großen Block aus hartem Stein wurde ein handgroßes Stück abgeschlagen. Durch weitere Bearbeitung mit einem Schlagstein erhielt der Faustkeil seine Form. Die Abschläge konnten zu Klingen, Schabern oder Bohrern verarbeitet werden. Immer feinere Splitter ermöglichten schärfere Klingen und genaueres Werkzeug. Speerspitzen und Harpunen bestanden aus Knochen, die mit Steinschabern und Klingen in Form gebracht wurden.

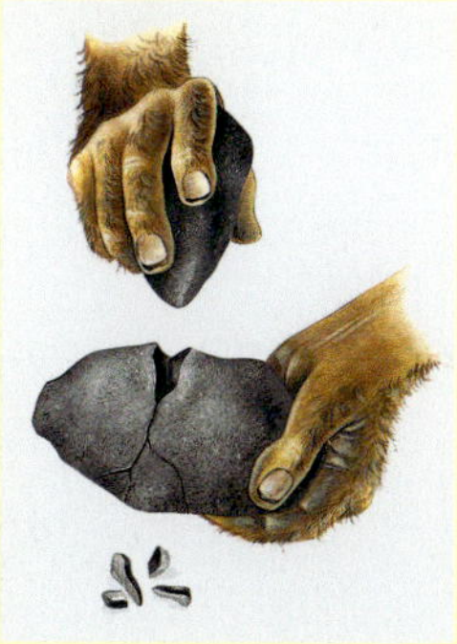

Die **Felsenbilder** in der Lascaux-Höhle in Frankreich wurden 1940 durch Zufall von spielenden Kindern entdeckt. Die bis zu 18 000 Jahre alten Felsenmalereien zeigen Jagdszenen mit Auerochsen und Wildpferden.

INFOBOX

Am Anfang war das Feuer

Ein Feuer brennt nur, wenn Sauerstoff, Hitze und ein brennbarer Stoff wie Zunderschwamm oder trockenes Stroh vorhanden sind. Die Hitze wird entweder durch Reibung erreicht, indem man einen Holzstab schnell hin und her dreht, oder durch einen Funken, indem man zwei Steine gegeneinander schlägt.
Die so entstandene Hitze entzündet das Brennmaterial.
Es bedarf einiger Übung, um mit wenigen Hilfsmitteln ein Feuer zu entfachen.

Feuer

Bevor der Mensch lernte, Feuer selbst zu entfachen, kannte er nur die Gefahr, die vom Feuer bei einem Blitzschlag oder Waldbrand ausging. Mit der Zeit vermochte er, das natürlich entstandene Feuer zu bewahren und zu nutzen. Die Beherrschung des Feuers brachte den Menschen zahlreiche Vorteile. Sie konnten damit Fleisch garen und länger haltbar machen, aber auch Hölzer für Werkzeuge härten. Außerdem schreckten die Flammen wilde Tiere ab. Dank der Wärme des Feuers konnten die Menschen kältere Gebiete besiedeln. In der weiteren Entwicklung nutzte man Feuer, um Ton zu brennen und daraus haltbare Gefäße herzustellen, sowie zur Metallverarbeitung. Das Hüten der Feuerstelle war eine wichtige Aufgabe, die einem ausgewählten Familienmitglied anvertraut wurde. ■

Höhlen

Höhlen dienten den Menschen seit der Urzeit als Behausung: als Fluchthöhle, zum Schutz vor Kälte und wilden Tieren, als Wohnraum, als Speicher für Nahrungsmittel, als Grabstätte oder als Kulthöhle. Die Wände vieler Höhlen waren mit Felsenzeichnungen und Ritzungen geschmückt. Die Eiszeitmenschen malten vor 30 000 Jahren mit roten, braunen und schwarzen Farben Jagdszenen auf die Wände. Man weiß nicht genau, wozu die Bilder, die zu den ersten künstlerischen Ausdrucksformen gehören, dienten. Vielleicht sollten sie das Jagdglück beschwören. Am bekanntesten ist die Lascaux-Höhle in Frankreich mit vielen Hundert gut erhaltenen Jagdszenen. Die ältesten sind rund 18 000 Jahre alt. Auch in Nordspanien, Italien und Russland gibt es solche bemalten Felsenhöhlen. ■

Noch heute beherrschen einige Naturvölker wie die australischen Aborigines das **Feuermachen**, indem sie Holzstäbe aneinander reiben.

LEBEN DAMALS

Wie lebten unsere Vorfahren?

In Deutschland baute sich der Neandertaler Behausungen aus Fellen und Mammutknochen. In Südfrankreich lebten die Menschen zur gleichen Zeit in Hütten aus Pfählen und Zweigen (Bild). Die Eiszeitjäger errichteten bereits Holzhäuser mit einer Feuerstelle im Inneren, um die sich die ganze Familie versammelte. Als Baumaterial nahm man, was vorhanden war: Felle, Knochen oder in waldreichen Gegenden Holz.

Die **Megalithgräber** wurden aus riesigen Steinen errichtet und dienten wahrscheinlich mehreren Familien über Generationen als Grabstätte.

Hünengrab

Als Hünengräber bezeichnet man große steinerne Grabanlagen oder Gedenkstätten, die sehr verschieden aussehen konnten. Die berühmtesten sind die bronzezeitlichen Megalithgräber: Grabbauten aus kolossalen übereinander gelagerten Steinplatten. An manchen Orten, wie z. B. der rund 2800 Jahre alten Stonehenge-Anlage in Großbritannien, wurden riesige Steine in Reihen oder im Kreis aufgestellt. Diese Kultstätten zeigen uns, dass die Menschen damals gemeinsame religiöse Vorstellungen hatten und an ein Leben nach dem Tod glaubten.

Zu anderen Zeiten bestatteten die Menschen ihre Toten in Höhlen oder in Hockerstellung unter der Erde und gaben ihnen Grabbeigaben mit. Auch Urnenbestattungen mit Verbrennung der Verstorbenen gab es. ■

INFOBOX

Kostbare Beute: das Mammut

Das Mammut war eine Art wolliger Elefant mit riesigen Stoßzähnen, der bis zu vier Meter groß werden konnte. Die Jäger erschlugen das Mammut mit Steinen. Nicht nur das Fleisch wurde verwertet, sondern das ganze Tier: Mammutdung brannte als Heizmaterial, das Fell verarbeitete man zu Kleidung und Zelten, die Knochen und Stoßzähne dienten als Baumaterial und zur Werkzeugverarbeitung.

INFOBOX

Leben wie in der Steinzeit

Die Aborigines in Australien, die Inuit in der Antarktis, die Buschmänner in Afrika (Bild): Noch heute gibt es einige Kulturen, die im Einklang mit der Natur leben und Erfindungen der »modernen Welt« nicht nutzen. Sie stellen ihr Werkzeug und ihre Waffen selbst her und besitzen nicht mehr, als sie zum Leben brauchen. Wie in der Steinzeit leben sie als Jäger und Sammler.

Jäger und Sammler

Bevor die Menschen sich durch ▶Ackerbau und Viehzucht ernährten, mussten sie ihre Nahrung durch Jagen und das Sammeln von Beeren, Nüssen und Wurzeln beschaffen. Weil Menschen keine Raubzähne oder scharfen Krallen besitzen, brauchen sie Waffen, um Tiere zu erlegen. Die früheste Bewaffnung bestand aus einer hölzernen Lanze, die am Ende gespitzt war und sich für die Jagd auf Kleintiere eignete. Mit der Beherrschung des ▶Feuers und der Entwicklung von Werkzeugen wie dem ▶Faustkeil und Fernwaffen wie Speer oder Pfeil und Bogen konnten auch größere Tiere erlegt werden. Die Erfindung der Speerschleuder ermöglichte die Jagd auf den Höhlenbär, das Mammut und das Wollnashorn. Durch ihre harte Knochenspitze und eine Schlaufe zum Schleudern hatte die Speerschleuder eine größere Durchschlagskraft und Reichweite als eine einfache Holzlanze. Noch heute nutzen die Inuit in der Antarktis oder die Aborigines in Australien die Speerschleuder als Jagdwaffe.

Da das Großwild ihre wichtigste Nahrungsquelle war, zogen die Jäger mit ihren Familien den Tieren hinterher. Sie trugen alles mit sich, was sie zum Leben brauchten. Die Männer gingen gemeinsam auf die Jagd, während die Frauen Pflanzen sammelten, sich um die Kinder kümmerten und das Feuer hüteten. In der Lebensgemeinschaft hatte jeder eine Aufgabe zu erfüllen. Dafür mussten sich die Menschen absprechen und gegenseitig helfen. ■

Zuerst mit einem Holzspeer, später mit Pfeil und Bogen gingen die **Jäger** auf Kleintierjagd. Größere Tiere jagten sie nur in Gruppen.

So könnte eine **Neandertalerin** ausgesehen haben, die vor etwa 30 000 Jahren in Europa lebte. Typische Merkmale waren das immer noch affenartige Gesicht mit starken Augenbrauenbögen, flacher Stirn und großer Nase.

Mensch

Der Mensch unterscheidet sich vom Affen durch seinen aufrechten Gang und seine Fähigkeit Werkzeuge herzustellen. Sein Körper ist auch nicht von Fell bedeckt. Vor etwa 7 Mio. Jahren verlagerten Menschenaffen in Afrika ihre Fortbewegung von vier auf zwei Beine. Gegenüber Tieren hatten diese Vormenschen vielerlei Überlebensvorteile: Sie konnten schneller laufen, ihre Hände benutzen und hatten im flachen Gelände einen besseren Überblick. Sie waren außerdem weniger behaart und konnten deshalb länger aktiv sein als Tiere mit Fell, die unter der gleißenden afrikanischen Sonne einen großen Teil des Tages im Schatten dösten. Klimaschwankungen und Dürreperioden zwangen die pflanzenfressenden Vormenschen dazu, auch Fleisch zu essen. Durch die nährstoffreichere Ernährung wuchs mit der Zeit ihr Gehirn. Das führte zur Entwicklung von weiteren Fähigkeiten wie z. B. dem Erwerb von Sprache.

So entstand vor rund 2 Mio. Jahren der Mensch, Homo erectus. Er besiedelte große Teile der Erde: neben Afrika auch Europa und Ostasien. Dieser Mensch passte sich weiter seiner Umgebung an und lernte das ▶Feuer zu nutzen und Werkzeuge wie ▶Faustkeile herzustellen: Er wurde zum weisen Menschen, zum Homo sapiens. Zu seinem Leben gehörten neben der Nahrungssuche als ▶Jäger und Sammler auch schon frühe Formen von Kultur: Die ältesten Schmuckstücke, Ritzzeichnungen und Figuren sind rund 50 000 Jahre alt.

Ein spezieller Homo sapiens war der Neandertaler, der vor 125 000 bis 30 000 Jahren im eiszeitlichen Europa lebte. Seinen Namen erhielt er von dem Neandertal bei Düsseldorf, wo 1856 die ersten Knochen einer bis dahin unbekannten Menschenart in einer Höhle entdeckt wurden. Er war an das kalte Klima und die rauen Lebensbedingungen mit seinen starken Muskeln und kräftigen Kno-

INFOBOX

Die Geschichte von Lucy

1974 grub ein amerikanisches Forscherteam in Äthiopien das damals älteste menschliche Skelett aus: Es waren die fast 3 Mio. Jahre alten Knochen einer Frau, deren aufrechter Gang an den Beinknochen eindeutig zu erkennen war. Sie war rund 1,10 Meter groß und wog etwa 30 Kilogramm.

Da die Ausgräber beim Arbeiten den Beatles-Song »Lucy in the Sky with Diamonds« hörten, erhielt der Fund den Namen Lucy. Inzwischen fanden Forscher noch ältere Knochen von aufrecht gehenden Vormenschen, die man auch Hominiden nennt.

QUIZBOX

Wer oder was ist Ötzi?

1. Ein mumifizierter Steinzeitmensch
2. Ein ausgestorbenes Urtier
3. Eine Höhle in Österreich

Antwort 1: Der als »Ötzi« bekannt gewordene Jäger lebte vor etwa 5300 Jahren. 1991 fanden Wanderer die extrem gut erhaltene Leiche im Gletschereis der Tiroler Alpen in der Nähe des Ötztals, was ihr den späteren Spitznamen gab. Ötzi war in der kalten Alpenluft mumifiziert und hatte Jahrtausende lang unter einer dicken Eisschicht gelegen. Er trug Kleider aus Ziegen- und Hirschleder und eine Mütze aus Bärenfell. Bei sich hatte er ein Beil mit Kupferschneide, einen Bogen und Lederköcher mit Pfeilen. Ötzi starb wohl auf der Flucht an einem Pfeil, dessen Spitze noch in seinem Körper steckte.

Die Neandertaler lebten als **Jäger und Sammler** in wechselnden Höhlen und Hütten. Da das Großwild ihre wichtigste Nahrungsquelle war, zogen sie den Tieren hinterher und nahmen alles mit, was sie zum Leben brauchten: Werkzeug, Kleidung und Waffen.

In der **Olduvai-Schlucht** im Norden von Tansania in Ostafrika fand man zahlreiche Skelettteile von Vormenschen.

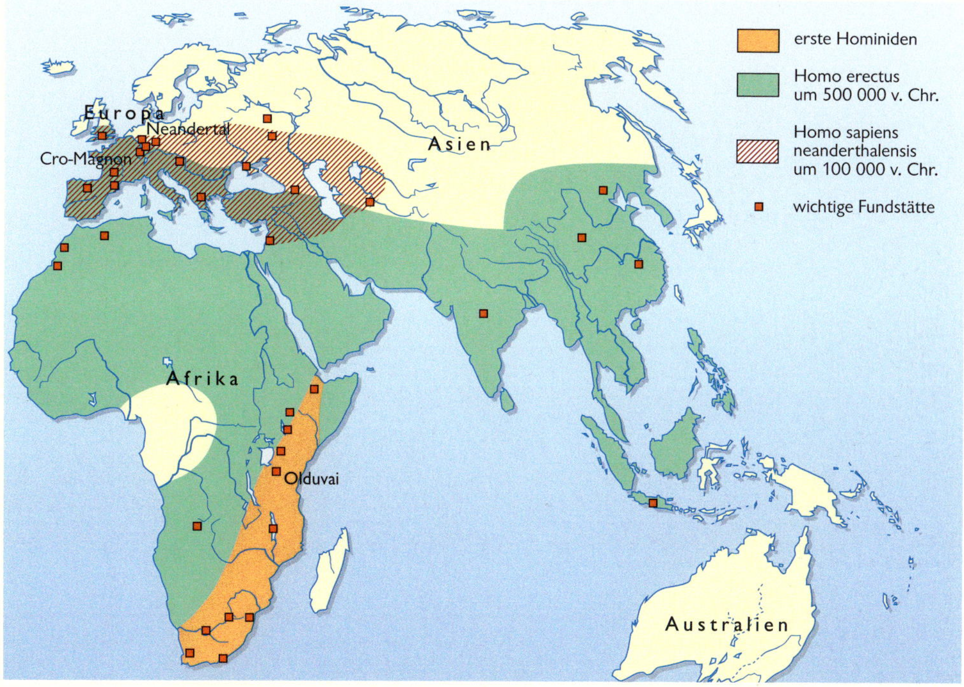

chen bestens angepasst. Gleichzeitig mit dem Neandertaler existierten auch andere Arten von Menschen in Europa, z. B. der Cro-Magnon-Mensch, der nach seinem Fundort im Süden Frankreichs benannt ist. Während in Europa Neandertaler, Cro-Magnon-Mensch und andere Arten nebeneinander lebten, entwickelte sich im warmen Afrika der moderne Mensch, von dem wir uns äußerlich nur wenig unterscheiden. Die Wissenschaftler sind sich uneinig, ob dieser neue Mensch, der Homo sapiens sapiens, von Afrika aus die Erde bevölkerte oder ob er zeitgleich an verschiedenen Orten auftauchte. Seit etwa 27 000 Jahren besiedelt der moderne Mensch als einziger seiner Art die Erde.

Die Erforschung der Menschwerdung ist wie ein riesiges Puzzle, bei dem die meisten Teile fehlen. Immer wieder tauchen noch ältere Überreste von Vormenschen, den Hominiden, und frühen Menschen in unterschiedlichen Teilen der Erde auf. Die ersten Knochenfunde entdeckte man im 19. Jh. Vorher ging man von der biblischen Schöpfungsgeschichte aus, nach der Gott die Menschen nach seinem Abbild erschaffen hatte. Der Naturforscher Charles Darwin brach mit dieser Vorstellung, als er 1859 seine These von der Wandlung der Arten durch natürliche Veränderung veröffentlichte. Seine Theorie bestimmt seitdem unser Verständnis von der Menschwerdung: Die Evolution (▶ Evolutionslehre) brachte durch allmähliche körperliche Veränderungen im Laufe von Millionen Jahren den modernen Menschen hervor. ■

Die Weltkarte zeigt, wo bisher **Überreste** urgeschichtlicher Menschen gefunden wurden.

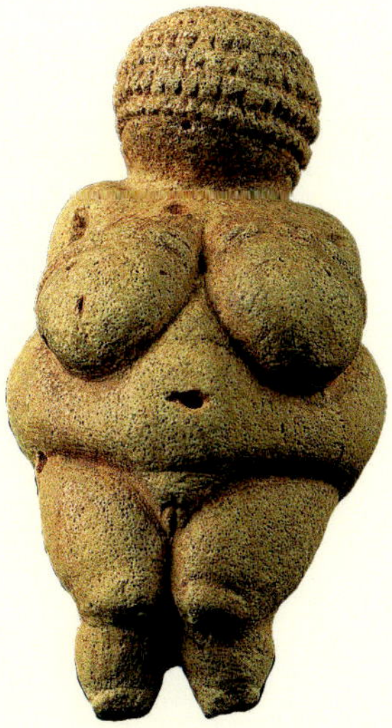

Eine frühe Statuette (Bild oben) zeigt das Schönheitsideal der Steinzeit: Die sogenannte **Venus von Willendorf** ist gut genährt und fruchtbar. Die nur 10,3 cm große Figur ist über 25 000 Jahre alt. Bei der Jagd benutzten die ersten **Vormenschen** einfache Stöcke (Bild links).

Das alte Ägypten und andere Hochkulturen

Oh schöner Tag! Himmel
und Erde sind in Freude.
Du bist der große Herr von
Ägypten.

Lied auf die Thronbesteigung von
Pharao Ramses IV., um 1150 v. Chr.

Das alte Ägypten und andere Hochkulturen

Die Entwicklung und Verwendung der Schrift markiert den Übergang von der Vorgeschichte zur Geschichte. Erst schriftliche Überlieferungen verraten uns, welche religiösen Vorstellungen die Menschen der Vergangenheit hatten. Schriftzeichen wurden in verschiedenen Teilen der Erde zu unterschiedlichen Zeiten erfunden: zuerst im Zweistromland und in Ägypten, später in China, Indien und Mittelamerika. Die Schrift ist eines der wesentlichen Merkmale einer Hochkultur: Während anderswo die Menschen noch als Jäger und Sammler durch die Lande streiften, lebten die Menschen der frühen Hochkulturen bereits in Städten zusammen, teilten sich die Arbeit und organisierten ihr Zusammenleben mithilfe von Regeln. Ein berühmtes Wahrzeichen der frühen Zivilisation sind die ägyptischen Pyramiden. Unscheinbar, aber ebenso bedeutend sind kleine Tontafeln, in die die ältesten Schriftzeichen gedrückt wurden. Die Bewohner der aufblühenden Städte in Ägypten und im Zweistromland trieben Handel mit den Ländern am Mittelmeer. Sie tauschten Waren und Wissen aus und lernten voneinander.
So entstanden auch bei anderen Völkern Gemeinschaften und Staaten, deren Kultur hoch entwickelt war, z. B. in Griechenland.

Ägypten
Bibel
Geld und andere Zahlungsmittel
Hochkulturen
Judentum
Kalender
Mumien und Totenkult
Nil
Pflug
Pharaonen und Herrscher
Pyramide
Rad
Schrift
Weltreligionen
Zweistromland

Hochkultur der Ägypter	**um 3000–332 v. Chr.**
Hochkultur der Sumerer (Zweistromland)	**um 3000–2000 v. Chr.**
Entstehung der Hieroglyphen und der Keilschrift	**um 3000 v. Chr.**
Ägypten: Frühzeit und Altes Reich	**3000–2191 v. Chr.**
Ägypten: König Djoser baut die erste Steinpyramide	**um 2700 v. Chr.**
Hochkultur der Harappa in Indien (Induskultur)	**um 2500–1700 v. Chr.**
Ägypten: Erste Zwischenzeit	**2191–2145 v. Chr.**
Ägypten: Mittleres Reich	**2025–1793 v. Chr.**
Hochkultur in China	**um 2000 v. Chr.**
Ägypten: Zweite Zwischenzeit	**1793–1550 v. Chr.**
Erste Buchstabenschrift, wahrscheinlich im nördlichen Syrien	**Mitte 2. Jahrtausend v. Chr.**
Hochkultur der Hethiter	**um 1650–1200 v. Chr.**
Ägypten: Neues Reich	**1550–1070 v. Chr.**
Ägypten: Dritte Zwischenzeit	**1070–664 v. Chr.**
Salomo lässt den jüdischen Tempel erbauen und macht Jerusalem so zur »Gottesstadt«	**um 950 v. Chr.**
Phönizische Schrift	**9. Jh. v. Chr.**
Die Lyder prägen die ersten Goldmünzen	**7. Jh. v. Chr.**
Ägypten: Spätzeit	**664–332 v. Chr.**
Siddharta (Buddha), Begründer des Buddhismus in Indien	**um 560–480 v. Chr.**
Konfuzius, chinesischer Philosoph	**551–479 v. Chr.**
Ägypten: Ptolemäerzeit	**323–30 v. Chr.**
Ägypten: Römerzeit	**30 v. Chr.–395 n. Chr.**
Tod Kleopatras	**30 v. Chr.**
Hochkultur der Maya in Mittelamerika	**etwa 3. Jh. n. Chr.**
Hochkultur der Inka in Südamerika	**etwa 14. Jh. n. Chr.**

QUIZBOX

Was gehört nicht zu den sieben Weltwundern der Antike?

1. Die Pyramiden von Giseh
2. Der Koloss von Rhodos
3. Das Kolosseum in Rom

Antwort 3. Die sieben Weltwunder der Antike sind: die Pyramiden von Giseh, die hängenden Gärten der Semiramis in Babylon, der Artemis-Tempel in Ephesos, die Zeusstatue in Olympia, das Mausoleum in Halikarnassos, der Koloss von Rhodos, der Leuchtturm von Pharos bei Alexandria.

Ägypten

Im alten Ägypten in Nordafrika siedelten sich vor über 7000 Jahren Menschen am ▶Nil an: An den Ufern des Flusses war das Land fruchtbar, sodass sich die ▶Jäger und Sammler entschlossen zu bleiben, Tiere zu züchten und Getreide anzubauen (▶Ackerbau und Viehzucht). Die ägyptischen Siedlungen folgten dem Verlauf des Nils durch die Wüste im Inneren von Afrika bis zum weitverzweigten »Nildelta« im Norden, wo der Fluss ins Mittelmeer mündet.

Lange Zeit war das Land in zwei Gebiete unterteilt: Oberägypten im Süden und Unterägypten im Norden. Um ca. 3000 v. Chr. entwickelte sich in Ägypten eine der ersten ▶Hochkulturen. Menes, der erste uns namentlich bekannte Pharao (▶Pharaonen und Herrscher), einte die beiden Reiche Oberägypten und Unterägypten. Damit fängt die Geschichte des alten Ägyptens an. Sie wird in 31 Herrscherdynastien eingeteilt, beginnend mit der Reichsgründung im Alten Reich über das Mittlere und Neue Reich, bis ins Jahr 332 v. Chr., als Alexander der Große (▶Hellenismus) die Herrschaft übernahm. 3000 Jahre lang be-

Die Pyramiden sind das Wahrzeichen der Ägypter. Die älteste, die **Stufenpyramide** von König Djoser, wurde um 2700 v. Chr. errichtet.

stand das Reich am Nil – allerdings herrschte nicht immer Frieden. Drei sogenannte Zwischenzeiten gab es, in denen das Reich zusammenbrach und fremde Völker über das ägyptische Land herrschten. Hethiter fielen mehrmals in Ägypten ein; Assyrer, ▶Perser und schließlich Alexander der Große wurden Könige von Ägypten. Unter den Nachfolgern Alexanders, den Ptolemäern, entwickelte sich Ägypten zum reichsten Staat der griechischen Welt. 30 v. Chr. wurde das Land am Nil römische ▶Provinz. Die letzte Ptolemäerin, die berühmte Kleopatra, tötete sich darauf-

Pharao Ramses II. ließ sich in diesen riesengroßen **Steinstatuen** verewigen. Sie überwachen einen Tempel in Luxor, das damals Theben hieß.

INFOBOX

Wen verehrten die Ägypter?

Die ägyptischen Götter sahen aus wie Menschen oder Tiere – oder wie Menschen mit Tierköpfen. Die wichtigsten Götter waren u. a. Re, der Sonnengott, Maat, die Göttin der Wahrheit, Gerechtigkeit und kosmischen Ordnung, Thot, der Gott der Weisheit, Horus, der Gott des Himmels und des Königtums, Osiris, der Gott des Totenreichs. Im Bild wird Hathor, der Göttin der Liebe und Musik, von Königin Nefertari ein Opfer dargebracht.

Nur mit der Arbeitskraft von **vielen Tausend Menschen** konnten die riesigen Tempel, Pyramiden und Skulpturen errichtet werden.

hin durch einen Schlangenbiss selbst. Als das ▶Römische Kaiserreich 395 n. Chr. zerfiel, war Ägypten Bestandteil des Byzantinischen Reiches (▶Konstantinopel und Byzantinisches Reich), bis es von den Arabern 642 n. Chr. erobert wurde.

Oberster Herrscher, zugleich König und Gott, war der Pharao. Die Verwaltung seines Reiches übertrug er Beamten, den Wesiren. Sie trieben Steuern ein und überwachten den Bau von Dämmen und Kanälen, mit denen die Bauern ihre Felder bewässerten. Die Schreiber genossen das höchste Ansehen im Volk, denn nur wenige Ägypter konnten lesen und schreiben – obwohl sie die Hieroglyphen erfanden, eine ▶Schrift aus Bildern. Die Ägypter verehrten viele Gottheiten in Menschen- oder Tiergestalt. Besonders wichtig war für sie der Sonnengott Re. Zu seinen Ehren vergoldete man sogar die Spitzen mancher ▶Pyramiden, die das göttliche Sonnenlicht morgens und abends sammelten und reflektierten.

Wir meinen viel über die Ägypter zu wissen, kennen die Pyramiden, Statuen und Mumien (▶Mumien und Totenkult) mit den Goldmasken der Pharaonen. Doch die meisten Bilder und Aufzeichnungen stammen aus Gräbern und Tempeln und beziehen sich auf die Jenseitsvorstellungen und den Totenkult der Ägypter. Über ihren Alltag und ihr Leben ist uns relativ wenig bekannt, denn es gab zu dieser Zeit noch keine ▶Geschichtsschreibung. Die Forscher müssen die faszinierende ägyptische Geschichte Stück für Stück zusammensetzen und rekonstruieren. Einige Erfindungen der Ägypter sind bis heute erhalten: So ist ihr ▶Kalender, der sich nach den Niedrig- und Hochwasserzeiten des Nils sowie dem Sonnen- und Sternenstand richtete, Grundlage unseres modernen Kalenders. ■

INFOBOX

Ein heiliger Käfer

Auf vielen ägyptischen Bildern und in Form von kleinen Figuren taucht der Skarabäuskäfer auf. Die Ägypter verehrten in ihm den Sonnengott Re: Häufig schiebt der Skarabäus auf Abbildungen die Sonnenscheibe und hilft so der Sonne, jeden Morgen wieder aufzugehen. Auch für Siegel wurde die Form des Käfers gern verwendet. Auf der Unterseite des Siegelsteins gravierte man den Namen des Besitzers oder Königsnamen in Hieroglyphen sowie symbolische Zeichen ein.

Die Ägypter glaubten an ein **Leben nach dem Tod**. Die Wandgemälde dieser Grabkammer zeigen, wie der Verstorbene vor die Götter tritt.

LEBEN DAMALS

Schön sein

Die Ägypter, Männer wie Frauen, legten großen Wert auf Körperpflege: Sie trugen Perücken und schminkten sich. Ein Rezept für die Haarpflege empfahl, Hundebein, Dattelkerne, Eselshuf und Öl zu mischen, zu kochen und damit die Haare zu behandeln. Mit Salben pflegten die Ägypter ihr Gesicht, die Augenlider wurden mit schwarzer Farbe umrandet, wie bei dieser Büste der Nofretete. Ihr Name heißt »die Schöne ist gekommen«. Im 14. Jh. v. Chr. war sie die Frau des Pharaos Echnaton.

Die ältesten erhaltenen Schriften mit biblischen Texten wurden am Toten Meer entdeckt. Die **Rollen** aus Leder oder Papyrus steckten in großen Tonkrügen.

Bibel

Die Bibel ist eine Sammlung von religiösen Schriften. Für ▶Judentum und ▶Christentum ist sie eine heilige Schrift, das »Buch der Bücher«, denn sie enthält die Worte Gottes. Der erste Teil der christlichen Bibel, das Alte Testament, beschreibt die Entstehung der Welt, die göttliche Schöpfung. Er berichtet außerdem vom Schicksal des von Gott auserwählten Volkes, der Israeliten.

Die ältesten erhaltenen biblischen Handschriften wurden in elf Höhlen im Westjordanland entdeckt. Sie stammen wohl aus dem 3. Jh. v. Chr. bis 1. Jh. n. Chr. Die Geschichten sind jedoch wesentlich älter. Obwohl die Bibel von Ereignissen aus der Vergangenheit erzählt, bietet sie keine neutrale ▶Geschichtsschreibung – sie dient vielmehr der Verbreitung einer religiösen Lehre. In vielen biblischen Geschichten steckt eine Moral, die den Gläubigen zeigt, wie sie leben sollen. Bis heute ist die Bibel das am weitesten verbreitete und meistveröffentlichte Buch der Welt.

Lange Zeit glaubte man, dass der antike Staat Israel, von dem die Bibel berichtet, die älteste ▶Hochkultur der Welt war. Erst als man die ägyptischen Hieroglyphen und die sumerische Keilschrift (▶Schrift) im 18. und 19. Jh. entzifferte, erfuhren die Forscher von hoch entwickelten Reichen, die noch älter als die biblischen waren. ■

QUELLE

Die Zehn Gebote

... des Alten Testaments sind für Juden und Christen gültig: 1. Ich bin der Herr, dein Gott. Du sollst keine anderen Götter haben neben mir. 2. Du sollst den Namen des Herrn, deines Gottes, nicht missbrauchen. 3. Du sollst den Feiertag heiligen. 4. Du sollst deinen Vater und deine Mutter ehren. 5. Du sollst nicht töten. 6. Du sollst nicht ehebrechen. 7. Du sollst nicht stehlen. 8. Du sollst nicht falsch Zeugnis reden wider deinen Nächsten. 9. Du sollst nicht begehren deines Nächsten Haus. 10. Du sollst nicht begehren deines Nächsten Weib, Knecht, Magd, Vieh noch alles, was dein Nächster hat.

Die Bibel schildert, wie Moses (mit den Gebotstafeln) zu seinen Mitmenschen predigt, die statt Gott ein **goldenes Kalb** anbeten.

INFOBOX

Aus Gottes Zorn: die Sintflut

Eine Geschichte im Alten Testament berichtet von der Arche Noah: Gott ist zornig auf die Menschen und will alles Leben auf der Erde durch eine Wasserflut vernichten. Nur den frommen Noah beauftragt er, ein großes Schiff, die Arche, zu bauen und seine Familie sowie je ein Weibchen und ein Männchen von allen Tierarten mitzunehmen. Dann lässt Gott es monatelang regnen, bis das ganze Land unter Wasser steht. Alle ertrinken. Nur die Passagiere der Arche überleben die Sintflut.

Auch Tiere wurden als **Tauschmittel** eingesetzt. Bei diesem alten ägyptischen Holzmodell wird das Vieh gezählt und bewertet.

Geld und andere Zahlungsmittel

Bevor es Geld gab, wurden Waren nicht mit Münzen oder Scheinen bezahlt, sondern getauscht. Man tauschte etwas, wovon man zu viel besaß gegen etwas, was man gerne haben wollte: Ein Fischer bot z. B. frische Fische an und bekam dafür vom Bauern einen Sack Getreide. Bald setzten sich bestimmte Waren als Tauschmittel durch, die haltbar und leicht zu transportieren waren und für alle einen Wert hatten, z. B. besondere Steine auf den Pazifikinseln, Kaurischnecken in Asien und auf den Südseeinseln oder Salz in Europa. Dieses sogenannte Naturalgeld hatte aber Nachteile: Steine waren schwer, Schnecken konnten gefälscht werden und Salz verlor seinen Wert, sobald es nass wurde.

Dagegen war Metall lange haltbar und blieb wertvoll. Das erkannten die Menschen schon im 3. Jahrtausend v. Chr.: Seitdem verwendeten sie bearbeitetes Metall als Zahlmittel. Die Chinesen gossen münzähnliche Gegenstände aus Bronze. Im Mittelmeerraum waren bronzene Figuren, Halsringe oder Barren aus Gold etwa seit 2000 v. Chr. im Umlauf und wurden z. B. von den ▶Ägyptern benutzt. Keilschrifttexte aus dem ▶Zweistromland erwähnen gegen 1500 v. Chr. Zahlungen mit Silber und nennen Preislisten für einige Waren. In Europa sollen die Lyder aus Kleinasien die Ersten gewesen sein, die im 7. Jh. v. Chr. aus Gold Münzen gossen und diese auf beiden Seiten prägten: Jede Münze hatte ein bestimmtes Gewicht, das der König kontrollierte und mit seinem Siegel versah. Die ersten Münzen erhielten die lydischen Soldaten als Sold. Griechen und Römer (▶Römische Republik) übernahmen das Münzsystem und bauten es weiter aus.

Bei den antiken Münzen entsprach der Materialwert dem tatsächlichen Wert. Heute bestimmt die aufgedruckte Zahl den Wert, bei Münzen wie bei Geldscheinen. Erstes Papiergeld tauchte im 9. Jh. n. Chr. in China auf. Heute trägt man nur noch wenig Geld mit sich herum, die meisten Geldgeschäfte werden ohne Bargeld erledigt. Fast überall auf der Welt kann mit Kreditkarten bezahlt werden. Aber in Krisenzeiten wie im Krieg oder auch in einigen dörflichen Gegenden wird weiterhin Ware gegen Ware getauscht. ■

Auf der Insel Yap in Mikronesien im Pazifik wurde mit bis zu 4 Meter großen Steinen bezahlt. Es gab aber auch kleinere **Steinmünzen**.

INFOBOX

Zahlen und zählen

Zahlen geben Mengen an. Verschiedene Völker nutzten unterschiedliche Systeme und Zahlzeichen: Die Babylonier besaßen ein Zwölfersystem (wie es heute noch unsere Uhr hat), die Ägypter machten Striche. Die Griechen schrieben Ziffern, indem sie jeder Zahl einen Buchstaben zuordneten. Die Maya benutzten ein 20er-System. Sie kannten auch schon die 0, die in Europa erst im Mittelalter durch die Araber verbreitet wurde. Die Inka rechneten mit Knotenschnüren.

Die Einwohner der Harappakultur waren nicht nur große Städtebauer, sondern auch künstlerisch weit entwickelt. Davon zeugt die **Büste** des »Priesterkönigs«.

Hochkulturen

Zu unterschiedlichen Zeiten ließen sich in verschiedenen Gegenden der Erde umherziehende ▶Jäger und Sammler nieder, um ▶Ackerbau und Viehzucht zu betreiben. Manche von ihnen entwickelten innerhalb einiger Jahrhunderte eine »Hochkultur«. Sie unterschieden sich von anderen Völkern durch ihre weiter entwickelte Zivilisation mit bestimmten Merkmalen. Heute würde man sie wahrscheinlich als »Wirtschaftsmächte« bezeichnen.

Die Menschen der alten Hochkulturen lebten zusammen in ▶Städten. Die günstige Lage an einem Fluss sicherte fruchtbaren Boden, der so viel Getreide hervorbrachte, dass nicht alle Bewohner als Bauern arbeiten mussten, sondern verschiedene Berufe wie z. B. Priester, Arzt oder Schmied entstehen konnten. Die Handwerker stellten Waren her, mit denen Handel getrieben wurde. Die Gesellschaften waren klar unterteilt: ▶Sklaven, Arbeiter und Beamte gehörten unterschiedlichen sozialen Schichten an, an deren Spitze in der Regel ein Herrscher stand. Er demonstrierte seinen Reichtum und seine Macht, indem er große Paläste und Tempel errichten ließ und die Kunst förderte. Der Herrscher einer Hochkultur konnte sein Reich nicht allein verwalten. Er brauchte Helfer, die Steuern eintrieben, Verbrecher festnahmen, religiöse Feiern durchführten oder die Feldarbeiter beaufsichtigten. Um Gesetze festzulegen, Warenmengen zu protokollieren, Informationen zu bewahren und schließlich Geschichten zu erzählen, erfand man die ▶Schrift.

INFOBOX

Eine der ältesten Erzählungen der Welt: Gilgamesch

Das Gilgamesch-Epos ist älter als die ▶Bibel und die Sage um ▶Troja und damit eine der ersten aufgeschriebenen Geschichten. Die Erzählungen berichten von Abenteuern des Königs Gilgamesch. Er soll um 2600 v. Chr. im Zweistromland gelebt haben. Gilgamesch, teils Gott, teils Mensch, kämpfte mit Ungeheuern, begab sich in die Totenwelt, durchstreifte sagenhafte Landschaften und musste zahlreiche Prüfungen bestehen. Leider ist das Ende der Erzählung nicht erhalten.

INFOBOX

Lange Zeit vergessen: die Hethiter

Obwohl die Hethiter neben den Ägyptern und den Babyloniern die dritte Großmacht im ▶Zweistromland waren, wusste man lange Zeit nichts von diesem Volk. Erst im 19. Jh. entdeckten Archäologen die Kultur der Hethiter und fanden z. B. dieses Relief von einem Paar. Um etwa 1200 v. Chr. brach der Staat zusammen, zur gleichen Zeit, als auch die mykenische Kultur (▶Kreta und Mykene) unterging.

Die ältesten Hochkulturen entstanden um 3000 v. Chr. im vorderen Orient in ▶Ägypten und im ▶Zweistromland. Etwas später entwickelten sich hier auch die Hochkulturen der Hethiter, Assyrer und Babylonier. Über Flüsse und Meere tauschten sie Waren mit weit entfernten Völkern. Im Zweistromland fand man z. B. Schmucksteine, die aus Indien

Das Modell von **Jerusalem**: Städtische Siedlungen sind eines der Merkmale einer Hochkultur.

Ägyptische **Landvermesser** vermessen ein Kornfeld. Die Steuern wurden von den Beamten nach der Größe des Landes berechnet.

kamen. Sie stammten von einer weiteren Hochkultur: Die Harappakultur oder Induskultur bestand um etwa 2500 v. Chr. am Fluss Indus, wo in großen Städten wie Harappa oder Mohenjo-Daro über 40 000 Einwohner lebten. Auch sie besaßen eine Schrift, die aber – anders als die ägyptischen Hieroglyphen und die Keilschrifttexte aus dem Zweistromland – bisher noch nicht entziffert werden konnte. Unabhängig von den Zentren im Vorderen Orient und in Indien entwickelte sich auch in China eine Hochkultur. Ihre Blütezeit erreichte sie wohl um 2000 v. Chr.

Die Hochkulturen der Alten Welt zeigen Gemeinsamkeiten, aber auch Unterschiede: Im Orient benutzte man bereits den eisernen Hakenpflug (▶ Pflug), während die Bauern in China ihre Äcker weiter mit einem einfachen Grabstock bearbeiteten. Schrift wurde von allen Hochkulturen genutzt, aber jede erfand ihre eigenen Schriftzeichen. Erst etliche Jahrhunderte später entwickelten sich weitere Hochkulturen wie die Maya (Blütezeit: etwa 3. Jh. n. Chr.) und die Azteken (15. Jh. n. Chr.) in Mittelamerika und die Inka (14. Jh. n. Chr.) in Südamerika.

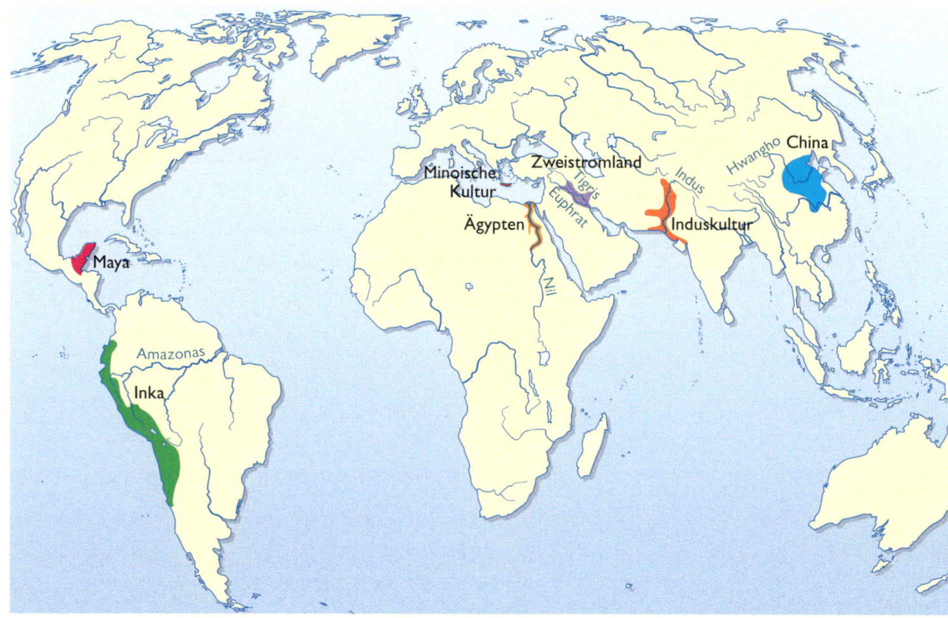

Im Laufe der Jahrtausende entwickelten sich auf der Erde verschiedene **Hochkulturen**. Die Karte zeigt ihre größten Verbreitungsgebiete.

INFOBOX

Im alten China

Nur wenig ist über die Anfänge der Hochkulturen in China bekannt. Mythische Urkaiser sollen die Zivilisation und die Kultur, so z. B. die Schrift, erfunden haben. Etwas mehr weiß man über drei historische Herrscherdynastien, die vom 3. bis zum 1. Jahrtausend v. Chr. die chinesische Geschichte prägten: Es waren die Xia, die Shang und die Zhou. Die meisten Städte lagen im Osten des heutigen Chinas und am Gelben Fluss. Dort befragten Priesterkönige beschriftete Orakelknochen über die Zukunft; Handwerker stellten Figuren aus Jade her, die kostbarer als Gold und härter als Stahl waren; Küchenmeister garten Fleisch und Gemüse in Tontöpfen mit Dampfeinsätzen, wie es heute noch für die chinesische Küche typisch ist. Hauptnahrungsmittel war Hirse, aber auch Reis wurde bereits im 3. Jahrtausend in China angebaut. Aus dieser Zeit stammen auch die ältesten Hinweise auf die Verarbeitung von Seide, die im Mittelalter nach Europa exportiert wurde (▶ Seidenstraße).

Mit dem Bau der **Großen Mauer** in China wurde im 3. Jh. v. Chr. begonnen. Diese größte Schutzanlage der Welt ist über 2500 Kilometer lang.

Judentum

Wie das ▶Christentum und der ▶Islam gehört das Judentum zu den ▶Weltreligionen, deren Anhänger an einen einzigen Gott glauben, der die Welt und die Menschen erschaffen hat. Die Vorschriften dieses Gottes halten die Gläubigen zur Nächstenliebe an und lehren sie, zwischen Gut und Böse zu unterscheiden. Die Regeln, wie etwa die Zehn Gebote, sind bis heute gültig. Judentum, Christentum und Islam haben die gleichen Wurzeln – das Judentum ist sogar die älteste dieser Religionen. Alle drei beziehen sich auf das Alte Testament der ▶Bibel. Aber es gibt auch entscheidende Gegensätze. Der Hauptunterschied besteht in dem Glauben an den Messias, den Heiland, der die Welt errettet: Für die Christen ist Gottes menschgewordener Sohn Jesus der Retter der Welt. Im Islam kann nur Gott selbst die Menschen erlösen und die Juden glauben, dass der Messias erst noch erscheinen wird.

Die Juden bilden nicht nur eine Glaubensgemeinschaft, sondern sie sind auch ein Volk mit eigener Sprache (Hebräisch), Geschichte und Tradition. Sie erfuhren viel Leid. So wurden sie nicht nur schon in der Antike aus ihrem Land Israel vertrieben, sondern im Laufe der Jahrhunderte auch wiederholt verfolgt (▶Judenverfolgung, ▶Holocaust). Erst seit dem Jahr 1948 gibt es wieder einen eigenen Staat Israel, in dem Juden aus aller Welt zusammenleben. Doch auch hier werden sie in ihrer Existenz bedroht (▶Palästina und Nahostkonflikt). ■

Die Bronzemünze aus dem 1. Jh. v. Chr. zeigt die **Menora**: Der siebenarmige Leuchter stand einst im Tempel von Jerusalem und ist ein Symbol des Judentums.

INFOBOX

Das auserwählte Volk

Die ▶Bibel berichtet von Abraham, der im Gegensatz zu seinen Mitmenschen an einen einzigen Gott glaubte. Mit diesem Gott schloss er ein Bündnis: Gott versprach, dass Abraham ein Volk gründen und seinen Nachkommen ein eigenes Land gehören würde. Dafür gelobte Abraham, Gott zu dienen und seine Gebote zu befolgen. Abrahams Enkel hieß Jakob, sein zweiter Name war Israel. Nach ihm nannte sich das von Gott auserwählte Volk. Nachfolger der Israeliten sind die Juden.

Modell des jüdischen Tempels von Jerusalem: **König Salomo** ließ das legendäre Gotteshaus um 950 v. Chr. erbauen.

Die Azteken, eine Hochkultur in Mexiko, erfassten die Zeit mit **Steinkalendern** (um 1470).

Kalender

Um Ereignisse zu planen oder sich an die Vergangenheit zu erinnern, unterteilt ein Kalender das Jahr in gleiche Zeitabschnitte. Schon in vorgeschichtlicher Zeit beobachtete man den Lauf von Sonne, Mond und Sternen und richtete sich mit Aussaat und Ernte nach den Jahreszeiten. Die ▶Ägypter teilten als Erste die Zeit zwischen zwei Nilschwemmen (▶Nil) in 365 Tage und zwölf Monate ein. Fast genauso lang braucht die Erde, um die Sonne zu umkreisen. Um den Unterschied zwischen Kalenderjahr und Sonnenjahr auszugleichen, führten die Ägypter das Schaltjahr ein. Die Babylonier im ▶Zweistromland besaßen seit 1700 v. Chr. einen Kalender. Der chinesische Kalender (3. Jahrtausend v. Chr.) teilte die Zeit nach Mondphasen ein. ■

INFOBOX

Unser Kalender heute

Unser Kalender beruht auf dem julianischen Kalender aus der Römerzeit mit 365 Tagen und einem Schaltjahr alle vier Jahre. Die Erde braucht aber etwas weniger als 365 1/4 Tage, um die Sonne zu umkreisen. Bis zum Mittelalter hatte sich daher ein Fehlbetrag aufgestaut; das Kalenderjahr war länger als das Sonnenjahr. Papst Gregor XIII. strich zehn Tage aus dem Kalender: Auf den 4. Oktober folgte der 15. Oktober 1582. Durch die »gregorianische Kalenderreform« ist das Kalenderjahr fast genauso lang wie das Sonnenjahr. Erst nach 3333 Jahren ist wieder ein Tag überzählig.

Diese **Mumie** aus Lima in Peru wurde in sitzender Haltung durch Hitze und Rauch konserviert.

Mumien und Totenkult

Die ▸Ägypter glaubten an ein ewiges Leben nach dem Tod. Damit der Verstorbene im Jenseits ähnlich wie im Diesseits weiterleben konnte, musste sein Körper möglichst unversehrt bleiben. Deshalb wurden die Leichname von Herrschern und vornehmen Adligen aufwendig mumifiziert. Die Ägypter entnahmen dafür außer dem Herzen alle Eingeweide und das Gehirn des Toten. Die wichtigsten Organe wurden gesondert in Gefäßen, den Kanopen, beigesetzt. Anschließend wurde der Leichnam gereinigt und 40 bis 70 Tage lang in Natronsalz gelegt, um ihn auszutrocknen. Mit Harz getränkte Tücher füllten die Bauchhöhle und andere Hohlräume aus. Eine Mischung aus Harzen und Ölen, mit denen die Leiche einbalsamiert wurde, bewirkte eine Konservierung. Anschließend wickelte man den Körper fest in Binden. Die Mumie legte man in einen bemalten Sarg und diesen in einen menschenähnlichen, oft kunstvoll bemalten und mit Gold verzierten Sarkophag.

Nicht nur die Ägypter mumifizierten ihre Toten. Auch auf den Kanarischen Inseln, in Australien, Afrika und Indien konservierte und verehrte man die Verstorbenen. In Mittel- und in Südamerika wurde der Körper durch Hitze und Rauch ausgetrocknet und haltbar gemacht. Zu besonderen Festtagen trug man die Mumien in feierlichen Umzügen umher. ■

INFOBOX

Der Fluch des Pharaos

1922 entdeckte Howard Carter das Grab von Tutenchamun. Er fand reich verzierte Grabbeigaben, darunter eine goldene Totenmaske. Doch die Expedition war vom Unglück verfolgt. Man sprach vom »Fluch des Pharaos«, der in seiner Totenruhe gestört wurde: Plötzlich starben Menschen, die in Kontakt mit dem Grab gekommen waren. Nicht alle Todesursachen konnten geklärt werden; heute geht man von einem Pilz als Krankheitserreger aus.

Der **Holzsarg** von Pharao Ramses II. war ursprünglich mit Farbe und Gold bemalt.

Pharao Tutenchamun wird feierlich einbalsamiert und mit Binden umwickelt. Priester überwachen die **Zeremonie** und bringen Rauchopfer.

LEBEN DAMALS

Mumien als Medikament

Ägyptische Mumien faszinierten die Menschen auch im Mittelalter und in der Neuzeit. Eine wahre »Ägyptomanie« löste Napoleon nach seinem Ägyptenzug aus. Kunsthändler rissen sich um Mumien, die sie mit Gewinn verkaufen konnten. Nicht nur als exotische Rarität waren die Leichen geschätzt, sondern auch als Medikament: Im Mittelalter kratzte man aus den Mumien Balsamierungssubstanzen heraus, um sie als Heilmittel gegen verschiedene Krankheiten einzusetzen. Bis ins 20. Jh. konnte man sogar Pulver aus zermahlenen Mumienteilen in Apotheken kaufen.

Damals wie heute schenkte der **Nil** Leben und Nahrung. Hinter dem grünen Uferstreifen beginnt sofort die Wüste.

Nil

Der Fluss Nil ist die Lebensader ▸Ägyptens. 6671 Kilometer lang fließt er von seiner Quelle im heutigen Burundi in Ostafrika bis zu seiner Mündung ins Mittelmeer. Jedes Jahr überschwemmte der Nil das umliegende Land. Dabei führte er fruchtbaren Schlamm mit, der den Boden düngte. Da es in Ägypten selten regnet, können Felder auch heute noch nur an den Ufern des Nils angelegt werden, wo es genügend Wasser gibt. Weite Teile des Landes sind Wüste. Der Fluss war zudem Handelsweg, auf dem z. B. Holz oder die schweren Steinblöcke für die ▸Pyramiden transportiert wurden. Einmal im Jahr taucht der Stern Sirius am Himmel auf. Zur gleichen Zeit ist der Wasserstand des Nils am höchsten. Mit diesem Datum begann der ägyptische ▸Kalender. Viele ▸Hochkulturen entstanden an einem Fluss, z. B. dem Indus in Indien oder dem Gelben Fluss in China. ■

INFOBOX

Kanäle und Dämme

Um das Wasser des Nils zu den Feldern zu leiten, bauten die Ägypter Kanäle, künstliche Seen und Dämme. Schleusen sperrten das Wasser ab oder leiteten es um. Um das Wasser auf höheres Gelände zu leiten, das der Nil nicht erreichte, benutzte man vor 3300 Jahren eine Art Ziehbrunnen: An einem Holzrahmen hing ein Eimer. Mit einem Gegengewicht ließ sich der mit Wasser gefüllte Eimer leicht hochziehen. Dieses Gerät ist bis heute auf den Feldern im Einsatz.

Pflug

Der Pflug ist ein landwirtschaftliches Gerät, mit dem der ▸Bauer den Ackerboden lockert und Furchen für die Saat zieht. So können Wurzeln und Feuchtigkeit tief in die Erde eindringen. Das einfachste Gerät für die Bodenbearbeitung ist der Grabstock: Dieser Holzstock mit einem angespitzten Ende wurde schon in vorgeschichtlicher Zeit verwendet, um das Erdreich zu lockern, Unkraut auszureißen und Löcher für die Saat zu bohren. Als die Menschen sesshaft wurden und ▸Ackerbau und Viehzucht betrieben, entwickelten sie den Hakenpflug: Er drang tief in den Boden ein und grub gerade Furchen. An einem Seil zogen zunächst Menschen, später Ochsen, Kamele oder Elefanten den Hakenpflug hinter sich her. Als die Menschen lernten, Metall zu bearbeiten, nutzten sie das starke und haltbare Material auch für den Pflug. Einen Beetpflug, der die Erde nicht nur aufriss, sondern auch wendete, erfand man allerdings erst im Mittelalter. ■

Ein Ochsengespann zieht einen **Pflug**: Viele Jahrhunderte lang bearbeitete man den Boden so, wie es schon die Bauern der frühen Hochkulturen taten.

Diese Wandmalerei zeigt **Fischer** auf dem Nil, die zwischen Papyruspflanzen mit Netzen auf Fischfang gehen.

Pharaonen und Herrscher

In den alten ▶Hochkulturen wurden Könige und Herrscher wie ein Gott verehrt. Sie besaßen die höchste Macht und regierten das Land. Bei den Ägyptern hieß der König Pharao. In der Frühzeit ▶Ägyptens und im Alten Reich wurde er als Gott angesehen, später als Sohn einer Gottheit. Zwar war er zu Lebzeiten den anderen Göttern untergeordnet, nach seinem Tod aber stieg er zu ihnen in den Himmel auf. Alle Untertanen mussten dem Pharao gehorchen. Ihm gehörte das ganze Land und alles, was es darin gab. Er war auch oberster Priester und Vermittler zwischen den Menschen und den Göttern. Er erließ die Gesetze, setzte Beamte und Priester ein und entschied über Krieg und Frieden. Die wichtigsten Männer nach dem Pharao waren die Wesire: Beamte, die darüber wachten, dass die Gesetze und Befehle des Pharaos befolgt wurden. Sie beaufsichtigten außerdem die Vermessung der Felder und trieben Steuern ein. Täglich mussten die Wesire dem Pharao Bericht erstatten.

Man konnte den Pharao an seinen Insignien, den Zeichen der königlichen Macht, erkennen: In den Händen hielt er Krummstab und Geißel; das Königskopftuch schmückte eine Schlange. Die weiß-rote Doppelkrone zeigte, dass die zwei Reiche Unter- und Oberägypten vereint waren. Zu offiziellen Anlässen trug der Pharao einen künstlichen Bart. Es gab auch Frauen, die die königliche Macht übernahmen, wenn ein Pharao ohne männlichen Erben starb. Die berühmteste Herrscherin von allen war Königin Hatschepsut, die 22 Jahre lang auf dem Thron der Pharaonen saß und sogar an Kriegszügen teilnahm. Der Name des Pharaos wurde in den Hieroglyphen (▶Schrift) mit einer schleifenartigen Umrahmung versehen. Diese sogenannten Königskartuschen mit den Namen der Pharaonen kann man heute in den ägyptischen Texten leicht erkennen. Die bekanntesten Pharaonen waren neben Hatschepsut Cheops, Thutmosis III., Echnaton, Tutenchamun und Ramses II.

Über die Könige der anderen Hochkulturen wissen wir nur sehr wenig: Die Herrscher des ▶Zweistromlands traten vor allem als Krieger und Erbauer großer Tempel hervor. Da man in der Harappakultur in Indien keine Paläste fand, kamen einige Forscher sogar auf die Idee, dass dort das Volk regiert haben könnte. In China berichten Quellen von mythischen Urkaisern, die als allmächtig und gottgleich verehrt wurden. Auch in den Kulturen der Maya und Inka in Mittel- und Südamerika herrschten wohl Gottkönige. ■

Ein liegender Löwe mit Menschenkopf: Die große **Sphinx** von Giseh wurde zur gleichen Zeit wie die Cheopspyramide errichtet, um 2560 v. Chr.

BIOGRAFIE

Tutenchamun

Tutenchamun herrschte als Pharao etwa von 1333 bis 1323 v. Chr. Er bestieg mit neun Jahren den Thron. Nach nur neunjähriger Herrschaft starb er bereits. Berühmt wurde er durch sein Grab, das man 1922 in fast unversehrtem Zustand ausgrub. Es war mit kostbaren Beigaben ausgestattet, wie z. B. dieser Totenmaske. Obwohl Tutenchamun nur so kurz regierte, ist er heute vielleicht der bekannteste Pharao.

Bronzener Kopf eines **assyrischen Herrschers**, der um 2200 v. Chr. das Zweistromland regierte.

Wie errichteten die Ägypter ihre Pyramiden? Vermutlich wurden die schweren Steinblöcke auf einer Art Schlitten über Rampen gezogen. Tausende von Arbeitern waren auf der riesigen **Baustelle** beschäftigt.

INFOBOX

Pyramiden weltweit

In Assyrien und Babylonien (▶ Zweistromland) baute man pyramidenförmige Tempel. Sie sollten Himmel und Erde verbinden. Berühmt geworden ist der Tempelturm von Babylon, von dem als »Turmbau zu Babel« in der ▶ Bibel erzählt wird. Bei den Maya in Mittelamerika (Bild) und den Inka in Südamerika dienten stufenförmige Pyramiden als Tempelplattform. Auch in China wurden Pyramiden als Grabstätten gebaut.

Pyramide

Ein »Haus für die Ewigkeit« – das wollten die ▶ Ägypter ihren göttlichen Königen bieten. Daher bauten sie große Totenhäuser als Grabmale für ihre ▶ Pharaonen und Herrscher: die Pyramiden. Die älteste Steinpyramide ließ König Djoser um etwa 2700 v. Chr. errichten. Sie bestand noch aus einzelnen Stufen, während spätere Pyramiden glatte Wände hatten. Der Pyramidenbau war jedoch nur ein Teil der aufwendigen Grabanlage: In vielen Fällen gab es einen Taltempel, einen steinernen Aufweg, die Umfassungsmauer, die große Pyramide, den Totentempel, eine oder mehrere kleinere Nebenpyramiden sowie weitere Grabbauten und Gebäude.

Die größte je erbaute Pyramide errichtete Cheops um 2560 v. Chr. bei Giseh: Sie hat eine Seitenlänge von 230 Metern (beinahe so lang wie zweieinhalb Fußballfelder) und ist fast 147 Meter hoch. Rund 80 weitere ägyptische Pyramiden sind bekannt. Die Zugänge zur königlichen Grabkammer im Inneren der Pyramide waren gut versteckt. Nur über ein weit verzweigtes Wegesystem gelangte man bei der Bestattung in die Kammer. Sackgassen, Falltüren und Geheimtüren sollten Grabräuber fernhalten und die ewige Totenruhe des Königs schützen. ■

Rad

Niemand kann heute bestimmt sagen, wer als Erster das Rad erfand. Man brauchte es, um Waren oder Personen zu transportieren. Sowohl im ▶ Zweistromland als auch in Osteuropa, in Indien und China fand man 5000 bis 6000 Jahre alte Hinweise auf den Gebrauch von Rädern. Schriftzeichen, Bilder oder kleine Figuren stellen Wagen dar; das Holz, aus dem die ersten Räder waren, hat sich allerdings nicht erhalten. In Amerika dagegen war das Rad bis Kolumbus (▶ Entdeckungen) völlig unbekannt.

Das Rad war aber nicht nur Transportmittel, sondern auch ein Symbol für den Lebenslauf und die Vergänglichkeit. In Hinduismus, Buddhismus (▶ Weltreligionen) und ▶ Christentum fand es wie auch der Kreis als religiöses Sonnenzeichen Verwendung. ■

Auf diesem etwa 4600 Jahre alten Relief der Sumerer sieht man die Verwendung von **Scheibenrädern**.

INFOBOX

Eine kleine Schriftkunde

Bisher kennt man ungefähr 700 Hieroglyphen **(1)**. Die Keilschrift **(2)** hatte ursprünglich etwa 1200 verschiedene Zeichenkombinationen. Die alte chinesische Schrift **(3)** kannte über 50 000 Zeichen. Das griechische Alphabet **(4)** hatte 24 einzelne Buchstaben, aus denen sich unsere lateinische Schrift entwickelte. Nicht alle Schriften liest man von links nach rechts: Chinesisch wurde z. B. von rechts nach links gelesen. Auch heute gibt es noch andere Schriftarten: Einige Indianer malen besondere Ereignisse mit einer Bilderschrift auf Tierfelle, Blinde lesen in der sogenannten Braille-Schrift mit erhabenen Punkten und Musik wird nach Notenschrift gespielt.

Schrift

Die Schrift ist eine geniale Erfindung, mit der Erinnerungen gespeichert und Informationen über Generationen weitergegeben werden können. Die ältesten Schriften sind die Hieroglyphen in ▶Ägypten und die Keilschrift der Sumerer im ▶Zweistromland.

Die ersten Aufzeichnungen enthalten keine Geschichten, sondern Mengenlisten und Namensaufzählungen. Die Ägypter malten Bilder von dem, was sie aufschreiben wollten. Die Sumerer drückten strichförmige Zeichen mit einem spitzen Holzstab in noch feuchte Tontafeln. Wegen der dreieckigen Formen, die so entstanden, heißt diese Schrift Keilschrift. Jede Form bedeutete ein Wort, deshalb brauchte man viele Zeichen, um etwas aufzuschreiben. Im Laufe der Zeit wurden die Zeichen immer einfacher und weniger, bis Mitte des 2. Jahrtausends v. Chr. eine reine Buchstabenschrift entstand, die von den Phöniziern weiter entwickelt wurde. Die Griechen übernahmen das phönizische Alphabet und änderten es nur leicht. Von den ▶Etruskern nach ▶Rom gebracht, entstand aus der griechischen die lateinische Schrift (▶Latein), die von der Kirche in ganz Europa verbreitet wurde. Das ist unsere heutige Schrift.

Die Entwicklung der Schrift ist ein Zeichen von ▶Hochkultur. Auch die Chinesen, ebenso wie die Menschen der Harappakultur in Indien und die Maya in Amerika, erfanden ihre eigene Schrift. ■

Eine Tontafel mit **Keilschrift** aus dem 3. Jahrtausend v. Chr. Zu Tausenden wurden diese Dokumente der ältesten Schriftkultur gefunden.

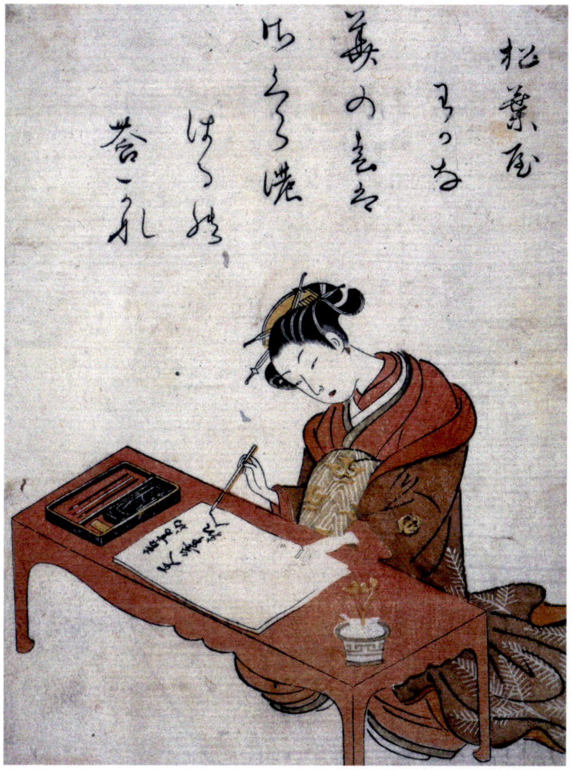

Bis heute üben sich die Chinesen und Japaner in ihrer Schönschrift, der **Kalligrafie**.

INFOBOX

Wer entschlüsselte die Hieroglyphen?

1799 machten Soldaten in ▶Ägypten eine sensationelle Entdeckung: Sie fanden in dem Ort Rosette einen Stein, der drei Fassungen des gleichen Textes trug (Bild): auf Demotisch, in Hieroglyphenzeichen – und in griechischer Übersetzung! Bis dahin konnte niemand Hieroglyphen lesen und verstehen. Dank des griechischen Textes fand man bald heraus, dass die Umrahmungen Königsnamen einschlossen und entzifferte als erstes Wort »Ptolemaios«. Jean-François Champollion gelang es so, kurz darauf die Hieroglyphen zu entschlüsseln.

Ein Mönch betet vor einer **Buddhastatue**. Rund 6 Prozent der Menschen gehören der buddhistischen Religion an.

BIOGRAFIE

Buddha, der »Erleuchtete«

Siddharta Gautama, Sohn eines adligen Fürsten, war unzufrieden mit seinem reichen, aber seiner Meinung nach sinnlosen Leben. Er verließ die Heimat und seine Familie, zog in Indien umher, lebte asketisch, also in großer Armut, und suchte bei verschiedenen Lehrern den Weg zur Erlösung. Durch Meditation fand er schließlich religiöse Erleuchtung, weshalb er »Buddha« (der Erleuchtete) genannt wird. Seine Lehre heißt Buddhismus. Abbildungen zeigen ihn häufig meditierend im Lotussitz (Bild).

Weltreligionen

Zu den fünf Weltreligionen gehören das ▶Christentum, der ▶Islam, der Hinduismus, der Buddhismus und das ▶Judentum. Dieses sind die am weitesten verbreiteten Glaubensrichtungen. Die verschiedenen Religionen versuchen wichtige Sinnfragen der Menschen zu beantworten, wie: Wo komme ich her? Wie soll ich leben? Was passiert nach dem Tod? Gläubige Menschen vertrauen auf eine übernatürliche Kraft, die sich je nach Bekenntnis anders offenbart: Für Christen, Juden und Muslime, die Anhänger des Islams, ordnet ein allmächtiger Schöpfergott das Universum und leitet die Menschen. Anhänger des aus Indien stammenden Hinduismus und des Buddhismus sehen die menschliche Existenz als Durchgangsstation auf dem Weg zur Erleuchtung. Das Leben ist für sie ein sich wiederholender Wechsel von Werden und Vergehen: In einem ewigen Kreislauf werden alle Wesen – ganz gleich, ob Pflanzen, Tiere, Menschen oder Götter – nach ihrem Tod wiedergeboren. Höchstes Ziel ist es, nachdem jede Lebensstufe möglichst tugendhaft vollendet wurde, endlich das Nirwana zu erreichen, die Erlösung von allem Leid. Die Meditation z. B. hilft einem, den Weg dorthin zu finden. Zeichen des Buddhismus ist das ▶Rad: Es symbolisiert, dass es keinen Anfang und kein Ende gibt, sondern alles miteinander zusammenhängt und wiederkehrt. ■

QUELLE

Die Lehren des Konfuzius

»Der Mensch hat dreierlei Wege, gut zu handeln: erstens durch Nachdenken, das ist der edelste, zweitens durch Nachahmen, das ist der leichteste, und drittens durch Erfahrung, das ist der bitterste.« Der chinesische Philosoph Konfuzius forderte Edelmut und Tugend von den Menschen. Nach seinem Tod baute man Tempel und verehrte ihn als Heiligen, sogar als Gott.

Viele Tempel sind **Konfuzius** geweiht. Dieser steht in Taipeh, der Hauptstadt von Taiwan.

Der assyrische König **Assurnasirpal II.** herrschte im 9. Jh. v. Chr. über Gebiete im Zweistromland, dort wo heute der Irak liegt.

Zweistromland

Zwischen den Flüssen Euphrat und Tigris lag etwa im heutigen Irak das Zweistromland. Für die Griechen war es das »Land zwischen den Flüssen«: »Mesopotamien«. Um etwa 3000 v. Chr. entwickelte sich im Süden des Landes eine der frühesten ▶Hochkulturen, gleichzeitig mit der ägyptischen. Die Sumerer, die ersten Herren im Zweistromland, lebten in Stadtstaaten (▶Polis), sie errichteten Kanäle und erfanden die Keilschrift (▶Schrift). Die meisten Menschen lebten als ▶Bauern, die den geringsten Einfluss in der Gesellschaft hatten. Der König dagegen wurde wie die ▶Pharaonen und Herrscher als gottgleich verehrt. Ihre Ernteerträge tauschten die Sumerer mit anderen Völkern vor allem gegen Metalle und Baumaterialien (▶Geld und andere Zahlungsmittel). Im Norden des Landes, am oberen Tigris, lebten in der Stadt Assur die Assyrer.

Viele Herrscher wollten das fruchtbare Land regieren und kämpften gegeneinander um die Vorherrschaft. Um etwa 1760 v. Chr. gelang es König Hammurapi, fast das gesamte Zweistromland zu unterwerfen und ein Großreich zu errichten. Er machte die Stadt Babylon zum Zentrum seines mächtigen Reiches, das Babylonien genannt wird.

Nach den Babyloniern übernahmen die Hethiter die Herrschaft, konnten sich im Zweistromland aber auf Dauer nicht gegen die inzwischen erstarkten Assyrer durchsetzen. Im 7. Jh. v. Chr. waren die Assyrer nicht nur mächtige Herrscher über das Zweistromland, sondern auch über Gebiete in Kleinasien, Syrien, Palästina und ▶Ägypten.

Bekannt wurden die alten Kulturen des Zweistromlands erst im 19. Jh. Ausgrabungen, Forschungen und die Entzifferung der Keilschrift brachten Kenntnisse der Völker, ihrer Herrscher und Geschichte nach Europa. ■

INFOBOX

Das Zentrum der Welt

Mit Unterbrechungen war Babylon fast 2000 Jahre lang kulturelles Zentrum und Mittelpunkt nicht nur des großen Reiches Babylonien im Zweistromland, sondern der ganzen Erdscheibe, wie sie babylonische Weltkarten zeigten. Die Gesetze, die König Hammurapi erließ, regelten das Zusammenleben, überwanden aber nicht die sozialen Unterschiede: Der König wohnte mit seiner Familie und zahlreichen Dienern komfortabel in einem prächtigen Palast, während die meisten Bauern und Stadtbewohner unter ärmlichen Verhältnissen in kleinen Hütten lebten.

Neun gut bewachte Tore gewährten Zugang zur Stadt Babylon. Eines davon war das reich verzierte **Ischtartor**. Heute kann man es im Berliner Pergamonmuseum bewundern.

Griechenland

Die Verfassung, die wir haben, heißt Demokratie, weil der Staat nicht auf wenige Bürger, sondern auf die Mehrheit ausgerichtet ist.

Gefallenenrede des Perikles,
griechischer Staatsmann, 431/430 v. Chr.

Griechenland

Athen
Demokratie
Gastfreundschaft
Geschichtsschreibung
Götterwelt
Hellenismus
Kolonisation
Mykene
Naturwissenschaften
Olympische Spiele
Pädagoge
Perser
Philosophie
Polis
Seebund
Sklave
Tempel
Theater
Troja

Die Kenntnisse der Hochkulturen wurden von den Griechen übernommen und weiterentwickelt: Im klassischen Griechenland des 5. und 4. Jhs. legten sie den Grundstein für unsere moderne europäische Kultur, insbesondere in den Bereichen der Demokratie, Kunst, Literatur, Wissenschaft, Philosophie und des Sports.
Die Griechen waren Vordenker für vieles, auf das wir heute noch aufbauen. Dabei ist Griechenland nicht als Einheit zu betrachten, denn es bestand aus vielen einzelnen, voneinander unabhängigen Staaten. Ein »Nationalgefühl« gab es noch nicht, vielmehr stritten sich die Städte um die Vorherrschaft, allen voran Athen und Sparta. Was die Griechen verband, war ihre gemeinsame Sprache, ihr Glaube an die Götter und ihre Leidenschaft für sportliche Wettkämpfe.
Athen war das kulturelle Zentrum Griechenlands, aber die griechische Kultur weitete sich bis nach Südfrankreich im Westen, Nordafrika im Süden und Kleinasien im Osten aus. Die Alten Welt wurde nachhaltig von ihr geprägt, so übernahmen die Römer von den Griechen z. B. deren Götter und die Kenntnisse in der Baukunst.

Kreta	**um 2200–1450 v. Chr.**
Mykene	**1600–1200 v. Chr.**
Trojanischer Krieg	**um 1200 v. Chr.**
»Dunkle Jahrhunderte«	**1100–800 v. Chr.**
Erste Olympische Spiele	**776 v. Chr.**

Gründung der ersten griechischen Kolonien	**750 v. Chr.**
Schriftfassung der Ilias	**700/650 v. Chr.**
Solons Reformen in Athen	**594 v. Chr.**
Tyrannis in Athen	**560–510 v. Chr.**
Ermordung des Tyrannen Hipparchos	**514 v. Chr.**
Reform des Kleisthenes in Athen (Demokratie)	**509–507 v. Chr.**
Perserkriege	**500–479 v. Chr.**
Schlacht bei Marathon	**490 v. Chr.**
Erstes Scherbengericht in Athen	**487 v. Chr.**

Einnahme Athens durch die Perser; Seesieg der Griechen bei Salamis	**480 v. Chr.**
Erster attischer Seebund	**477 v. Chr.**
Sokrates (Philosoph)	**470–399 v. Chr.**

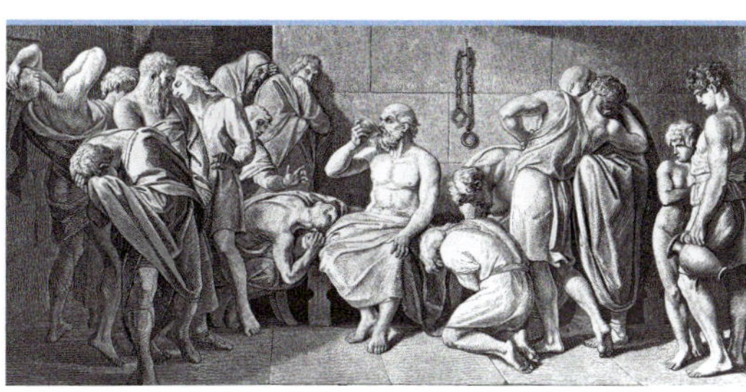

Baubeginn des Parthenon	**447 v. Chr.**
Perikleisches Zeitalter	**443–429 v. Chr.**
Peloponnesischer Krieg (Sparta–Athen)	**431–404 v. Chr.**
Platon (Philosoph)	**427–348/347 v. Chr.**
Kapitulation Athens	**404 v. Chr.**
Aristoteles (Philosoph)	**384–322 v. Chr.**
König Philipp von Makedonien	**359–336 v. Chr.**
Alexander der Große	**336–323 v. Chr.**
Ende der hellenistischen Staatenwelt, Eingreifen der Römer	**30 v. Chr.**

Athen

Athen war nicht nur ein Ort in Griechenland. Im 5. und 4. Jh. v. Chr. war Athen der wichtigste Schauplatz der europäischen Geschichte: Die ▶Demokratie entwickelte sich hier, Kunst und Kultur blühten, wichtige Männer trafen sich und tauschten ihr Wissen aus: Philosophen (▶Philosophie) wie Platon, Sokrates und Aristoteles, Politiker wie Perikles und Themistokles, Künstler wie der Bildhauer Phidias, Tragödiendichter wie Aischylos, Sophokles und Euripides. »Die Athener« war nicht nur die Bezeichnung für die Bewohner der Stadt, sondern auch für das umliegende Land. Eine ganze Landschaft, Attika, gehörte zum Einflussbereich der Stadt.

Athen war ein Stadtstaat, eine ▶Polis, die vor allem vom Krieg lebte und dabei eine Vielzahl von Kleinstaaten unterwarf. Immer wieder kämpften die Athener gegen die ▶Perser und im Peloponnesischen Krieg gegen ihren Erzfeind, die Stadt Sparta. Die größte Macht hatte Athen auf dem Meer. Der Hafen von Piräus bot Platz für viele Kriegs- und Handelsschiffe. Von dort aus stachen die Athener in See, gingen auf Eroberungszüge, gründeten ihre Kolonien (▶Kolonisation) und trieben Handel. Griechenland besteht aus vielen Inseln. Außerdem ist das Festland wegen seiner vielen Berge schwer zu bereisen, sodass längere Entfernungen meist über den Seeweg zurückgelegt wurden. Wer die meisten und schnellsten Schiffe besaß, hatte großen Einfluss in Griechenland. Das war Athen.

Die 50 Jahre zwischen den Perserkriegen (480 v. Chr.) und dem Peloponnesischen Krieg (431 v. Chr.) werden die klassische Zeit genannt. Die Kunstwerke, die damals entstanden, kann man heute noch überall in Museen bewundern. Großartige ▶Tempel wurden errichtet, überlebensgroße Figuren aus Marmor, Bronze, Gold und Elfenbein geschaffen, das erste ▶Theater in Europa gebaut. Aus ganz Griechenland kamen Besucher, um sich die Stadt anzuschauen. Sie reisten meist mit dem Schiff an, das auf der Halbinsel Piräus anlegte. Vom Hafen bis nach Athen verlief ein sieben Kilometer langer Weg im Schatten hoher Mauern. Diese waren im Krieg gebaut worden, um Stadt und Hafen vor feindlichen Angriffen zu schützen. Nach Durchquerung eines eindrucksvollen Stadttors war man in Athen angelangt. Touristen zog es in das Herz der Stadt, durch enge Gassen und verwinkelte Straßen bis auf den

BIOGRAFIE

Perikles

Perikles war ein wichtiger Staatsmann und Redner. Über zehn Jahre lang war er der führende Politiker in Athen. Durch die Einführung von Tagegeldern für die Vertreter der Volksversammlung wollte er die Demokratie und seine eigene Machtposition stärken. Perikles förderte auch die Kunst und ließ prächtige Gebäude wie den Parthenon-Tempel auf der Akropolis bauen. Das Geld für seine Bautätigkeit nahm er aus der Kriegskasse des attischen ▶Seebunds.

Das Bild zeigt eine Rekonstruktion der **Parthenon-Tempels** in der Antike. Seitdem hat sich im Zentrum von Athen gar nicht so viel verändert: Auch heute noch überragt der Tempel auf der Akropolis das Stadtbild.

Im Zentrum von Athen befand sich der **Marktplatz**, die Agora. Hier konnte man täglich frischen Fisch, Obst und Gemüse, Wein und Olivenöl kaufen.

Marktplatz, die Agora. Hier spendeten Bäume Schatten, und Geschäfte und Buden boten allerlei Erfrischungen an. Auf dem Marktplatz verkauften Händler exotische Waren, Politiker unterhielten sich über die neuen Gesetzesvorschläge. Vorbei an Säulenhallen, Geschäften, Amtsgebäuden, Altären und Statuen stiegen die Besucher den steilen Weg hinauf zur Burganlage der Akropolis, auf der der große Parthenon-Tempel stand. Er war der Schutzgöttin der Stadt, Athena, gewidmet und diente als Schatzkammer für die Kriegskasse des attischen ▶Seebunds. Die Akropolis mit ihren Heiligtümern wurde von den Athenern regelmäßig aufgesucht, um den ▶Göttern ein Opfer zu bringen und um ihre Hilfe zu bitten. Einmal im Jahr feierten die Stadtbewohner ein großes Fest mit Wettkämpfen und Theaterstücken. Den Höhepunkt bildete eine Prozession aller Athener auf die Akropolis.

Auch heute ist Athen die Hauptstadt von Griechenland, noch immer gehen viele Touristen über die gleichen Plätze und Straßen hinauf zum großen Tempel, wie die Besucher vor 2500 Jahren. ■

Der **Handels- und Kriegshafen** (im Vordergrund) war durch eine Straße mit Athen verbunden. Mauern säumten den Weg, um die Reisenden vor feindlichen Angriffen zu schützen.

LEBEN DAMALS

Spartanisches Leben

Die Spartaner waren die Erzfeinde der Athener. In Sparta gab es keine ▶Demokratie wie in Athen, sondern es herrschte eine strikte Ordnung, an die sich jeder hielt. Der Staat regelte das öffentliche und das private Leben. Selbst in Erziehungsfragen entschieden nicht die Eltern, sondern ausgewählte Staatsmänner. Die Spartaner bereiteten sich ihr ganzes Leben auf den Krieg vor. Sie schrieben keine Gedichte, schufen keine großartigen Kunstwerke und philosophierten nicht. Mit sieben Jahren zogen die Jungen von zu Hause aus. Sie lernten reiten, rennen und kämpfen. Selbst das Spielzeug der Kinder war auf Krieg ausgerichtet (im Bild die Gliederpuppe eines spartanischen Kriegers).

Um sich abzuhärten, trugen sie keine Schuhe und im Sommer wie im Winter denselben Mantel. Sie bekamen wenig zu essen und hatten kaum Eigentum. Noch heute bedeutet die Redewendung »spartanisch leben«, dass jemand sehr genügsam lebt. Gegen die ▶Perser kämpften Athener und Spartaner noch gemeinsam in einem ▶Seebund. Bald gab es Auseinandersetzungen um die Vorherrschaft in diesem Bündnis: 431 v. Chr. kam es zum Peloponnesischen Krieg, den Sparta gewann. Bei so viel Sport und Kampf hatten die Spartaner keine Zeit mehr, Getreide anzubauen oder Kühe zu melken. Sie zwangen andere Völker, für sie zu arbeiten, damit sie sich ganz dem Kriegsdienst widmen konnten.

Demokratie

Demokratie heißt Herrschaft des Volkes. Nicht ein Einzelner oder einige wenige Menschen, sondern das ganze Volk entscheidet über politische Fragen. Während in anderen ▶Hochkulturen Herrscher allein oder mit Beratern regierten, entwickelte sich vor rund 2500 Jahren in ▶Athen die erste Demokratie. Die Adligen, die zunächst in Athen an der Macht waren, stritten sich, missachteten Gesetze und nutzten die Bauern aus. Um den Streit zu schlichten, setzte man 594 v. Chr. Solon als Schiedsrichter ein: Er gab den Bauern ihr Geld zurück und legte die Gesetze schriftlich fest, damit sie jeder nachlesen konnte und sich daran hielt. Solon bestimmte außerdem, dass nicht nur Adlige aus vornehmen Familien an die Macht kommen konnten, sondern auch andere Athener mit einem bestimmten Grundvermögen. Damit war das politische Mitbestimmungsrecht nicht mehr an die Geburt gebunden, sondern an das Einkommen. Das Volk durfte nun entscheiden, wer herrschen sollte. Eine echte Demokratie war das aber noch nicht, denn das Mitbestimmungsrecht war nur den reichen Athenern vorbehalten.

Damit wirklich das ganze Volk herrschen konnte, entschied Kleisthenes 507 v. Chr., dass jeder Athener wählen und zweimal in seinem Leben ein Amt im Staat übernehmen durfte. Egal, wie reich er war oder aus welcher Familie er stammte. Ungefähr einmal in der Woche versammelte sich das Volk auf dem Marktplatz von Athen, der Agora. Jeder männliche erwachsene Athener durfte bei der Versammlung seine Meinung sagen oder einen Vorschlag machen, über den dann abgestimmt wurde. Bei wichtigen Entscheidungen, wie bei der Verurteilung eines Verbrechers oder militärischen Fragen, konnten allerdings nicht alle mitreden, sonst wäre es nie zu einer Einigung gekommen. Beamte des Staates, wie Richter oder militärische Befehlshaber, wurden aus allen Anwesenden gewählt oder ausgelost. Wenn ausgelost wurde, konnte es natürlich auch passieren, dass jemand einen Posten erhielt, der dafür nicht besonders geeignet war. Um die Teilnahme

Politiker hielten ihre Reden zunächst auf dem Marktplatz, später auf einer Art Bühne, damit jeder sie gut sehen und hören konnte.

Die Ämter in Athen wurden im 5. Jh. v. Chr. durch Lose zugewiesen. Das Bild zeigt eine steinerne **Losmaschine**, die mit nummerierten Kugeln nach dem Zufallsprinzip die Ämter verteilte.

QUIZBOX

Was ist eine Tyrannis?

1. Eine griechische Sagengestalt
2. Die Herrschaft eines Mannes
3. Ein Staat ohne Herrscher

Antwort 2: Im Gegensatz zur Monarchie, in der ein König zum Wohl des Volkes regiert oder zur Demokratie, in der das Volk selbst herrscht, war die Tyrannis eine Alleinherrschaft. Die griechischen Tyrannen erlangten ihre Macht meist durch Gewalt und handelten aus Habgier und Machthunger. Aus Streitigkeiten zwischen adligen Konkurrenten ging einer als Tyrann hervor. Erst als die Tyrannen beseitigt waren, konnte sich die Demokratie in Athen durchsetzen.

an der Volksversammlung auch ärmeren Bürgern zu ermöglichen, führte Perikles die »Diäten« ein: Wer zur Versammlung ging, erhielt dafür eine finanzielle Entschädigung. Auf diese Weise wollte der Staatsmann seine Anhängerschaft vergrößern.

Bis zum ▶Hellenismus bestand die Demokratie in Athen, etwa 100 Jahre. Danach war die Idee der Volksherrschaft lange Zeit vergessen. In der Antike und im Mittelalter galt sie als unsichere Regierungsform. Erst im 18. Jh. setzte sie sich wieder durch. Dieses Mal ging die Demokratie aus einem Aufstand durch das Volk hervor. Sowohl in der ▶Amerikanischen Revolution als auch in der ▶Französischen Revolution gab es blutige Kämpfe um die Herrschaft der Bürger.

In Athen gab es die direkte Demokratie: Die Bürger, deren Vater und Mutter Athener waren, durften in der Volksversammlung ihre Meinung sagen und selbst abstimmen. Heute gibt es meist die sogenannte repräsentative Demokratie: Die Bürger wählen Vertreter, die Abgeordneten, die im Parlament, der heutigen Volksversammlung, Entscheidungen treffen und den Ministerpräsidenten oder die Bundeskanzlerin bzw. den Bundeskanzler bestimmen. Ob zum Beispiel die Steuern erhöht werden oder die Geschäfte längere Öffnungszeiten haben, entscheiden heutzutage die Bürger nicht selbst, sondern indirekt durch die von ihnen gewählten Volksvertreter. ■

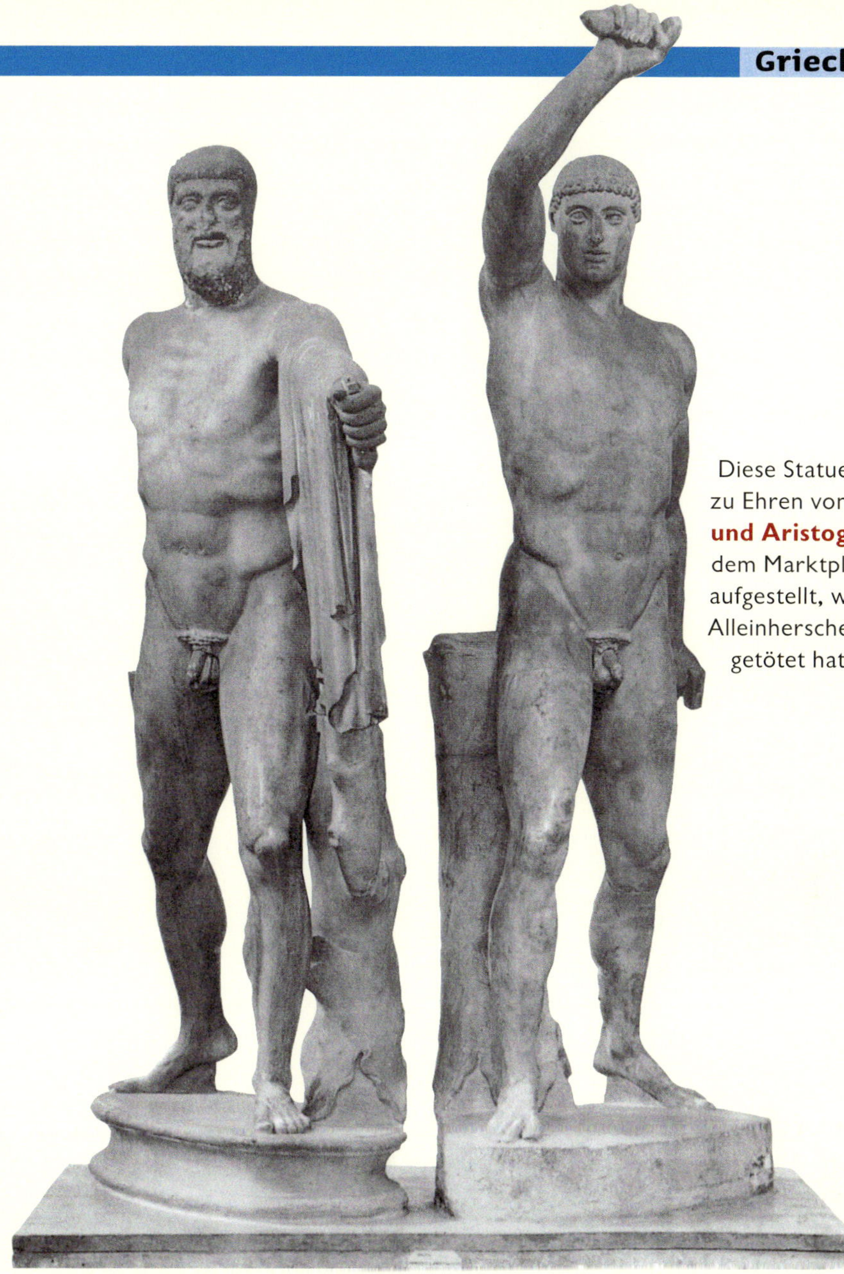

Diese Statuen wurden zu Ehren von **Harmodios und Aristogeiton** auf dem Marktplatz von Athen aufgestellt, weil sie den Alleinherscher Hipparchos getötet hatten.

INFOBOX

Durch Scherben in die Verbannung

Ein Beispiel für einen direkten Volksentscheid in der griechischen Demokratie ist das Scherbengericht: Wenn ein Politiker in ▶Athen unbeliebt war, konnte er verbannt werden. Dazu versammelten sich die Bürger auf dem Markt und jeder ritzte den Namen des Mannes, der den politischen Frieden störte, auf eine Scherbe und warf sie in einen Topf. Dann wurde ausgezählt. Wenn ein Name mindestens 6000-mal genannt wurde, musste derjenige Athen für zehn Jahre verlassen. Das Scherbengericht wurde eingeführt, um sich von missliebigen Tyrannen zu befreien. Später wurden so aber auch Staatsmänner wie Perikles verbannt.

Beim **Gastmahl** feierten und philosophierten die Teilnehmer. Hier empfängt der Gastgeber gerade einen schon angetrunkenen Gast.

Gastmahl

Beim Gastmahl trafen sich griechische Männer, um gemeinsam zu feiern, zu essen und Wein zu trinken. Je nach Anlass konnte daraus ein fröhliches Fest unter Freunden oder eine Art Geschäftsessen werden. Der Gastgeber lud die Gäste zu sich nach Hause ein. Er deckte die Tische mit Silbergeschirr und bot exotische Speisen an, um die Gäste zu beeindrucken. Im Andron, dem Speisezimmer für Männer, standen Tische und Klinen, eine Art Couch, auf denen die Gäste beim Essen lagen. Tänzerinnen und Musikerinnen unterhielten die Gesellschaft. Diener brachten kleine Häppchen und boten Wein an. Nach dem Essen tauschten die Gäste Neuigkeiten aus, diskutierten politische Meinungen, erörterten Fragen der ▶Philosophie oder unterhielten sich über die neuesten Gerüchte. Da jeder Teilnehmer am Gastmahl seine Meinung frei äußern durfte, untersagten manche Städte wie Sparta private Gastmahle, um politische Verschwörungen zu verhindern. ■

LEBEN DAMALS

Das Kottabos-Spiel

Bei einem Gastmahl wurde viel Wein getrunken. Die Griechen mischten den Wein in großen Gefäßen mit Wasser. Dann füllten sie ihn in Trinkschalen. Ein beliebter Zeitvertreib war das Kottabos-Spiel: Man hielt die Trinkschale mit einer Hand an einem Henkel und versuchte, einen Rest Wein aus der Schale zu schleudern, sodass er durch die Luft flog und auf einen

Stab mit kleinen Glöckchen traf. Je nachdem, wie viel Wein die Gesellschaft vorher schon getrunken hatte, flog der Wein nicht immer dahin, wohin er sollte.

BIOGRAFIE

Thukydides

Thukydides hielt die politischen und militärischen Ereignisse des Peloponnesischen Krieges fest, in dem er selbst als Flottenkommandant diente. Seine Berichte sind sachlich, ohne Übertreibungen oder Ausschmückungen. Er führte verschiedene Meinungen an, suchte nach Zusammenhängen und prüfte, ob das Erzählte der Wahrheit entsprach. Als Haupttriebfeder der Geschichte sah er das menschliche Streben nach Macht an.

Geschichtsschreibung

Bis die Menschen ihre eigene Geschichte aufschrieben, dauerte es Jahrhunderte. Im Altertum glaubte man, dass der Mensch nicht selbst über sein Schicksal bestimmte, sondern die ▶Götter. So sind in den Erzählungen aus ▶Ägypten und anderen ▶Hochkulturen des Altertums die Hauptdarsteller meistens Götter. Unsere Kenntnis vom Alltag der Menschen aus dieser Zeit stammt weniger aus ihren eigenen Erzählungen, sondern vielmehr aus Quellen wie Herrscherlisten, Siegerlisten von Wettkämpfen, Inschriften und Gesetzesaufzeichnungen. Die kritische Auseinandersetzung mit der Geschichte begann im 5. Jh. v. Chr. in Griechenland: Herodot von Halikarnassos gilt als »Vater der Geschichtsschreibung«. Er beschrieb den Verlauf der Kriege gegen die ▶Perser, wobei er als Erster keine Sagen erzählte, sondern berichtete, was er selbst sah und hörte. ■

Götter

Im frühen Griechenland glaubten die Menschen nicht an einen einzigen allmächtigen Gott, sondern an viele verschiedene Gottheiten, die Einfluss nahmen auf alles, was auf der Erde und im Himmel passierte: Erdbeben, Gewitter oder der Sonnenaufgang wurden von den Göttern gemacht – sie bestimmten aber auch über das Schicksal der Menschen. Die Griechen glaubten nicht an Zufälle, alles war vorherbestimmt, und so fällte man auch keine Entscheidung, ohne vorher die Götter um Rat zu fragen. Um sie milde zu stimmen, baute man ▶Tempel und brachte ihnen Opfer.

Viele Sagen und Lieder handeln von den griechischen Göttern auf dem Olymp und ihren Abenteuern. Die Götter waren nach dem Glauben der Griechen unsterblich. Ansonsten verhielten sie sich fast wie Menschen: Sie verliebten sich, waren eifersüchtig, heirateten und bekamen Kinder. Die Götter waren auch nicht immer weise und unparteiisch – bei dem Krieg um ▶Troja ergriffen die einen Partei für die Griechen, die anderen für die Trojaner.

Im 5. Jh. v. Chr. fingen die Griechen an, den alleinigen Einfluss der Götter zu hinterfragen und durch die ▶Naturwissenschaften, ▶Philosophie und ▶Geschichtsschreibung nach anderen Erklärungen für die Geschehnisse auf der Welt zu suchen. ■

BIOGRAFIE

Alexander der Große

Alexander war nach Philipps Tod (336 v. Chr.) König von Makedonien. Seine Erziehung erhielt er von dem Philosophen Aristoteles, der ihm die griechische Kultur nahebrachte. Als Erwachsener vergrößerte er Griechenland im Osten bis an den Indus und gründete viele neue Städte, die den Namen Alexandria erhielten. Alexander hielt sich für unbesiegbar und ließ sich sogar als Gott verehren. Aber gegen Krankheiten konnte selbst er nichts ausrichten: Er starb schon mit 33 Jahren.

Hellenismus

Hellenismus bezeichnet den Zeitabschnitt, in dem Griechenland nicht mehr aus vielen unabhängigen Städten bestand, sondern eine große Weltmacht war. Die Griechen nannten sich selbst Hellenen, daher der Name Hellenismus. Der Herrscher dieses Reiches war ein Makedonier aus dem Norden von Griechenland: König Philipp II. Er vereinte die vielen Städte und Landstriche, in denen Hellenen lebten, zu einem Reich. Sein Sohn Alexander führte fort, was Philipp begann: Er brachte die griechische Kultur fast in die ganze damals bekannte Welt, besiegte sogar die gefürchteten ▶Perser und eroberte ein riesiges Gebiet, das bis nach Indien reichte. Überall sprach man Griechisch, trug griechische Kleidung und lebte in Städten (▶Polis) nach griechischem Vorbild. ■

INFOBOX

Die wichtigsten griechischen Götter

Jede Göttin und jeder Gott hatte eine besondere Aufgabe. Zwölf Götter wohnten auf dem Olymp, dem höchsten Berg in Griechenland: Demeter (Ernte), Aphrodite (Schönheit), Hephaistos (Schmiede), Hermes (Götterbote), Ares (Krieg), Artemis (Jagd), Apollon (Musik), Athena (Schutzgöttin ▶Athens), Zeus (Wetter), Hera (Ehe und Geburt), Poseidon (Meer) und Dionysos (Wein). Hades lebte in der Unterwelt im Reich der Toten. Der höchste Gott war Zeus.

Zeus

Athena

Aphrodite

Apollon

Dionysos

Das Fresko zeigt junge Männer, die einen Salto über den Rücken eines Stieres schlagen. Auf **Kreta** galt der Stier als heilig.

LEBEN DAMALS

Das Orakel von Delphi

Bevor die Männer loszogen, um eine Kolonie zu gründen, befragten sie das Orakel von Delphi. Eine Priesterin des Gottes Apollon (▶ Götter) nannte den Seeleuten die beste Route und warnte sie vor Gefahren. Sie saß auf einem Dreifuß und »übersetzte« die göttliche Weisung für die Ratsuchenden.

Kolonisation

Die meisten griechischen Städte lagen am Meer. Über den Seeweg trieben die Griechen schon seit langer Zeit Handel. Dabei lernten sie andere Völker und Gegenden kennen. Als die Bevölkerungszahl in Griechenland stieg und es nicht mehr genug Land und Lebensmittel für alle gab, gründeten die Griechen neue Städte in anderen Ländern. Diese Neugründungen nennt man Kolonien. Mit dem Schiff segelten mutige Männer in die Fremde. Jeder, der mitfuhr, erhielt ein Stück Land in der neuen Heimat. Die Frauen kamen später nach, wenn schon eine Stadt aufgebaut war, oder die Kolonisten heirateten Frauen aus den dort lebenden Völkern. Das erste Gebiet, das von den Griechen besiedelt wurde, war Sizilien. Später gab es Kolonien fast überall an den Küsten des Mittelmeers: in Spanien, Frankreich, Nordafrika, Italien, in Kleinasien und am Schwarzen Meer. ■

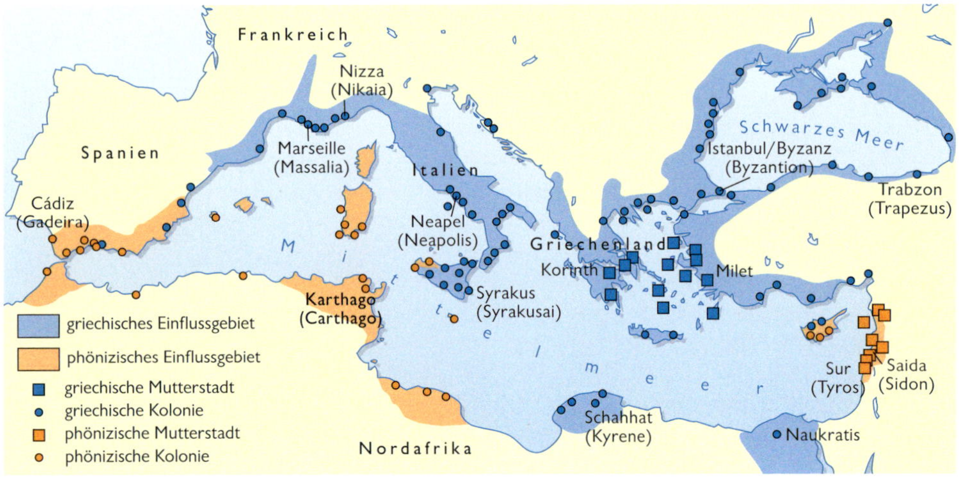

Kolonien der Griechen (blau) und der Phönizier (orange). Von den Mutterstädten stachen die Schiffe in See.

Kreta und Mykene

Die griechische Kultur entwickelte sich im 8. Jh. v. Chr. Auch vorher schon lebten in Griechenland Menschen in Städten. Die früheste ▶Hochkultur war die minoische, benannt nach dem sagenhaften König Minos von Knossos auf Kreta, einer Insel im Mittelmeer. Bei Ausgrabungen fanden Archäologen Reste von großen Palästen. In einigen der bunt ausgemalten Räume entdeckten sie Tontäfelchen mit merkwürdigen Schriftzeichen, die bis heute nicht entziffert werden konnten.

Nach der minoischen entwickelte sich ab dem 16. Jh. v. Chr. die mykenische Kultur, benannt nach ihrer Hauptstadt Mykene auf dem Festland. Dort erhob sich eine riesige Burganlage, deren Schutzmauern eine dicht besiedelte Stadt und einen prächtigen Palast umschlossen. Wahrscheinlich lebten hier Könige oder Herrscher. Der Haupteingang führt durch das sogenannte Löwentor: Zwei stehende Löwen wachen über die Stadt und erinnern an die Pracht der damaligen Anlage. Auch die gefundenen Grabbeigaben mit Goldmasken und edlem Schmuck zeugen von Reichtum.

Um 1200 v. Chr. ging die mykenische Kultur zugrunde, die Paläste wurden zerstört, die Menschen verließen die Städte und wanderten aus. Möglicherweise gab es Kriege – der Krieg um ▶Troja fand zur gleichen Zeit statt. Für die darauffolgenden Jahrhunderte gibt es keine schriftlichen Überlieferungen mehr, keine Städte und kaum archäologische Funde. Diese Zeit nennt man die »dunklen Jahrhunderte«. ■

Naturwissenschaften

Menschen sind neugierig, deshalb wollen sie wissen, wie die Welt funktioniert. Gläubige Menschen finden Erklärungen in ihrer Religion. Naturwissenschaftler versuchen mit logischem Verstand, Untersuchungen, genauen Messungen und Experimenten den Dingen auf den Grund zu gehen.

Die ersten Naturwissenschaftler in Griechenland glaubten nicht mehr, dass Göttervater Zeus die Blitze schleuderte (▶Götter). Sie beobachteten den Himmel und die Sterne und unterhielten sich mit Gelehrten aus anderen Ländern. Von den alten Ägyptern (▶Ägypten) lernten sie, weite Entfernungen zu messen. Auf die Frage nach dem Grundstoff des Lebens fanden sie verschiedene Antworten: Für Thales war das Wasser der Urstoff, für Anaximenes die Luft, für Heraklit war es das Feuer.

Obwohl die griechischen Wissenschaftler nicht über so genaue Untersuchungsmethoden wie wir heute verfügten, fanden sie Erstaunliches heraus: Sie stellten fest, dass sich die Erde um die Sonne dreht und nicht die Sonne um die Erde; sie zeichneten erste Karten von der damals bekannten Welt. Pythagoras entdeckte geometrische Formeln, mit denen Schüler bis heute rechnen. Demokrit glaubte, dass jedes Ding aus winzigen Teilchen besteht, die so klein sind, dass man sie nicht mehr weiter teilen kann, den Atomen (griechisch: atomos = unteilbar). Dabei hatte er gar kein Mikroskop, mit dem er seine Theorie beweisen konnte.

Die Naturwissenschaft arbeitete eng mit der ▶Philosophie zusammen. Aristoteles nannte die ersten Naturphilosophen sogar Physiker (von physis = Natur), denn das Ziel war das gleiche: Wissenschaftler und Philosophen wollten Erklärungen für die Existenz, die Erscheinungsformen und Eigenschaften der Welt finden. Nur die Methoden unterschieden sich: Während die Philosophen vor allem geistig tätig waren, suchten die Naturwissenschaftler nach messbaren und beweisbaren Wegen. ■

Ptolemäus war ein bedeutender Geograf und Astronom des Altertums. Ihm gelang es, die Planetenbahnen genauer als bisher zu berechnen.

INFOBOX

Der hippokratische Eid

Hippokrates war in der Antike ein berühmter Arzt und Lehrer. Er vertrat die Auffassung, dass man die Krankheit eines einzelnen Organs nur verstehen könne, wenn man den ganzen menschlichen Körper betrachtet. Magische Deutungen von Krankheiten, wie sie bis dahin üblich gewesen waren, lehnte er ab.
Hippokrates bestand darauf, dass alle seine Schüler einen Eid schworen. Damit versprachen sie, ihre medizinischen Kenntnisse nur zum Wohl der Patienten einzusetzen, niemals Leben zu zerstören oder Leid zuzufügen. Bis heute legen Ärzte ein Gelöbnis ab. Sie verpflichten sich, ihr Leben in den Dienst der Menschlichkeit zu stellen, Geheimnisse zu wahren (Schweigepflicht) und keinen Unterschied bei den Patienten zu machen, weder nach Religion noch nach Nationalität oder Rasse.
Der Äskulapstab, den eine Schlange umringelt, ist der Stab des griechischen Heilsgottes Asklepios. Er wurde von Hippokrates und seinen Anhängern als Wahrzeichen verwendet und ist heute noch das Symbol der Apotheker und Sanitäter.

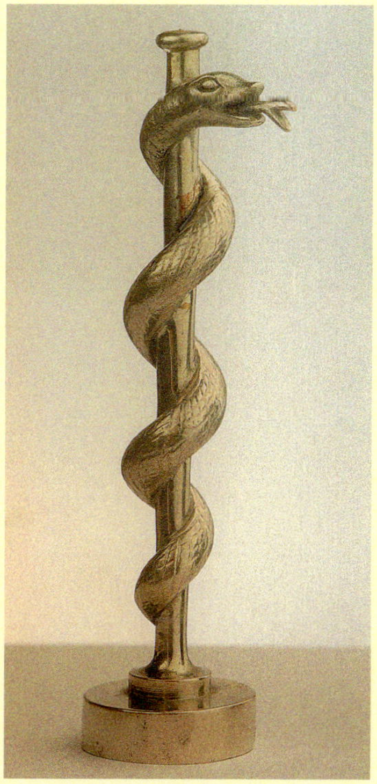

Der **Diskuswerfer** stellt das Idealbild eines attischen Sportlers dar.

Olympische Spiele

Griechen liebten Wettbewerbe jeder Art. Im Dichten, im Musizieren, in der Kunst, im Sport: Überall gab es Vergleiche und Wettkämpfe. »Immer der Erste zu sein« war schon bei Homer das Motto der jungen Männer. Ihr Talent, ihre Kraft und ihren Siegeswillen konnten sie am besten bei den sportlichen Wettkämpfen zeigen, die in ganz Griechenland stattfanden: in ▶Athen (die Panathenäischen Spiele), bei Korinth (die Isthmischen Spiele), in Delphi beim Apollonheiligtum (die Pythischen Spiele) und in Nemea (die Nemeischen Spiele). Die berühmtesten Spiele veranstaltete man in Olympia, einem kleinen Ort auf der Halbinsel Peloponnes, der für sein Zeusheiligtum und die Werkstatt des Bildhauers Phidias bekannt war. Alle vier Jahre fanden hier zu Ehren des höchsten Gottes Zeus (▶Götter) Sportwettkämpfe in verschiedenen Disziplinen statt.

Es galten strenge Regeln, deren Überschreitung Prügel oder hohe Geldstrafen nach sich zog. Die ersten belegbaren Spiele fanden 776 v. Chr. statt. Bis 393 n. Chr. traten Sportler aus ganz Griechenland in Olympia gegeneinander an. Es wurde nackt gekämpft. Die Sieger der Olympischen Spiele erhielten einen Kranz aus Ölzweigen, Ruhm und Ehre und für den Rest ihres Lebens freie Verpflegung auf Staatskosten. Zweite und dritte Plätze wurden nicht verliehen.

INFOBOX

Olympische Disziplinen

Zunächst gab es in Olympia nur eine einzige Disziplin: den Wettlauf. Die Läufer liefen barfuß eine 192 Meter lange Runde durch das Stadion. Später kam der Waffenlauf hinzu, bei dem die gleiche Strecke zu laufen war, aber in voller Kriegsrüstung mit Helm, Brustschutz, Beinschienen und Schild. Der Marathonlauf war keine olympische Disziplin in Griechenland, er kam erst in der Neuzeit hinzu. Das Wagenrennen fand auf der Pferderennbahn statt, dem sogenannten Hippodrom. Ringen, Faustkampf, Diskuswerfen, Weitsprung und Speerwerfen wurden im Gymnasion ausgetragen, einem freien Platz mit Sandgrund. Alle Athleten und Kampfrichter leisteten vor den Spielen einen Eid, in dem sie versprachen, die Regeln einzuhalten.

Die Spiele gaben den Griechen die Möglichkeit, sich als ein Volk zu betrachten. Zwischen den Spielen lebte jede ▶Polis für sich allein, oder die Stadtstaaten kämpften gegeneinander. Während der Spiele musste jeder Krieg und jede Schlacht unterbrochen werden. Die Teilnahme an den Olympischen Spielen war neben der Religion und der Sprache fast das Einzige, was alle Griechen miteinander verband. Ausländer und Frauen durften an den Wettkämpfen nicht teilnehmen. ■

INFOBOX

Hundert Jahre Olympische Spiele

Bei den antiken Olympischen Spielen traten nur Griechen gegeneinander an. Im 4. Jh. n. Chr. fanden die Spiele ihr Ende. Im 19. Jh. hatte der Franzose

Pierre de Coubertin die Idee, eine moderne Form der Olympischen Spiele einzuführen, an denen verschiedene Nationen teilnahmen. Die ersten Spiele fanden 1896 in Athen statt. Sie sollten zur ▶Demokratie erziehen und den Frieden unter den Völkern fördern. Seitdem werden sie wieder alle vier Jahre ausgerichtet. Leider gilt die Regel, dass jede Art von Krieg während der Spiele unterbrochen werden muss, nicht mehr. 1916, 1940 und 1944 fielen die Spiele wegen der beiden Weltkriege aus. Die Satzung des Internationalen Olympischen Komitees (IOC) sieht die Gleichheit aller Rassen, Geschlechter, Religionen und Weltanschauungen vor. Die fünf farbigen Kreise der olympischen Flagge stehen für die fünf Kontinente.

BIOGRAFIE

Themistokles

Der athenische Feldherr und Staatsmann Themistokles vergrößerte den Kriegshafen von Piräus. Er ließ die attische Flotte ausbauen, um zur See gegen die Perser zu kämpfen (▶Seebund). Ihm verdankten die Athener den Seesieg bei Salamis. Da diesem Erfolg aber die Preisgabe Athens an die Perser vorausgegangen war, hatte er viele Kritiker. Themistokles wurde durch das Scherbengericht verbannt und sogar zum Tode verurteilt. Daraufhin floh er zu den Feinden nach Persien.

Pädagoge

Der Pädagoge war ein ▶Sklave, der die Kinder zur Schule begleitete und darauf achtete, dass sie ihre Hausaufgaben machten. Im antiken Griechenland gingen nur die Jungen zur Schule. Mit sieben Jahren lernten sie lesen, schreiben, musizieren, tanzen und kämpfen. Der Sportunterricht fand auf dem Sportplatz statt, dem sogenannten Gymnasion. Auf der weiterführenden Schule kamen andere Fächer hinzu: Redekunst, ▶Philosophie, Mathematik, Astronomie, Fremdsprachen, Politik. Nur reiche Familien konnten ihre Söhne zur Schule schicken, denn ein guter Lehrer kostete Geld. Kinder von Bauern lernten von ihren Eltern, was sie wissen mussten. Auch Mädchen blieben zu Hause. Die Mutter brachte ihnen Lesen, Schreiben, Spinnen, Weben und Hauswirtschaft bei. ■

Musikunterricht in der Schule: Der **Lehrer**, erkennbar an seinem Stab und dem Bart, bringt einem Schüler das Lautespielen bei.

Perserkönig Dareios ließ seinen Palast ganz mit glasierten Ziegeln ausschmücken. Die **Perser** waren gute Bogenschützen, deshalb werden sie hier mit Köcher und Bogen dargestellt.

Perser und Perserkriege

Die Perser waren der größte Feind der Griechen. Unter den persischen Königen Dareios und Xerxes breitete sich das riesige Reich der Perser, das Gebiete der heutigen Türkei, Syriens, des Iran und des Irak umfasste, bis an die kleinasiatische Küste aus. Die dort angesiedelten griechischen Städte wehrten sich mit athenischer Unterstützung im »Ionischen Aufstand« gegen eine persische Herrschaft. 490 v. Chr. trafen Athener (▶Athen) und Perser bei Marathon aufeinander. Obwohl die Griechen in der Minderheit waren, siegten sie. Um auf weitere Angriffe der Perser vorbereitet zu sein, baute Athen seine Kriegsflotte aus und sammelte Bundesgenossen um sich (▶Seebund). Trotzdem gelang es Xerxes 480 v. Chr., Athen zu erobern. Auf dem Land hatten die Griechen keine Chance gegen das übermächtige persische Heer. Deshalb lockte die attische Flotte die Perser auf das Meer und besiegte sie dank der wendigeren kleinen Schiffe in einer Meerenge. ■

INFOBOX

Marathon

490 v. Chr. kämpften die Athener gegen die Perser bei Marathon. Die Athener gewannen und schickten einen Soldaten nach Athen, der die Nachricht vom Sieg überbringen sollte. Der Bote rannte den ganzen Weg von Marathon bis nach ▶Athen, rund 40 Kilometer. Dort angekommen, konnte er gerade noch den Sieg verkünden, bevor er tot zusammenbrach. Zur Erinnerung an diesen Läufer hat die heutige Marathonstrecke eine Länge von 42,195 Kilometern.

Der italienische Renaissancekünstler Raffael malte in seinem Bild »Die Schule von Athen« die wichtigsten **Philosophen** von der Antike bis zur Renaissance. In der Mitte auf der Treppe stehen Platon und Aristoteles.

BIOGRAFIE

Sokrates

Der Philosoph Sokrates provozierte die athenischen Bürger mit Fragen wie: »Was ist Gerechtigkeit?« oder: »Was ist Frömmigkeit?« 399 v. Chr. wurde er angeklagt, weil er die Jugend verderbe und die Götter nicht achte. Sokrates lehnte es ab, sich zu verteidigen oder zu fliehen, weil er die Gesetze der athenischen ▶ Demokratie und das rechtmäßige Urteil des Gerichtes akzeptierte. Er wurde zum Tode verurteilt und trank den Schierlingsbecher mit Gift.

Philosophie

Philosophie heißt übersetzt »Liebe zur Weisheit«. Philosophen suchen nach Antworten auf so grundlegende Fragen wie: Woraus besteht die Welt? Was ist Glück? Was passiert nach dem Tod? Was ist das Wesen des Menschen? Anders als in den ▶ Naturwissenschaften wollten die griechischen Philosophen diese schwierigen Probleme nicht durch Beobachten und Experimentieren, sondern durch Nachdenken lösen. Sokrates war der erste Philosoph, der die Antworten nicht in der Natur, sondern im Menschen suchte. Er unterhielt sich gern mit Athenern auf dem Marktplatz über philosophische Themen. Gewöhnlich stellte er provozierende Fragen, die seine Gesprächspartner verunsicherten. »Ich weiß, dass ich nichts weiß« ist ein typischer Satz von Sokrates. Er stimmt und widerspricht sich damit gleichzeitig selbst.

Sein Schüler Platon sah ebenfalls, dass die menschliche Vernunft der Schlüssel zu vielen wesentlichen Fragen ist. Auf der Suche nach dem ewig Wahren, Schönen und Guten fand er eine Welt der Ideen: Das, was wir sehen, ist nicht wirklich, sondern nur ein Schatten von etwas Unvergänglichem.

Viele Philosophen eröffneten Schulen für Erwachsene, in denen kritisches Denken unterrichtet wurde. Aristoteles, ein Schüler von Platon, wollte wissen, was Tugend ist. Tugend, so Aristoteles, ist die Mitte zwischen zwei Extremen. Das richtige Maß liegt genau zwischen Übermaß und Mangel. Aristoteles erörterte aber nicht nur philosophische Fragen. Er forschte auch in der Medizin, Psychologie, Politik, Biologie, Rhetorik und Dichtkunst. Bis in die Neuzeit hinein wurde er nur »der Philosoph« genannt. ■

INFOBOX

Wie wurden die Schriften überliefert?

Die meisten Schriften der griechischen Philosophen sind nicht erhalten geblieben. Eine der größten Bibliotheken des Altertums in Alexandria fiel noch in der Antike einem Feuer zum Opfer. Heute gibt es kein einziges Schriftstück, das Platon oder Aristoteles selbst verfasst hätten. Einige Schriften wurden immer wieder mit der Hand abgeschrieben und blieben so über Jahrhunderte erhalten. Im Osten hüteten arabische Gelehrte die antiken Texte, im Westen sammelten Mönche im Mittelalter das Wissen in klösterlichen Bibliotheken (▶ Kloster).

Polis

Polis ist griechisch und heißt Stadt. Die Gemeinschaft der Bürger einer Stadt gab sich eine Verfassung, die die Rechte und Pflichten jedes Einzelnen festlegte und das Zusammenleben regelte. Jede Stadt hatte ihre eigene Verfassung, eigene Gesetze und manche, wie Sparta, sogar ihr eigenes Geld. Auf der Agora, dem zentralen Marktplatz, versammelten sich die Bürger der Polis.

Eine griechische Polis umfasste nicht nur das Stadtgebiet, sondern auch das Umland. Die Polis ▶Athen z.B. bestand aus 140 Siedlungen, die teilweise mehr als 50 km vom Zentrum entfernt waren. Dieser Stadtstaat war unabhängig und frei. Die Griechen verstanden sich als Bürger ihrer Stadt, nicht als griechische Bürger. Außer bei den ▶Olympischen Spielen, wo alle Griechen ein gemeinsames Interesse hatten, gab es keine einheitliche Nation. Die Griechen lebten in 250 solcher Poleis. Die selbstständigen Stadtgemeinden hatten meist nur zwischen 500 und einigen Tausend Bürgern. Hinzu kamen die Städte, die die Griechen durch die ▶Kolonisation in anderen Ländern gründeten. Bei Auseinandersetzungen oder Landstreitigkeiten kam es zu Kriegen zwischen den Stadtstaaten. Wegen seiner Kleinteiligkeit unterschied sich das griechische Staatswesen grundlegend von den zentral geführten Großreichen des ▶Hellenismus oder der römischen Zeit (▶Rom). ■

Die **Flottenstärke** war entscheidend für die politische Macht in Griechenland. Im 5. Jh. v. Chr. besaß Athen die meisten Schiffe und beaufsichtigte die Kriegskasse.

Seebund

Griechenlands Stärke waren seine Kriegsschiffe. Um sich gegen den Feind, die ▶Perser, zu verteidigen, schlossen sich einige griechische Stadtstaaten zu einem Seebund unter der Führung Spartas zusammen. Nach der ersten siegreichen Seeschlacht gegen die Perser verließ Sparta das Bündnis und ▶Athen übernahm die Führung des »attischen Seebunds«. Die Bundesgenossen stellten Kriegsschiffe oder Geld zur Verfügung. Der Seebund war erfolgreich und schlug die Perser in die Flucht. 449 v. Chr. wurde Frieden geschlossen. Eigentlich wäre der Bund nun nicht mehr nötig gewesen, aber Athen behielt ihn bei, um weiter von seinen Bündnispartnern Geldbeiträge einfordern zu können. ■

INFOBOX

Krieg zu Wasser

Die Athener setzten in den Kriegen gegen die ▶Perser Ruderschiffe mit je 170 Ruderern ein. Zur Besatzung gehörten außerdem etwa dreißig Krieger und vier Bogenschützen, die bei einem direkten Kampf zum Einsatz kamen. Die gefährlichste Waffe war der Rammsporn am Schiffsbug, mit dem die feindlichen Schiffe versenkt wurden. Für den Krieg gegen die Perser wurde die Flotte um 200 Schiffe vergrößert. 40 000 Ruderer traten den Kriegsdienst an.

Zentrum jeder **Polis** war der Marktplatz mit öffentlichen Gebäuden. Hier versammelten sich die Bürger.

Dieser dorische **Tempel** in Selinunt in Sizilien war der Göttin Hera, der Gemahlin des Zeus, geweiht. Nach der griechischen Vorstellung wohnte die Göttin in ihrem Tempel.

Sklave

Sklaverei war für die Menschen in der Antike etwas ganz Normales. Aber nur reiche Bürger konnten sich Sklaven leisten. Die meisten Sklaven in Griechenland lebten in ▶Athen. Sie wurden im Haus, in der Landwirtschaft oder als Arbeiter eingesetzt. Auch viele Lehrer und ▶Pädagogen waren Sklaven. Sie waren gebildet, wurden in der Regel gut behandelt und erhielten Geld für ihre Arbeit. Haussklaven gehörten fast schon zur Familie. Was ihnen fehlte, war die Freiheit: Sie konnten nicht gehen, wohin sie wollten, durften keine Verträge unterschreiben und keinen eigenen Hausstand gründen. Wenn sie heiraten wollten, brauchten sie die Erlaubnis ihres Besitzers. Manche Sklaven konnten sich mit Geld freikaufen oder wurden von ihrem Herrn wegen guter Dienste in die Freiheit entlassen. Wie wurde man Sklave? Die meisten Sklaven wurden schon unfrei geboren. Man konnte aber auch bei einem Krieg als Gefangener in die Sklaverei verkauft werden. ■

LEBEN DAMALS

Die Silberminen von Laurion

Haussklaven führten in der Regel ein angenehmeres Leben als die Sklaven auf den Feldern. Am schlechtesten ging es den Sklaven in den Silberminen von Laurion bei Athen: Im Dienste des athenischen Staates verrichteten sie eine harte und gefährliche Arbeit: Die Sklaven schlugen in bis zu 150 Meter tiefen Schächten Steine aus dem Berg, aus denen Silber gewonnen wurde. Athen finanzierte damit seine Kriegsflotte. Mit dem Silber wurden aber auch Münzen geprägt und Getreide eingekauft. Die Sklaven für die Silberminen bezogen die Athener aus dem Ausland oder sie liehen sie sich von reichen athenischen Bürgern. In Laurion sollen mehrere 10 000 Sklaven gearbeitet haben (im Bild die Fußfesseln eines Sklaven).

Tempel

Für ihre ▶Götter bauten die Griechen große Tempel aus Stein. Anders als später in den Kirchen des ▶Christentums versammelte sich hier aber nicht die Gemeinde, die Tempel dienten nach dem Glauben der Griechen vielmehr als eine Wohnung für die Gottheit. Außer dem höchsten Priester durfte niemand ihre Schwelle überschreiten. Gottesdienste wurden am Altar vor dem Tempel veranstaltet. Hier wurden auch regelmäßig Opfer gebracht: Lebensmittel, Tiere, aber auch Gold und Schmuck stifteten die Griechen, um die Götter milde zu stimmen. Bei Feiern zu Ehren der Tempelgottheit zog man in einer langen Prozession zum Tempel. Auf der Festwiese vor dem Gotteshaus durften die Besucher auch in kleinen Zelten übernachten.

Ein griechischer Tempel bestand aus einem zweigeteilten Innenraum und langen Säulenreihen. Ein Teil des Inneren war für die Gottheit bestimmt, der andere Teil war ein Schatzhaus, in dem alle Geschenke und Gaben der Bevölkerung gesammelt wurden. In Kriegs- oder Notzeiten, wenn das Geld knapp war, konnte die ▶Polis auf diesen Notgroschen zurückgreifen.

Wie die Skulpturen waren auch die marmornen Tempel nicht so strahlend weiß, wie wir sie heute kennen. Säulen und Figurenschmuck waren mit bunten Farben bemalt. Der berühmteste griechische Tempel ist der Parthenon auf der Akropolis in ▶Athen. Er war der Schutzgöttin der Stadt, Athena, geweiht. Nicht jede Polis konnte sich einen großen Tempel leisten. Oft übernahmen reiche Bürger einen Teil der Baukosten. ■

Im **Theater** von Epidauros auf der Halbinsel Peloponnes fanden 14 000 Zuschauer Platz (rechts). Der Bau ist bis heute gut erhalten (links).

Theater

Theaterstücke wurden ursprünglich zu Ehren des Weingottes Dionysos aufgeführt. Auch im Theater liebten die Griechen den Wettbewerb: Bekannte Dichter wetteiferten um die Gunst des Publikums und einer Jury, die das beste Stück auszeichnete. Im Dionysos-Theater in Athen fand jedes Jahr ein mehrtägiges Fest statt, an dem Tragödien und Komödien von verschiedenen Dichtern aufgeführt wurden. Die Zuschauer sollten bei der Tragödie mit den Schauspielern leiden und so ihre Seele reinigen. Die Komödie bildete den heiteren Abschluss: Bunte Kostüme und derbe Späße brachten das Publikum zum Lachen. Es gab auch schon Bühnenbilder, Geheimtüren und Drehbühnen. ■

QUELLE

Die Ilias und die Odyssee

»Singe, den Zorn, o Göttin, des Peleiaden Achilleus ...« so beginnt die Ilias von Homer. Seit 2500 Jahren streiten sich die Forscher darüber, ob es den blinden Homer (Bild) tatsächlich gegeben hat und wann er gelebt hat. Sind seine Geschichten um den Fall der Stadt Troja (Ilias) und die Irrwege des Seefahrers Odysseus (Odyssee) erfunden oder handelt es sich um wahre Begebenheiten? Homers Werke sind die ältesten Überlieferungen der europäischen Literatur. Im Schulunterricht der Antike zählten sie zu den wichtigsten Werken. Anstatt selbst zu lesen, hörten die Menschen in der Antike lieber umherziehenden Wandersängern zu, die alle 15 693 Verse der Ilias auswendig vortrugen.

Troja

Troja war eine Stadt in Kleinasien in der heutigen Türkei und ist Schauplatz der ältesten Erzählung der europäischen Literatur, der Ilias. Die Geschichte beschreibt den Kampf um Troja, auch Ilion genannt. Griechische Könige wie Achilleus, Agamemnon und Menelaos kämpften gegen den König von Troja, Priamos, und dessen Söhne Hektor und Paris. Der Krieg brach aus, als Paris die schöne Helena aus Troja entführte. Die ▶Götter mischten sich in den Kampf ein und entschieden über das Schicksal der Menschen. Nach zehnjährigem Kampf gelang es den Griechen, Troja mit einer List zu besiegen: Sie schenkten der Stadt ein großes hölzernes Pferd, das Trojanische Pferd. Nachts, als alle schliefen, kletterten die mutigsten Krieger aus dem Bauch des Pferdes und überwältigten die Trojaner. Ob der Krieg so stattgefunden hat, wie Homer ihn beschrieb, bleibt ungewiss. ■

INFOBOX

Gab es Troja wirklich?

Lange Zeit dachte man, Troja sei eine Erfindung. Der Deutsche Heinrich Schliemann war der Erste, der sich auf die Suche nach dem historischen Troja machte. 1870 fing er mit archäologischen Ausgrabungen an. Als er Gold entdeckte, glaubte er, den Schatz des Königs Priamos und das Troja von Homer gefunden zu haben. Inzwischen hat man aber die Reste von mehreren Städten gefunden und die Forscher rätseln weiterhin über den Mythos Troja.

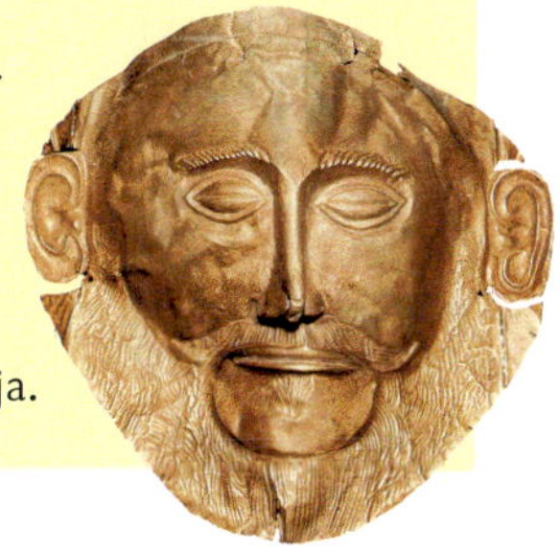

Die List der Griechen gelang: Die **Trojaner** hielten das Pferd für ein Geschenk und holten es in ihre Stadt, wie diese Filmszene zeigt.

Die Römer und das Imperium Romanum

Leben spendende Sonne,
du kannst wohl nichts Größeres
erblicken als die Stadt Rom.

Horaz, römischer Dichter (65–8 v. Chr.)

Die Römer und das Imperium Romanum

Aus einer unbedeutenden Siedlung am Fluss Tiber entwickelte sich in einigen Jahrhunderten eine Weltmacht: das Römische Reich. Die römischen Herrscher waren hervorragende Feldherren und Politiker und eroberten zahlreiche Gebiete. Anders als bei den Griechen gelang ihnen die Einigung eines großen Reiches mit vielen Völkern, unterschiedlichen Sprachen und Religionen. Mit ihren Feldzügen wollten sie den eroberten Völkern die römische Kultur bringen. Nach der Eroberung sicherte das römische Reich, das »Imperium Romanum«, eine lange Friedenszeit.

Zu den römischen Errungenschaften zählten unter anderem feste Straßen, großartige Bauten, ein einheitliches Währungssystem, ein gut ausgebautes Handelsnetz, medizinische Kenntnisse, gerechte Gesetze und das Wissen um den Weinbau. Obwohl die Römer viel von den Griechen übernahmen und weiterführten, entwickelten sie doch ein ganz eigenes Selbstbewusstsein und eine eigene Kultur. Insbesondere in der Rechtsprechung und im Kriegswesen setzten sie neue Maßstäbe. Die Hauptstadt des Römischen Reiches war über 1000 Jahre das Zentrum der europäischen Welt und ist es für die Christenheit noch bis heute.

Etrusker in Italien	**9.–1. Jh. v. Chr.**
Gründung Roms	**753 v. Chr.**
Herrschaft der sieben Könige	**753–510 v. Chr.**
Römische Republik	**510–31 v. Chr.**
Veröffentlichung des Zwölftafelgesetzes	**um 450 v. Chr.**
Erster Punischer Krieg	**264–241 v. Chr.**
Zweiter Punischer Krieg	**218–201 v. Chr.**
Dritter Punischer Krieg mit Zerstörung Karthagos	**149–146 v. Chr.**
Lebenszeit Gaius Julius Cäsar	**100–44 v. Chr.**
Eroberung Galliens durch Cäsar	**58–51 v. Chr.**
Eroberung Ägyptens durch Oktavian/Augustus; Tod Kleopatras	**31/30 v. Chr.**
Regierungszeit Augustus	**27 v. Chr. bis 14 n. Chr.**
Römisches Kaiserreich	**14–476 n. Chr.**
Varusschlacht in Germanien	**9 n. Chr.**
Regierungszeit Kaiser Nero	**54–68 n. Chr.**
Eröffnung des Kolosseums	**79/80 n. Chr.**
Regierungszeit Kaiser Trajan	**98–117 n. Chr.**
Größte Ausdehnung des Römischen Reiches (unter Trajan)	**117 n. Chr.**
Regierungszeit Kaiser Hadrian	**117–138 n. Chr.**
Regierungszeit Kaiser Septimius Severus	**193–211 n. Chr.**
Trennung in Weströmisches und Oströmisches Reich	**395 n. Chr.**
Der letzte weströmische Kaiser, Romulus Augustulus, wird abgesetzt	**476 n. Chr.**

INFOBOX

Städte der Toten

Die Etrusker glaubten an ein Leben nach dem Tod und wollten den Verstorbenen etwas von ihrem luxuriösen Leben mit ins Jenseits geben. Deshalb errichteten sie Hügelgräber, die wie ein Wohnhaus eingerichtet und mit Wandmalereien geschmückt waren. Der Tote wurde darin mit seinen Möbeln bestattet.

Etrusker

Die Etrusker lebten lange vor den Römern (▶Rom) in Italien und waren dort vom 9. bis zum 1. Jh. v. Chr. das mächtigste Volk. Schon im 8. Jh. v. Chr. trieben sie regen Handel im ganzen Mittelmeerraum. Besonders enge Kontakte knüpften sie zu den in Süditalien und auf Sizilien lebenden Griechen (▶Kolonisation). Ähnlich wie bei den Griechen (▶Polis) war bei den Etruskern die Stadt das kulturelle Zentrum – einen politischen Zusammenhalt boten nur die Städtebünde. Einen etruskischen Gesamtstaat gab es dagegen nicht.

In der etruskischen Religion spielte die Wahrsagerei eine besondere Rolle: Die Götter äußerten ihren Willen durch Zeichen, die von Priestern erkannt und gedeutet wurden. Ihre Botschaften wurden aus der Umwelt »abgelesen«: Der Verlauf der Blitze, das Flugverhalten der Vögel, ja sogar das Aussehen der Leber von geopferten Tieren gaben Aufschluss über den Willen der Götter.

Im 4. Jh. v. Chr. eroberten die Römer dann nach und nach die etruskischen Städte. Zunächst leisteten die Etrusker Widerstand, doch als die Römer immer mächtiger wurden, gliederten sich jene dem römischen Volk ein: Sie traten dem Heer bei (▶Legionäre) oder übernahmen politische Ämter. Im 1. Jh. v. Chr. erhielten die Etrusker das römische Bürgerrecht (▶Römisches Recht). Von da an gab es in Italien nur noch einen einheitlichen römischen Staat. ■

LEBEN DAMALS

Die Ahnen als Vorbild

Jeder Römer bemühte sich, seinen Vorfahren nachzueifern oder sie zu übertreffen. Die Familien hatten lange Ahnenreihen, die bei den Kaisern bis zu den ▶Göttern zurückreichten. Im Empfangszimmer eines römischen Hauses standen die Statuen der Vorfahren, um den Gästen die Generationen vorzustellen und sich an die Ahnen und ihre Taten zu erinnern.

Familie

Die römische Familie bestand aus dem Vater als Familienoberhaupt, der Ehefrau, den gemeinsamen und adoptierten Kindern, den Ehepartnern der Kinder und den ▶Sklaven. Dem Familienvater gehörte der gesamte Besitz der Familie. Alle Angehörigen mussten ihm gehorchen. Im Haus genoss die Ehefrau ein hohes Ansehen: Sie beaufsichtigte die Sklaven, verwaltete die Haushaltskasse und kümmerte sich um die Erziehung der Kinder. Außerhalb des Hauses hatte sie jedoch wenig zu sagen und durfte in öffentlichen Angelegenheiten nicht mitbestimmen. In wohlhabenden Familien wurde der Nachwuchs von Kindermädchen großgezogen. Mit sieben Jahren gingen Jungen wie Mädchen in die Schule. Mit etwa 16 Jahren war ein junger Römer volljährig. ■

Die **Etrusker** stellten sich häufig mit einem Lächeln dar: Hier der Sarkophag eines Ehepaars, das zusammen auf einer Kline, einer Art Sofa, liegt.

Ein frisch verheiratetes **römisches Paar** auf einem Wandgemälde in der Villa des Bräutigams.

Gladiatoren kämpften gegen Menschen und Tiere um ihr Leben (Bild rechts). Der Kaiser, den die Gladiatoren hier (Bild links) grüßen, entschied über Leben und Tod.

Gladiatoren

Gladiatorenkämpfe waren bei den Römern äußerst beliebt: Das Volk forderte von seinen Kaisern »Brot und Spiele«, denn die Versorgung mit Lebensmitteln war für die Menschen genauso wichtig wie die Unterhaltung. Im Amphitheater kämpften bewaffnete ▶Sklaven, Kriegsgefangene und Verurteilte, manchmal sogar Frauen gegeneinander um Leben und Tod. Wenn einer der Gegner ernsthaft verwundet war, wurde der Kampf unterbrochen. Der siegreiche Gladiator wartete das Zeichen des Kaisers ab, der unter lauten Rufen der Zuschauer entschied, ob der Unterlegene getötet werden sollte oder ob er weiterleben durfte: Wenn der Daumen nach unten zeigte, bedeutete dies das Todesurteil für den Verlierer. Es gab aber auch Berufsgladiatoren, die freiwillig kämpften. Sie wurden in speziellen Schulen ausgebildet, als Helden verehrt und gewannen hohe Preisgelder. Diese Publikumslieblinge kämpften nicht bis zum Tod. Als Waffen benutzten einige Gladiatoren einen Dolch – den sogenannten Gladius, dem die Kämpfer ihren Namen verdankten. Andere gingen mit einem Schwert in den Kampf oder mit Dreizack und Netz. Zum Schutz trugen sie Helme, Polster, Schilde und Beinschienen.

Neben den Mann-gegen-Mann-Kämpfen liebten die Römer Tierhetzen. Die Kaiser brachten exotische Raubtiere aus den ▶Provinzen nach Rom: Im Kampf gegen bewaffnete Gladiatoren hatten die Elefanten, Krokodile, Löwen, Straußen und Bären keine Chance. Es gab aber auch Hinrichtungen, bei denen wehrlose Gefangene den Raubtieren zum Fraß vorgeworfen wurden. ■

So sah der verzierte **Prunkhelm** eines Berufsgladiators aus.

LEBEN DAMALS

Unterhaltung für Zehntausende: Die Kämpfe im Kolosseum

Das Kolosseum war ein Amphitheater: Rund um den Sandplatz, die Arena, verliefen die marmorverkleideten Sitzreihen, die etwa 55 000 Zuschauern Platz boten. Seinen Namen erhielt der Bau von einer kolossalen, 35 Meter hohen Bronzestatue des Kaisers Nero, die vor dem Gebäude stand. Kaiser und Senatoren hatten die besten Plätze auf den vordersten Rängen. Um die Zuschauer vor der prallen Sonne zu schützen, wurden Sonnensegel aufgezogen. Das Kolosseum wurde bei der Eröffnung mit Wasser geflutet, um Seeschlachten nachzuspielen. Später hatte es unter dem hölzernen Arenaboden zahlreiche Gänge und Kammern, in denen die Gladiatoren auf ihren Auftritt warteten. Hier unten standen auch die Tierkäfige, die mithilfe von Flaschenzügen hochgezogen wurden.

Von **Karthago** sind nur Gebäude aus der Römerzeit übrig geblieben. Das Bild zeigt Reste der römischen Thermenanlagen.

INFOBOX

Der Kriegshafen von Karthago

Karthago besaß zwei Häfen: einen rechteckigen Handelshafen, der über einen Kanal mit dem offenen Meer verbunden war, und dahinter versteckt einen kreisrunden Kriegshafen. 220 Schiffe lagen hier jederzeit zum Auslaufen bereit. Der Kriegshafen war von einer Mauer umgeben. Nur über den Wasserweg durch den Handelshafen gab es einen Zugang. In der Mitte des Kriegshafens lag eine Insel mit dem Sitz der Befehlshaber. Noch heute kann man die Reste des Hafens besichtigen.

Karthago

Karthago wurde 814 v. Chr. als Kolonie der phönizischen Stadt Tyros an der nordafrikanischen Küste gegründet. Prinzessin Elissa, von den Römern Dido genannt, soll die Siedler in das neue Land geführt haben. Die Phönizier waren hervorragende Seefahrer und bauten ein ausgedehntes Handelsnetz auf. Bald schon konnte Karthago seine Vormachtstellung am Mittelmeer behaupten und gründete eigene Kolonien in Spanien, Sardinien und auf Sizilien (▶Kolonisation). Dabei geriet es wiederholt mit den auf Sizilien ansässigen Griechen sowie den ▶Etruskern in Konflikt, die ebenfalls als Händler auf dem Mittelmeer unterwegs waren. Als sich das Römische Reich im 3. Jh. v. Chr. weiter ausdehnte, stieß es mit seiner neuen Flotte in den Machtbereich der Phönizier vor, die die Römer Punier nannten. Es kam zum Kampf.

Der berühmte karthagische Feldherr Hannibal konnte die Römer zunächst überraschen: Mit einer starken Armee und einigen Kriegselefanten marschierte er von Spanien aus über die Alpen nach Italien. Zuerst war das Kriegsglück auf seiner Seite, schließlich wurde er aber besiegt. Nach den drei sogenannten Punischen Kriegen musste sich Karthago geschlagen geben. Das Jahr 146 v. Chr. bedeutet das Ende der stolzen Handelsmetropole: Rom zerstörte die Stadt völlig und baute sie erst Jahrzehnte später als römische Kolonie wieder auf. ■

INFOBOX

Latein heute

Viele Fremdwörter im Deutschen haben lateinische Wurzeln. Zum Beispiel:
- Computer von computare = rechnen
- Prinz von princeps = der Erste
- Mobil von mobilis = beweglich
- Mensa = Tisch, Tafel
- Medikament von medicamentum = Heilmittel
- Video von videre = sehen
- Abitur von abire = weggehen

Latein

Im Römischen Reich war Latein die Staatssprache. Zunächst wurde es nur in Italien gesprochen. Als die Römer immer mehr Gebiete eroberten, führten sie ihre Sprache als Amts- und Verwaltungssprache auch in den ▶Provinzen ein. Im Mittelalter gingen aus dem Lateinischen die romanischen Sprachen hervor: Französisch, Spanisch, Rumänisch, Italienisch, Portugiesisch und andere, die sich bis nach Afrika und Amerika verbreiteten (▶Kolonien). Bis in die Neuzeit war Latein die Sprache der Kirche, der Wissenschaft und der Verwaltung. Noch heute ist es die Fachsprache z. B. in der Medizin, Botanik, Pharmazie, Zoologie und der Chemie. Gesprochen wird Latein nicht mehr, es ist eine sogenannte tote Sprache. Doch in vielen europäischen Sprachen hat es seine Spuren hinterlassen und wird wegen seiner Bedeutung auch heute noch an Schulen gelehrt. ■

Auf römischen **Inschriften** werden die Buchstaben großgeschrieben. Es gibt keine Wortzwischenräume, was uns das Lesen heute erschwert.

INFOBOX

Wie feierten die Römer ihre Siege?

Wer als erfolgreicher Feldherr von einem Krieg zurückkehrte, durfte seinen Sieg auf einem Triumphzug durch Rom verkünden. Der ruhmreiche Feldherr fuhr auf einem vierspännigen Triumphwagen, die Beute und die gefangen genommenen Feinde wurden mitgeführt und dem Volk gezeigt.

Dem Sieger zu Ehren wurde später ein Triumphbogen errichtet. Der Titusbogen in Rom (Bild) zeigt die Eroberung Jerusalems durch Kaiser Titus im Jahre 70 n.Chr.

Die **Legionslager** wurden im rechtwinkligen System angelegt. In dichten Reihen standen Vorratslager und Unterkünfte nebeneinander. Um das Lager herum lag die römische Stadt.

Legionäre

Die römischen Soldaten hießen Legionäre. In der Zeit der ▶Römischen Republik bestand das Heer aus Bauern, die oft nur für kurze Zeit an einem Krieg teilnahmen. Für die Eroberungsfeldzüge und vor allem für die Sicherung seiner Grenzen brauchte das ▶Römische Kaiserreich hingegen viele und zuverlässige Soldaten, die jederzeit zum Einsatz bereit waren. Augustus führte daher das Berufsheer ein: Soldaten bekamen für ihren Dienst Sold und standen ständig zur Verfügung. 25 Jahre dauerte der Dienst, der meist fern der Heimat an den Grenzen angetreten wurde. Die meiste Zeit bauten die Soldaten Straßen, Grenzbefestigungen wie den ▶Limes oder Legionslager, aus denen sich häufig Städte entwickelten. Nach ihrem Dienst erhielten die Legionäre ein Stück Land oder Geld für ihre Rente. Soldat im römischen Heer konnte nur werden, wer das römische Bürgerrecht (▶Römisches Recht) besaß.

Das römische Heer bestand unter Augustus aus etwa 150000 Männern in 30 Legionen. Der Oberbefehlshaber der Legion, der Zenturio, erhielt einen Stab als Zeichen seiner Befehlsgewalt und einen roten Helmbusch, damit man ihn von den anderen Soldaten unterscheiden konnte. Die Ausrüstung eines Legionärs bestand aus Brustpanzer, Helm, Schild, Wurfspeer, Schwert und dem Marschgepäck mit Proviant und Geschirr. Rund 30 Kilogramm mussten die Legionäre so auf ihren monatelangen Märschen zu ihren Einsatzgebieten an den Reichsgrenzen tragen. ■

Eine geschichtsgetreue Nachstellung aus heutiger Zeit: **römische Legionäre** zu Pferd mit Helm, Brustpanzer, Schwert und dem Legionszeichen. Der rote Helmbusch zeichnet den Reiter als Zenturio aus.

Das linke Bild zeigt einen nachgebauten Abschnitt des **Limes** mit Palisadenzaun und Wachturm. Auch die Grenzmauer in Britannien, der 120 Kilometer lange Hadrianswall, ist heute noch in Resten erhalten (rechts). Beide Bauten markierten die nördlichen Grenzen des Römischen Reiches.

Limes

Mit Limes (lateinisch: Grenzwall) bezeichnet man die befestigten Grenzen des Römischen Reiches, z. B. nach Britannien, Germanien, an der Donau, in Nordafrika, Arabien oder Syrien. Im ▶Römischen Kaiserreich bestand der Limes meist aus Zäunen oder Mauern, auch aus befestigten bewachten Straßen und Militärposten. In Deutschland, das die Römer Germanien nannten, bildete der sogenannte Obergermanisch-Rätische Limes die nordöstliche Grenze des Römischen Reiches. Noch unter Gaius Julius Cäsar kennzeichneten die Flüsse Rhein und Donau die natürliche Grenze zum freien, nicht römischen Germanien. Im 1. Jh. n. Chr. versuchten die Römer dann, Teile von Germanien zu erobern. Römische ▶Legionäre überquerten die Flüsse, drangen in das dicht bewaldete Land vor und bauten robuste Zäune aus Holz mit Wall und Graben oder Steinmauern als neue Grenze. In regelmäßigen Abständen standen Wachtürme, insgesamt 900, hinzu kamen Legionslager mit Soldaten, die die Grenze vor Angriffen sicherten, den Handel kontrollierten und das römische Reich vor Überfällen schützten. Große Militärstützpunkte entstanden z. B. in Mainz, Xanten und Köln. Überreste der einst über 500 Kilometer langen Grenzanlage können heute noch z. B. in Xanten erkundet werden.

So sicher der Limes in Germanien auch war, immer wieder überwanden räuberische Germanenstämme die Befestigungen und zogen plündernd durch die römischen ▶Provinzen. Um 260 n. Chr. mussten fast alle Grenzen des Römischen Reiches aktiv verteidigt werden. Vor allem im Orient wurden Soldaten gebraucht, sodass die Truppen aus Germanien abgezogen wurden. Der Limes war jetzt unbewacht, die Römer zogen sich zurück und der Rhein bildete wieder die natürliche Grenze. Der Versuch, Germanien zu erobern, war gescheitert. ■

INFOBOX

»Wo sind die Legionen, Varus?«

Der erste Versuch, das freie Germanien zu erobern, schlug im Jahre 9 n. Chr. fehl: Der römische Feldherr Varus zog mit drei Legionen gegen den Germanen Arminius in den Kampf. Bei der Schlacht starben 20 000 römische ▶Legionäre. Augustus soll daraufhin verzweifelt gerufen haben: »Varus, gib mir meine Legionen wieder!« Archäologen suchten lange nach dem Ort, an dem der Kampf stattfand. Man glaubt, ihn bei Kalkriese in der Nähe von Osnabrück gefunden zu haben. Von dort stammt auch diese Maske.

INFOBOX

Unsere Vorfahren: die Germanen

Die Römer beschrieben die Germanen als groß, wild und ohne Kultur. Als weitere unrömische Merkmale galten ihre blauen Augen und das blonde Haar. Es hieß, die Germanen seien leicht zu erregen, vor allem nach dem Genuss von Alkohol. Sie könnten ihre Felder nicht bestellen und trügen Tierfelle anstatt zivilisierter Wollkleidung. Aufgrund des Freiheitsdrangs der Germanen und ihres gefürchteten »Zorns« gelang es den Römern nicht, Germanien dauerhaft zu erobern.

Seine größte **Ausdehnung** mit über 40 Provinzen erreichte das Römische Reich 117 n. Chr. unter Kaiser Trajan.

Provinzen

Seit der Gründung ▶Roms um 750 v. Chr. strebten die Römer danach, ihr Reich zu vergrößern. Nach und nach eroberten sie immer mehr Gebiete und Länder: Neben Italien auch die Küsten Südfrankreichs und Spaniens, Nordafrika (▶Karthago), Sizilien, Griechenland und Kleinasien. Cäsar eroberte Gallien, Augustus Ägypten und Teile von Germanien. Die folgenden Kaiser vergrößerten das Reich um Britannien und weitere Länder im Osten. Die eroberten Gebiete wurden römische Provinzen: Ihre Einwohner mussten Steuern zahlen und sich an römische Gesetze (▶Römisches Recht) halten. Jede Provinz bekam einen römischen Statthalter, der vor allem den Frieden sichern, Steuern eintreiben und Recht sprechen sollte. Fern von Rom nutzten einige Statthalter die Gelegenheit, sich über die Maßen zu bereichern. Die römische Herrschaft brachte den Provinzen aber auch Vorteile: Die einheitliche Währung und das gut ausgebaute römische Straßennetz erleichterten den Handel. ▶Latein wurde die Amts- und Verwaltungssprache, die Landessprache durfte daneben häufig weitergesprochen werden. Doch nicht alle Provinzen ließen sich schnell und freiwillig unterwerfen. Besonders in Germanien und an der Donau leisteten die ansässigen Stämme ausdauernden Widerstand gegen Rom. ■

INFOBOX

Ein kleines Dorf in Gallien …

Die Comics mit Asterix und Obelix spielen um 50 v. Chr., als Cäsar auf Eroberungsfeldzug in Gallien war. Mithilfe eines Zaubertranks wehren sich die Gallier gegen die römische Besatzung. Asterix' Kommentar: »Die spinnen, die Römer.«

In der Provinz Germanien gab es große Gutshöfe, wie diese rekonstruierte **Villa** aus dem 2. Jh. n. Chr.

Rom

Rom wurde der Sage nach 753 v. Chr. von Romulus als kleine Stadt am Fluss Tiber gegründet. In Wirklichkeit gab es auf den sieben Hügeln um Rom schon vorher einzelne Siedlungen, die sich später zu einer Stadt zusammenschlossen. Rom wuchs rasch und war bald das politische Zentrum eines Weltreichs, das im 2. Jh. n. Chr. seine größte Ausdehnung erreicht hatte: Das Römische Reich umfasste Gebiete rund um das Mittelmeer, das die Römer selbstbewusst »mare nostrum«, unser Meer, nannten. Es reichte von England im Norden bis Nordafrika im Süden und von Portugal im Westen bis zum Kaspischen Meer und weiter gen Osten. Über Handelswege kamen die Römer sogar noch weiter, über die ▶ Seidenstraße z. B. drangen sie bis nach China vor. Damit waren die Römer überall in der damals bekannten Welt präsent.

Rom war das Zentrum einer Weltmacht; und das Forum Romanum Mittelpunkt der Stadt: Ursprünglich versammelte sich auf diesem zentralen Platz das Volk, wie in Griechenland auf dem Marktplatz von ▶ Athen. Während der ▶ Römischen Republik und noch mehr im ▶ Römischen Kaiserreich wurde das Forum erweitert, ausgebaut und verschönert, es erhielt Ratshäuser, Versammlungshallen, überdachte Märkte und Tempel aus Marmor. Während eines verheerenden Feuers im Jahr 64 n. Chr. brannten die meisten Stadtteile nieder. Kaiser Nero und seine Nachfolger bauten anschließend nicht nur das Forum Romanum wieder auf: Prächtige Tempel und öffentliche Gebäude entstanden. Neue Theater wurden gebaut und die Zuschauertribünen des Circus Maximus vergrößert – 25 000 Besucher konnten hier nun die Wagenrennen verfolgen. Die bei den Römern so beliebten Kämpfe der ▶ Gladiatoren und Raubtiere fanden in der Arena des neu errichteten Kolosseums vor bis zu 50 000 Zuschauern statt.

QUIZBOX

Wer löschte im alten Rom die Brände?

1. Die Bewohner
2. Niemand
3. Die Feuerwehr

Antwort 3: In Rom gab es damals tatsächlich schon eine Feuerwehr. Da viele Häuser aus Holz gebaut waren und es häufig brannte, organisierte Herrscher Augustus eine ständige Bereitschaft: 7000 Männer unterstanden einem Feuerwehrhauptmann und löschten die Brände mit Spritzen, Eimern und Feuerpatschen.

INFOBOX

Wer gründete Rom?

Der Sage nach bekam die Königstochter Rea Silvia Zwillinge von Mars, dem römischen Kriegsgott (▶ Götter). Es waren zwei Söhne: Romulus und Remus. Rea Silvias Ehemann ließ die unehelichen Kinder aussetzen. Eine Wölfin fand und säugte sie, ein Hirte zog sie groß. Als die beiden erwachsen waren, gründeten sie eine Stadt am Tiber. Bald schon stritten sie sich, wer König sein und der Stadt ihren Namen geben sollte. Bei dem Bruderstreit kam Remus ums Leben und die Stadt wurde nach Romulus Rom genannt. Noch heute feiert Rom unter Anlehnung an diese Sage seinen »Geburtstag« am 21. April.

So sah das **Stadtzentrum** Roms zur Zeit von Kaiser Septimius Severus um 200 n. Chr. aus. In der Mitte das Kolosseum, links das Forum Romanum, vorne die Zuschauerränge des Circus Maximus, der Pferderennbahn.

Um Kanalisation, Brunnen und Thermen mit genügend Wasser zu versorgen, bauten die Römer **Aquädukte**: Die riesigen Leitungen führten Wasser aus Flüssen und Quellen über Brücken nach Rom.

Und wie lebte man im antiken Rom? Die reichen Römer wohnten in großzügigen Wohnhäusern mit Garten, Heizungsanlage, fließendem Wasser und eigener Toilette. Die ärmeren Römer drängten sich in kleinen Zimmern von mehrstöckigen Mietskasernen mit wenig Tageslicht. Wasser mussten sie von Brunnen holen. Müllabfuhr und Polizei sorgten für Ordnung auf den Straßen. Von Pferden gezogene Wagen durften nur mit einer besonderen Erlaubnis oder nachts in die Stadt einfahren, um Verkehrsunfälle zu vermeiden.

Lange Zeit fühlten sich die Römer in ihrer Stadt sicher. Zum Schutz vor feindlichen Angriffen errichteten sie Stadtmauern, die mit dem Wachsen der Stadt immer wieder erweitert und verstärkt wurden.

Rom blieb Hauptstadt des gesamten Römischen Reiches, bis dieses 395 n. Chr. in eine oströmische und eine weströmische Hälfte geteilt wurde. ▶ Konstantinopel wurde Hauptstadt des Oströmischen Reiches. Rom blieb das Zentrum der westlichen Welt, für die katholische Kirche ist es das bis heute. ■

Wie auch heute war **Rom** eine laute und lebendige Stadt: Geschäftsleute boten ihre Waren an, Bettler fragten nach Geld und die neuesten Gerüchte konnte man als Graffiti an den Wänden lesen.

LEBEN DAMALS

Wie wohnten die Römer?

Das Atriumhaus hatte einen offenen Hof, von dem die Zimmer abgingen. In der Mitte des Atriums (mittleres Bild) stand ein flaches Becken, das Regenwasser aufnahm. In den Räumen zur Straße hin waren Läden oder Werkstätten untergebracht. Im Erdgeschoss gab es einen Garten mit Statuen und Springbrunnen, zu dem der Speiseraum, der Schlafraum (linkes Bild), weitere Räume und die Küche führten. Im Obergeschoss wohnten die ▶ Sklaven und das Gesinde. Die Empfangszimmer waren mit Malereien und Mosaiken ausgestattet. Atriumhäuser hatten ihre eigene Toilette. Einfache Römer nutzten die öffentlichen Toiletten (rechtes Bild), wo man sich zu mehreren einen Balken teilte.

INFOBOX

Münzen aus Gold und Silber

Mit der Einrichtung von ▶Provinzen verbreiteten sich die römischen Münzen. Der Handel wurde dadurch extrem erleichtert, denn die Münzen hatten überall rund ums Mittelmeer den gleichen Wert. Es gab kein Papiergeld, sondern nur Münzen aus Gold, Silber, Bronze und Messing (▶Geld und andere Zahlungsmittel). Die wertvollste Münze war der goldene Aureus. Am häufigsten im Gebrauch war der Denar, eine Silbermünze. Der Sesterz war aus Messing. Die römischen Münzen waren auch eine Art Werbung: Jeder Kaiser ließ neue Münzen mit seinem Abbild prägen. So wussten auch die Bewohner der abgelegensten Provinz, wie der Kaiser aussah und wie er hieß. Das Bild zeigt einen goldenen Aureus aus dem Jahr 57 n. Chr. mit dem Porträt von Kaiser Nero.

Römische Republik

Nach der Gründung Roms 753 v. Chr. herrschten hier sieben Könige, von denen Romulus der erste war. 510 v. Chr. revoltierten einige Adlige gegen den König, vertrieben ihn und übernahmen die Macht. Damit begann die Zeit der Römischen Republik. Deren Name stammt von den Römern selbst: Sie nannten ihre politisch-gesellschaftliche Organisation »res publica«, was übersetzt »öffentliche Sache« heißt. Die Republik war aber keinesfalls eine ▶Demokratie, denn nicht alle Bewohner hatten die gleichen Rechte. Die adligen Familien, die Patrizier, übten größeren Einfluss auf politische Entscheidungen aus als die unteren Schichten, die Plebejer: Diese durften nur niedere Ämter übernehmen.

Die »res publica« setzte sich aus drei wichtigen Organen zusammen: der Volksversammlung, dem Senat und dem Magistrat. An der Volksversammlung konnten alle römischen Bürger teilnehmen. Gelenkt wurde sie vom Senat, der sich aus Mitgliedern der römischen Adelsfamilien zusammensetzte. Der Magistrat schließlich bestand aus Beamten, die von der Volksversammlung gewählt wurden. Die mächtigsten Beamten waren die zwei Konsuln. Sie wurden jedes Jahr neu gewählt und übernahmen zusammen die Staatsführung. Der Senat beriet die Konsuln, beaufsichtigte die Staatskasse und bewilligte z. B. die kostspieligen Triumphe für siegreiche Feldherren. Die wichtigsten Entscheidungsträger in der Republik waren der Senat und das Volk. Einige ihrer Beschlüsse veröffentlichten sie in Inschriften mit der Bestätigungsformel SPQR: senatus populusque romanus. Das heißt übersetzt: »Der Senat und das Volk von Rom (haben entschieden ...)«.

Das Ende der Römischen Republik war 31 v. Chr. erreicht: Augustus hatte so viel Macht, dass er Alleinherrscher wurde. Aus der Republik wurde das ▶Römische Kaiserreich. ■

Der **Senat** tagte in einem Gebäude auf dem Forum Romanum. Er wurde durch die Konsuln oder den Kaiser einberufen. Bis zu 1000 Senatoren nahmen an den Sitzungen teil.

BIOGRAFIE

Gaius Julius Cäsar

Gaius Julius Cäsar schlug früh eine politische Karriere ein. 59 v. Chr. wählte ihn die Volksversammlung zum ersten Mal zum Konsul. Es gelang Cäsar, das Volk, die Truppen und den Senat auf seine Seite zu bringen und immer mehr Ehrungen und Befugnisse zu erhalten. So hatte er das Konsulat mehrere Jahre hintereinander inne. Seine militärischen Fähigkeiten konnte er im Gallischen Krieg beweisen, als er das Gebiet des heutigen Frankreichs eroberte und bis an den Rhein vorstieß (▶Provinzen). Doch Cäsar hatte nicht nur Freunde im Senat. Als er zu mächtig wurde, wurde er am 15. 3. 44 v. Chr., den Iden des März, vor dem Senatsgebäude durch Messerstiche ermordet.

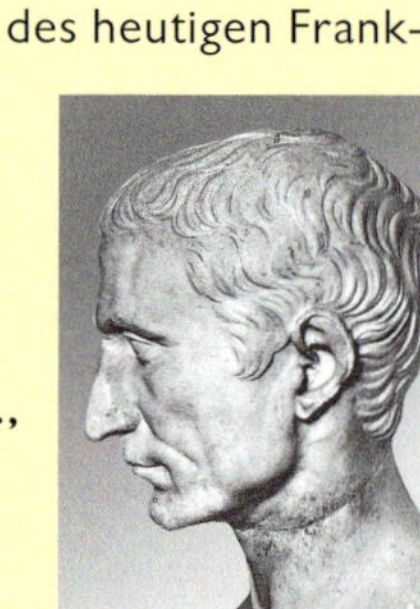

BIOGRAFIE

Augustus

Nach Cäsars Tod führte dessen Neffe Oktavian zusammen mit einem Mitregenten den Staat. Die beiden Anführer zerstritten sich jedoch, es brach Bürgerkrieg aus. Als Oktavian 31/30 v. Chr. den Krieg beendete, war er Alleinherrscher. Er wurde vom Senat mit außerordentlichen Rechten ausgestattet und erhielt 27 v. Chr. den Ehrentitel Augustus. Wenig später verlor der Senat an Macht, die ▶Römische Republik gab es nicht mehr. Bis heute geht der Monatsname August auf Augustus zurück.

Römisches Kaiserreich

Im 1. Jh. v. Chr. war das Verhältnis zwischen Senat und Volk in der ▶Römischen Republik angespannt: Einige adlige Familien wollten mehr Macht. Außerdem hatte die Republik immer größere Schwierigkeiten, das durch ▶Provinzen schnell wachsende Reich zu regieren. Weil Gaius Julius Cäsar Frieden stiften konnte und wegen seiner militärischen und politischen Verdienste wurde er zum Diktator ernannt: Der Senat verlieh ihm mehr Ehren, Rechte und Macht, als einem Konsul eigentlich zustanden.

Sein Nachfolger Oktavian, der später den Ehrennamen »Cäsar« Augustus trug, konnte seine Machtstellung noch weiter ausbauen: Augustus war der erste Alleinherrscher des Römischen Reiches. Selbst nannte er sich nur »princeps«, der Erste unter Gleichen. Der Begriff »Cäsar« wurde in seiner Regierungszeit gleichbedeutend mit Alleinherrscher. Später leiteten sich daraus auch die Bezeichnungen ▶»Kaiser« und »Zar« ab. Augustus vererbte den Cäsar-Titel an seine Nachfolger, die als Kaiser über Rom herrschten. 54 anerkannte Herrscher regierten das Römische Reich über 400 Jahre lang.

Es war die Aufgabe des Kaisers, für das Volk zu sorgen, Recht und Ordnung herzustellen sowie den Frieden zu sichern. Jeder Kaiser versuchte, der Nachwelt im Gedächtnis zu bleiben. Die einen, indem sie sich beim Volk beliebt machten und für Unterhaltung sorgten (▶Gladiatoren); andere, indem sie herausragende Baudenkmäler hinterließen: ▶Thermen, Aquädukte, Triumphbögen, Siegessäulen, Theater und neue Stadtgründungen in den ▶Provinzen.

Nicht immer geschah die Machtübernahme friedlich. Im 3. Jh. n. Chr. hatte das Heer so viel Macht, dass es eigene Kaiser einsetzen wollte. Gegenkaiser und Konkurrenten kämpften mit Gewalt um die Herrschaft. Der letzte weströmische Kaiser, Romulus Augustulus, wurde 476 n. Chr. abgesetzt. Die Regenten von ▶Konstantinopel setzten die Tradition des Römischen Kaiserreichs fort. Neuer Herrscher über Italien wurde der Germanenführer Odoaker (▶Völkerwanderung). ■

Die 40 Meter hohe **Trajanssäule** zeigt Bilder von den Eroberungszügen des Kaisers Trajan.

Reste des **Trajanforums** heute (links) und eine **Rekonstruktion**, wie das Leben auf dem Forum im 3. Jh. n. Chr. ausgesehen haben könnte (rechts).

Schnitt durch die **Stabianer-Thermen**, in denen die Einwohner von Pompeji entspannen konnten.

Römisches Recht

Die römische Gesetzgebung diente der Schlichtung von Streiten und sollte die Freiheit jedes Bürgers sichern. In anderen ▶Hochkulturen sprach der oberste Priester auch häufig in weltlichen Angelegenheiten Recht. Das römische Recht unterschied dagegen zwischen einer religiösen und einer weltlichen Ordnung. Zunächst als Gewohnheitsrecht ausgeübt, wurde um 450 v. Chr. das sogenannte Zwölftafelgesetz aufgeschrieben. Es hielt ein für alle römischen Bürger geltendes Recht schriftlich fest.

Die Gesetze wurden im Laufe der Jahrhunderte ergänzt und verändert – während der ▶Römischen Republik durch Beamte, im ▶Römischen Kaiserreich durch die Herrscher. Das römische Recht prägte die Rechtssysteme des Mittelalters und aller späteren Staaten in Westeuropa: Einige Grundlagen wurden von der modernen Rechtsprechung übernommen. So gehen z. B. Erbfolge und Testament auf das römische Recht zurück, ebenso der Brauch, durch einen juristischen Vortrag vor Gericht die Positionen von Kläger und Angeklagten zu begründen. Wie heute sprachen in ▶Rom Richter, die als Beamte im Auftrag des Staates handelten, das Urteil.

Das römische Recht galt nur für römische Bürger: Erwachsene freie Männer, die im Römischen Reich geboren waren, erhielten das römische Bürgerrecht. ■

Thermen

In großen römischen Städten gab es mehrere öffentliche Badeanstalten. Diese Thermen waren mit verschiedenen Warm- und Kaltwasserbecken ausgestattet. Auch Ruheräume, Sportplätze, Restaurants, Bibliotheken, Vortrags- und Musiksäle oder Parks gehörten zu den Anlagen. Man traf sich, um zu entspannen, aber auch, um zu diskutieren und Meinungen auszutauschen. Prächtige Wandmalereien, Marmorverkleidungen und Mosaiken schmückten die Wände und Fußböden. Der Eintritt war für die Stadtbewohner frei oder so gering, dass sich auch ärmere Leute einen Besuch leisten konnten. Um den Betrieb einer großen Thermenanlage zu gewährleisten, waren zahlreiche Helfer im Einsatz: Masseure, Heizer, Wassergießer, Garderobenwärter, Trainer für die Sportanlagen, Ärzte und viele ▶Sklaven, die unter anderem für Sauberkeit sorgten. ■

In Rom stehen die Reste der von Kaiser Caracalla gebauten **Thermen**. In ihnen konnten sich mehr als 1500 Badegäste vergnügen.

INFOBOX

Heizen mit Luft

Um die Raumtemperatur in den Thermen angenehm warm zu halten, entwickelten die Römer ein ausgeklügeltes Heizsystem: Durch Feuer erwärmte Luft zog durch niedrige Stützen unter dem Fußboden und hinter Hohlziegeln an den Wänden entlang. So bekam man in den Thermen niemals kalte Füße.

LEBEN DAMALS

Wann wurde man römischer Bürger?

Mit etwa 16 Jahren erreichten römische Jungen die Volljährigkeit. Dann zogen sie zum ersten Mal die weiße Männertoga an, die sie als römische Bürger kennzeichnete. Auch eine runde, goldene Amulettkapsel, die sogenannte Bulla, die Jungen seit ihrer Geburt an einer Kette um den Hals trugen, nahmen sie ab. Sie ließen sich als römische Bürger registrieren und feierten mit ihren Familien ein Fest.

Die **Via Appia** war eine der großen gepflasterten Hauptstraßen. Sie verband Rom mit den anderen römischen Städten und diente als Heer- und Handelsstraße.

Toga und Tunika

Das offizielle Gewand des römischen Bürgers war die Toga. Wer das Bürgerrecht (▶Römisches Recht) nicht besaß, durfte auch keine Toga tragen. Sie bestand aus einem halbkreisförmigen, großen einfarbigen Stück Stoff, das um den Körper geschlungen wurde. Nur die Senatorentoga war mit einem breiten Purpurstreifen verziert. Bequem war dieses Gewand nicht und man musste aufpassen, nicht zu stolpern. Unter der Toga und als bequemes Alltagsgewand trugen Männer die Tunika: eine Art T-Shirt, das bis zu den Knien reichte und in der Taille gegürtet wurde. Hosen kannten die Römer nicht. Frauen trugen als Untergewand eine bis zu den Knöcheln reichende Tunika und darüber die lange Stola. ■

Via Appia

»Alle Wege führen nach Rom«, sagt ein bekanntes Sprichwort. Eine der ersten, längsten und berühmtesten Straßen war die Via Appia. Sie wurde nach ihrem Erbauer Appius Claudius Caecus benannt, der sie 312 v. Chr. zusammen mit dem ersten Aquädukt, einer großen Wasserleitung, errichtete. Auf 195 Kilometer Länge führte sie von ▶Rom bis nach Capua in Kampanien. Später wurde sie bis nach Apulien erweitert. Die Römer waren große Baumeister und statteten ihre Stadtstraßen mit Kopfsteinpflaster, Kanalisation, Bürgersteigen und Trittsteinen zum sicheren Überqueren aus. Die Via Appia diente der Ausdehnung nach Süden: Von hier aus wurden Griechenland und später Kleinasien erobert. ■

LEBEN DAMALS

Wie reisten die Römer?

Öffentliche Verkehrsmittel gab es im Römischen Reich nicht; aber, im Gegensatz z. B. zum freien

Germanien, ein gut ausgebautes Straßennetz. Vor allem ▶Legionäre nutzten die Straßen, um an ihren Einsatzort zu gelangen. Reiche Römer reisten über weitere Entfernungen mit der Kutsche. Oder, was noch bequemer war, mit dem Schiff über Meere und Flüsse. Arme Römer mieteten sich Wagen oder gingen zu Fuß. Bei längeren Strecken übernachteten sie unterwegs in Herbergen.
In Rom lagen alle wichtigen Gebäude in der Innenstadt. Trotzdem musste man lange Wege auf sich nehmen, um von einem Ort zum anderen zu gelangen: Rom verfügte über ein Straßennetz von fast 90 Kilometern. Die meisten Wege waren gepflastert.

Römische Stadtbürger trugen leichte **Ledersandalen**. Die Sandalen der Legionäre waren mit Metallnägeln verstärkt, um die langen Märsche über das Kopfsteinpflaster zu überstehen.

Spätantike und Frühmittelalter

Die Zeiten ändern sich,
und wir ändern uns mit ihnen.

Kaiser Lothar I. (795–855)

Spätantike und Frühmittelalter

Der Übergang von der Spätantike zum Frühmittelalter war eine Zeit der Krisen und Umbrüche.
Das riesige römische Reich wurde ab dem 3. Jh. durch äußere Angriffe und innere Schwierigkeiten zunehmend geschwächt. Vor allem die Teilung des Reiches in eine weströmische Hälfte mit Rom als Zentrum und eine oströmische Hälfte mit der Hauptstadt Konstantinopel erschütterte die alte Ordnung.
Auch die Verbreitung des Christentums und die Unruhen der Völkerwanderung führten zu einer Neuordnung der Machtverhältnisse. Während das Byzantinische Reich im Osten das Erbe des antiken Roms fortführte, rangen im Westen Papst und Könige um ihre Machtpositionen. Mit der Einigung der Franken und ihrer Bekehrung zum Christentum durch König Chlodwig sowie schließlich durch die Kaiserkrönung Karls des Großen war der Weg zum Hochmittelalter bereitet: Der christliche Glaube und die Macht des Kaisers brachten Ordnung in die Welt.

Beginn der christlichen Zeitrechnung	**Jahr 1 nach Christi Geburt**
Spätantike	**Ende 3. Jh. bis Ende 6. Jh.**
Frühmittelalter	**6.–10. Jh.**
Herrschaft Konstantins über das West- und das Oströmische Reich	**324–337**
Christentum wird Staatsreligion	**380/381**
Reichstrennung in Weströmisches Reich mit Rom als Zentrum und Oströmisches Reich mit Konstantinopel als Zentrum	**395**
Völkerwanderung	**Höhepunkt 4.–6. Jh.**
Attila Herrscher der Hunnen	**445–453**
Taufe von Chlodwig in Reims	**um 500**
Herrschaft Kaiser Justinians in Konstantinopel	**527–565**
Klostergründung des Benedikt von Nursia	**529**
Beginn der islamischen Zeitrechung	**622**
Eroberungszüge der Araber	**Mitte 7. Jh. bis Mitte 8. Jh.**
Herrschaft der Karolinger	**751 bis 9. Jh.**
Beginn der Raubzüge der Wikinger	**793**
Kaiserkrönung Karls des Großen	**800**
Teilung des Fränkischen Reiches in ein Mittel-, Ost- und Westreich (Vertrag von Verdun)	**843**
Kaiserkrönung Otto I.	**962**
Entdeckung Nordamerikas durch die Wikinger	**um 1000**
Eroberung Englands durch die Normannen (Schlacht von Hastings)	**1066**

Christentum

Der gekreuzigte **Jesus** steht für die christliche Hoffnung auf Erlösung. Das Kreuz ist das Symbol der Christen.

Ausgehend von einer Gruppe von Anhängern eines jüdischen Wanderpredigers namens Jesus entstand die größte religiöse Gemeinschaft der Welt. Jesus erhielt den Beinamen »der Gesalbte«, auf Griechisch »Christos«, wonach sich seine Anhänger Christen nannten. Sie sahen in ihm den Sohn Gottes und den Erlöser der Menschen. Jesus lebte vor etwa 2000 Jahren in Jerusalem. Seine Geburt markiert den Beginn unserer Zeitrechnung.

Die Botschaften und Lehren von Jesus sind im Neuen Testament der ▶Bibel festgehalten. Darin werden alle Menschen zur Nächstenliebe aufgefordert. Außerdem wird Christen, die nach den Zehn Geboten und den Regeln des Neuen Testaments leben, die Erlösung, die Aufnahme in das Paradies und ewiges Leben versprochen. Christen sind in Gemeinden organisiert und beten gemeinsam in Kirchen. Sie bekennen sich zu ihrem Glauben, indem sie sich taufen lassen. Ihr Symbol ist das Kreuz.

Anders als die Römer glaubten die Christen an einen einzigen Gott (▶Götter). Trotz Unterdrückung der christlichen Gemeinden in den Provinzen des ▶Römischen Kaiserreichs breitete sich die neue Religion rasch aus. Unter Kaiser Konstantin fanden die Christenverfolgungen im 4. Jh. ein Ende. Der oströmische Kaiser Theodosius erklärte 381 den christlichen Glauben zur Staatsreligion im Byzantinischen Reich und für alle römischen Bürger verbindlich. Als sich der fränkische König Chlodwig um 500 taufen ließ, wandten sich auch die noch nicht bekehrten Germanen der Botschaft des Neuen Testaments zu. Irische und angelsächsische Mis-

QUELLE

Das Neue Testament

»Denn welche der Geist Gottes treibt, die sind Gottes Kinder.« Der zweite Teil der Bibel, das Neue Testament, berichtet über Leben und Wirkung, Worte und Taten, Tod und Auferstehung von Jesus Christus. Ein Abschnitt wurde kurz nach der Kreuzigung von Jesus aufgeschrieben, später kamen Ergänzungen hinzu. Der älteste Text wird auf rund 50 n. Chr. datiert. Wahrscheinlich wurden die unterschiedlichen Überlieferungen bereits im 2. Jh. n. Chr. zu einem einheitlichen Neuen Testament zusammengeschrieben. Die erste deutsche Übersetzung fertigte Martin Luther im 16. Jh. (▶Reformation).

BIOGRAFIE

Jesus Christus

Jesus wurde in dem kleinen Ort Nazareth in Galiläa, im heutigen Israel, geboren. Er zog als Wanderprediger durch das Land, versammelte eine Gemeinde um sich und trat als Krankenheiler auf. Mit 30 Jahren wurde er zum Tod durch Kreuzigung verurteilt. Er musste das Kreuz selbst tragen (im Bild eine Filmszene). Mit der Kunde von seiner Auferstehung begann die Verbreitung des christlichen Glaubens.

Die **Grabeskirche** in Jerusalem wurde von dem römischen Kaiser Konstantin über der vermuteten Kreuzigungsstelle Jesus' errichtet.

sionare verbreiteten die christlichen Lehren: Im 7. Jh. wurde Frankreich christianisiert, im 8. Jh. war der christliche Glaube von Schottland im Norden bis Nordafrika im Süden und von Portugal im Westen bis an den Euphrat im Osten verbreitet. Zeitweise unterbrochen wurde die Ausbreitung des Christentums durch arabische Eroberer, die ihre Religion, den ▶Islam, nach Spanien, Portugal und Nordafrika brachten.

Aber auch innerhalb der christlichen Kirche gab es Auseinandersetzungen. Aus ▶Rom, ▶Konstantinopel, Alexandria, Antiochia und Jerusalem und anderen Städten kamen seit dem 4. Jh. Bischöfe zusammen, um in sogenannten Konzilen über wesentliche Lehrfragen zu entscheiden. Ein Streitpunkt war beispielsweise, ob Jesus Gott oder Mensch sei. Nicht immer konnten sich die Bischöfe einigen, insbesondere zwischen dem Bischof von Rom, dem ▶Papst, und dem Bischof von Konstantinopel, dem Patriarchen, herrschte Streit. Im 11. Jh. kam es zum endgültigen Bruch zwischen der weströmischen Kirche mit Rom als Zentrum und der Gegenseite im Byzantinischen Reich. Diese Teilung besteht bis heute.

Die Kirche **Santa Maria Maggiore** ist Maria, der Mutter von Jesus, gewidmet. Papst Sixtus III. ließ die erste Marienkirche des Abendlands im 5. Jh. in Rom bauen.

Im Mittelalter gab es noch keine klare Trennung zwischen Kirche und Staat, sodass das Leben stark von der Kirche und ihren Vorschriften beeinflusst wurde. Oberhaupt der römischen Kirche war der Papst, der auch heute noch als Stellvertreter Christi auf Erden gilt. Kirchliche Beamte wie Bischöfe hatten auch großen politischen und wirtschaftlichen Einfluss. Die Regeln, die Kirche und Papst vertraten, betrafen nicht nur die Geistlichen, die z. B. nicht heiraten durften, sondern auch die weltlichen Bürger: Sie mussten sich an Feiertage, bestimmte Speisevorschriften und Verhaltensregeln halten. ■

König Chlodwig ließ sich als erster König der Franken taufen. Mit Hilfe der Kirche festigte er seine Macht im Fränkischen Reich.

INFOBOX

Geheimnisvolle Katakomben

Katakomben sind unterirdische Grabanlagen, in denen man sowohl Urnen als auch Körper beisetzte. In den mehrstöckigen Kammern und kilometerlangen Gängen bestatteten Christen seit dem 3. Jh. n. Chr. ihre Verstorbenen. Der Sage nach versteckten sich einige Christen in den Katakomben, als sie wegen ihrer Religion von den Römern verfolgt wurden. Vor allem aber dienten die Höhlen als Friedhof. Arme Christen wurden in einem Loch im Fels beigesetzt, das mit Ziegelsteinen zugemauert wurde, die Gräber reicherer Christen erhielten eine eigene Kammer mit Gewölbe sowie eine marmorne Inschriftentafel. Vor allem in ▶Rom kann man heute noch Katakomben besichtigen.

BIOGRAFIE

Karl der Große

Karl der Große wählte Aachen zu seinem wichtigsten Kaisersitz (▶Pfalz). Die Stadt wurde dadurch zum Mittelpunkt von Macht und Herrschaft und zum kulturellen Zentrum des Reiches. Hier stand der Thron und hier wurden bis ins 16. Jh. die deutschen Könige gekrönt. Karl legte Wert auf Bildung. Er konnte zwar selbst kaum schreiben, beauftragte aber Mönche mit dem Abschreiben antiker Schriften (▶Kloster). Er lud Gelehrte und Wissenschaftler an seinen Hof (▶Hofkultur), dichtete und forschte selbst in Theologie und ▶Geschichtsschreibung. Im Bild überwacht Karl den Bau des Aachener Münsters.

Fehde

Im Frühmittelalter gab es noch kein staatliches Gericht, das über die Rechte und Pflichten von Adligen und Bürgern entschied. Der frei geborene Mann musste seine Ehre, seinen Besitz und sein Leben selbst verteidigen. Die Fehde war eine Art Rache für erlittenes Unrecht. Mit dem Fehdebrief erklärte der Geschädigte seine Absicht, dem Gegner Schaden zuzufügen: Er trieb dann das Vieh weg, stahl den Besitz, brannte Dörfer nieder oder sammelte Abgaben von den Untertanen ein. Das Recht auf Fehdeführung besaßen nur ▶Ritter, keine ▶Bauern, Bürger, Geistlichen, Juden oder Frauen. Manchmal führten schon kleinste Anlässe zu Fehden. Seit dem 11. Jh. wurden deshalb zeitlich begrenzte Gottes- und Landfrieden ausgerufen, um die Fehde zu unterdrücken. Mit dem »Ewigen Reichslandfrieden« 1495 war die Fehde verboten. ■

Die **Fehde** musste dem Gegner schriftlich angekündigt werden. Auch eine Stadt konnte Empfänger eines Fehdebriefs sein. Auf dem Bild bringt ein Bote die Nachricht an die Stadt Bern.

Fränkisches Reich

Das spätere fränkische Großreich lag zum größten Teil westlich des Rheins, also im heutigen Frankreich. Die Franken schlossen sich im 3. Jh. aus vereinzelten Germanenstämmen zusammen. An der Spitze der mächtigsten Adelsfamilien standen Könige, die gegeneinander um die Vorherrschaft kämpften. König Chlodwig gelang es im 6. Jh., die Franken zu einen. Er begründete das Fränkische Reich, beendete so die Unruhen der ▶Völkerwanderungszeit und stärkte das ▶Christentum. Herrschte zunächst das Geschlecht der Merowinger, ging die Herrschaft im 7. Jh. an die Karolinger über. Vor allem die Verbindung zur Kirche sicherte ihre Herrschaft. Im Jahr 800 krönte der Papst den Fränkischen König Karl zum ersten ▶Kaiser des Mittelalters. Er vergrößerte sein Land erheblich. Bald war das Frankenreich neben ▶Konstantinopel zur führenden Großmacht gewachsen. Als Kaiser Karl der Große 814 starb, stritten sich seine Nachfolger um die Herrschaft, außerdem erschwerten feindliche Angriffe von außen den Zusammenhalt des Reiches. Nach Familienzwisten, Normanneneinfällen und Adelsaufständen wurde 887 der Kaiser abgesetzt und das Reich wieder in mehrere kleinere Gebiete mit eigenen Herrschern unterteilt. Als mächtigste Reiche traten schließlich das Westfränkische Reich hervor, als Vorstufe zum späteren Frankreich, und das Ostfränkische Reich als Vorstufe zum Reich der Deutschen. ■

INFOBOX

Schreiben statt Drucken

Bis zur Erfindung des ▶Buchdrucks im 15. Jh. wurde jedes einzelne Buch in den klösterlichen Schreibstuben von Hand geschrieben. An einem umfangreichen Buch wie der ▶Bibel arbeitete ein Schreiber etwa ein Jahr lang. Zu Ehren Gottes verzierten die Mönche die lateinischen Schriften mit leuchtenden Miniaturbildern, verschnörkelten Buchstaben und vergoldeten Hintergründen. Die Anfangsbuchstaben eines Kapitels, die Initialen, wurden kunstvoll gestaltet.

INFOBOX

Heimliche Herrscherinnen

Früher waren es meistens Männer, die wichtige Entscheidungen trafen, Kriege führten und das Land beherrschten. Aber es gab auch Frauen, die sich einmischten und großen Einfluss auf die Politik nahmen. So berichten zeitgenössische Quellen zum Beispiel von Gisela, der Frau von Konrad II., salischer Kaiser seit 1027, die in Wirklichkeit die Regierungsgeschäfte geführt haben soll. Konrad galt als nicht besonders schlau und ließ sich gern von seiner Frau beraten.

Otto I. war 962 bis 973 Kaiser des Heiligen Römischen Reiches. Die **Steinstatuen** von Otto und seiner Frau Editha stehen im Dom zu Magdeburg.

Heiliges Römisches Reich

Nach der Absetzung des Kaisers 887 (▶ Fränkisches Reich) stritten sich ostfränkische Könige fast 100 Jahre um die Vorherrschaft, bis sich Otto I. durchsetzen konnte. 962 wurde er vom Papst in Rom zum Kaiser gekrönt und begründete nach Karl dem Großen die Tradition der deutschen ▶ Kaiser, die 850 Jahre andauern sollte. Als »Deutsche« fühlten sich die Menschen im Mittelalter noch nicht, sondern vielmehr dem ▶ Papst mit Sitz in ▶ Rom und ihrem Kaiser verbunden. In Urkunden taucht schon früh die Bezeichnung »Imperium Romanum«, Römisches Kaiserreich, auf, in Anlehnung an das antike ▶ Römische Kaiserreich und in Abgrenzung zu ▶ Konstantinopel und dem Byzantinischen Reich. Geografisch ist damit das nach Westen, Süden und Osten erweiterte deutsche Gebiet gemeint. Die mittelalterliche Bezeichnung »Heiliges Römisches Reich« für Deutschland drückt aus, dass Herrscher und Bewohner sich Gott ebenso nahe fühlten wie der Papst. Während der Papst als geistliches Oberhaupt von Rom aus regierte, bezeichnete sich der deutsche Kaiser als römischer Kaiser, auch wenn er die meiste Zeit in einer seiner ▶ Pfalzen und nicht in Rom verbrachte.

Zuerst tauchte die Bezeichnung »Heiliges Römisches Reich« 1254 in Urkunden auf, seit dem 15. Jh. mit dem Zusatz »Deutscher Nation« versehen. Das Reich hatte bis 1806 Bestand, als Kaiser Franz II. abdankte. ■

Das **Heilige Römische Reich** umfasste im 13. Jh. ein Gebiet von der Nordsee bis nach Rom.

Die reich verzierte **Kaiserkrone** des Heiligen Römischen Reiches, die für Otto I. angefertigt wurde, gehörte zu den Reichsinsignien, Zeichen der kaiserlichen Macht.

QUIZBOX

Welche Sprache sprach man im Heiligen Römischen Reich?

1. Französisch
2. Deutsch
3. Lateinisch

Antwort 3: Gebildete Menschen sprachen meist Latein. Die Landbevölkerung sprach Dialekte, die mit der Völkerwanderung in die westgermanischen Gebiete kamen, wie z. B. Sächsisch. Aus den Dialekten entwickelte sich die deutsche Sprache.

Islam

Der Islam gehört neben ▶Christentum und ▶Judentum zu den großen sogenannten monotheistischen ▶Weltreligionen: Die Muslime, die Anhänger des Islam, glauben wie Juden und Christen an einen einzigen Gott, an das Jüngste Gericht und ein ewiges Leben. Für sie ist der Prophet Mohammed der Verkünder der Worte Gottes. Im ▶Koran ist die Gottesbotschaft schriftlich festgehalten. Neben dem Glaubensbekenntnis gehören weitere Pflichten zum Leben der Muslime: fünfmal täglich Beten, Armensteuer, Fasten während des Fastenmonats Ramadan und einmal im Leben eine Wallfahrt nach Mekka.

Unter den Nachfolgern Mohammeds, den Kalifen, breitete sich der Islam mit den arabischen Eroberungen aus: Bereits im 7. Jh. war der Islam auf der arabischen Halbinsel, in Ägypten, dem alten Syrien, im ▶Zweistromland und in Persien präsent. Wenig später eroberten die Araber Spanien, Nordafrika und die Türkei, im 11. Jh. drangen sie bis Indien vor.

Viele Moscheen, in die die Muslime zum Beten gehen, sind reich verziert. Bildliche Darstellungen sind in der islamischen Religion verboten, daher finden sich in den Gotteshäusern vor allem Muster oder Schriftbänder mit Texten aus dem Koran.

INFOBOX

Morgenland und Abendland

Da die Sonne im Osten aufgeht, ist der Orient oder das Morgenland das Land der aufgehenden Sonne, der Okzident oder das Abendland im Westen das Land der untergehenden Sonne. Im Mittelalter standen sich im Morgenland mit dem Islam und im Abendland mit dem ▶Christentum gegensätzliche Religionen und Kulturen gegenüber.

Der **Felsendom** in Jerusalem stellt für die Muslime ein wichtiges Heiligtum dar. Von hier aus soll Mohammed in den Himmel aufgestiegen sein.

In der Mitte der großen Moschee in Mekka steht die **Kaaba**, das bedeutendste Heiligtum und die Pilgerstätte des Islam.

Bis heute ist der Islam eine sehr einflussreiche Religion, die häufig in Konflikt mit den Überzeugungen der westlichen Welt gerät. In den islamischen Staaten gibt es keine Trennung zwischen religiöser und politischer Macht, deshalb bestimmt die Religion auch die Rechtsprechung. Während im abendländischen Recht alles erlaubt ist, was das Gesetz nicht verbietet, verbietet das islamische Recht alles, was nicht gesetzlich erlaubt ist.

Während der ▶Kreuzzüge im 11. Jh. kamen christliche ▶Ritter mit Muslimen in Kontakt. Trotz der Feindseligkeiten übernahmen die Europäer Nützliches aus Wissenschaft und Alltag, wie zum Beispiel die Seife, die arabischen Zahlen, Musikinstrumente wie die Laute oder wissenschaftliche Instrumente zur Sternenbeobachtung und für die Seefahrt wie den Kompass. ■

BIOGRAFIE

Mohammed

Mohammed wurde um 570 in Mekka geboren. Er war Prophet und Religionsstifter des Islam. Mit etwa 40 Jahren erhielt er göttliche Zeichen, die er in Mekka verkündete. Weil seine Worte die Mächtigen in der Stadt kritisierten, mussten Mohammed und seine Anhänger auswandern. Doch immer mehr Menschen glaubten seinen Gottesbotschaften. Als Mohammed 632 starb, erstreckte sich der Islam fast über die gesamte arabische Halbinsel.

Kloster

529 gründete der Einsiedler Benedikt von Nursia auf dem Monte Cassino in Italien ein Kloster, in dem gleich gesinnte Mönche zusammen lebten, beteten und arbeiteten. Sie wollten unter ihresgleichen, abgeschirmt von der Welt, ihr Leben ganz Gott widmen. Im Kloster durften sich nur geistliche Personen aufhalten. Mönche und Nonnen lebten getrennt in verschiedenen Klöstern. Den Mittelpunkt einer Klosteranlage bildete die Kirche. Daneben lag ein Hof mit einem überdachten Säulenweg ringsum, der Kreuzgang, in dem die Mönche spazieren gehen, sich austauschen und meditieren konnten. Sie schliefen im Schlafsaal, dem Dormitorium, aßen im Speisesaal und versammelten sich im Kapitelsaal. Da sich die Klöster weitgehend selbst versorgten, lagen um diese zentralen Gebäude Gärten und Beete, Wirtschaftsgebäude wie Stallungen und Werkstätten, Mühlen, Brauereien und Gästehäuser. Eine Mauer schirmte die Mönche von der Außenwelt ab. Mehrere Klöster, deren Bewohner nach den gleichen Regeln lebten, schlossen sich zu ▸Orden zusammen. Einzelne Klöster entwickelten sich zu großen Anlagen mit reichem Einkommen und vielen ▸Bauern, die für sie arbeiteten. Die Mönche vergaßen die harten Regeln des heiligen Benedikt und genossen die Vorteile ihres bequemen Lebens als Großgrundbesitzer. Klosterreformen im 10. Jh. leiteten die Rückbesinnung auf die benediktinischen Regeln ein.

Mönche und Nonnen verbrachten ihr Leben im Kloster mit Gebeten, landwirtschaftlicher Arbeit oder wissenschaftlichen Studien. Sie waren gebildet, kopierten in den Schreibstuben Bücher und brachten den Kindern adeliger Familien Lesen, Schreiben und Bibelkunde bei. Meist waren die Mönche selbst adeliger Herkunft und gingen schon als Kind ins Kloster, um ihr Leben Gott zu weihen. ■

In der Eifel entstand im 11. Jh. ein bedeutendes Benediktinerkloster mit der romanischen Abteikirche **Maria Laach**.

LEBEN DAMALS

»Bete und arbeite!« – die Regeln der Benediktiner

Die Benediktiner waren Mönche und Nonnen, die im Kloster nach den Regeln des heiligen Benedikt lebten. Diese beinhalteten unter anderem den Verzicht auf Eigentum, Ehelosigkeit und absoluten Gehorsam dem Abt des Klosters gegenüber. Die Benediktiner weihten ihr Leben ganz Gott. Der Tagesablauf war streng organisiert und fing bei Sonnenaufgang mit einem gemeinsamen Gebet für sich und für die anderen an.

Die **Mönche** versorgten sich selbst und verbrachten den Tag mit Beten und Arbeiten.

Seit der Antike ist **Konstantinopel** Hauptstadt auf der Grenze zwischen Morgenland und Abendland. Sie liegt auf einer Halbinsel am Bosporus (links). Die riesige Kuppel der **Hagia Sophia** (rechts) beeindruckte die Menschen schon im Altertum.

Konstantinopel und Byzantinisches Reich

Kaiser Konstantin erbaute an der Stelle der antiken griechischen Kolonie Byzanz eine neue prächtige Stadt, die er Konstantinopel nannte. Nach der Teilung des römischen Reiches in eine weströmische und eine oströmische Hälfte 395 wurde Konstantinopel neue Hauptstadt des Byzantinischen Reiches. Als der letzte weströmische Kaiser Romulus 476 abgesetzt wurde, setzten die Herrscher von Konstantinopel die Tradition des ▶Römischen Kaiserreichs fort. Es gab einen oströmischen Kaiser sowie ein religiöses Oberhaupt, den Patriarchen. Mit der Kaiserkrönung Karls des Großen um 800 (▶Fränkisches Reich) traten die westlichen ▶Kaiser in Konkurrenz zu den östlichen Herrschern. Streitigkeiten zwischen ▶Rom und Konstantinopel um die Auslegung religiöser Fragen führten im 11. Jh. zur Kirchenspaltung.

Neid, Missverständnisse und ein übertriebener Drang zur Missionierung bewirkten, dass Konstantinopel 1204 von den Kreuzfahrern (▶Kreuzzüge) erobert und geplündert wurde. 1453 unterlag die Stadt türkischen Eroberern, die Konstantinopel zur Hauptstadt ihres Osmanischen Reiches machten (▶Osmanen). Sie ist heute noch immer türkische Hauptstadt, seit dem 20. Jh. trägt sie den Namen Istanbul.

Die Lage der Stadt am Meer auf der Grenze zwischen Europa und Asien zog Händler aus nah und fern an, die Seide, Elfenbein, Gewürze oder Reliquien anboten. Die wichtigste Kirche der Stadt und des gesamten Byzantinischen Reiches ist die unter Kaiser Justinian erbaute, heute noch erhaltene Hagia Sophia mit einer Kuppel von 32 Metern Durchmesser. ■

INFOBOX

Der Bilderstreit

In Auseinandersetzungen um das richtige Verständnis der ▶Bibel entbrannte in Konstantinopel ein Streit um die Auslegung des alttestamentarischen Bilderverbots. Denn die göttlichen Gebote fordern, dass man sich kein Bild von Gott machen soll. Während einer besonders heftigen Streitphase wurden alle Christusbilder aus den Kirchen entfernt und weitere Abbildungen verboten. Schließlich einigte man sich aber doch darauf, dass die Verehrung von Jesusabbildungen Ausdruck christlichen Glaubens ist.

BIOGRAFIE

Justinian I., der Große

Der oströmische Kaiser Justinian unterstützte die Verbreitung der christlichen Lehre. Er ließ die Akademie, die der griechische Philosoph Platon in der Antike einrichtete, schließen, um die Verbreitung heidnischer Gedanken einzudämmen. Der spätere Kaiser wuchs als Sohn eines Bauern auf. Seine Frau Theodora, eine frühere Zirkusschauspielerin, nahm dank ihrer außergewöhnlichen Intelligenz und ihrer Willenskraft großen Einfluss auf die Politik ihres Mannes.

Die **Kaiserpfalz** von Kaiser Heinrich II. in Goslar besaß zwei große Säle, in denen der Kaiser und sein Gefolge sich aufhielten, Gäste empfingen und speisten.

Koran

Der Koran ist das heilige Buch des ▶ Islam. Er beinhaltet eine Sammlung von Offenbarungen, die der Prophet Mohammed direkt von Gott erhielt. Für die Muslime enthält der Koran daher das reine und unverfälschte Wort Gottes. Unterteilt in 114 Abschnitte (Suren), erzählt er von den letzten 20 Lebensjahren Mohammeds. Beschrieben werden auch das Weltende und das Jüngste Gericht. Unglaube kann schon im Diesseits zur Vernichtung führen, im Jenseits zieht es die Höllenstrafe nach sich. Der Gläubige sichert sein Heil, indem er sich Gott zuwendet und so nach dem Tod im ewigen Paradies lebt. Gott ist der barmherzige Schöpfergott, der dem Reumütigen verzeiht. Der Koran enthält außerdem Vorschriften für den Alltag: Er regelt unter anderem Gebete, enthält Gesetze für die Ehe und verbietet den Genuss von Schweinefleisch und Wein. ■

Der **Koran**, das heilige Buch des Islam, wird auch heute noch im arabischen Originaltext von rechts nach links gelesen. Bilder gibt es darin keine.

Pfalz

Eine Pfalz ist ein zeitweiliges Herrschaftszentrum: Um das riesige Reich zu regieren, hatten Könige und ▶ Kaiser ihren Herrschaftssitz nicht in einem festen Palast, sondern reisten von Ort zu Ort. Dort sprachen sie Recht, schlossen Verträge und zeigten sich den Untertanen. Eine Pfalz bestand aus einem Wohngebäude für den Herrscher und seine Familie, einem Saalbau für offizielle Veranstaltungen und Empfänge von geistlichen und weltlichen Würdenträgern sowie einer Kirche für das Feiern kirchlicher Feste. Ein nah gelegener Wirtschaftshof versorgte die Königsfamilie und ihr Gefolge mit Nahrung. Wichtige Pfalzen im Mittelalter waren beispielsweise Aachen, Ingelheim oder Worms (▶ Heiliges Römisches Reich), wo sich der König oder Kaiser im Winter längere Zeit aufhielt, weil er dann nicht reisen konnte. ■

LEBEN DAMALS

Pracht und Prunk der Pfalzen

Mit dem Bau und der Ausstattung von Pfalzen demonstrierten Könige und ▶ Kaiser ihre Macht und ihren Reichtum. Je prächtiger die Anlage war, desto mehr waren die Besucher beeindruckt. Einige Pfalzen sahen daher fast wie Burgen aus, mit starken Mauern und Türmen, andere Pfalzen dienten eher dem Vergnügen: Adelige Gesellschaften konnten dort in Wäldern jagen oder durch Tiergärten und an Fischteichen entlang spazieren. Überdachte Wandelgänge und mit Malereien und Mosaiken ausgestattete Gemächer und Festsäle machten dem Herrscher und seinen Gästen ihren Aufenthalt in der Pfalz so angenehm wie möglich.

Karl der Große war viel unterwegs, um sein riesiges Reich zu regieren. Zu Pferd kam er schnell voran.

BIOGRAFIE

Marco Polo

Marco Polo brach 1271 von Venedig aus auf. Er bereiste die ganze Seidenstraße bis nach China, wo er eine angesehene Stellung am Hof des Herrschers innehatte. Erst 24 Jahre später kam Marco Polo wieder nach Venedig zurück. Seine Abenteuer und Erlebnisse schilderte er in einem Reisebericht.

Seidenstraße

Die Seidenstraße war die bedeutendste Fernhandelsroute des Mittelalters. Der 7000 Kilometer lange Weg von ▶Konstantinopel bis nach China führte durch schneebedeckte Gebirge und trockene Sandwüsten. Ihren Namen hatte die Straße von einem der edelsten Handelsgüter: der chinesischen Seide, deren Herstellung streng geheim war. Die monatelange Reise war lebensgefährlich: Oft wurden die Händler von Räubern überfallen, und wer sich nicht auskannte, verirrte sich leicht. Die unwegsame Wüste konnte man außerdem nur mit einer Kamelkarawane durchqueren. Deshalb bereisten die Kaufleute nur einen Teil der Strecke und übergaben ihre Waren dann einem anderen Händler. So kamen exotische Gewürze, kostbare Stoffe und andere Luxusgüter in Etappen nach Europa. Im Tausch gelangten dafür Gold, Silber oder Pferde in den Orient. Erst im 17. Jh. verlor die Seidenstraße an Bedeutung, als europäische Schiffe die Waren über den weiteren, aber sichereren Seeweg um den afrikanischen Kontinent herum nach Indien und China brachten (▶Handelskompanie). ■

Teilstrecken der **Seidenstraße** führten durch die Wüste. Nur mit Kamelen konnten die Waren zu den Märkten gebracht werden.

QUELLE

Tacitus über die Germanen

Der römische Schriftsteller Tacitus schrieb 98 n. Chr. ein Buch über die Germanen. Die Römer respektierten die Fremden aus dem Norden wegen ihrer körperlichen Stärke, hielten sie aber ansonsten für unzivilisiert und schmutzig, da sie im Wald lebten und keine ▶Thermen kannten. Tacitus beschrieb ihre Kultur, die Lebensweise und das Aussehen: »... die Augen trotzig und blau, die Haare rötlich, die Körper groß, stark und sehr tauglich für den Kampf. Arbeit und Mühe ertragen sie nicht mit derselben Geduld, am wenigsten halten sie Durst und Hitze aus, sie haben sich an Kälte und Hunger, durch Klima oder Boden bedingt, gewöhnt. [...] Die Mahlzeiten sind einfach, aus wildem Obst, kräftigem Wildbret oder geronnener Milch: ohne Zubereitung und ohne Gewürze vertreiben sie den Hunger.«

Völkerwanderung

Die Umbrüche und Veränderungen in der Zeit der Völkerwanderung markieren das Ende des ▶Römischen Kaiserreichs und den Beginn des Mittelalters. Aus dem Norden und dem Osten drangen im 4. und 5. Jh. mehrere »barbarische« Stämme wie die Westgoten, Hunnen, Angeln, Sachsen und Franken plündernd in die Provinzen des Römischen Reiches ein. Selbst ▶Rom war nicht vor ihren Raubzügen geschützt. Immer wieder bildeten sich neue umherziehende Gruppen auf der Suche nach Land, Nahrung und Reichtümern. Eine dieser Gruppen waren die Vandalen. Noch heute werden mutwillige Zerstörungen als »Vandalismus« bezeichnet, obwohl die Vandalen nicht die einzigen Plünderer waren.

Das Weströmische Reich zerfiel, während das Oströmische überdauerte ▶Konstantinopel). Keine der zahlreichen Völkergruppen konnte sich langfristig gegen feindliche Angriffe behaupten und sesshaft werden. Nur den Hunnen gelang es eine Zeitlang, ein Reich einzurichten und zu verteidigen. Ihr Anführer Attila (im Bild oben) zog mit seinen Kriegern durch die weiten Steppen Südrusslands und erweiterte seinen Herrschaftsbereich. Als Attila im Krieg starb, zerfiel auch sein Reich wieder. Im 6. Jh. einte Chlodwig die Franken, vertrieb die Westgoten aus Gallien, setzte sich gegen die Römer durch und hielt andere germanische Stammesgruppen in Schach. So entstand das ▶Fränkische Reich, die Völkerwanderungszeit war zu Ende. ■

INFOBOX

Drachenboote

Ihren Erfolg verdankten die Wikinger ihren stattlichen Schiffen. Zusätzlich zu den Ruderern hatten die Boote ein einmastiges Segel, das die Fahrt bei Wind beschleunigte. Die langen, schmalen Kriegsschiffe waren mit Drachenköpfen verziert. Bis zu 60 Ruderer fanden darin Platz. Für Handelsfahrten und Beutezüge bauten die Wikinger Schiffe mit großem Laderaum, aber geringem Tiefgang und niedrigem Kiel. Damit konnten sie direkt auf Sandstränden auflaufen und brauchten zum Anlegen keinen Hafen. Mit kleineren und wendigen Schiffen befuhren sie Flüsse wie den Rhein oder die Donau und gelangten so in das Landesinnere.

Mit der gefürchteten Streitaxt überfielen die **Wikinger** Siedlungen und Kirchen auf der Suche nach Beute.

Wikinger

Vom 8. bis zum 12. Jh. fielen die Wikinger oder »Nordmannen« meist mit Schiffen von Skandinavien aus in ganz Europa ein und verbreiteten bei der Bevölkerung Angst und Schrecken. Auf ihren Raubzügen überfielen, plünderten und brandschatzten sie Siedlungen, Höfe und reiche Kirchen, nahmen wohlhabende Adlige oder Geistliche gefangen und forderten Schutzgelder. Von ihrer Heimat Norwegen, Schweden und Dänemark aus befuhren die Wikinger mit ihren Kriegs- und Handelsschiffen den Atlantik, das Mittelmeer sowie die europäischen Flüsse und erkundeten die Küsten auf der Suche nach Land und Beute. Um ins Inland vorzudringen, nahmen sie sogar Pferde mit. Sie eroberten Friesland, die Britischen Inseln, Südrussland, Nordfrankreich, Süditalien sowie Island und stießen bis nach Grönland und Neufundland vor. Um im Winter in den eisigen und verschneiten nördlichen Ländern voranzukommen, benutzten die Wikinger Schlitten, Skier und Schlittschuhe. In der Regel brachen kleinere Kriegergruppen unter der Führung eines Häuptlings oder Königs zu Kriegszügen auf. Gelegentlich verbündeten sich einige Häuptlinge mit ihren Anhängern, sodass große Wikingerheere entstanden.

Das heute noch verbreitete Schreckensbild von den Wikingern als langhaarigen Ungeheuern mit gehörnten Helmen entstammt jedoch der damaligen Fantasie angsterfüllter Europäer. Das Seefahrervolk unterhielt auch freundliche Handelsbeziehungen bis nach ▶Konstantinopel und in den Orient. Die Wikinger brachten Walrosszähne oder Sklaven zu ihren Handelspartnern und erhielten im Tausch Mühlsteine vom Rhein oder Gewürze aus dem Orient. ■

Bei Windstille konnte das große Segel der **Wikingerboote** umgelegt werden. Dann sorgten kräftige Ruderer für ein schnelles Vorankommen.

QUIZBOX

Wer entdeckte als Erster Amerika?

1. Kaiser Karl der Große
2. Leif Eriksson
3. Christoph Kolumbus

Antwort 2: Der Wikinger Leif Eriksson erreichte auf einer seiner Erkundungsfahrten von Grönland aus bereits um das Jahr 1000 die Küste Nordamerikas – 491 Jahre vor Christoph Kolumbus! Er nannte die Küste »Vinland«.

Hochmittelalter

Ein Kaiser sei niemand untertan als Gott und der Gerechtigkeit.

Kaiser Barbarossa,
Friedrich I. (1122–1190)

Hochmittelalter

Kirche und Kaiser teilten sich im Mittelalter die Macht: Der Papst legte fest, wie sich die Menschen verhalten und woran sie glauben sollten. Der Kaiser forderte von seinen Untertanen Gehorsam und Unterstützung. Die mittelalterliche Ordnung unterteilte die Menschen in drei Gruppen: Geistliche wie Bischöfe und Priester, Adlige wie Fürsten und Ritter und Arbeitende wie Bauern und Handwerker. Zwischen den höchsten Vertretern der ersten beiden Gruppen, dem Papst und dem Kaiser, gab es immer wieder heftige Auseinandersetzungen um die Frage, wem auf Erden die oberste Autorität zukomme.
Reiche Fürsten förderten auf ihren Burgen ein reges Hofleben mit Ritterspielen, Festtafeln und Wettbewerben von Musikern und Dichtern. Die großen Städte erwarben besondere Rechte, die den Bewohnern verschiedene Freiheiten boten: Die großen Märkte lockten zahlreiche Händler an, selbstständige Handwerker ließen sich nieder und die ersten Universitäten wurden gegründet. Die meisten Menschen dieser Zeit aber führten ein beschwerliches Leben in Armut und Unwissenheit. Vor allem die Kindersterblichkeit war sehr hoch. Fast alle Bauern waren als »Leibeigene« ihrer adligen oder geistlichen Herren an den Hof gebunden und zu Frondiensten verpflichtet.

Bauern
Burg
Feudalgesellschaft
Glaube und Aberglaube
Hofkultur
Kaiser
Kathedrale
Kreuzzüge
Markt
Minnesang
Mongolen
Orden
Ostsiedlung
Papst
Ritter
Stadt
Universität

Hochmittelalter	**um 1000–1250**
Sächsische und ottonische Kaiser	**962–1024**
Romanik	**um 1000–1250**
Fränkische und salische Kaiser	**1027–1125**
Papst Gregor VII. verfügt die Unabhängigkeit der Kirche von der weltlichen Macht	**1075**
Investiturstreit (Streit um die Macht zwischen Papst und König)	**ab 1075**
Heinrichs IV. Gang nach Canossa	**Januar 1077**

Papst Urban II. ruft auf zum 1. Kreuzzug	**1095**
1. Kreuzzug	**1096–1099**
Eroberung Jerusalems	**1099**
Gründung des Templerordens	**um 1120**
Ende des Investiturstreits (Wormser Konkordat)	**1122**
2. Kreuzzug	**1147–1149**
Gotik (beginnt in Frankreich, endet in Deutschland)	**um 1150–1520**
Staufische und welfische Kaiser	**1155–1250**

Walther von der Vogelweide	**um 1170–1230**
Die Muslime erobern Jerusalem zurück	**1187**
3. Kreuzzug	**1189–1192**
Gründung des Deutschen Ordens	**1190**
4. Kreuzzug	**1202–1204**
Die Kreuzfahrer erobern Konstantinopel zum ersten Mal	**1204**
Dschingis Khan wird Herrscher der Mongolen	**1206**
5. Kreuzzug	**1228–1229**
6. Kreuzzug	**1248–1254**
7. Kreuzzug	**1270**
Größte Ausdehnung des Mongolischen Reiches	**um 1280**

Bauern waren zu **Abgaben** an ihren Grundherrn verpflichtet. Anstelle von Vieh oder Getreide bezahlt dieser Bauer seine Abgaben in barer Münze.

Bauern

Die meisten Menschen im Mittelalter lebten als Bauern. In der Gesellschaft waren sie jedoch weit weniger angesehen als Adlige, wie die ▶ Ritter, oder Geistliche. Das Land, auf dem die Bauern lebten und arbeiteten, gehörte nicht ihnen, sondern vermögenden Herren. Zwischen ihnen gab es eine Art Abkommen: Die Herren sorgten für Frieden und schützten die Bauern. Als Gegenleistung mussten diese ihnen jährliche Abgaben zahlen: Das konnte ein Teil ihrer Ernte sein, Vieh oder Geld. Außerdem waren sie verpflichtet, dem Herrn bei der Bestellung seiner Felder zu helfen und ihm jederzeit zu Diensten zu sein: Die Bauern waren von den Landbesitzern abhängig. Seit dem 13. Jh. wehrten sich einige von ihnen gegen die vielen Verpflichtungen und hohen Abgaben. Im 16. Jh. wurden aus den Aufständen regelrechte ▶ Bauernkriege.

Das Leben auf dem Land war sehr hart und entbehrungsreich. Die ganze Familie, auch die Kinder, arbeitete von früh bis spät: Man musste die Abgaben für den Herrn erwirtschaften, das Land bestellen, Wald roden, Tiere pflegen und Geräte reparieren. Die meisten Bauern bewirtschafteten nur ein kleines Stück Land, das kaum ausreichte, um die eigene Familie zu ernähren. Oft mussten sie deshalb zusätzlich auch als Handwerker oder Erntehelfer arbeiten. Die Erträge ihrer Feld- und Viehwirtschaft waren deutlich geringer als in unserer Zeit: So produziert eine moderne Kuh heute etwa zwanzigmal so viel Milch wie eine mittelalterliche!

Die Kleidung der abhängigen Bauern war festgelegt: Sie trugen einen kurzen Kittel, grobe Beinkleider und Lederschuhe. Auf den Tisch kamen Rüben und Kraut, mit Speck gekocht, daneben Breispeise aus Hirse oder Gerste, Käse und Obst. Fleisch gab es nur zu besonderen Anlässen. ■

LEBEN DAMALS

Mit was arbeiteten die Bauern?

Jahrhundertelang pflügten die Bauern ihr Feld mit einem einfachen Haken. Seit dem 11. Jh. breitete sich in Europa der eiserne Beetpflug aus: Er war schwerer, drang tiefer in die Erde ein, lockerte den Boden gründlicher und wendete ihn. Auf den gepflügten Feldern wuchs dann mehr Korn. Zogen zunächst nur Ochsen den Pflug, so konnten durch den Einsatz eines gepolsterten Halsbügels, des Kummets, auch die schnelleren und wendigeren Pferde vor den Pflug gespannt werden. Allerdings konnten sich nur wenige Bauern die teuren Pferde leisten. Die Arbeit der Bauern blieb dennoch mühsam: Säen, Ernten und Verarbeiten des Getreides geschahen in Handarbeit.

LEBEN DAMALS

Zu Tisch!

Egal, ob morgens, mittags oder abends: Bei den Bauern kam regelmäßig Brei oder Mus auf den Tisch. Getreidebrei zum Frühstück, Erbsbrei oder Gemüseeintopf zum Mittagessen und Hirsebrei als Nachtmahl. Die ganze Familie aß aus einer Schüssel, so sparte man die Teller und den Abwasch. Aufgrund dieser oft schlechten und einseitigen Ernährung lag die durchschnittliche Lebenserwartung eines Bauern bei etwa 30 Jahren.

Das Bild zeigt den Alltag der **Bauern**: Ein Pferd zieht mit dem Pflug die Saatfurchen. Ihm folgt der Bauer, der das Getreide aussät.

Burg

Um sich und ihre Familien vor einem feindlichen Angriff zu schützen, bauten ▶ Ritter Burgen. Aber nicht jeder Ritter konnte sich eine Burg leisten, wogegen reiche ▶ Fürsten und Könige sogar mehrere Burgen besaßen. Die ersten Burgen waren noch aus Holz. Sie bestanden aus einem Turm auf einem Hügel, einer Mauer und einem Graben darum. Diese frühen Burgen nennt man »Motte«. Die ersten Steinburgen bestanden aus einem einzigen großen Turm. Im Keller waren die Vorräte gelagert, in den oberen Stockwerken wohnte die Familie.

Ab dem 12. Jh. wurden die Burgen größer. Die Mauer (1) umfasste jetzt mehrere Gebäude und den Burghof (2) mit dem Turnierplatz. Das Leben auf der Burg war meist ungemütlich, denn es gab keine Glasfenster und die Gemäuer waren im Winter feucht und kalt. Nur ein einziger Raum konnte beheizt werden: Das war die Kemenate (3), der Wohnraum der Burgdame. Im Hauptgebäude, dem Palas (4), wohnte die Ritterfamilie. Im ersten Stockwerk lag die große Halle oder der Rittersaal. Hier versammelten sich die Ritter, man feierte große Feste und sprach Recht. Neben dem Palas war der Bergfried (5) das wichtigste Gebäude in der Burg: In diesen wehrhaften Turm zogen sich die Bewohner im Falle eines Angriffs zurück. Die Küche lag in einem anderen Gebäude, weil das offene Herdfeuer leicht einen Brand auslösen konnte. Jede Burg hatte eine Kapelle (6), in der die Familie gemeinsam betete. Überlebenswichtig war ein Brunnen (7) in der Burganlage. Auch wenn sie belagert wurden, konnten die Burgbewohner sich einige Monate lang selbst versorgen. Tiere, Werkstätten und Unterkünfte für Bedienstete waren in Nebengebäuden (8) untergebracht. ■

Um Angriffe auf die **Burg** abzuwehren, war der Burggraben (9) oft mit Wasser gefüllt und konnte nur durch eine Zugbrücke (10) überwunden werden.

Die meisten Burgen, die heute noch erhalten sind, stehen auf einem Berg. Es gab aber auch Niederungsburgen im Tal oder **Wasserburgen**.

INFOBOX

Angriff auf die Burg!

Um eine Burg einzunehmen, brauchten die Angreifer Geduld und die richtigen Geräte: Mit großen Katapulten schleuderten sie Steine auf die Burgmauern. Um über die Mauer zu klettern, fuhren sie mit dem hohen Belagerungsturm nah heran und überwanden dann den Burggraben mit einer Rampe. Mit dem Rammbock versuchten sie das Tor aufzubrechen. Eine Taktik war auch, die Burgbewohner auszuhungern. Wenn alle Vorräte aufgebraucht waren, mussten die Belagerten die Burg verlassen. Die Burgbewohner verteidigten sich ihrerseits mit Pfeil und Bogen oder legten spitze Eisenhaken auf die Wege. Zuletzt schütteten sie heißes Öl und Pech auf die Angreifer hinunter.

Fromme Menschen glauben an die **Erlösung nach dem Tod**. Dieses Gemälde schildert, wie Gott im goldenen Strahlenkreis ein Paar im Himmel empfängt. Auch Adam und Eva, ein Erzengel und Jesus Christus am Kreuz sind dargestellt.

Feudalgesellschaft

Im Mittelalter gab es noch keinen Gesetzestext, der für alle gleichermaßen gültig war. Rechte und Pflichten ergaben sich vielmehr aus gegenseitigen Abhängigkeiten: Ein Mächtiger übertrug einem Untertan ein Stück Land, das sogenannte Lehen, und versprach ihm Schutz. Dafür schwor der Abhängige seinem Herrn Treue: Er leistete Kriegsdienst und half bei Bedarf am Hof. Jeder ▶ Ritter, Adlige, Fürst, Graf oder Herzog, Bischof oder Abt war selbst durch den Treueid an einen Herrn gebunden, der wiederum einem höherstehenden Herrscher zu Diensten war. Der oberste Lehnsherr war der König. So spann sich ein Netz aus Bindungen durch die mittelalterliche Gesellschaft, die man auch als Feudalgesellschaft bezeichnet (von lateinisch »feudum« = Lehen). ■

QUELLE

Der Treueid

Mit dem Treueid, den Lehnsherr und Untertan sich gegenseitig schworen, banden sie sich aneinander. Jeder hatte seine Pflichten zu erfüllen: Der Lehnsherr gewährte Schutz und Verteidigung, der Untertan war zu Gehorsam und Hilfe verpflichtet. Vor allem musste er in Krisenzeiten seinem Herrn Kriegsdienst leisten. Der Schwur lautete z.B.: »Deine Feinde sind meine Feinde, deine Freunde sind meine Freunde. Ich will dir allzeit treu zugetan und gegenwärtig sein, wenn du mich brauchst«. Jeder Untertan musste seinem Herrn Treue schwören, auch ▶ Ritter und Fürsten (▶ Fürsten und Könige). Wer den Schwur brach, konnte sein Land verlieren.

LEBEN DAMALS

Die Angst vor dem Jüngsten Gericht

Die Menschen lebten in ständiger Furcht vor dem Jüngsten Gericht: Unerklärliche Phänomene wie Naturkatastrophen sahen sie als dessen Vorzeichen an. Eines Tages, so glaubte man, werde Jesus Christus auf die Erde zurückkommen und über die Menschen richten: Die Frommen und Gottesfürchtigen erwartete dann ein glückliches ewiges Leben im Himmel, ▶ Ketzer und Ungläubige kamen in die Hölle oder ins Fegefeuer.

Glaube und Aberglaube

Schon immer suchten Menschen Erklärungen für Dinge, die sie nicht verstanden: Wer ließ das Korn reifen, warum wurde man krank oder was verursachte z. B. eine Sonnenfinsternis? Die Kirche lehrte den christlichen Glauben, nach dem die göttliche Kraft Pflanzen wachsen ließ, Könige schützte und Wünsche erfüllte, wenn man zu den Schutzheiligen betete. Besonders die einfachen Menschen und ▶ Bauern hielten aber neben der kirchlichen Gottesverehrung auch am Aberglauben und an ihren alten heidnischen Traditionen fest: So griffen sie zu Zauberformeln und Amuletten, um Krankheiten zu heilen und Dämonen abzuwenden. Mit bestimmten Handlungen und Ritualen wollten sie die übersinnlichen Mächte besänftigen. Wenn sich böse Vorzeichen wie schlechte Ernten, Viehsterben oder Missgeburten häuften, schrieb man das dem Wirken finsterer Mächte, wie Zauberer und Hexen (▶ Hexen und Heilige), zu. ■

Markgraf Otto IV. von Brandenburg, erkennbar an seinem Wappen, spielt mit einer adligen Dame **Schach**. Musiker unterhalten das Paar.

Hofkultur

Weltliche Herrscher wie ▶ Fürsten und Könige sowie mächtige Geistliche wie Bischöfe regierten vom Hof aus: Das konnte eine ▶ Burg sein ebenso wie ein herrschaftlicher Adelssitz. Dort entwickelte sich die Hofkultur, mit der sich die adligen Familien von der nicht adligen Bevölkerung unterschieden. Besonders im Winter, wenn keine Kriege geführt wurden und man Zeit für Unterhaltung hatte, lud der Herrscher Gäste und gelehrte Besucher an seinen Hof ein, um sich mit ihnen auszutauschen und ihre Anliegen anzuhören. Die Gäste verweilten oft wochenlang am Hof: Hier diskutierte man über neue Ideen, vertrieb sich die Zeit mit Brettspielen wie Schach oder ging gemeinsam auf die Jagd. An kirchlichen Feiertagen oder Familienfesten wurden große Hoffeste gefeiert und Turniere veranstaltet.

Mit der Zeit entwickelte man strenge Regeln für das gesellschaftliche Leben: Tischsitten mussten eingehalten werden, es gab Regeln für den höflichen Umgang miteinander und eine höfische Kleiderordnung schrieb vor, was die Adligen zu tragen hatten. Bei den Festen traten Musiker auf, die zum Tanz spielten. Nach dem Festmahl trugen Dichter und Sänger Heldengedichte und romantische Liebesabenteuer (▶ Minnesang) vor. Die Geschichten handelten von mutigen ▶ Rittern, die im Kampf ihre Ehre verteidigten und sich um die Gunst ihrer Geliebten bemühten, oder von Adelsfamilien, die sich in erbitterten ▶ Fehden bekämpften. Die Abenteuer der Helden, wie sie z. B. das Nibelungenlied erzählt, vermittelten den adligen Zuhörern das Idealbild des edlen Ritters. ■

LEBEN DAMALS

Schlemmen und genießen

Im Gegensatz zum kargen Mahl der ▶ Bauern ließen sich die Damen und Herren der adligen Gesellschaft bei einem Festmahl nur das Beste auftischen: Man trank Bier und Wein und aß Gemüse, viel frisches oder eingelegtes Obst, zartes Fleisch mit Soße und allerlei süßen Nachtisch. Wer seinen Gästen etwas Besonderes bieten wollte, ließ z.B. einen Pfau kochen und ihn hinterher wieder mit seinen Federn verzieren, sodass er fast lebendig aussah. Gabeln gab es übrigens noch nicht: Die Adligen aßen mit Löffeln, einem Messer, das jeder Gast selbst mitbrachte, und mit den Fingern. Hinterher wusch man sich die Hände.

Vor der Falkenjagd: Zum Schutz vor den scharfen Krallen des Vogels trägt der **Falkner** einen Handschuh.

Während die **Festgäste** üppig speisen, werden sie von Musikern mit Blasmusik unterhalten.

Ein Kopf aus vergoldeter Bronze nach dem Abbild von **Kaiser Friedrich I.**: Wegen seiner roten Haare hieß er auch »Barbarossa«, Rotbart.

Kaiser

Der Kaiser besaß die höchste weltliche Macht. Er herrschte über ein großes Reich, in dem Fürsten oder Barone (▶ Fürsten und Könige) kleinere Gebiete regierten. Kaiser konnte lange Zeit nur derjenige König werden, der vom ▶ Papst die Kaiserwürde verliehen bekam. Damit erlangte der Kaiser eine göttliche Bestätigung seiner Herrschaft.

Das mittelalterliche Kaisertum steht in der Tradition des ▶ Römischen Kaiserreichs. Als dieses 395 n. Chr. in eine West- und eine Osthälfte geteilt wurde, gab es zunächst zwei Kaiser, bis der Germane Odoaker 476 den weströmischen Kaiser absetzte. Jetzt war der Kaiser von ▶ Konstantinopel und dem Byzantinischen Reich Herrscher über das gesamte Römische Reich der Spätantike. Erst als Karl der Große sich mit dem Papst verbündete, erlangte er so viel Macht, dass er 800 zum ersten westlichen Kaiser gekrönt wurde. Von nun an waren es deutsche Könige, die über das ▶ Heilige Römische Reich herrschten und vom Papst die Kaiserkrone verliehen bekamen. Doch sowohl mit Konstantinopel als auch mit dem Papst gab es wiederholt Auseinandersetzungen um die Herrschaft. Im sogenannten Investiturstreit stritten sich König und Papst darum, wer die höchste Macht auf Erden hatte. Im 11. Jh. beanspruchte das Kirchenoberhaupt das alleinige Recht, Kaiser ein- und abzusetzen. Durch die ▶ Kirchenspaltung schwand der Einfluss des Papstes: 1530 krönte er zum letzten Mal einen Kaiser.

Die Krönung war wie ein großes Fest, zu dem der König extra zum Papst nach Rom reiste. In der ▶ Peterskirche erhielt er die Insignien, die Zeichen kaiserlicher Macht: Kaiserkrone, Reichsapfel, Schwert und Zepter. Bei der Zeremonie versprach der neu gekrönte Kaiser, sein Volk immer zu schützen und die Kirche zu verteidigen. ■

INFOBOX

Der Gang nach Canossa

Als König Heinrich IV. Bischöfe einsetzte, was ihm nach Auffassung des Papstes nicht zustand, setzte Papst Gregor VII. den König ab und schloss ihn aus der Kirche aus. Ohne Unterstützung der Kirche schwand Heinrichs weltliche Macht. Den einzigen Ausweg sah er in einem Bußgang zum Papst, der sich gerade in der Burg Canossa in Italien aufhielt. Im Winter 1077 reiste Heinrich nach Canossa.

Dort wartete er drei Tage lang barfuß im Schnee und bat um Verzeihung. Der Papst musste ihn erhören und nahm ihn wieder in die Kirche auf. Wenn jemand sich demütig für eine Tat entschuldigt, spricht man heute noch von einem »Gang nach Canossa«.

Sigismund, **König und Kaiser** des Heiligen Römischen Reiches. Er trägt die Reichsinsignien Reichsapfel, Zepter und Krone.

Der **Dom von Orvieto** in Italien ist ein Meisterwerk der italienischen Gotik. Typisch sind die dreieckigen Giebel und die hohen Türmchen.

Kathedrale

Kathedralen sind große Kirchen, in denen ein Bischof den Gottesdienst hielt. In Deutschland werden Kathedralen meist Dom, manchmal auch Münster genannt. Sie standen mitten in der ▶ Stadt und waren im Frühmittelalter oft das einzige große Gebäude aus Stein. Die hohen Glockentürme waren weithin sichtbar und riefen mit ihrem Geläute die Gemeinde an Sonn- und Feiertagen zum Gottesdienst. An den Kirchtürmen wurden seit dem 14. Jh. die ersten öffentlichen Uhren angebracht. Anders als Dorfkirchen oder kleinere Gotteshäuser hatten die Kathedralen mehrere Räume. Jede Kathedrale sah zwar anders aus, aber es gab auch Gemeinsamkeiten. Der Grundriss hatte oft die Form eines Kreuzes, in der Mitte trug das Gebäude eine Kuppel. Im Osten fügte sich ein halbrunder Raum an, in dem der Altar stand: die Apsis. Im Untergeschoss lag die Krypta. Hier wurden Märtyrer beerdigt, die für ihren Glauben gestorben waren. Bischöfe und Herrscher ließen sich in der Kirche gern in deren Nähe bestatten. Einfachere Menschen wurden auf dem Friedhof hinter der Kathedrale beigesetzt.

Das Innere der Kathedrale war mit Säulen und Pfeilern geschmückt. Ab der Mitte des 12. Jhs. wurden die Räume höher, die Pfeiler schmaler, die Decken waren gewölbt und die Fensterflächen größer. So kam mehr Licht in den Innenraum, und das Gebäude schien in den Himmel zu wachsen. Diesen Kunststil nennt man Gotik. Besonders in Frankreich wurden viele gotische Kathedralen gebaut. Wandernde Steinmetze brachten von hier die neuen Ideen nach Deutschland und hinterließen ihre Spuren. Beliebte Schmuckelemente waren die Wasserspeier an den Regenrinnen: steinerne Fabelwesen oder Menschen mit grotesken Zügen. Ein berühmtes Beispiel für den gotischen Baustil in Deutschland ist der Kölner Dom. ■

INFOBOX

Wer baute die Kathedralen?

Jahrzehnte, ja Jahrhunderte lang bauten die Steinmetze, aber auch Glaser, Zimmerleute, Schmiede und andere Handwerker an einer großen Kathedrale. Während der Bauzeit waren sie in der »Bauhütte« organisiert, die in der Nähe der Baustelle lag. In dieser Werkstatt arbeiteten sie unter Anleitung des Werkmeisters. Wenn die Kirche fertig gestellt war, löste sich die Bauhütte in der Regel auf und die Handwerker zogen weiter.

Durch die bunt verglasten **Kirchenfenster** (links) fiel viel Licht ins Innere der Kathedrale.
Die berühmteste Kathedrale ist **Notre Dame** in Paris (rechts).

Im Zeichen des Kreuzes machten sich die **Ritter** im 11. Jh. auf den Weg nach Jerusalem, um das Heilige Land von den Muslimen zu befreien.

Kreuzzüge

Palästina, das »Heilige Land«, in dem Jesus Christus geboren wurde, lehrte und starb, wurde im Mittelalter von Muslimen beherrscht. In den Augen der Christen (▶ Christentum) waren die Anhänger des ▶ Islam ungläubige Heiden, aus deren Gewalt man Jesus' Grab in Jerusalem befreien musste. 1095 rief Papst Urban II. zum ersten Kreuzzug auf: Alle Ritter sollten im Zeichen des Kreuzes in den Krieg ziehen und das Heilige Land zurückerobern. Scharen von ▶ Rittern, aber auch Tausende von Abenteurern und ▶ Bauern machten sich auf den langen, gefährlichen Weg. Zu Pferd, zu Fuß und mit dem Schiff legten die Kämpfer über 3000 Kilometer zurück. Nicht alle kamen lebend in Palästina an. Einige stellten fest, dass es auch im eigenen Land Ungläubige gab, gegen die man kämpfen konnte: So wandten sie sich gegen die Juden (▶ Judenverfolgung) und ▶ Ketzer.

Der »Heilige Krieg« gegen den Islam wurde mit scharfem Schwert geführt: Viele Christen und Muslime kamen dabei um. Für kurze Zeit gelang es tatsächlich, Jerusalem einzunehmen. Ritterorden wurden gegründet und christliche Staaten eingerichtet. Doch bald schon gewannen die Muslime wieder die Oberhand. Bis ins 15. Jh. hinein versuchten Ritter auf mehreren Kreuzzügen vergeblich, die christlichen Gebiete im Nahen Osten zurückzuerobern. ■

Markt

In jeder ▶ Stadt gab es Wochenmärkte, auf denen man alles einkaufte, was man im Alltag benötigte: Käse, Eier, Fleisch, Salz, Töpfe und Pfannen, Messer, Schuhe, Stoffe oder Wein. Besonders beliebt waren die Jahrmärkte, die meist an kirchlichen Feiertagen im Sommer stattfanden. Hier wurden Waren aus nah und fern gehandelt: wertvolle Pelze und Stoffe, exotische Gewürze oder wohlriechende Salben. An Markttagen herrschte Frieden; ▶ Fehden durften dann nicht geführt werden. Musikanten, Gaukler und Akrobaten unterhielten die Marktbesucher, eine Art Marktpolizei sorgte für Ordnung und griff bei Streitigkeiten ein. Die Stadtherren luden gern Kaufleute und Händler auf ihren Markt ein und befreiten sie von Steuern und Zöllen. Dadurch erhofften sie sich viele kauffreudige Besucher und wirtschaftlichen Aufschwung für ihre Stadt. ■

LEBEN DAMALS

Was brachten die Ritter aus dem Orient mit?

Obwohl die Muslime die größten Feinde der Kreuzritter waren, lernten die Ritter viel von ihnen: Sie schätzten deren Gewürze wie Pfeffer oder auch Zucker und brachten orientalische Teppiche und Musikinstrumente wie die Laute mit. Den größten Vorsprung hatten die Muslime aber im Rechnen: Während in Europa immer noch mit unpraktischen römischen Ziffern gezählt wurde (wie z. B. CXXV für 125), verwendete man im Osten die arabischen Ziffern, mit denen wir bis heute rechnen.

QUELLE

»Unter der Linde«

Hier ein Auszug aus einem Minnesang von Walther von der Vogelweide, dem bedeutendsten deutschsprachigen Dichter und Minnesänger des Mittelalters: Unter der Linde auf der Heide, / wo unser beider Lager war, / da könnt ihr finden schön gesammelt / beides, Blumen und Gras. / Vor dem Wald in einem Tal, / tandaradei, / sang schön die Nachtigall.

Die **mongolischen Krieger** waren großartige Reiter und verwegene Kämpfer.

Minnesang

Im Mittelalter wurden Ehen zwischen Adligen aus politischen Gründen geschlossen. Die Frauen hatten kaum Rechte und waren ihrem Ehemann unterstellt. Romantische Liebe und zärtliches Umwerben der Braut gab es meist nur in Romanen und Gedichten. Da nur sehr wenige Adlige lesen konnten, zogen fahrende Sänger von Hof zu Hof und trugen ihre Geschichten in Form von Liedern vor, den Minnesang. Die »Minne« beschreibt eine ideale Liebe, in der ein Ritter seiner angebeteten Burgdame Lieder dichtet, ihre Schönheit preist, ihr Geschenke macht und sie von Ferne verehrt. In den Minneliedern kommt das höfische Ideal des ▶ Ritters zum Ausdruck: Nicht nur der Umgang mit den Waffen, sondern auch gutes Benehmen, ein gepflegtes Äußeres und die Wahl der richtigen Worte waren gefragt. Zumindest im Gedicht wurde die Dame ehrerbietig und respektvoll behandelt. ■

Bei Dichterwettbewerben kämpften die besten **Minnesänger** am Hof um den ersten Preis.

Mongolen

Aus einem kleinen Volk von Jägern und umherziehenden Viehhirten entstand das kriegerische Volk der Mongolen, das die mächtigsten Staaten Asiens und Europas in Angst und Schrecken versetzte. Die Mongolen lebten als Reitervolk in den Steppen Zentralasiens. Unter der Herrschaft von Dschingis Khan wurden die Mongolen zu einer militärischen Großmacht: Mit neuen Waffen und Belagerungstechniken und sehr gut ausgebildeten Reitern waren sie sogar den mächtigen chinesischen Nachbarn überlegen.

Die Mongolen waren wegen ihrer Grausamkeit berüchtigt: Sie zerstörten feindliche Städte und Siedlungen, verwüsteten Felder und töteten ihre Gegner ohne Gnade. Nur wer sich unterwarf und den Mongolen anschloss, kam mit dem Leben davon. Obwohl sie ein Volk von Kriegern waren, förderten die Mongolen den Austausch von Waren und Handwerkern zwischen Europa, Zentralasien und dem Fernen Osten. Im Westen hörte man das erste Mal auf den ▶ Kreuzzügen von Dschingis Khan und seinem erfolgreichen Heer. Nach Dschingis Khans Tod setzten seine Nachfolger die Eroberungen fort. Den Höhepunkt seiner Macht und seiner Ausdehnung erreichte das Reich der Mongolen um 1280: Es unterwarf ganz China. Bald danach zerfiel das Mongolische Reich. ■

BIOGRAFIE

Dschingis Khan

Mit knapp 40 Jahren wurde der Fürst Temüdschin 1206 zum Anführer der Mongolen gewählt und erhielt den Titel Dschingis Khan. Unter seiner Regierung entstand das mächtige Mongolenreich: Er vergrößerte das Heer, straffte die Verwaltung des Reiches und ließ ein Strafrecht ausarbeiten. Mit 60 Jahren starb Dschingis Khan – nicht im Kampf, sondern vermutlich nach einem Sturz vom Pferd.

Die trutzige **Marienburg** in Polen war 150 Jahre lang der Hauptsitz des Deutschen Ordens.

Orden

Gleichgesinnte ▶ Klöster schlossen sich zu religiösen Orden zusammen. Nachdem viele Klöster durch Schenkungen von Adligen sehr reich wurden und die wohlhabenden Mönche die alte Benediktinerregel »Bete und arbeite« fast vergessen hatten, entstanden neue Orden, die sogenannten Bettelorden: Die Zisterzienser lebten auf dem Land in Abgeschiedenheit und Bescheidenheit. Die Franziskaner traten vor allem in Städten auf, hatten keinen eigenen Besitz und kümmerten sich um Kranke und Arme, ebenso wie die Dominikaner. Auf den ▶ Kreuzzügen entstanden sogenannte Ritterorden: Die Templer schützten die Pilger, die Johanniter kümmerten sich um kranke christliche Reisende und verletzte Kreuzritter. ■

Ein Blick auf die **Klosteranlage** eines Ordens mit ihren zahlreichen Nebengebäuden, Stallungen, Gemüsegärten, Obstbaumwiesen und Fischteichen.

Ostsiedlung

Während in Westeuropa im 12. Jh. die Bevölkerung stark zunahm, waren die Gebiete östlich der Elbe und Saale nur dünn besiedelt. Die Fürsten in Polen, Pommern, Schlesien und Böhmen versuchten deshalb, neue ▶ Bauern und Bürger anzulocken, um die fruchtbaren Böden zu bearbeiten und das Land zu erschließen. Viele folgten diesem Ruf und wanderten aus, denn zuhause war das Land teurer und die Abgaben höher. Die meisten Neusiedler wurden zu freien Bauern mit erweiterten Rechten. Im Rahmen dieser Ostsiedlung entstanden neue ▶ Städte, die das moderne deutsche Stadtrecht übernahmen. Auch verschiedene ▶ Orden wie die Zisterzienser und der Deutsche Orden beteiligten sich an der Ostsiedlung. In dieser Zeit verstärkte sich der Einfluss der deutschen Kultur in Mitteleuropa. Die Auswanderungswelle nach Osten endete mit den Pestepidemien (▶ Pest und Tod) im 14. Jh. ■

BIOGRAFIE

Franz von Assisi

Franz von Assisi wuchs als Sohn eines wohlhabenden Tuchhändlers in Reichtum auf. Mit 25 Jahren warf er seinem Vater Kleidung und Geld vor die Füße und wählte die Einsamkeit. Er trug keine

Schuhe und als Bekleidung nur eine raue Kutte mit einem Strick als Gürtel. Sein Leben widmete er der Pflege von Kranken und Armen. Seine Anhänger nannten sich nach ihm Franziskaner.

LEBEN DAMALS

Heilige Knochen

Fromme Gläubige verehrten Heilige (▶ Hexen und Heilige) und jeden Teil ihres Körpers. Denn auch darin steckte die göttliche Kraft, so glaubte man. Wenn ein Heiliger starb, wurden seine Überreste als Reliquien verehrt: Ein Ohr, ein Knochen oder sogar ein Stück seines Gewandes sollten Krankheiten heilen und Kämpfe siegreich enden lassen. Von den ▶ Kreuzzügen brachten manche Christen auch Reliquien aus dem Heiligen Land zurück.

Papst

Der **Papst** sitzt, wie die weltlichen Herrscher, auf einem Thron. Anstelle einer Krone trägt er als Kopfbedeckung eine Tiara.

Der Papst war und ist das Oberhaupt der katholischen Kirche. Er wird als direkter Nachfolger des Apostels Petrus und als der Stellvertreter Christi (▶ Christentum) auf Erden angesehen. Die Wahl des Papstes geschieht durch die Kardinäle und gilt auf Lebenszeit. Bei Glaubensstreitigkeiten hat der Papst immer das letzte Wort. Er führt die katholischen Gläubigen in aller Welt von ▶ Rom aus. Seine Kirche ist die ▶ Peterskirche, die dort steht, wo Petrus begraben sein soll.

Im Mittelalter hatte der Papst zeitweise mehr Einfluss als der ▶ Kaiser. Geistliche und weltliche Herrschaft waren eng miteinander verbunden und die Päpste mischten sich viel stärker als heute in die Politik ein: Sie setzten z. B. Herrscher ab, riefen zum Heiligen Krieg auf (▶ Kreuzzüge) und bestimmten, wer als ungläubiger ▶ Ketzer zum Tode verurteilt wurde. Das Amt des Papstes war mit großem Reichtum und Einfluss verbunden. Deshalb strebten auch Weltliche danach, den »Heiligen Stuhl« zu besetzen – manche schreckten dabei selbst vor Mord nicht zurück. 1378 geriet das Papsttum in eine Krise, als nicht nur einer, sondern zwei Päpste den Heiligen Stuhl für sich in Anspruch nahmen. Diese ▶ Kirchenspaltung (»Abendländisches Schisma«) konnte erst 1417 mit der Wahl eines neuen Papstes beigelegt werden. ■

Die **Engelsburg** in Rom war die Fluchtburg der Päpste: Bei Gefahr konnten sie über einen Verbindungsgang vom Vatikan aus dorthin gelangen.

INFOBOX

Kritik an der Kirche

Im Laufe der Zeit waren die Kirchenregeln in Vergessenheit geraten. Viele sahen in der Kirche weniger einen Raum, um Gott zu ehren, sondern vielmehr eine Möglichkeit, um auf Erden zu Geld und Macht zu kommen: Priester heirateten, kirchliche Ämter konnte man kaufen, und Laien – also Nichtgeistliche – nahmen Einfluss auf kirchliche Angelegenheiten. Im 11. Jh. forderten viele eine Rückbesinnung auf die alten Werte: Es entstanden strenggläubige ▶ Orden wie die Franziskaner. Auch der Papst achtete auf die Befolgung der Vorschriften: So durfte von nun an der König keine Bischöfe mehr einsetzen.

Im 14. Jh. trugen **Ritter** zum Schutz ein Kettenhemd und einen Panzer aus Eisenplatten. Sogar die Handschuhe und Schuhe waren aus Eisen.

Ritter

Zu Beginn des Mittelalters führten ▶ Fürsten und Könige Kriege und ▶ Fehden gegeneinander. Aber auch andere kriegerische Völker fielen in Europa ein. Diese fremden Krieger kamen zu Pferd z.B. aus Ungarn und besiegten die Fußsoldaten oftmals. Um sich gegen die Angreifer zu verteidigen, stellten die Fürsten nun ihrerseits Reiterheere auf. Mit Pferden, die mit Steigbügeln und Sätteln ausgestattet waren, Lanze und Schwert zogen ihre Reiter erfolgreich gegen die Angreifer. Diese ersten Ritter waren beim Volk nicht sehr beliebt, weil sie nicht nur gegen die Feinde kämpften, sondern auch Siedlungen im eigenen Land überfielen und ausraubten. Dies änderte sich, als die Kirche Regeln für Ritter aufstellte und das Ideal des christlichen Ritters schuf: Nun sollten die adligen Ritter nicht mehr um Ländereien oder Besitz kämpfen, sondern für die Verteidigung ihres Glaubens. Sie hatten sich dabei an die wichtigsten Rittertugenden zu halten: Treue, Gehorsam, Schutz der Schwachen, Respekt vor den Frauen, Höflichkeit, Freigebigkeit und Mut.

Nicht jeder Junge konnte Ritter werden. Nur der erste Sohn aus einer reichen Adelsfamilie, der sich Pferd, Rüstung und Waffen leisten konnte, wurde zum Ritter ausgebildet. Schon mit sieben Jahren schickte ihn seine Familie auf die Burg eines befreundeten Ritters. Dort bediente er als Page bei Tisch, half dem Burgherrn morgens beim Ankleiden und übte sich im Reiten sowie im Schwertkampf. Er ging in der Küche zur Hand und hielt Hof und Stall sauber. Mit 14 Jahren wurde aus dem Pagen ein Knappe. Als Knappe begleitete er seinen Ritter auf das Schlachtfeld und kümmerte sich um die Pferde und die Rüstung. Wenn er kämpfen, schwimmen, jagen und reiten gelernt hatte, die höfischen Umgangsformen beherrschte und sich tapfer zeigte, konnte er mit 21 Jahren feierlich zum Ritter ernannt werden: Sein Burgherr überreichte ihm bei der »Schwertleite« Schwert und Sporen. Danach ging man mit Familie und Gästen in die Kapelle, wo ein Priester den jungen Ritter und sein Schwert segnete. Dann gab es ein Festmahl mit Musik und Tanz und ein Turnier, bei dem der frisch ernannte Ritter seinen Mut, seine Tapferkeit und seine Geschicklichkeit unter Beweis stellen konnte. Die wichtigste Waffe des Ritters war das Schwert. Es war nicht zum Stechen gedacht, sondern vor allem zum Schlagen. Oft verdankte der Ritter ihm sein Leben. Einige Ritter gaben ihrem Schwert sogar einen Namen: So hieß z.B. das Schwert von König Artus »Excalibur«. Auch das Pferd musste gut ausgebildet sein, denn es musste den Ritter mitsamt seiner schweren Rüstung tragen und durfte auch im gefährlichsten Kampf keine Angst haben.

Mit Lanze und geschmückten Pferden brechen diese beiden Ritter zu einem **Turnier** auf. Jeder Ritter trug sein eigenes Wappen.

BIOGRAFIE

Richard Löwenherz

Der englische König Richard I., genannt Löwenherz, war einer der berühmtesten Ritter der ▶ Kreuzzüge. Nachdem er die Stadt Akko im Heiligen Land erobert und den Sultan geschlagen hatte, wurde er auf dem Rückweg 1192 gefangen genommen und von Heinrich IV. auf Burg Trifels eingesperrt. Erst gegen hohes Lösegeld und nachdem er Heinrich einen Treueid geschworen hatte, wurde er wieder freigelassen.

QUELLE

Ritterliche Tugenden

Da ein kämpfender Reiter nicht mit den Idealen der christlichen Lehre vereinbar war, stellte die Kirche Regeln auf. Bischof Bonizo von Sutri beschrieb einen idealen Ritter: »Es ist die besondere Sache der Ritter, ihrem Herrn ergeben zu sein, nicht nach Beute zu streben, zum Schutz des Lebens ihres Herrn das eigene Leben nicht zu schonen, für das Wohl des Staates bis zum Tode zu kämpfen, Glaubensfeinde und Ketzer zu bekriegen, Arme, Witwen und Waisen zu verteidigen, die gelobte Treue nicht zu brechen und ihrem Herrn nicht meineidig zu werden.«

INFOBOX

König Artus' Tafelrunde

Im 6. Jh. soll der legendäre König Artus in England gelebt haben. Sein Leben lang suchte er nach dem sagenumwobenen Heiligen Gral, einem Gefäß mit strahlender Zauberkraft. Ab dem 12. Jh.

wurden Artus und seine zwölf ausgewählten Ritter zu Helden zahlreicher beliebter Rittergeschichten. Die adligen Krieger der höfischen Gesellschaft nahmen sich die tapferen Ritter von König Artus' Tafelrunde aus den Romanen und Erzählungen zum Vorbild.

Ein moderner Ritter bei **Reiterspielen** auf Sizilien. »Echte« Ritter zogen nie ohne Helm und Handschuhe in den Kampf – noch nicht einmal bei einem Turnier.

Hauptaufgabe des Ritters war es, seinen Grundherrn, dem er die Treue geschworen hatte, im Kriegsfall zu verteidigen. In Friedenszeiten, wenn nicht gekämpft wurde, nahmen die Ritter an Turnieren teil. Die Kirche hätte diese Schaukämpfe am liebsten unterbunden, da ein edler Ritter ja sein Schwert nur zur Verteidigung des Glaubens benutzen sollte, nicht aber, um Ruhm und Ehre bei einem Turniersieg zu erringen. Es gelang ihr aber nicht, die Ritter davon abzuhalten, an Turnieren teilzunehmen. Bei der Disziplin des »Tjost« traten zwei Ritter zu Pferd gegeneinander an. Durch eine prächtige Rüstung gut geschützt ritten sie aufeinander zu und versuchten, mit ihrer Lanze den Gegner aus dem Sattel zu stoßen. Damit die Kämpfe nicht tödlich endeten, waren die Lanzen mit einer stumpfen Spitze versehen. ■

Die Ritter kämpften nicht nur um Ruhm und Ehre, sondern auch um das Herz der **Damen** zu erobern.

LEBEN DAMALS

Mal Burgdame, mal Rittersfrau

Adlige Frauen konnten zwar keine Ritter werden, aber einen Ritter heiraten. Dann lebten sie auf der ▶ Burg, führten den Haushalt und die Bediensteten, bewirteten Gäste und sorgten dafür, dass alle notwendigen Reparaturen an der Burg durchgeführt wurden. Sie hatten auch oft die Oberaufsicht über die Finanzen und mussten daher gut rechnen können. Wenn der Burgherr unterwegs war oder in den Krieg zog und die Burg angegriffen wurde, befehligte die Frau die Verteidiger.

Die **»Geschlechtertürme«** von San Gimignano in Italien sind Zeugnisse städtischen Reichtums.

LEBEN DAMALS

Feueralarm!

Da die meisten Häuser in der Stadt aus Holz gebaut und mit Stroh gedeckt waren und sehr eng standen, genügte ein offenes Herdfeuer, um einen verheerenden Brand auszulösen. Viele Städte wurden im Mittelalter durch eine Feuersbrunst vollständig zerstört. Es gab keine organisierte Feuerwehr; die Bürger selbst mussten Wasser aus dem nächstgelegenen Brunnen schöpfen. Familien, die ihr Heim verloren hatten, fanden oft Unterschlupf bei ihren Nachbarn.

Stadt

Während zur Zeit des ▶ Römischen Kaiserreichs Städte 50 000 Einwohner und mehr zählen konnten, gab es nach den Zerstörungen der ▶ Völkerwanderung nur noch kleinere Siedlungen mit wenigen Tausend Einwohnern. Die größte mittelalterliche Stadt war Paris mit 80 000, im römisch-deutschen Reich war es Köln mit 40 000 Einwohnern. In der Regel aber lag die Einwohnerzahl zwischen 2000 und 5000.

Im Gegensatz zum Dorf hatte die Stadt mehr Einwohner, die Bürger waren keine Leibeigenen, sondern frei und in regelmäßigen Abständen fand ein ▶ Markt statt. Die meisten Stadtsiedlungen bildeten sich um eine ▶ Burg, eine ▶ Pfalz oder um ein ▶ Kloster herum. Eine mittelalterliche Stadt bestand aus Holzhäusern in engen Gassen, nur die Wohnhäuser reicher Adelsfamilien und Kirchen waren aus Stein gebaut. Zum Schutz vor feindlichen Angriffen und ▶ Fehden umgab eine Stadtmauer die Siedlung. Im Frühmittelalter waren Fürsten (▶ Fürsten und Könige) oder Bischöfe die Stadtoberhäupter. Wer Bürger einer Stadt werden wollte, musste ein Haus oder Land in der Stadt oder aber Geld haben. Er zahlte eine Aufnahmegebühr und leistete einen Eid, mit dem er sich dem Recht und Gericht der Stadt unterwarf. Der Neubürger genoss den Schutz und Frieden der Stadt. Dafür zahlte er Steuern und verpflichtete sich, die Stadt im Notfall mit Waffen zu verteidigen. Handwerk und Handel brachten Wohlstand in die Städte. Vor allem die Kaufleute in ▶ Zünften und Gilden kamen zu Reichtum und Ansehen, was oft zu Konflikten mit den Stadtherren führte. Die Städter lösten sich mehr und mehr aus den herrschaftlichen Bindungen und verwalteten sich weitgehend selbst. ■

Das **Siegel von Freiburg** aus dem Jahr 1255. Zu sehen ist die Stadtbefestigung.

INFOBOX

»Unehrliche« Berufe

Nicht alle Berufe waren gleichermaßen angesehen. Solche, die schmutzig waren und »ohne Ehre« ausgeführt wurden, wurden als unehrlich bezeichnet: Henker, Totengräber und Prostituierte durften nicht in städtische Ehrenämter gewählt werden und nicht als Zeugen vor Gericht auftreten. Auch der Umgang mit solchen Leuten oder das bloße Berühren ihrer Arbeitsgeräte galt als unehrlich.

Universität

Im Mittelalter gab es keine Schulpflicht und keinen einheitlichen Lehrplan. In Dom- und Klosterschulen wurden Lesen, Schreiben und ▶ Latein gelehrt, indem die ▶ Bibel gelesen wurde. Die begabtesten Schüler zogen nach Frankreich, Italien oder Spanien, um sich dort weiterzubilden. Nachdem lange Zeit nur christliche Schriften gelesen worden waren, erwachte im 12. Jh. das Interesse an den Büchern der antiken Philosophen (▶ Philosophie), vor allem an Aristoteles. Auch das ▶ römische Recht wurde studiert und bearbeitet. Einige Domschulen hatten einen besonders guten Ruf und sammelten immer mehr Schüler um sich. Die Lehrer bemängelten, dass es keinen einheitlichen Lehrplan gab. Sie forderten eine neue Art von Schule mit geregelter Ausbildung, die frei von der Willkür der Bischöfe oder Äbte sein sollte. So entstanden aus den größten Schulen in Paris, Bologna und Oxford im 12. Jh. die ersten Universitäten.

Der Unterricht erfolgte in Form von Vorlesungen: Der Lehrer, genannt Magister, las den Studenten aus Büchern vor. Unterrichtssprache war Latein. Alle Studenten lernten zuerst philosophische Fächer wie Rhetorik und Logik. Danach konnten sie sich spezialisieren und mit Theologie, Jura oder Medizin fortfahren. Der ▶ Papst in Italien und die Könige von England und Frankreich unterstützten diese umfassende Ausbildung der Studenten, denn auch sie profitierten von gut geschulten Theologen und Juristen, die im Dienst der Kirche oder der staatlichen Verwaltung gebraucht wurden.

Die Universitäten durften sich selbst verwalten und eigene Regeln für den Studienbetrieb aufstellen. Im 13. und 14. Jh. entstanden immer mehr Universitäten in ganz Europa. Viele Studenten wurden Lehrer und verbreiteten das Wissen. So erhöhte sich die allgemeine Bildung und immer mehr Menschen lernten Lesen und Schreiben. Bis heute wird Latein als Fachsprache zum Beispiel in der Medizin und in der Kirche verwendet. Die wissenschaftliche Bildung schulte die Logik und das eigenständige Denken. Nur so konnten kritische Gedanken formuliert und neue Ideen entwickelt werden – alles grundlegende Voraussetzungen für die Entstehung von Humanismus (▶ Renaissance und Humanismus) und ▶ Aufklärung. ■

Die **Universität von Cambridge** gehört zu den ältesten in Europa. Noch heute studieren zahlreiche Studenten in einem der vielen Colleges, hier das St. John's College.

LEBEN DAMALS

In der Klosterschule

Nur die Jungen adliger Grundbesitzer gingen zur Schule: Stadtkinder in die Domschule bei der ▶ Kathedrale, Kinder auf dem Land in die Klosterschule (▶ Kloster). Eigentlich sollten hier nur Mönche erzogen werden, doch nicht alle Klosterschüler schlugen eine geistliche Laufbahn ein. Im Kloster lebten sie wie in einem Internat. Vor allem sollten sie die ▶ Bibel verstehen lernen. Dieses Buch war das Hauptunterrichtswerk und Lesen, Schreiben und Latein waren die wichtigsten Fächer. Die Schüler lernten aber auch z. B. Astronomie und hatten Gesangsunterricht (siehe Bild). Der Besuch der Schule bereitete auf das Studium an einer Universität vor.

QUIZBOX

Welche dieser Erfindungen gab es bereits im Mittelalter?

1. Reißverschluss
2. Knopf
3. Niete

Antwort 2: Bevor man im Spätmittelalter den Knopf erfand, wurden Gewänder und Kleider mit Schnüren, Bändern und Haken oder mit Schmuckbroschen – den sogenannten Fibeln – geschlossen. Zuerst verwendete man Knöpfe aus Knochen oder Holz an Männerjacken. Nieten werden seit dem 19. Jh. zum Verstärken der Hosentaschen bei Jeans verwendet. Den Reißverschluss gibt es erst seit Anfang des 20. Jhs.

Spätmittelalter

Wir bestimmen als Seligkeit notwendig, dass jeder Mensch dem Papst unterworfen ist. Seine Gewalt ist göttlich.

Papst Bonifatius VIII. (1235–1303)

Spätmittelalter

Im späten Mittelalter wurde die Macht von Papst und König eingeschränkt. Auch die Fürsten und der Hochadel wollten nun mehr mitbestimmen. Auf ihr Drängen entstanden erste Vorstufen von Verfassungen wie die Magna Charta Libertatum, in denen die Rechte und Pflichten von Herrschern und Untertanen festgehalten wurden. Vertreter der Bevölkerung berieten den König in einer Art Bürgerversammlung, dem Rat, und achteten darauf, dass er seine Pflichten erfüllte. Nicht nur Adlige und Geistliche nahmen an diesen Versammlungen teil, auch einflussreiche Händler und selbstbewusste Bürger. Durch blühenden Handel und das Wachstum der Städte waren sie zu Reichtum und Ansehen gelangt. Langsam löste sich das alte Europa vom mittelalterlichen Herrschaftssystem der Feudalgesellschaft.

Die Pest unterbrach diese Entwicklung: Millionen Menschen starben, ganze Städte verödeten. Das verzögerte die Ausbreitung des Handels, die Erfindung neuer Hilfsmittel und die Verbreitung von Bildung. Doch doch lange konnte der Fortschritt nicht aufgehalten werden: Die Umbrüche um 1500 markieren das Ende des Mittelalters.

Fürsten und Könige
Hanse
Hexen und Heilige
Hundertjähriger Krieg
Judenverfolgung
Ketzer
Kirchenspaltung
Magna Charta
Pest und Tod
Zünfte und Gilden

Spätmittelalter	**1250–1500**
Albigenserkriege	**1209–1229**
Magna Charta in England	**1215**

Neben dem Hochadel sind nun auch Ritter und Bürger im englischen Parlament vertreten	**seit 1265**
Die Päpste residieren in Avignon (Frankreich)	**1309–1376**
Hundertjähriger Krieg zwischen England und Frankreich	**1339–1453**
Pest in Europa	**1347–1352**
Erste deutsche Universität, gegründet in Prag durch Karl IV.	**1348**
Judenverfolgung wegen Pest	**1348/49**
Goldene Bulle	**1356**
Gründung der deutschen Hanse	**1356**

Abendländisches Schisma (Kirchenspaltung)	**1378–1417**
Bauernaufstand in England	**1381**
Hinrichtung von Klaus Störtebeker	**1401**
Konstanzer Konzil	**1414–1418**
Todesurteil für Jan Hus wegen Ketzerei	**1415**
Todesurteil für Jeanne d'Arc wegen Ketzerei	**1431**
Veröffentlichung des »Hexenhammers«	**1487**
Neben weltlichen und geistlichen Fürsten nehmen auch die Reichsstädte an den Reichstagen teil	**seit 1489**
Höhepunkt der Hexenverfolgung	**1590–1630**

Die **Wappen** der Adelsfamilien entwickelten sich im Hochmittelalter aus den Erkennungszeichen der Ritter. Hier ist das Wappen des Markgrafen von Brandenburg zu sehen.

Fürsten und Könige

Im Mittelalter unterschieden sich die Menschen nach ihrer gesellschaftlichen Stellung und ihrem sozialen Ansehen. Es gab drei große Gruppen: Der kämpfende Adel, der aus Königen, Fürsten und ▶Rittern bestand; die betenden Geistlichen wie ▶Papst, Bischöfe und Mönche (▶Kloster, ▶Orden) und die abhängigen Arbeiter wie die ▶Bauern auf dem Land und die Handwerker in der Stadt (▶Zünfte und Gilden). Diese drei Stände waren durch gegenseitige Verpflichtungen miteinander verbunden (▶Feudalgesellschaft).

Die meiste Macht im Land hatte der König. Er stammte aus einer angesehenen Familie, wurde von den höchsten Adligen gewählt und in einer feierlichen Zeremonie gekrönt und gesalbt. Nur der ▶Kaiser und der ▶Papst standen über dem König und konnten ihm Befehle erteilen. Der König ernannte Fürsten und setzte sie als seine Stellvertreter vor allem in den Randprovinzen seines Herrschaftsgebiets ein. Die Fürsten sicherten den Frieden im Land, hielten Gericht und unterstützten den König bei der Regierung. Viele Untertanen leisteten wiederum den Fürsten den Treueid, zahlten Abgaben und standen ihnen im Kriegsfall als Kämpfer zur Verfügung.

Die Macht einzelner Familien wuchs, als die Fürsten erfolgreiche Schlachten gegen Feinde von außen führten und dadurch ihren Reichtum und ihre militärische Stärke vergrößerten. Die ▶Hofkultur an den Fürstenhöfen stand dem Königshaus in nichts nach. Einige Fürsten stiegen sogar zum König auf, wie z. B. Heinrich I.

Die mächtigsten Fürsten in Deutschland waren die Herzöge und Grafen. In England und Frankreich hießen die Fürsten Barone. Auch sie erhielten ihr Land vom König und waren ihm zur Treue verpflichtet. Doch die Barone regierten ihr Land wie Kleinstaaten mit eigenen Gesetzen. Mit ihren Privatarmeen fielen sie plündernd in das Gebiet ihrer Nachbarn ein. Sogar dem König konnten sie gefährlich werden: So zwangen Barone den englischen König Johann, 1215 eine Urkunde zu unterzeichnen, in der er auf einen Teil seiner Rechte verzichtete (▶Magna Charta). Im ▶Heiligen Römischen Reich gelang es dem König, seine Macht zu erhalten und mit den Fürsten zusammen zu regieren. Viele deutsche Könige wurden auch zum Kaiser gekrönt. ■

INFOBOX

Feine Gesellschaft: die Landshuter Fürstenhochzeit

Wenn Fürsten heirateten, richteten sie ein rauschendes Fest aus. Sie luden alle Freunde und Verwandte ein und bewirteten ihre Untertanen großzügig. 1475 heiratete der Herzog von Bayern-Landshut, der Georg der Reiche genannt wurde, die Adlige Hedwig von Polen. Sein Hochzeitsfest war besonders eindrucksvoll. Seit 1903 wird diese Fürstenhochzeit alle vier Jahre in Landshut gefeiert: In den mittelalterlichen Straßen und Giebelhäusern der Stadt wird für drei Wochen das 15. Jh. wieder lebendig: Die Einwohner verkleiden sich mit historischen Kostümen und stellen den Festumzug nach, Spielleute und Gaukler unterhalten die Gäste, es wird musiziert, getanzt, gegessen und gefeiert. Die Landshuter Fürstenhochzeit ist eines der größten Feste Europas.

Farbige Gewänder aus Samt und Seide und edlen Kopfschmuck konnten sich nur **reiche Adlige** leisten.

Hanse

Die Hanse war ein Zusammenschluss von Fernkaufleuten und Städten an der Nord- und Ostsee. Gemeinsam konnten die Händler ihre Interessen besser vertreten, außerdem erhielten sie vom König Zollermäßigungen, Handelserleichterungen und Rechtsschutz. Rund 70 ▶Städte, die sogenannten Hansestädte, waren seit 1356 unter der Führung Lübecks in dem Verbund zusammengeschlossen: Dazu gehörten Hamburg, Köln, Rostock, Stralsund oder Stockholm, aber auch z.B. Danzig und Krakau (im heutigen Polen) oder das im Zuge der ▶Ostsiedlung neu gegründete Riga (Lettland). Die Handelsbeziehungen der Hanse gingen bis nach Russland, ans Schwarze Meer, nach Spanien, England und Norwegen. Auf den Versammlungen, den Hansetagen, die in Lübeck stattfanden, vereinbarten die Mitglieder Regeln für den Fernhandel und die Beziehungen der Kaufleute und Hansestädte untereinander. Um ihre Interessen durchzusetzen, verhängten sie z.B. Handelssperren: Kein Hansemitglied durfte dann die betroffene Stadt mit Waren versorgen.

Aus Osteuropa wurden vor allem Pelze, Wachse, Metalle, Salzheringe, Holz, Getreide und Mehl eingeführt. Aus Westeuropa verschiffte man vor allem Trockenfisch, Wolle, Stoff, Wein und Salz und transportierte diese dann über Flüsse oder Landstraßen weiter. Die Hanse war nicht die einzige Handelsmacht im Mittelalter: Die ▶italienischen Stadtrepubliken Venedig und Genua versorgten ebenfalls große Gebiete mit Waren.

Konkurrenz bekam die Hanse, als schwedische und dänische Kaufleute in ihr Gebiet vordrangen. Mit der Entdeckung der neuen Seewege nach Amerika und Indien (▶Neue Welt), verlor sie im 15. Jh. schließlich an Bedeutung. Manche dieser Städte erinnern sich noch heute ihrer glanzvollen Vergangenheit als Fernhandelsstadt und nennen sich Hansestadt Hamburg oder Hansestadt Lübeck. ■

Auch **Danzig** war Mitglied der Hanse. Oben in dem hölzernen Torbau befindet sich ein Kran, der die frisch eingetroffene Ware von den Schiffen hievte.

BIOGRAFIE

Klaus Störtebeker

König Albrecht von Schweden beschäftigte im Kampf gegen Dänemark Seeräuber, die in der Nord- und Ostsee dänische Schiffe überfallen sollten. Klaus Störtebeker war einer dieser Kapitäne. Bald weitete er seine Raubzüge auch auf andere Schiffe aus und wurde der meistgefürchtete Pirat.

1401 wurden er und seine Leute von der Hansestadt Hamburg gefangen genommen und zum Tode verurteilt. Der Sage nach sollten alle Männer, an denen der Pirat nach seiner Enthauptung noch vorbeigehen konnte, verschont werden. Störtebeker rettete so elf Kameraden.

Ihren großen Erfolg verdankte die Hanse ihren **Koggen**: Segelschiffe mit großen Laderäumen, in denen die Waren transportiert wurden. Hier der Nachbau eines historischen Hanseschiffs.

In der **Walpurgisnacht**, vom 30. April auf den 1. Mai, sollen die Hexen auf die Ankunft des Teufels warten und auf dem Blocksberg ein großes Fest feiern.

Hexen und Heilige

Frauen hatten im Mittelalter nicht viel zu sagen. Im Verständnis der Kirche erfüllten sie eine rein dienende Rolle im Haushalt. Ab dem 12. Jh. berichteten etliche Christinnen von übersinnlichen religiösen Erfahrungen: Sie hörten göttliche Stimmen, sahen Engel oder träumten von Marienbotschaften. Meistens erkannte die Kirche diese Offenbarungen nicht an und verkündete, diese Frauen seien vom bösen Geist besessen und stünden mit dem Teufel im Bunde. Sie wurden als Hexen verfolgt und wie ▶Ketzer zum öffentlichen Tod auf dem Scheiterhaufen verurteilt. Damit wollte die Kirche gegen Aberglauben (▶Glaube und Aberglaube) vorgehen. Viele Menschen lebten in jener Zeit in großer Angst vor Hexen: Sie sollten magische Kräfte haben, durch die Luft fliegen, Zaubertränke mischen, sich in Tiere verwandeln können und Einfluss auf das Wetter nehmen. Hexen waren im Volksglauben für viele Übel in der Gesellschaft verantwortlich.

Einige Frauen konnten jedoch glaubhaft machen, dass sie tatsächlich göttliche Worte empfingen. Sie verkündeten die Gottesbotschaft, sammelten Anhänger um sich und wurden nach ihrem Tod heiliggesprochen, wie z. B. Hildegard von Bingen, Birgitta von Schweden und Katharina von Siena. ■

BIOGRAFIE

Hildegard von Bingen

Hildegard hatte bereits als Kind göttliche Visionen, die sie später aufschrieb. Sie lebte im ▶Kloster, war gebildet und befasste sich neben der Religion auch mit Geschichte, Musik, Medizin und Naturkunde. Bereits zu Lebzeiten hatte Hildegard viele Anhänger und wurde nach ihrem Tod 1179 heiliggesprochen.

INFOBOX

Grausame Folter

1487 wurde »Der Hexenhammer« veröffentlicht. Das Buch beschrieb, woran man eine Hexe erkannte und wie sie zu bestrafen war. Es empfahl grausame Foltermethoden: die Daumenschraube, das Rad, die Streckbank oder den genagelten Stiefel. Häufig kam auch das Hexenbad zur Anwendung: Die vermeintliche Hexe wurde mit Steinen beschwert ins Wasser gezwungen. Schwamm sie an der Oberfläche, war sie eine Hexe, ging sie unter, war sie unschuldig – oft aber auch ertrunken. Bis ins 17. Jh. rechtfertigte der Hexenhammer systematische Hexenverfolgungen.

Vermeintliche **Hexen** wurden zum Tod auf dem Scheiterhaufen verurteilt. Die öffentliche Verbrennung sollte die Zuschauer beeindrucken.

Hundertjähriger Krieg

Der Hundertjährige Krieg war nur einer von vielen Kriegen im Mittelalter, die ▶Fürsten und Könige um Macht und Geld führten. Die Könige von England und Frankreich kämpften über 100 Jahre lang, von 1339 bis 1453, um Einfluss und mehr Land. Die englischen ▶Ritter hatten einen Vorteil: Sie brachten eine neue Waffe mit, den Langbogen, der eine größere Reichweite hatte und den Lanzen der französischen Krieger überlegen war. Zunächst besiegte England das französische Heer. Dann wieder schien Frankreich unter der Führung von Jeanne d'Arc dem Sieg nahe. Frieden gab es jedoch noch lange nicht: Wiederholt vereinbarten die Adligen Waffenstillstände und unterzeichneten Verträge, doch der Streit entbrannte immer wieder aufs Neue. Besonders die Bevölkerung litt unter den ständigen Kämpfen: ▶Städte wurden belagert und Felder verwüstet. Die Bewohner mussten viele Steuern und Abgaben leisten, mit denen die Soldaten für ihren Waffendienst bezahlt wurden. Krieg wurde inzwischen nicht mehr nur mit adligen Rittern geführt, die für ihren Herrn aus Treue und ohne Lohn ins Feld zogen, sondern mit Söldnern, die nur für Geld kämpften. Am Ende des Hundertjährigen Krieges musste sich England geschlagen geben und 1453 seinen gesamten Landbesitz auf französischem Gebiet abgeben. ■

Juden galten als Ketzer, weil sie nicht glauben, dass Jesus der Sohn Gottes ist. Zur Strafe wurden sie bei lebendigem Leib verbrannt.

Judenverfolgung

Als die Kirche im 11. Jh. zu den ▶Kreuzzügen aufrief, wurden auch die Juden im eigenen Land verfolgt. Da das ▶Judentum Jesus Christus nicht als Gottes Sohn anerkannte, hielten die Christen die Juden für Ungläubige. Sie gaben ihnen auch die Schuld an Jesus' Tod. Im 14. Jh. kam es erneut zu Judenverfolgungen: Als die ▶Pest ausbrach, behaupteten viele, die Juden hätten die Brunnen vergiftet und deswegen würden die Menschen krank. Die Juden wurden aus dem Land vertrieben oder mussten in ein Getto umziehen: ein abgeschlossenes Gebiet oft außerhalb der ▶Stadt. Viele Gemeinden kennzeichneten Juden mit einem gelben Kreis oder Stern, um sie von den Christen zu unterscheiden. Im 20. Jh. griff der ▶Nationalsozialismus diese diskriminierende Kennzeichnung wieder auf. ■

BIOGRAFIE

Jeanne d'Arc

Als die Engländer die Stadt Orleans belagerten und kurz davor waren, die Herrschaft über Frankreich zu erlangen, kam eine unerwartete Rettung: Das achtzehnjährige Bauernmädchen Jeanne d'Arc glaubte, von Gott den Auftrag erhalten zu haben,

die Feinde aus der Stadt zu vertreiben. In Männerkleidung und bewaffnet führte sie die französischen Truppen an und befreite Orleans. Frankreich feierte sie als Heldin. Als Jeanne jedoch in englische Gefangenschaft geriet, wurde sie 1431 als ▶Ketzerin zum Feuertod verurteilt.

Diese französische Buchmalerei aus dem 15. Jh. zeigt eine Schlacht zwischen Engländern und Franzosen im **Hundertjährigen Krieg**.

Tod durch Feuer war die übliche Todesstrafe für **Ketzer**. Meist geschah die Hinrichtung öffentlich, wie hier auf einer Schlosswiese.

Ketzer

Ketzer waren Christen (▶Christentum), die nach Ansicht der Kirche vom rechten Glauben abgefallen waren. Sie waren zwar fromm und gottgläubig, befolgten aber nicht immer die Lehre der Kirche. Doch diese forderte unbedingten Gehorsam. Wer eigene Ansichten zur ▶Bibel hatte, wurde als Ketzer verfolgt und bestraft. Als sich selbst innerhalb der Kirche die Geistlichen um die wahre Auslegung der Heiligen Schrift und die christliche Lehre stritten, fragten sich immer mehr Menschen, was denn nun richtig sei: Was in der Bibel steht oder was die Kirche fordert? Seit dem 11. Jh. spalteten sich Ketzer von der Kirche ab und gründeten eigene Sekten. Im 12. und 13. Jh. fanden sich große Gruppen zusammen, die nach ihren eigenen religiösen Vorstellungen lebten, wie die Waldenser und die Katharer oder Albigenser.

In dieser Zeit begann auch die systematische Verfolgung der Ketzer. Mithilfe der kirchentreuen ▶Orden der Dominikaner und Franziskaner sollten die Ungläubigen von ihrem falschen Weg abgebracht und zum wahren Glauben hingeführt werden. Wer sich nicht bekehren ließ, wurde gefoltert und bei weiterer Weigerung zum Tod auf dem Scheiterhaufen verurteilt. In Spanien nahm die

Papst, Bischöfe und Mönche verteidigen eine **»Festung des Glaubens«** gegen Ungläubige und Ketzer.

Verfolgung der Ketzer ungeheure Ausmaße an: Seit dem 14. Jh. wurden Juden (▶Judentum) und Muslime (▶Islam) massenweise mit Gewalt dazu gezwungen, zum Christentum überzutreten.

Da im Mittelalter Kirche und Staat nicht streng getrennt waren, wurde der Vorwurf der Ketzerei auch als wirksames Argument eingesetzt, um den Ruf politischer Gegner zu schädigen und sie so auszuschalten. ■

INFOBOX

Carcassonne: Die Festungsstadt der Albigenser

Die Albigenser, auch Katharer genannt, waren eine einflussreiche Gruppe, die Kritik an der christlichen Kirche übte und von dieser im 13. Jh. als ▶Ketzer verfolgt wurde. Die Albigenser unterschieden zwischen dem guten und dem bösen Gott und verurteilten das prunkvolle Leben der Bischöfe. Es gelang ihnen, in Südfrankreich eine Gegenkirche einzurichten, mit eigenen Bischöfen, Ritualen und Regeln. Papst Innozenz III. rief 1209 zum ▶Kreuzzug gegen diese Ungläubigen auf. In den folgenden Albigenserkriegen ging es jedoch bald nicht mehr nur um Glaubensfragen, sondern auch um politische und militärische Auseinandersetzungen zwischen französischen Adligen. Obwohl die Albigenser in fürstlichen Burgstädten wie Carcassonne (Bild) Unterschlupf fanden, mussten sie sich 1229 geschlagen geben.

LEBEN DAMALS

Was trug der Papst?

Papst und Bischöfe trugen oft reich bestickte und mit Edelsteinen verzierte Gewänder. Darunter hatten sie ein weißes Unterkleid an. Diese »liturgischen Gewänder« entwickelten sich aus der römischen Kleidung, der ▶ Toga und Tunika. Die Farben richteten sich nach den christlichen Feiertagen: An Sonntagen trug man Grün, im Advent Violett, an Pfingsten Rot, am Karfreitag Schwarz. Bis heute änderte sich die Kleidung der katholischen Geistlichen kaum. Papst Benedikt XVI. trägt sogar wieder rote Schuhe wie die Päpste im Mittelalter.

In Avignon steht der imposante **Papstpalast**, in dem die Päpste von 1309 bis 1376 residierten.

Kirchenspaltung

Kirchliche und weltliche Herrscher stritten im Mittelalter immer wieder um ihre Machtpositionen. Im 13. Jh. spitzte sich der Konflikt erneut zu. Der ▶ Papst betonte seine Aufgabe als »Heiliger Vater« (»papa« heißt auf ▶ lateinisch Vater) und forderte den Vorrang der geistlichen Macht über die weltliche: ▶ Kaiser und Könige sollten dem Papst untergeordnet sein. Der zu dieser Zeit mächtige französische König nahm daraufhin den Papst gefangen. Die folgenden Päpste residierten nun nicht mehr in ▶ Rom, sondern in Avignon in Frankreich. Der Streit um die Macht ging weiter: Päpste schlossen Könige (▶ Fürsten und Könige) aus der Kirche aus, Könige setzten Päpste ab, die Kardinäle wählten Gegenpäpste. Dabei ging es nicht nur um Glaubensfragen, sondern immer mehr auch um Politik, Macht und Geld. Vor allem der Prunk und Reichtum der Päpste forderten Kritik heraus: In Avignon lebten die Päpste in einem prachtvollen Palast, der Vorbild für das Hofleben (▶ Hofkultur) im 14. Jh. wurde. Die ▶ Orden der Franziskaner und Dominikaner verlangten dagegen Armut von der Kirche, da auch Christus und die Apostel arm gewesen seien. In kirchlichen Versammlungen, den Konzilen, wurden diese Forderungen zwar diskutiert, aber die Kritiker des Papsttums lebten gefährlich, da man ihre Ansichten leicht als Ketzerei (▶ Ketzer) auslegen und sie deswegen verfolgen konnte.

1378 erklärten einige wahlberechtigte Kardinäle Papst Urban VI. für unfähig und ernannten Klemens VII. zum Papst. Zwei Päpste beanspruchten nun gleichzeitig die kirchliche Oberhoheit, später kam sogar noch ein dritter hinzu. Keiner wollte freiwillig auf Titel und Macht verzichten, sondern jeder forderte Gehorsam und Geld. Sie bannten sich, schlossen sich gegenseitig vom Glauben aus und versuchten, eine möglichst große Anhängerschaft auf ihre Seite zu ziehen. Damit war die Kirche gespalten.

Diese Spaltung, die man als »abendländisches Schisma« bezeichnet, stürzte die Kirche in eine tiefe Krise. Sie dauerte von 1378 bis zum Konstanzer Konzil 1417, als ein neuer, von allen anerkannter Papst gewählt wurde. ■

INFOBOX

John Wycliffe und Jan Hus

Der englische Philosoph und Theologe John Wycliffe forderte Veränderungen innerhalb der Kirche, deren Reichtum und weltliche Herrschaftsrechte er anklagte. Er erkannte allein die ▶ Bibel als Grundlage des Glaubens an und kritisierte vor allem die übertriebene kirchliche Hierarchie mit dem Papst, Kardinälen, Bischöfen und Mönchen. Auch die Geltungssucht der kirchlichen Würdenträger und der Prunk im päpstlichen Palast schienen ihm verwerflich. Der tschechische Reformator Jan Hus übernahm Wycliffes Ansichten: Die Kirche sollte Vorbild für die Armen sein. 1415 wurde er wegen ketzerischer Ansichten verbrannt.

Magna Charta

Die Urkunde der **Magna Charta Libertatum** von 1215 wurde mit dem Siegel von König Johann von England versehen.

1215 unterzeichnete König Johann von England nicht ganz freiwillig eine Urkunde, die den englischen Adligen mehr Rechte einräumte. Das kam so: Der König verlor viel Land und bat die Fürsten, die in England Barone heißen, um Hilfe. Doch obwohl die Barone aufgrund ihres Treueids zur Hilfe verpflichtet waren, lehnten sie die Unterstützung ab und nutzten die geschwächte Position des Königs, um ihre Forderungen durchzusetzen. Johann musste sich ihrem Willen beugen und die Urkunde unterschreiben.

Die »große Freiheitsurkunde« legte die Höhe der Abgaben verbindlich fest, die die Barone an den König zu zahlen hatten. Ungerechte Forderungen und zu hohe Geldbußen waren von nun an nicht mehr rechtens. Für Gerichtsverhandlungen wurden verbindliche Regeln festgeschrieben, an die sich auch der König halten musste. Erstmals in der Geschichte wurde damit das Recht über den König gestellt. Die »Magna Charta Libertatum« wurde mehrmals überarbeitet und obwohl sie nicht gleich durchgesetzt werden konnte, steht sie am Beginn einer langen Entwicklung von der Monarchie zur ▶Demokratie. ■

Als die Pest wütete, gehörte das Sterben zum Leben dazu. Ein beliebtes Bildmotiv war der **Totentanz** mit dem Tod als lustigem Gesellen.

LEBEN DAMALS

Ringen mit dem Schwarzen Tod

Es gab im Mittelalter keine Medizin gegen die Pest. Um die Luft zu reinigen, räucherte man Wohnräume aus. Nur in Italien wurden wirksame Ausgehsperren verhängt, um die Ausbreitung der Krankheit zu unterdrücken. Ärzte trugen später Schutzmasken (Bild). Erst im 19. Jh. entdeckte man, dass die Pest durch Bakterien, vor allem über Ratten und Flöhe, übertragen wird. Mit Sauberkeit, später Antibiotika wurde die Pest erfolgreich bekämpft.

Pest und Tod

Viele Krankheiten forderten im Mittelalter zahlreiche Todesopfer, da ihre Ursachen unbekannt waren und es keine wirksamen Medikamente gegen sie gab. Die schlimmste Seuche war die Pest, die auch »der Schwarze Tod« genannt wurde. 1347 gelangte die Pest mit reisenden Kaufleuten von Mittelasien über Italien nach Westeuropa und breitete sich rasend schnell aus. Innerhalb weniger Jahre starben 30 Prozent der Gesamtbevölkerung an der Krankheit, in dicht besiedelten ▶Städten sogar bis zu 60 Prozent. Insgesamt gab es rund 25 Mio. Tote, ganze Ortschaften vereinsamten, Länder und Felder lagen brach, es kam zu schlimmen Hungersnöten.

Die Pest machte keine sozialen Unterschiede: Alle Schichten in der Gesellschaft waren gleichermaßen betroffen. Besonders Personen, die von Berufs wegen mit Kranken und Toten in Berührung kamen, waren gefährdet, ebenso Gruppen, die eng beieinander lebten, wie die Nonnen und Mönche im ▶Kloster. Die Seuche versetzte die Menschen in Angst und Schrecken – woher die Krankheit kam, konnte man sich nicht erklären. Die Pest wurde als Strafe Gottes angesehen. Man glaubte, die Ansteckung erfolge durch die Luft oder die Juden hätten die Brunnen vergiftet (▶Judenverfolgung). Da so viele Menschen starben, mussten neue Friedhöfe angelegt werden. In einigen Städten wurden die vielen Toten nur nachts aus der Stadt gebracht und in Massengräbern beerdigt. ■

Zünfte und Gilden

Selbstständige städtische Handwerksmeister schlossen sich in Zünften, Kaufleute in Gilden zusammen. Die Mitgliedschaft war verpflichtend: Wenn z. B. ein Schmied, ein Schneider, ein Zimmermann oder ein Färber ein Geschäft eröffnen und Waren verkaufen wollte, musste er sich der jeweiligen Zunft anschließen. Auch Gesellen und Lehrlinge gehörten einer Zunft an, Juden (▶Judentum) waren dagegen nicht zugelassen. Alle christlichen (▶Christentum) Handwerker einer ▶Stadt sollten die gleichen Bedingungen und Chancen haben. Andere, die nicht der Zunft angehörten, sollten ihr Gewerbe nicht in der Stadt ausüben dürfen.

In der Zunft musste man sich an Vorschriften halten: So regelte die Zunftordnung z.B. die Ausbildungsdauer, Höhe der Arbeitslöhne, Mitarbeiterzahl, Verkaufspreise, Arbeitszeit und Qualität der Waren. Jede Berufsgruppe hatte eine eigene Ordnung und ein Zeichen, das sie auf ihrer Ware anbrachte oder auf dem Geschäftsschild abbildete, z.B. eine Brezel für die Bäcker oder einen Schuh für die Schuster. Die Zunftmitglieder halfen sich gegenseitig in Notsituationen: Wenn ein Handwerker krank wurde oder starb, kümmerten sich die Kollegen um die Familie. Mit der Zeit gewann das Zunftwesen großen Einfluss in der städtischen Gemeinschaft: Reiche Zünfte errichteten Zunfthäuser. Dort trafen sich die Mitglieder unter ihrem Wappen zu gemeinsamen Festessen oder zu Feiern ihres Schutzheiligen. Im Zunfthaus wurden auch Streitigkeiten geschlichtet oder Verstöße gegen die Zunftordnung bestraft. Die Handwerker strebten nun zudem das Mitspracherecht im Stadtrat an. Damit traten sie in Konkurrenz zu den wohlhabenden Kaufleuten der Gilden, die die einflussreichsten Posten im Stadtrat besetzten. Nicht in allen Städten durften Handwerksmeister wichtige Ämter übernehmen. In Lübeck und Nürnberg z.B. waren die höchsten Posten weiterhin den Patriziern vorbehalten. ■

INFOBOX

Geld macht adlig: die Patrizier

Die meisten Städter waren arm und lebten in engen, lichtlosen Gassen unter katastrophalen hygienischen Bedingungen. Die Patrizier dagegen waren Bürger, die zu Reichtum gekommen waren und den Lebensstil der Adligen kopierten: Sie führten Wappen und Siegel, kleideten sich nach der höfischen Mode und verheirateten ihre Töchter mit Ritterssöhnen. Sie demonstrierten ihren Reichtum durch steinerne Wohnhäuser, die möglichst das Nachbarhaus überragten und die ▶Burgen der ▶Ritter nachahmten. Was die Ritter auf dem Land waren, stellten die Patrizier in der ▶Stadt dar. Als Mitglieder im Stadtrat gestalteten sie die städtische Politik aktiv mit. Von den Handwerkern grenzten sich die Patrizier bewusst ab.

In vielen bayerischen Gemeinden wird jedes Jahr der **Maibaum** aufgestellt, der mit Zunft- oder Handwerkszeichen geschmückt ist.

QUIZBOX

Welchen Beruf gab es im Mittelalter nicht?

1. Schneider
2. Apotheker
3. Zahnarzt

Antwort 3. Einen medizinisch ausgebildeten Zahnarzt gab es im Mittelalter nicht. Das Zähneziehen übernahmen fahrende »Zahnbrecher« auf Jahrmärkten. Es gab noch keine Schmerzmittel oder gar Betäubungsspritzen. Der Patient wurde von einem Helfer festgehalten, dann wurden ihm mit einer Zange die Zähne gezogen.

Einblick in eine **Färberwerkstatt**: In den Holzbottichen verwahrte man die verschiedenen Farben. Die Stoffe ruhten darin mehrere Tage. Anschließend wurden sie über einem Balken ausgewrungen, gewaschen und getrocknet.

Aufbrüche um 1500

Beobachte das Schwimmen
der Fische im Wasser,
und du wirst den Flug der Vögel
in der Luft begreifen.

Leonardo da Vinci,
italienischer Künstler (1452–1519)

Aufbrüche um 1500

Die Zeit um 1500 war eine Epoche großer Veränderungen. Bisher hatte die Kirche den absoluten Gehorsam der Gläubigen gefordert. Nun traten Menschen wie Martin Luther und Johannes Calvin auf, die behaupteten, dass der Mensch in religiösen Fragen vor seinem Gewissen frei sei. Auch die Rolle der weltlichen Herrscher veränderte sich: Während die Könige im Mittelalter durch persönliche Beziehungen regierten, stützten sie sich nun auf gebildete Rechtsberater und Finanzexperten. Diese bauten ein Verwaltungssystem auf, das der Kontrolle über das Land dienen sollte.
Durch die Entdeckung ferner Welten und den Kontakt mit anderen Ländern und fremden Kulturen angeregt, entwickelten die Europäer ein erweitertes Verständnis der Welt und ein neues Menschenbild. Die Entfaltung der Persönlichkeit eines jeden Einzelnen nahm einen hohen Stellenwert ein: Der Mensch entdeckte sich selbst und seine Einzigartigkeit. In der Kunst drückt sich dies z.B. in den vielen Porträts der Zeit aus. Diese vielen neuen Anstöße halfen der Gesellschaft, alte Ordnungen zu durchbrechen und sich auf den Weg in die Neuzeit zu machen.

Johannes Gutenberg erfindet den Buchdruck	**um 1440**
Die Osmanen erobern Konstantinopel	**1453**
Vereinigung von Kastilien und Aragonien zum spanischen Königreich	**1469**
Spanische Inquisition	**seit 1480**
Bartolomeu Diaz umsegelt das Kap der Guten Hoffnung (Südafrika)	**1487/88**
Kolumbus entdeckt Amerika	**1492**
Granada, die letzte arabische Bastion auf der Iberischen Halbinsel, fällt	**1492**
Die Neue Welt wird zwischen Spanien und Portugal aufgeteilt	**1494**
Vasco da Gama umsegelt die Südspitze Afrikas und erreicht Indien	**1498**
Höhepunkt der italienischen Renaissance	**um 1500**
Baubeginn der neuen Peterskirche in Rom	**1506**
Luther veröffentlicht seine 95 Thesen	**1517**
Karl V. wird zum Kaiser gewählt	**1519**
Luther verfasst seine wichtigsten Schriften	**1520**
Bauernkriege	**1524–1526**
Erste Belagerung Wiens durch die Osmanen	**1529**
Protestation auf dem Reichstag in Speyer	**1529**
Zum letzten Mal krönt ein Papst einen Kaiser (Karl V.)	**1530**
Johannes Calvin veröffentlicht seine Glaubenslehre	**1536**
Nikolaus Kopernikus veröffentlicht sein heliozentrisches Weltbild	**1543**
Schmalkaldischer Krieg: Karl V. unterwirft die protestantischen Stände	**1547**
Augsburger Religionsfriede	**1555**

Szenen aus dem **Bauernkrieg**, wie ihn sich der deutsche Maler Werner Tübke 1989 vorstellte.

Die **Goldmünze** mit der Lilie stammt aus Florenz und wurde 1318 geprägt.

INFOBOX

Woher kommt das »Bankkonto«?

Weil die ersten Banken in Italien entstanden, sind viele Begriffe, die mit dem Bankwesen zu tun haben, italienisch: Konto, Storno, Brutto, Netto, Giro, Saldi ... Noch heute wird die im 13. Jh. in Florenz eingeführte doppelte Buchhaltung verwendet: Auf einer Seite trug man den Gewinn, das Haben, ein, auf der anderen Seite den Verlust, das Soll. So sieht man das Ergebnis auf einen Blick.

Bank

Eine Bank regelt den Geldverkehr und vergibt Kredite, das heißt, sie verleiht Geld. Man muss für das Geld eine Leihgebühr bezahlen, die Zinsen, und es nach einer gewissen Zeit zurückgeben. Die ersten Banken entstanden im 13. Jh. in Italien, vor allem in den Seefahrerstädten Venedig und Genua (▸Italienische Stadtrepubliken). Die Banken liehen Fernhandelskaufleuten Geld und stellten Wechsel aus. Mit einem Wechsel, einer Art Banknote, auf der der Wert der bezahlten Goldmünzen vermerkt war, konnten die Händler bargeldlos bezahlen. Wenn sein Geschäft erfolglos blieb und der Kaufmann den Kredit nicht zurückzahlen konnte, bedeutete das auch für die Bank den Ruin. Im 14. Jh. brachen deswegen mehrere Banken zusammen. ■

BIOGRAFIE

Götz von Berlichingen

Ritter Götz von Berlichingen führte im Bauernkrieg 1525 eine Gruppe von Aufständischen gegen die Landesherren an. Schon vorher nahm er an zahlreichen Schlachten und ▸Fehden teil, wobei er die rechte Hand verlor. Seine Lebensgeschichte diente Johann Wolfgang von Goethe als Grundlage für das Drama »Götz von Berlichingen mit der eisernen Hand«, in dem der Ritter als Freiheitskämpfer und Beschützer der Unterdrückten dargestellt wird.

Bauernkriege

Im Mittelalter waren die ▸Bauern von ihren Grundherren abhängig: Sie mussten Abgaben leisten und ihrem Herrn zu Diensten sein. Im Allgemeinen wurde diese Ordnung (▸Feudalgesellschaft) von allen akzeptiert. Wenn aber die Grundherren die Steuern erhöhten oder neue Gesetze erließen, schlossen sich manchmal unzufriedene Bauern zu aufständischen Gruppen zusammen: Sie wollten sich mit Gewalt aus der Abhängigkeit befreien und den neuen Vorschriften widersetzen. In England kam es 1381 zu einem Aufstand, der »Peasants' Revolt«, bei der sogar London belagert wurde. Auch in Frankreich, den Niederlanden und in Italien gab es mehrere gewalttätige Bauernrevolten.

In Deutschland zettelten in den Jahren 1524 bis 1526 Bauern und unzufriedene Stadtbewohner Aufstände an. Dabei beriefen sie sich auf die ▸Bibel, die inzwischen durch die ▸Reformation und den ▸Buchdruck im Volk verbreitet war: Darin stünde nichts von neuen Gesetzen, die die Rechte der Bauern weiter einschränkten. Die Aufständischen stürmten und plünderten reiche ▸Burgen und ▸Klöster. Zahlenmäßig waren die Bauern zwar überlegen, ihnen fehlten aber die Erfahrung im Kampf und die geeigneten Waffen, sodass sie bald blutig niedergeschlagen wurden. ■

Mit einer Waage bestimmt der **Geldwechsler** den Goldgehalt und damit den Wert der Münzen. Seine Frau schaut ihm zu.

Buchdruck

Johannes Gutenberg fand mit der Druckerpresse das Mittel, um schriftliche Informationen schnell und günstig zu drucken und weit zu verbreiten. In seiner Werkstatt in Mainz goss er einzelne Buchstaben in Metall, fügte sie in einem Setzkasten zu Wörtern und Sätzen zusammen, spannte diese dann in die Druckerpresse ein, bestrich sie mit Tinte und presste sie mit hohem Druck auf einen Papierbogen. So konnten zwei Drucker in einer Stunde etwa 80 Bogen Papier bedrucken. Gutenberg druckte 1455 sein erstes Buch, die ▶Bibel. Die Entwicklung des Buchdrucks, der sich bald in ganz Europa verbreitete, war eine der wichtigsten ▶Erfindungen dieser Zeit. ■

LEBEN DAMALS

Wie rechneten die Menschen?

Antike und arabische Bücher enthielten Rechenformeln, die die Gelehrten an den ▶Universitäten studierten und ergänzten. Oft verfolgten sie dabei ganz praktische Fragestellungen, wie: »Wie groß kann die Kirchenkuppel gebaut werden, ohne dass sie einstürzt?«, »Wie viel Wein passt in ein Weinfass mit bestimmter Größe?« Anstelle der damals üblichen römischen Ziffern verwendeten sie arabische Ziffern, die wir bis heute benutzen. Der Rechenmeister Adam Ries schrieb 1522 ein Regelbuch, das das schriftliche Rechnen mit arabischen Ziffern behandelte und auch schon die Zeichen »+« und »–« verwendete.

Entdeckungen

Um 1400 kannten die Europäer nur zwei weitere Kontinente: Afrika und Asien. Aus China und Indien brachten Kaufleute begehrte Handelswaren nach Europa. Weil aber die ▶Osmanen die alten Wege über Land unsicher machten, suchte man nach anderen Handelsrouten in den Fernen Osten: Ausgestattet mit neuen Navigationsinstrumenten und genauen Karten (▶Atlas) wagten sich die ▶Seefahrer immer weiter entlang der afrikanischen Küste. Christoph Kolumbus hatte schließlich den Mut, sich auf das offene Meer zu begeben. Da die Erde eine Kugel war – so überlegte er – könne man doch auch westwärts reisen, um nach Indien zu gelangen. Ungewollt entdeckte er 1492 eine ▶»Neue Welt«. Dass es sich dabei nicht um Indien, sondern um einen bis dahin unbekannten Kontinent handelte, begriff erst Amerigo Vespucci, nach dem das Land Amerika benannt wurde. ■

Der älteste erhaltene **Erdglobus** stammt aus dem Jahr 1492. Das war das Jahr, in dem Kolumbus Amerika entdeckte.

INFOBOX

Die Entdeckung der Perspektive

Mittelalterliche Künstler malten Personen und Gegenstände in ihren Bildern ohne räumlichen Eindruck direkt nebeneinander; daher wirken diese Gemälde oft sehr flach. Erst in der italienischen Malerei des 15. Jhs. entwickelte sich die perspektivische Darstellung: Man versuchte, Gegenstände so abzubilden, dass sie scheinbar hintereinander lagen. Eine Hilfe, um Tiefe darzustellen, waren Häuser: Mit ihren geraden Kanten und nach hinten verlaufenden Linien verdeutlichten sie den Raum. Auch mit Farbe kann Tiefenwirkung erzielt werden: Weiter entfernte Objekte werden unschärfer und bläulicher. Diese Methode findet sich vor allem in der niederländischen Malerei. Die neu verwendeten Ölfarben verstärkten die räumliche Wirkung, denn sie ermöglichten durchscheinende, sich überlagernde Schichten.

In seiner Werkstatt bastelte **Leonardo da Vinci** an neuen Erfindungen, skizzierte Ideen für Maschinen, fertigte Baupläne an oder arbeitete an Ölgemälden wie der Mona Lisa.

BIOGRAFIE

Albrecht Dürer

Bevor Albrecht Dürer Maler wurde, lernte er das Goldschmiedehandwerk. Auf Reisen nach Italien und in die Niederlande bildete er sich weiter.

▶Renaissance und Humanismus beeinflussten seine Bilder: Dürer malte in seiner Nürnberger Werkstatt nicht nur biblische Themen, sondern auch weltliche Motive wie Landschaftsaquarelle oder Tierbilder. Ein Könner war er in der Porträtmalerei, wie sein Selbstbildnis zeigt.

Erfindungen

Für bahnbrechende Erfindungen braucht ein kluger Mensch Neugier und Wissen. ▶Universitäten und ▶Buchdruck lieferten neue Ideen und die nötige Bildung, damit sich ein Genie wie z. B. Leonardo da Vinci entfalten konnte. Die meisten Erfindungen entwickelten sich über mehrere Generationen hinweg, wie z. B. das Schießpulver: Zuerst in China entdeckt, wurde es im 14. Jh. auch in England und Deutschland für Feuerwaffen eingesetzt. Das Schießpulver revolutionierte die Kriegführung in Europa. Der Nahkampf mit Lanzen und Schwertern, wie ihn die ▶Ritter im Mittelalter geführt hatten, war nun überholt. Die ▶Osmanen setzten bei der Belagerung von ▶Konstantinopel 1453 erfolgreich Kanonen ein und entschieden die Schlacht dadurch schnell für sich.

Die bedeutendste Neuheit war wohl die Brille. Ausgehend von einer Linse aus geschliffenem Bergkristall, die direkt auf das Buch gelegt wurde, entwickelten venezianische Glaskünstler ein Verfahren, um Linsen aus Glas zu schleifen. Die Brille ermöglichte vielen Menschen, zum ersten Mal richtig zu sehen und auch im Alter noch zu lesen. Für die ▶Seefahrer war der Kompass mit magnetischer Nadel die wichtigste Neuerung. Mit ihm konnte der Kapitän erstmals eine grobe Richtung des Kurses festlegen. In dieser Zeit wurden auch Flugkörper und Fallschirme, Windmühlen, mechanische Uhren und der Knopf zum Schließen von Kleidung erfunden. ■

INFOBOX

Leonardo da Vinci: Ein Multitalent und Genie

Der Renaissancekünstler Leonardo da Vinci war ein Universalgenie: Mit grenzenloser Neugier interessierte er sich für zahlreiche Themen und war zugleich Maler, Bildhauer, Architekt, Kunstwissenschaftler, Naturforscher, Mechaniker und Ingenieur (▶Erfindungen). Als erster Künstler Italiens nutzte er alle Möglichkeiten der Ölmalerei und schuf Bilder, die wegen ihrer Darstellung von Gefühlsregungen berühmt wurden.

Die bekanntesten Gemälde von Leonardo da Vinci sind die »Mona Lisa« und das »Abendmahl«. Er arbeitete für viele Auftraggeber – Adlige, Bischöfe, Könige, Kriegsführer und den Papst – und an vielem gleichzeitig: Gemälden, Landkarten, Bauplänen und wissenschaftlichen Experimenten. Leonardo entwickelte z. B. ein erstes Flugzeug, eine Bohrmaschine oder Kanonen, zu denen er diese Zeichnungen anfertigte.

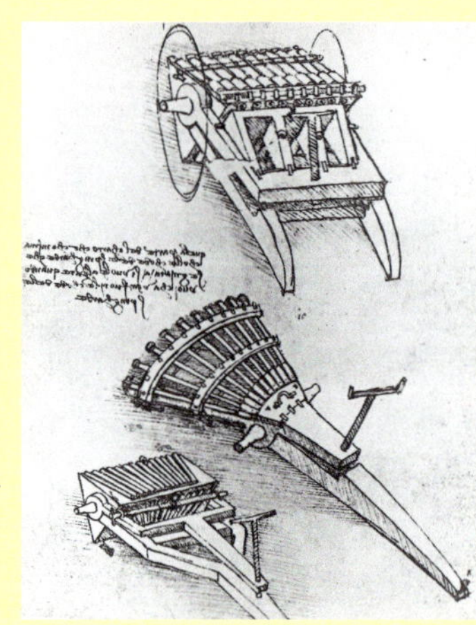

Florenz (hier ein Foto der modernen Stadt) entwickelte sich im Spätmittelalter zu einer der reichsten und mächtigsten Städte in Italien.

Italienische Stadtrepubliken

In Italien gab es keinen Alleinherrscher wie in den Königreichen England oder Frankreich. Adlige Familien oder Fürsten regierten über Länder und Städte. Seit den ▶ Kreuzzügen unternahmen die oberitalienischen Seestädte, vor allem Venedig und Genua, erfolgreiche Handelsreisen in den Orient. Die Fernhandelskaufleute kamen dadurch zu so großem Reichtum, dass sie selbstbewusst ihre Freiheit und Unabhängigkeit von den Adligen einforderten. Sie errichteten eine unabhängige, von Bürgern verwaltete Stadtherrschaft. Die Städte entwickelten sich zu Republiken, deren Vorbild die ▶ Römische Republik war. Der Stadtrat, der sich aus Kaufleuten und Handwerkern zusammensetzte, unterhielt ein eigenes Heer, erließ neue Gesetze, prägte Münzen (▶ Bank), erhob Steuern und kontrollierte den Handel. Jede Stadt versuchte, ihr Handelsgebiet zu vergrößern und die Konkurrenten zu übertrumpfen: Verträge, abgesprochene Heiraten, manchmal auch Kriege, regelten das Gleichgewicht: Venedig trieb hauptsächlich Handel mit Griechenland, ▶ Konstantinopel und ▶ Ägypten, Genua hingegen mit Nordafrika, Spanien und Südfrankreich. Im 14./15. Jh. war die Blütezeit der Stadtrepubliken vorbei: Adlige Familien rissen die Macht an sich und trafen nun wieder als Stadtherren die Entscheidungen. ■

QUELLE

»Der Fürst«

Niccolò Machiavelli widmete seine Schrift von 1513 der florentinischen Fürstenfamilie der Medici. Er beschrieb darin den idealen Fürsten, der als starker Herrscher seine Entscheidungen und sein politisches Handeln immer und nur am Interesse seines Staates ausrichtet - und dabei auch gegen christliche und moralische Werte verstoßen muss: »Ruchlosigkeiten« wie Lüge und Verrat billigt er, sofern sie »zum Guten genutzt« werden.

INFOBOX

Gekaufte Soldaten

Die vielbeschäftigten italienischen Kaufleute und Handwerker hatten im 13. Jh. keine Zeit mehr, ihre Städte selbst zu verteidigen. Dafür heuerten sie Söldner an – Soldaten, die für Geld kämpften. Anführer dieser Truppen waren die »Condottieri« (im Bild der berühmte Condottiere Gattamelata). Söldner und Condottieri waren ihrem Dienstherrn nicht immer treu: Sie wechselten zur gegnerischen Seite über, wenn der Sold dort besser war. Da die Krieger zwar Geld verdienen, dafür aber nicht sterben wollten, versuchten sie, Kämpfe möglichst unblutig zu schlagen. Es soll sogar Gefechte ohne Gefallene gegeben haben!

Das Porträt zeigt den selbstbewussten **Lorenzo de' Medici**, Mitglied der einflussreichsten Familie in Florenz. Die Medici bekleideten zahlreiche Stadtämter, manche wurden sogar Papst.

Der größte Widersacher Karls V. war König Franz I. von Frankreich. Schon bei ihrer ersten **Begegnung** ritt Karl ihm siegesgewiss unter einem Baldachin entgegen.

Karl V. und sein Reich

Das Reich, über das er herrsche, sei so groß, dass darin die Sonne niemals untergehe, sagte Karl V., ▶Kaiser des ▶Heiligen Römischen Reiches und zudem stolzer Herrscher u.a. über Burgund, Spanien und Süditalien. Der Habsburger verstand sich selbst als Nachfolger der allmächtigen Kaiser des Mittelalters. Dass die Zeiten sich geändert hatten und die Fürsten inzwischen eine entscheidende Rolle spielten, wollte er nicht wahrhaben: Karls Herrschaftsanspruch stand in krassem Gegensatz zu den sich allmählich herausbildenden ▶Nationalstaaten.

Der Kaiser war wegen ständiger Kämpfe fast nie im Reich anwesend, er führte Krieg gegen Frankreich und die ▶Osmanen. Unter seiner Herrschaft eroberten die Spanier Mexiko und Peru in Südamerika (▶Konquistadoren). Karl verstand sich selbst als Verteidiger des einzigen wahren Glaubens und wehrte sich gegen die Neuerungen der ▶Reformation. Beim Volk und den Fürsten war er nicht sehr beliebt. Vor allem die Landesherren ließen sich das herrschsüchtige Auftreten des Kaisers nicht gefallen, sie kämpften für die deutsche Freiheit, die »teutsche liberalität«, und rüsteten zum »Fürstenkrieg« gegen Karl, der daraufhin 1556 abdankte. ■

INFOBOX

Eine neue Sicht auf die Welt

Die Erkenntnis des Kopernikus, dass die Sonne im Mittelpunkt des Universums steht, zog eine grundlegende Veränderung der Sicht der Welt nach sich: Die Menschen lösten sich allmählich von den biblischen Erklärungen. Diese ersetzten sie durch wissenschaftliche Untersuchungen und logische Schlussfolgerungen. An den ▶Universitäten wurden Studien zur Optik betrieben. Die Erfindung des Fernrohrs ermöglichte schließlich eine genauere Beobachtung der Himmelskörper und des Weltalls.

Kopernikanische Wende

Jahrhundertelang ging man davon aus, dass die Erde im Mittelpunkt des Universums stehe und die Sonne sie umkreise. Nikolaus Kopernikus brachte im 16. Jh. die Wende, indem er zu belegen versuchte, dass die Erde sich um die Sonne drehe. Er hatte antike und arabische Schriften in neuen Übersetzungen gelesen und unzählige astronomische und geografische Daten ausgewertet, bevor er seine gewagte These veröffentlichte. Untermauert wurde sie später durch Wissenschaftler wie Galileo Galilei oder Johannes Kepler. Inzwischen weiß man, dass Kopernikus recht hatte, aber zu seiner Zeit gab es zahlreiche Kritiker seines »heliozentrischen Weltbilds«. Vor allem die katholische Kirche verteidigte die biblische Sicht, nach der die Erde im Mittelpunkt der Welt steht. ■

Das **heliozentrische Weltbild** nach Nikolaus Kopernikus in einer Darstellung von 1660: Die Sonne (griechisch: »helios«) steht im Mittelpunkt des Universums.

LEBEN DAMALS

Was trugen die Osmanen?

Auch in der Kleidung unterschieden sich die Osmanen von den Europäern: Bekannt sind bis heute die weiten Pluderhosen, spitze Schnabelschuhe, ein mantelartiger Kaftan und der geschlungene Turban als Kopfbedeckung. Schon im Mittelalter stellten die Türken ihre Kleidung aus Samt und Seide sowie gemusterten und bestickten Stoffen wie z.B. Brokat her, während man im Westen nur einfarbige grobe Wolle und Leinen kannte.

Osmanen

Die Osmanen, ein Volk aus dem Gebiet der heutigen Türkei, eroberten seit dem Ende des 13. Jhs. ein riesiges Gebiet in Kleinasien und Südosteuropa. Nach ihrem Sultan, Osman I. benannt, kämpften sie für die Verbreitung ihres Glaubens, des ▶Islam und gerieten dabei in Konflikt mit den christlichen ▶Rittern der ▶Kreuzzüge. 1453 nahmen sie mit modernen Feuergeschützen ▶Konstantinopel, die Hauptstadt des Byzantinischen Reiches, ein. Die Europäer reagierten panisch und fürchteten weitere Eroberungen durch die Türken, nicht ganz zu Unrecht, denn zwei Mal drangen diese bis nach Wien vor (im Bild ein osmanischer Krieger mit Krummsäbel). Oberster Herrscher der Osmanen war der Sultan. Sein Reich war in Europa sagenumwoben: Im Gegensatz zu christlichen Ehen konnten osmanische Männer mehrere Frauen heiraten. Die Frauen der Sultansfamilie lebten im Harem, einem abgeschlossenen Teil des prunkvollen Palastes. ■

Die Silhouette der **Peterskirche** in der Abenddämmerung.

Peterskirche

Die Peterskirche in ▶Rom verdeutlicht mit ihrer prächtigen Architektur und der reichen Ausstattung die Macht des ▶Papstes und des christlichen Glaubens. Sie ist die wichtigste Kirche der Katholiken und Ziel vieler Pilger.

Auf Italienisch heißt die Peterskirche San Pietro in Vaticano. Ihr Standort ist heilig: Schon in römischer Zeit gab es an der gleichen Stelle eine Kirche, unter deren Fundamenten man das Grab des Apostels Petrus vermutete. 1506 begann man mit dem Bau der heutigen Peterskirche, die mit einer Gesamtlänge von 211,5 Metern und einer Höhe von 132,5 Metern immer noch als größte Kirche der Welt gilt. Unter der Bauleitung von Michelangelo entstand eine riesige zentrale Kuppel mit einem Durchmesser von 42 Metern. Das Kircheninnere gestalteten die bekanntesten Künstler der Zeit. Für dieses gigantische Bauvorhaben brauchte man viel Geld, das großteils durch Ablasshandel in den christlichen Ländern eingenommen werden sollte: Gläubige konnten sich durch Spenden von ihren Sünden freikaufen. Es war insbesondere dieser Handel, der Martin Luthers scharfe Kritik an der Kirche herausforderte, die schließlich zur ▶Reformation führte. ■

QUIZBOX

Welches ist der kleinste Staat der Welt?

1. Monaco
2. Vatikanstadt
3. Tuvalu

Antwort 2: Mit etwa 900 Einwohnern ist der Vatikan eine Stadt und zugleich der kleinste eigenständige Staat der Welt mit dem Papst als Oberhaupt. Zum Vatikan gehören u. a. die Peterskirche, Kapellen, Verwaltungsgebäude, Museen, eine Universität, Gartenanlagen und der Apostolische Palast, in dem bis heute der Papst wohnt.

INFOBOX

Gab es die Reformation nur in Deutschland?

Luther war nicht der einzige Reformator seiner Zeit. Auch der Schweizer Ulrich Zwingli kritisierte die kirchliche Auslegung der Bibel. Radikaler als Luther forderte er die wortgetreue Befolgung der Heiligen Schrift: keinen Schmuck in den Kirchen, keine Heiligenbilder, keine Musik in der Kirche, keine Klöster. Ein weiterer Schweizer Reformator war Johannes Calvin. Er setzte sich für eine besonders strenge Kirche ein und vertrat die Meinung, dass fleißige Menschen von Gott auserwählt seien.

Reformation

Reformation bedeutet »Erneuerung«. »Erneuert« werden sollten im 16. Jh. die Kirche und ihre Lehre – dafür kämpfte eine Bewegung, die der Augustinermönch Martin Luther anführte und aus der schließlich die evangelische Glaubensrichtung des Protestantismus hervorging.

Bis zum Beginn des 16. Jhs. beanspruchten die lateinische katholische Kirche und ihr Oberhaupt, der ▶Papst, die alleinige Vertretung des christlichen Glaubens: Was die Kirche sagte, war den Gläubigen Gesetz. Im Spätmittelalter betrachteten viele die Kirche als verweltlicht: Ihr übertriebener Reichtum und die Geldgeschäfte, die fehlende Bildung der Geistlichen und der Handel mit Ämtern schienen mit den Evangelien nicht vereinbar zu sein. Neue ▶Orden und Bewegungen wie die der Albigenser (▶Ketzer) versuchten die Kirche zu ändern; auch die ▶Kirchenspaltung war ein Zeichen für die Krise.

1517 veröffentlichte Martin Luther 95 Thesen, in denen er vor allem den Ablasshandel der Kirche (▶Peterskirche) anklagte. Ein Ablass war ein vom Papst ausgestelltes Dokument, mit dem sich Gläubige die Gnade Gottes und Erlösung von ihren Sünden durch Geld erkaufen konnten. Doch nicht nur dagegen protestierte Luther. Beim sorgfältigen Lesen der ▶Bibel entdeckte er weitere Widersprüche zur Lehre der katholischen Kirche. So lehnte er z. B. das Zölibat ab, nach dem Geistliche nicht heiraten durften. Seine wichtigste These besagte, dass der Mensch nicht aus eigener Kraft oder durch die Mittel der Kirche vor Gott bestehen und Heil erlangen kann. Die Erlösung ist vielmehr ein Geschenk Gottes, das der Mensch nur in Demut annehmen kann. Luther sah im biblischen Gott einen barmherzigen, gütigen – einen »lieben« Gott. Hiermit stellte er sich gegen die Kirche, die das Bild eines strafenden Gottes vermittelte.

Dank des ▶Buchdrucks konnte Luther seine kirchenkritischen Ideen schnell unter der lesenden Bevölkerung verbreiten. Papst und ▶Kaiser klagten ihn daraufhin an und zitierten ihn 1521 nach Worms. Doch anstatt sein Unrecht einzusehen, beharrte Luther auf seiner Meinung: Er glaube nur an das, was in der

Luther lebte und lehrte in **Wittenberg**. Hier wird der Reformationstag am 31. Oktober mit einem Mittelalterfest auf dem Marktplatz alljährlich gefeiert.

Auf dem Reichstag zu Worms 1521 soll Luther seine **Thesen** zurücknehmen (im Bild eine Filmszene). Er beharrt aber auf seiner Meinung: »Hier stehe ich, ich kann nicht anders«.

BIOGRAFIE

Martin Luther

In seinem Versteck auf der Wartburg lebte Martin Luther für 10 Monate als »Junker Jörg« in einer karg eingerichteten Stube. Er verkleidete sich und ließ Haare und Bart wachsen, um nicht erkannt zu werden. Luther berichtete, dass er während dieser Zeit häufig vom Teufel und von Dämonen träumte. Einmal versuchte er, den Teufel mit einem gezielten Wurf seines Tintenfasses zu vertreiben. In dieser Zeit übersetzte er in seinem Versteck das Neue Testament.

INFOBOX

Der erste »Bestseller«: Luthers Übersetzung der Bibel

In nur elf Wochen übersetzte Luther das Neue Testament. Damit stellte er die deutsche Sprache gleichberechtigt neben die als heilig geltenden alten Sprachen Hebräisch, Griechisch und ▶ Latein. Luther wählte für seine Übersetzung einfache, allgemein verständliche Begriffe und begründete so eine hochdeutsche Schriftsprache. Vorher gab es verschiedene Dialekte. Luther erfand unzählige Wörter, von denen manche auch heute noch in Gebrauch sind, wie Herzenslust, Morgenland oder Lästermaul. Die Lutherbibel wurde das erfolgreichste deutsche Buch: Bis zu Luthers Tod erschien sie in über 400 unterschiedlichen Auflagen.

Bibel stehe. Der Papst könne schließlich irren. Als Ketzer verurteilt und aller Rechte beraubt, floh Luther. Er versteckte sich auf der Wartburg bei Eisenach, wo er einige seiner wichtigsten Schriften verfasste. Seine reformatorischen Ideen verbreiteten sich unterdessen im ganzen Land. ▶ Bauern und Städter nutzten Luthers Argumente, um im ▶ Bauernkrieg Kirchen und ▶ Klöster zu plündern und ihren Landesherren mit Gewalt gegenüberzutreten. Luther distanzierte sich von dieser Auslegung seiner religiösen Lehre und forderte Gehorsam von den Untertanen. Immer mehr Fürsten und Reichsstädte schlossen sich der lutherischen Lehre an und setzten die neuen Regeln in ihren Kirchen durch: Sie lösten den Besitz von Klöstern und Kirchen auf und übernahmen deren Verwaltung selbst. Die Katholiken versuchten, die Ausbreitung der neuen Lehre zu stoppen. Die Anhänger Luthers protestierten. Von dieser Protestation, die 1529 auf dem Reichstag in Speyer stattfand, leitet sich der Name »Protestanten« ab.

Die katholische Kirche startete auf dem Konzil von Trient eine »Gegenreformation« und wollte an die Reformation verlorene Gebiete und Herrschaften wieder zurückgewinnen. Kaiser ▶ Karl V. kämpfte als Verteidiger des rechten Glaubens für die Katholiken (▶ Glaubenskriege). Im »Augsburger Religionsfrieden« wurde 1555 beschlossen, die Wahl der Religion dem Landesherrn zu überlassen. Die Untertanen nahmen von nun an den Glauben ihres Fürsten an – oder sie mussten auswandern! Aber die Konflikte brachen immer wieder auf. Erst 1648 konnte der religiöse Streit nach einem ▶ Dreißigjährigen Krieg beendet werden. ■

QUELLE

»Von der Freiheit eines Christenmenschen«

Zu Luthers Hauptschriften gehört »Von der Freiheit eines Christenmenschen« (1520). Die wichtigsten Aussagen fasste Luther in zwei Sätzen zusammen: »Ein Christ ist ein freier Herr über alle Dinge und niemandem untertan – durch den Glauben. Ein Christ ist ein dienstbarer Knecht aller und jedermann untertan – durch die Liebe.« Der Gedanke der Freiheit widersprach der Auffassung der Kirche, die jedem Menschen einen festen Platz in der mittelalterlichen Ordnung zusprach.

Auf der **Wartburg** in Eisenach hielt Martin Luther sich fast ein Jahr lang vor seinen Verfolgern versteckt.

INFOBOX

Luthers Freunde und Mitstreiter

Luther hatte Helfer, die ihn unterstützten. Der Philologe und Theologe Philipp Melanchton (rechts) vertrat Luther bei Verhandlungen und religiösen Diskussionen, wenn dieser nicht teilnehmen konnte. Seine Sanftmut und seine Vorsicht bildeten einen Gegenpart zu Luthers zuweilen aggressivem Temperament. Auch unter den Herrschern hatte Luther Freunde: Kurfürst Friedrich III. von Sachsen (links) beschützte Luther, als dieser von Papst und Kaiser verfolgt wurde. Obwohl Friedrich katholisch blieb, ermöglichte seine tolerante Politik die Ausbreitung der Reformation.

Die Darstellung einer **Idealstadt** um 1480: Ganze Städte als Kunstwerke zu planen war ein Traum der Renaissance.

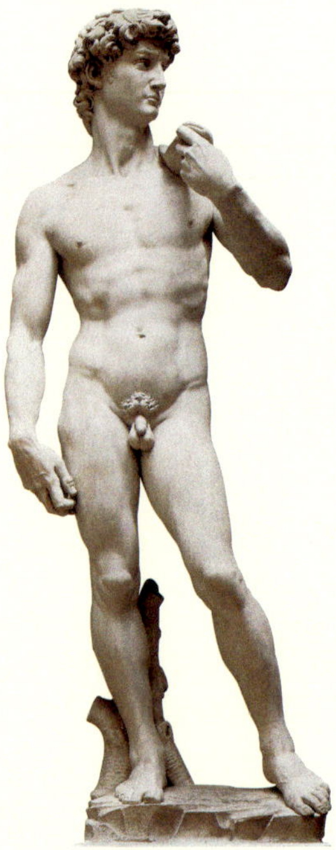

Der **David** von Michelangelo verkörpert das Idealbild des Renaissancemenschen.

Renaissance und Humanismus

Die Jahrhunderte lang gültige Ordnung der ▶Feudalgesellschaft wies jedem Menschen seinen Platz zu. Doch um 1350 veränderte sich die Welt: Viele Menschen wurden von Neugier und Wissensdurst angetrieben, ihren Horizont zu erweitern und aus ihrem gewohnten Denken auszubrechen. Die Erklärungen, die die Kirche und der ▶Kaiser gaben, genügten ihnen nicht mehr. Renaissance bedeutet Wiedergeburt. Der Epochenbegriff umfasst die Zeit etwa von 1350 bis ins 16. Jh. »Wiedergeboren« wurden Ideen und Gedanken der griechischen und römischen Antike, die im Mittelalter vielfach vergessen waren, wie die Vorstellungen der ▶Demokratie oder der ▶Philosophie. Während der Begriff »Renaissance« sich auf die Kunst jener Zeit bezieht, bezeichnet »Humanismus« eher den geistig-wissenschaftlichen Fortschritt.

Mehrere Ursachen führten zu den kulturellen Veränderungen in der Renaissance und im Humanismus. Eine der wichtigsten Voraussetzungen war ein Zuwachs an Bildung. So wurden lateinische Autoren übersetzt und neu gelesen. Nach der Eroberung ▶Konstantinopels durch die ▶Osmanen brachten byzantinische Gelehrte griechische Schriften mit nach Europa. Die Bücher von antiken Philosophen wie Platon und ▶Naturwissenschaftlern wie dem Mathematiker Ptolemäus regten die Forscher zu neuen Ideen an (▶Kopernikanische Wende). Durch den ▶Buchdruck konnten Informationen nun viele Menschen erreichen. Der wirtschaftliche Aufschwung der ▶Städte führte dazu, dass manche Stadtbürger und Kaufleute genügend Geld besaßen, um sich Bücher zu leisten, auf Bildungsreisen zu gehen oder Kunstwerke in Auftrag zu geben. Die Reisen der ▶Seefahrer und der Handel mit fremden Ländern brachten den Europäern Kenntnisse von anderen Völkern, Tieren und Pflanzen.

Ein neues Bild vom Menschen und seiner Umwelt führte zu mehr Selbstbewusstsein:

In der Renaissance wurden gern **antike Motive** dargestellt, hier die »Geburt der Venus« von Sandro Botticelli.

BIOGRAFIE

Michelangelo

Der italienische Renaissancekünstler arbeitete als Maler, Bildhauer und Architekt. 1505 rief ihn Papst Julius II. nach Rom und beauftragte ihn mit dem Bau seines monumentalen Grabes. Zu den bekanntesten Werken des Künstlers zählen die Statue des David in Florenz, die Kuppel der ▶Peterskirche in Rom sowie die Deckenfresken der Sixtinischen Kapelle in Rom. Michelangelo war der erfolgreichste Künstler seiner Epoche und der Erste, der sich selbst zum Thema seiner Werke machte.

INFOBOX

Ein neues Menschenbild

Leonardo da Vincis Studie von den Proportionen des menschlichen Körpers (Bild) steht sinnbildlich für das neue Menschenbild in der Renaissance: Der Mensch löste sich aus der mittelalterlichen Ordnung und der Rolle, die die Kirche ihm zuwies. Er entdeckte seine Persönlichkeit und Freiheit. Der Mensch, nicht mehr Gott, stand im Mittelpunkt der Welt. In der Kunst zeigte sich dies durch Porträts, die von reichen Bürgern in Auftrag gegeben wurden, um ihre gesellschaftliche Stellung und ihr Selbstbewusstsein zu demonstrieren.

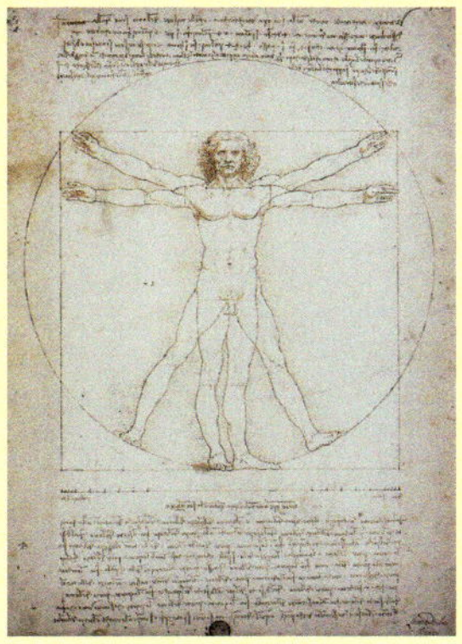

Um 1500 waren Gebäude beliebt, die symmetrisch von einem Zentrum ausgingen, so wie die **Kuppel** des Doms in Florenz von Filippo Brunelleschi.

Nicht mehr der von Kirche und Kaiser bevormundete, sondern der freie Mensch stand jetzt im Mittelpunkt, mit seinem Verstand, seinen Gefühlen, seinem Willen und seinen Fähigkeiten. 1400 wurde erstmals das Wort »humanitas« (von lateinisch humanus = Mensch) für diese neue Art der Bildung gebraucht. Auch in der darstellenden Kunst tauchte ein neues Menschenbild auf. Naturgetreue Abbildungen führten zu realistischen Darstellungen des menschlichen Körpers. Das Studium der Anatomie war die Grundlage für die moderne Medizin. Durch Fragen und Experimente wurden nun neue Erkenntnisse gewonnen, während im Mittelalter Neugier verboten war und Glauben mit Wissen gleichgesetzt wurde. Der Mensch entwickelte sich zu einem gebildeten Wesen, das über sein Leben freier entscheiden konnte. ■

Dieses **Hochzeitsbild** malte der niederländische Maler Jan van Eyck. Die Auftraggeber waren selbstbewusste, reiche Stadtbürger.

BIOGRAFIE

Erasmus von Rotterdam

Der Theologe Erasmus von Rotterdam war einer der wichtigsten Vertreter des christlichen Humanismus. Er forderte die Berücksichtigung des freien Willens der Menschen, die Sorgfalt der Sprache, die Ablehnung von allem Radikalen, die Verwerfung des Aberglaubens und die Verteidigung des Friedens. Außerdem »reformierte« er die lateinische Sprache und stellte Regeln auf, die bis heute an den Schulen gelehrt werden.

INFOBOX

Das Theater von William Shakespeare

William Shakespeare ist einer der berühmtesten Theaterdichter und Dramatiker der Weltliteratur. In London trat er als Schauspieler auf und schrieb Stücke, die beim Publikum und beim König äußerst beliebt waren. Er war auch ein erfolgreicher Geschäftsmann und an zwei Theatern beteiligt, dem »Globe-Theatre« und dem »Blackfriars-Theatre«. Wichtiger als Bühnenbild und Kostüme war in Shakespeares Stücken das gesprochene Wort: Er verwendete 34 000 verschiedene Wörter – ein Durchschnittsmensch kommt dagegen im Alltag mit rund 1000 Wörtern gut durchs Leben!

16. bis 18. Jahrhundert

Die Geburt des modernen Europa

Habe Mut, dich deines Verstandes zu bedienen!

Immanuel Kant,
deutscher Philosoph (1724–1804)

Die Geburt des modernen Europa

Der Kampf um den »wahren« Glauben kennzeichnet die frühe Neuzeit des 16. und 17. Jhs. Als der Mönch Martin Luther 1523 seine kirchenkritischen Thesen veröffentlichte, hatte dies dramatische Folgen, die er selbst vorher gar nicht absehen konnte: Durch die Reformation spalteten sich die Protestanten als eigene Glaubensrichtung von der Kirche ab. Die katholische Gegenreformation bekämpfte sie erbittert als Ungläubige, als »Ketzer«, und versuchte die Spaltung der Kirche rückgängig zu machen. Dreißig Jahre lang bekriegten sich die Parteien in Deutschland, bis sie schließlich erschöpft Frieden schlossen. In England versuchte der König, ohne Parlament zu regieren. Nach zwei Revolutionen verlor er sein Leben auf dem Schafott und das Land wurde zur ersten Monarchie, in der der König an eine Verfassung gebunden war. Kritische Fragen stellen, den eigenen Verstand gebrauchen, nicht alles glauben, was »von oben« verkündet wird – das alles wollten die Aufklärer die Menschen lehren. Damit eckten sie bei der Kirche und vielen europäischen Herrschern an. Aufzuhalten waren ihre Ideen allerdings nicht: Der Gedanke der Menschen- und Bürgerrechte wurzelt in der Aufklärung und entfaltete sich schließlich in der Französischen Revolution.

Die Osmanen belagern zum ersten Mal Wien	**1529**
Gründung des Jesuitenordens	**1534**
Konzil von Trient	**1545–1563**
Augsburger Religionsfriede	**1555**
Untergang der spanischen Armada	**1588**
Edikt von Nantes in Frankreich	**1598**
Gründung der protestantischen Union	**1608**
Gründung der katholischen Liga	**1609**
Prager Fenstersturz	**13. Mai 1618**
Dreißigjähriger Krieg	**1618–1648**
Die »Petition of Rights« bestätigt die »Magna Charta Libertatum«	**1628**
Das englische Parlament ist entmachtet	**1629–1640**
Beginn des englischen Bürgerkriegs	**1642**
Westfälischer Friede	**1648**
König Karl I. von England wird hingerichtet	**1649**
Oliver Cromwell löst das englische Parlament auf und regiert wie ein Diktator	**1653**
Ludwig XIV. regiert Frankreich als Alleinherrscher	**1661–1715**
Die Osmanen belagern zum zweiten Mal Wien	**1683**
Glorreiche Revolution in England	**1688/1689**
Ludwig XIV. hebt das Edikt von Nantes auf. Tausende von Hugenotten fliehen aus Frankreich	**1689**
Peter I., der Große, wird russischer Zar	**1689**
Zeitalter der Aufklärung	**17. Jh.**
Friedrich II., der Große, wird König von Preußen	**1740**
Maria Theresia wird als Gattin Franz I. Kaiserin des Heiligen Römischen Reiches	**1745**
Die französischen Aufklärer veröffentlichen die »Encyclopédie«	**1751–1772**
Joseph II. wird Kaiser und regiert neben seiner Mutter Maria Theresia die habsburgischen Länder	**1765**

Absolutismus

Ludwig XIV. bestimmte nicht nur die Politik, sondern auch die Mode seiner Zeit: Nach seinem Vorbild trugen die Adligen am Hof langlockige Perücken.

»L'état c'est moi! – Der Staat bin ich!«, mit diesem Spruch charakterisierte der französische König Ludwig XIV. eine ganze Epoche, den Absolutismus. Die absolutistischen Monarchen des 17. Jhs. waren Herrscher, die die »absolute« Macht im Staat für sich beanspruchten. Sie fühlten sich allein Gott gegenüber verantwortlich, deshalb galten für sie auch nur die Gebote ihres Glaubens und grundlegende Gesetze des Staates. Alles andere entschieden sie als »Quell des Gesetzes« selbst. Die absolutistischen Herrscher waren aber keine Diktatoren, denn moralisch und religiös waren sie ihrem Staat verpflichtet.

Ludwig XIV. war der bekannteste absolute Monarch. Er wurde auch »Sonnenkönig« genannt, weil sich das gesamte Leben am französischen Königshof um seine Person drehte: Mit einer glanzvollen, äußerst kostspieligen ▶Hofkultur gelang es Ludwig XIV., die Adligen an seinen Hof zu binden und sie auch politisch unter Kontrolle zu halten – Verschwörungen konnte er so geschickt vermeiden.

Als äußeres Zeichen seiner Macht ließ Ludwig XIV. bei Paris das prächtige Schloss Versailles bauen. Der Bau kostete Unsummen und wurde zum Vorbild für viele europäische Schlösser dieser Zeit. Mit rund 400 000 Soldaten leistete sich der Monarch das größte stehende Heer in Europa. Die Truppen waren fast ständig im Einsatz, denn Ludwig XIV. führte zahlreiche Kriege gegen seine europäischen Nachbarn. Alle diese Ausgaben gingen auf Kosten der Bevölkerung: Vor allem die ▶Bauern mussten hohe Steuern und Abgaben zahlen, viele Menschen im französischen Königreich lebten in bitterer Armut. ■

QUIZBOX

Wie stand der König morgens auf?

1. Allein mit der Königin
2. In Anwesenheit aller Adligen
3. Er frühstückte im Bett

Antwort 2: Am Hof des französischen Königs Ludwig XIV. wurde ein ausgeklügeltes Zeremoniell befolgt: Beim »Lever«, dem Aufstehen, mussten alle Adligen des Hofes den König in seinem Schlafzimmer begrüßen und Dienerpflichten übernehmen: So durfte z. B. der Bruder Ludwigs XIV. diesem sein vorgewärmtes Hemd reichen, andere sorgten für die Hosen, Strümpfe, den Rock und Schuhe.

INFOBOX

Petersburg, die prachtvolle Zarenstadt

Der russische Zar Peter I. wünschte sich eine neue Hauptstadt. Rund 80 000 Menschen legten im Mündungsdelta des Flusses Newa an der Ostsee ein riesiges Sumpfgebiet trocken und errichteten ab 1703 eine prächtige Barockstadt: Sankt Petersburg, Russlands »Tor zum Westen«. Architekten und Handwerker dafür fand der Zar auf seinen Reisen durch Europa, vor allem in Italien, Deutschland und den Niederlanden. Sie bauten großzügige Paläste und Parks wie den Peterhof, die Sommerresidenz des Zaren (Bild).

Die **Spiegelgalerie** im Schloss von Versailles misst 73 Meter. Selbst in den Deckengemälden ließ der König seine Taten preisen.

Aufklärung

Im Mittelalter und in der frühen Neuzeit schien eines sicher: Herrscher wie der ▶Kaiser und der ▶Papst regierten im Auftrag Gottes. Dieses Vorrecht wurde ab dem Ende des 17. Jhs. von einer Bewegung gebildeter Menschen endgültig infrage gestellt. Diese Denker bezeichneten sich selbst als »Aufklärer«: Sie glaubten, dass die Vernunft das Wesen des Menschen ausmache und dass deshalb alle Menschen gleich seien. Auch wenn sie oft sehr religiös waren, kritisierten die Aufklärer alles, was sich nicht klar und logisch begründen ließ, wie z. B. den Aberglauben (▶Glaube und Aberglaube) und die kritiklose Hinnahme von Herrschaft. Nur was der Mensch mit seiner Vernunft erkennen und begründen könne, sei wahr, meinten die Aufklärer. Sie forderten die Menschen auf, vernünftig und klar zu denken, Mut zur Kritik zu zeigen und eine freie Meinung zu entwickeln. Da die Aufklärer auf diese Weise die staatliche Ordnung und die Allmacht der Herrscher hinterfragten, wurden sie von den Behörden misstrauisch beobachtet und zum Teil verfolgt. Nach Meinung der Aufklärer sollte sich nämlich der Mensch durch den Gebrauch seiner Vernunft aus seinen Abhängigkeiten befreien und dadurch seine naturgegebene Freiheit zurückgewinnen.

In seiner Schrift »Was ist Aufklärung?« bezeichnete der deutsche Philosoph (▶Philosophie) Immanuel Kant die Aufklärung als »Ausgang des Menschen aus seiner selbst verschuldeten Unmündigkeit«. Er forderte: »Habe Mut, dich deines Verstandes zu bedienen!« In Frankreich wirkten vor allem Voltaire, der scharfe Kritik an Staat und Kirche übte, und der Philosoph Jean-Jacques Rousseau, der in seinen Schriften zur Rückbesinnung auf die Natur aufforderte. ■

150 Autoren schrieben 35 Bände: Die französischen Aufklärer wollten mit ihrer **»Encyclopédie«** zur allgemeinen Volksbildung beitragen.

INFOBOX

Der aufgeklärte Absolutismus

Vom aufgeklärten ▶Absolutismus spricht man, wenn ein absolutistisch regierender Monarch die Prinzipien der Aufklärung zur Grundlage seiner Regierungsweise machte. Der preußische König Friedrich II., der Große, und Kaiser Joseph II. sind die bekanntesten Monarchen, die den Gedanken der Aufklärer folgten. König Friedrich stellte das Wohlergehen seines Landes über die eigenen Bedürfnisse und bezeichnete sich selbst als »erster Diener des Staates«. Er sorgte für religiöse Toleranz in Preußen und beseitigte durch Reformen die größten sozialen Missstände im Land. Einer der berühmtesten französischen Aufklärer, Voltaire, lebte lange an seinem Hof und war sogar mit dem König befreundet. Auch Kaiser Joseph II. förderte die aufklärerischen Prinzipien und reformierte die habsburgischen Länder grundlegend: Er schuf u. a. die Leibeigenschaft ab und duldete die nicht katholischen christlichen Glaubensrichtungen in seinem Land. Damit legten die Herrscher einen Grundstein für die spätere demokratische Entwicklung der Länder.

INFOBOX

Erste Kinderbücher

Kinderbücher mit meist religiösem oder schulischem Inhalt gab es seit dem 15. Jh. Unter dem Einfluss der Aufklärung entstand aber eine eigenständige Kinder- und Jugendliteratur. Nun erschienen auch Romane, die auf unterhaltsame Art wichtige Ideen der Aufklärung vermitteln wollten. So zeigte Daniel Defoe mit »Robinson Crusoe«, wozu der Gebrauch des Verstandes einen Menschen befähigt. Jonathan Swifts Buch »Gullivers Reisen« stellte Eitelkeit, Begierde und Machtstreben als menschliche Schwächen bloß.

Friedrich der Große suchte den Rat zahlreicher Gelehrter. Mit Voltaire führte er lange philosophische Diskussionen.

Die **Söldner** im Dreißigjährigen Krieg erpressten Wertgegenstände und Lebensmittel von den Bauern. Selbst vor Folter schreckten sie dabei nicht zurück.

QUELLE

Schrecken des Krieges

Andreas Gryphius schilderte 1636 in seinem Gedicht »Tränen des Vaterlandes«, wie der lange, grausige Krieg die Menschen und das Land zugrunde richtete. Es dauerte noch weitere 12 Jahre, bis die Krieg führenden Länder schließlich 1648 Frieden aus Erschöpfung schlossen.

Die Türme stehn in Glut, die Kirch ist umgekehret,
das Rathaus liegt im Graus. Die Starken sind zerhaun,
die Jungfern sind geschänd't. Und wo wir hin nur schaun
ist Feuer, Pest und Tod, der Herz und Geist durchfähret.
Hier durch die Schanz und die Stadt rinnt allzeit frisches Blut.
Dreimal sind schon sechs Jahr, als unsrer Ströme Flut,
von Leichen fast verstopft, sich langsam fortgedrungen.

Dreißigjähriger Krieg

Am 23. Mai 1618 zogen in Böhmen wütende protestantische Adlige auf die Prager Burg und warfen kurzerhand zwei besonders verhasste kaiserliche Statthalter aus dem Fenster. Zwar überlebten die beiden den Sturz, weil sie auf einem Misthaufen im Burggraben landeten, der »Prager Fenstersturz« aber hatte gravierende Folgen: Was als eine begrenzte, lokale Auseinandersetzung zwischen dem protestantischen Adel und dem katholischen ▶Kaiser begann, mündete in einen Krieg, der ganz Europa erfasste und Jahrzehnte dauerte.

1608/09 hatten sich die katholischen Fürsten zur Liga und die Protestanten in der Union zusammengeschlossen. Unversöhnlich standen sich die Parteien gegenüber. Der Grundsatz des Augsburger Religionsfriedens von 1555 (▶Reformation), dass jeder Landesherr über den Glauben seiner Untertanen entscheidet, hatte die aufgewühlten Gemüter nur wenig beruhigt. Zu groß war die Verlockung für die Landesherren, die kaiserliche Gewalt – und dadurch die katholische Vormacht – zu schwächen und die eigene Macht zu stärken.

In Böhmen, dem Ausgangspunkt des Krieges, konnte sich der Kaiser dank der Kriegskunst seines Feldherrn Johann Graf von Tilly durchsetzen und das Land fest in sein Reich eingliedern. Dieser Zugewinn an kaiserlicher Macht und Versuche unter dem obersten kaiserlichen General Albrecht von Wallenstein, im Norden des ▶Heiligen Römischen Reiches den katholischen Glauben wieder einzuführen, riefen die Nachbarn auf den Plan. Ihr Protest war aber weniger religiös als durch Machtinteressen begründet: König

BIOGRAFIE

Albrecht von Wallenstein

Albrecht von Wallenstein war der bekannteste Feldherr im Dreißigjährigen Krieg. Um seine Truppen zu bezahlen, forderte er von den besetzten Gebieten die Zahlung hoher Abgaben. Für seine Verdienste übertrug ihm der Kaiser das Herzogtum Mecklenburg als Lehen. Nach seiner Entlassung als kaiserlicher Erster General wurde er von einigen seiner Offiziere 1635 ermordet.

Trotz 17 Meter Höhe verlief der **Prager Fenstersturz** für die Statthalter des Kaisers glimpflich.

Die **Soldaten** lebten in feuchten Zelten, sie litten unter mörderischem Drill und täglicher Todesangst. In ihrer wenigen freien Zeit versuchten sie, sich von den Kriegserlebnissen abzulenken.

Christian IV. von Dänemark plante, sein Land um das deutsche Herzogtum Holstein zu vergrößern. Der schwedische König Gustav Adolf II. strebte die Vorherrschaft an der Ostsee an und besetzte Norddeutschland. Frankreich wollte das Reich als Vormacht ablösen. Sowohl die Schweiz als auch die Niederlande wollten die Oberherrschaft des Kaisers abschütteln. Da letztlich keine Seite den Sieg erringen konnte, kam es ab 1644 zu Verhandlungen, die am 24. Oktober 1648 im Westfälischen Frieden endeten.

Der Krieg hatte weite Landstriche entvölkert, rund ein Drittel der Bevölkerung in Deutschland war umgekommen. Während vor dem Krieg etwa 17 Mio. Menschen in Deutschland lebten, waren es nach dem Krieg nur noch 10 Mio. Das Reich musste weite Gebietsteile abtreten: Die Schweiz und die Niederlande schieden aus dem Reich aus. Schweden sicherte sich die Ostseeküste, Frankreich rückte bis an den Rhein vor. Die Reichsfürsten wurden gegenüber dem Kaiser noch unabhängiger und bauten ihre Landesherrschaft aus. Das Reich wurde so zu einem lockeren Verband von Einzelstaaten. Während andere Staaten in Europa sich zu ▶Großmächten entwickelten, glich das deutsche Territorium für lange Zeit einem »Flickenteppich«. ■

LEBEN DAMALS

Folter und Plünderungen

Die Menschen lebten im Dreißigjährigen Krieg in Angst und Schrecken. Am meisten hatte die Landbevölkerung unter den Plünderungen und Brandschatzungen zu leiden. Zu welchen Grausamkeiten die Söldner beider Seiten fähig waren, zeigt ein Kriegsbericht aus dem Jahr 1634.

»... kein Mensch durfte sich auf dem Lande blicken lassen, denn dann wurde ihm nachgejagt wie einem Wild. Fing man ihn, so wurde er unbarmherzig misshandelt, und damit er Geld, Vieh und Pferde verriete, ... geknebelt nackt an den heißen Ofen gebunden, aufgehängt ... oder mit Wasser und Jauche getränkt.«

Am 20. Mai 1631 erstürmt und zerstört das kaiserliche Heer unter **Graf von Tilly** die Stadt Magdeburg.

BIOGRAFIE

Oliver Cromwell

Oliver Cromwell führte im Bürgerkrieg die Truppen des Parlaments gegen Karl I. Er ließ den König hinrichten, England wurde zur Republik und Cromwell deren Regierungschef. Cromwell regierte das Land am Parlament vorbei, wie ein Militärdiktator. Schon bald wünschte sich das Volk wieder einen König zurück – kontrolliert von einem starken Parlament.

Englische Revolutionen

Zwei Revolutionen erlebte England innerhalb weniger Jahrzehnte in der zweiten Hälfte des 17. Jhs. Jede schränkte die königliche Macht weiter ein. Schon 1215 hatten sich die Barone in der ▶»Magna Charta Libertatum« die Mitbestimmung bei königlichen Entscheidungen gesichert und ein erstes Parlament gebildet. Ein halbes Jahrhundert später wurde das Parlament um Vertreter der Grafschaften und Städte erweitert: Dieses »House of Commons«, das Unterhaus, tagte getrennt vom »House of Lords«, dem Oberhaus. Beide Häuser gewannen im 15. Jh. die Kontrolle über die Gesetzgebung. König Karl I. wollte jedoch den ▶Absolutismus einführen und das »Rad der Geschichte« zurückdrehen. Dagegen wehrte sich das Parlament und setzte 1628 die »Petition of Rights« durch. Die Auseinandersetzungen zwischen König und Parlament führten 1642 zu einem Bürgerkrieg, in dem die königliche Partei unterlag. 1649 wurde Karl I. auf Betreiben Oliver Cromwells öffentlich enthauptet, das Königreich wurde kurzzeitig eine Republik.

Cromwell kümmerte sich nach seinem Sieg nur wenig um parlamentarische Rechte und errichtete eine Militärdiktatur, die bis zu seinem Tod Bestand hatte. 1660 konnte der älteste Sohn des hingerichteten Königs als Karl II. den Thron besteigen. Doch auch er wollte absolutistisch herrschen. Als schließlich 1685 sein katholischer Bruder Jakob II. König von England wurde, befürchtete das Parlament eine ▶Gegenreformation. Es rief deshalb den Schwiegersohn Jakobs, Wilhelm von Oranien, zu Hilfe. Jakob floh nach Frankreich und wurde im Januar 1689 abgesetzt. Das Parlament bot Wilhelm und seiner Gemahlin Maria gemeinsam die englische Krone an. Beide mussten vorher eine »Anerkennung der Rechte«, die »Bill of Rights« unterschreiben, die zum Staatsgrundgesetz wurde. Die Bill of Rights sicherte dem Parlament den Vorrang und stellte den König unter das Gesetz. Damit wurde England zur ersten parlamentarischen Monarchie und weltweit zum Vorbild für viele Länder. Weil diese zweite Revolution ohne Blutvergießen verlief, spricht man von der »Glorreichen Revolution« (Glorious Revolution). ■

Blick in das **Unterhaus** des englischen Parlaments: Wie im 17. Jh. sitzen sich die Abgeordneten der Regierung und der Opposition gegenüber.

Das **Parlamentsgebäude** in London stammt aus dem 19. Jh. An dieser Stelle tagten bereits die englischen Barone, um die Macht der Krone einzuschränken.

QUELLE

Die Gewaltenteilung nach Montesquieu

»Alles wäre verloren, wenn ein und derselbe Mann [...] diese drei Gewalten ausübte: Gesetze zu erlassen, sie in die Tat umzusetzen und über Verbrechen [...] zu richten.« Der französische Philosoph Charles de Montesquieu definierte im 18. Jh. die beste Herrschaftsform: Frei und in Gerechtigkeit leben könnten die Bürger nur, wenn die Staatsgewalt geteilt sei: Eine Institution müsse die Gesetze erlassen (der Souverän), eine sie ausführen (das Parlament) und eine müsse die Ausführung kontrollieren (die Richter).

INFOBOX

Mitten unter Menschen: die Jesuiten

1534 gründete der baskische Adlige Ignatius von Loyola mit einigen Gefährten den »Orden der Gemeinschaft Jesu«: Seine Mitglieder, die Jesuiten, sollten nicht in ▶Klöstern, sondern mitten unter

den Menschen leben und durch ihr Vorbild missionarisch wirken. Ausdrücklich stellte sich der neue ▶Orden in den Dienst des ▶Papstes. Im Zuge der Gegenreformation verbreitete sich der Orden in ganz Europa.

In der »Bartholomäusnacht« am 24. August 1572 wurden in Frankreich fast 10 000 **Hugenotten** ermordet.

Gegenreformation

Die katholische Kirche hatte durch die ▶Reformation zahlreiche Gebiete an den Protestantismus verloren, die sie nun gemeinsam mit den katholischen Fürsten zurückzugewinnen versuchte. Diese »Gegenreformation« geschah überwiegend gewaltsam in Form von ▶Glaubenskriegen und wurde durch die Missionsarbeit der Jesuitenpater unterstützt.

Gleichzeitig bemühte sich die Kirche um eine Erneuerung »von innen«: Auf dem Konzil von Trient beschloss man umfangreiche Änderungen, die den katholischen Glauben nicht nur deutlicher vom Protestantismus abgrenzen, sondern den Gläubigen auch neues Vertrauen in die Kirche geben sollten. So bildete man von nun an die Priester in Seminaren aus und gestaltete die Predigten volksnaher. Letztlich aber verstärkte das Konzil die Spaltung zwischen Katholiken und Protestanten und trug damit zum Zerfall der Einheit der Christenheit in Deutschland bei. ■

Glaubenskriege

Kriege um religiöse Fragen bezeichnet man als Glaubenskriege. Vordergründig ging und geht es dabei zwar um die rechte Religion, in Wahrheit spielt aber auch immer der Kampf um die politische und wirtschaftliche Macht eine wichtige Rolle. Überall dort, wo sich im 16. und 17. Jh. in Europa Protestanten und Katholiken gegenüberstanden, kam es zu Glaubenskriegen. Diese gipfelten schließlich im ▶Dreißigjährigen Krieg. Die bedeutendsten Glaubenskriege in Frankreich waren die Hugenottenkriege im 16. Jh.: Die französischen Protestanten, die Hugenotten, kämpften für die Anerkennung ihres Glaubens, viele Tausende mussten dafür mit ihrem Leben bezahlen. Mit dem Edikt von Nantes gestand der König ihnen 1598 schließlich Sicherheit und Religionsfreiheit zu. Auch in Spanien und den Niederlanden bekämpfte der katholische König Philipp II. den Protestantismus: ▶Ketzer endeten auf dem Scheiterhaufen. ■

LEBEN DAMALS

Ungläubige vor Gericht: die Inquisition

Die Inquisition war eine kirchliche Untersuchung: Der Untersuchungsbeamte, der Inquisitor, verhörte Gläubige, die angeblich vom »richtigen« Glauben abgewichen waren und damit die Kirche gefährdeten. Hierbei durfte er sich ab 1252 auch der Folter bedienen. Wer sich zu seiner Schuld »bekannte«, konnte zur Kerkerhaft oder sogar zum Tod auf dem Scheiterhaufen verurteilt werden.

18 Jahre lang – von 1545 bis 1563 – tagten die Geistlichen auf dem **Konzil von Trient** und arbeiteten an einer Erneuerung der Kirche und des katholischen Glaubens.

Mit dem Sieg über die spanische **Armada** wurde England zur unumstrittenen Seemacht. Im Bild ist eine Nachstellung der Schlacht als Fotomontage zu sehen.

INFOBOX

Unbesiegbar!? Die spanische Armada

Der katholische König Philipp II. von Spanien hatte ehrgeizige Pläne: Er wollte die protestantische englische Königin Elisabeth I. stürzen, England erobern und die spanische Seeherrschaft sichern. Im Jahr 1588 stellte er eine als unbesiegbar geltende Kriegsflotte auf: die »Armada«. Die Flotte umfasste 130 Schiffe mit rund 30 000 Mann Besatzung und 2630 Kanonen. Unter dem Kommando des unerfahrenen Herzogs Sidonia von Medina segelte sie in den Ärmelkanal. Die englische Flotte unter Sir Francus Drake und Lord Howard vermied die offene Seeschlacht, ihre kleinen Schiffe erwiesen sich als kriegstüchtiger. Schließlich musste die Armada den Rückzug antreten, geriet in schwere Stürme und erlitt große Verluste.

Großmächte

Frankreich, Großbritannien, Österreich, Preußen und Russland waren im Europa des 17. und 18. Jhs. Großmächte: Staaten, die einen erheblichen politischen, militärischen oder wirtschaftlichen Einfluss auf ihre Nachbarn ausübten. Bei jeder politischen Entscheidung mussten die kleineren Staaten die Interessen der europäischen Großmächte berücksichtigen. Untereinander stimmten sich die Großmächte ab, um die Gefahr von direkten Kriegen zu verringern, denn ein verlorener Krieg hätte den Verlust des Großmachtstatus bedeuten können. Interessenkonflikte lösten die Großmächte zum Teil auf Kosten kleinerer oder schwächerer Staaten. So teilten Österreich, Preußen und Russland Ende des 18. Jhs. Polen kurzerhand untereinander auf: Polen verschwand von der Landkarte und wurde erst nach dem Ersten ▶Weltkrieg wieder ein eigenständiger, unabhängiger Staat.

Großbritannien nahm im 19. Jh. innerhalb der europäischen Großmächte eine Sonderstellung ein: Mit seiner »Gleichgewichtspolitik« versuchte es, die Interessen der anderen Mächte gegeneinander auszuspielen, um so die eigene Vorherrschaft auf dem Meer und seine ▶Kolonien zu sichern. Diese Mächtebalance wurde auf dem ▶Wiener Kongress von 1815 neu definiert, Europa wurde nach der Niederlage des ▶Napoleonischen Kaiserreichs neu geordnet.

Am Ende des 19. Jhs. und zu Beginn des 20. Jhs. stiegen die USA und Japan zu Großmächten auf. ■

INFOBOX

Diplomatie auf Französisch

Wenn Kriege enden, beginnen die Friedensverhandlungen. Diese Aufgabe übernahmen die Botschafter als Vertreter ihrer Herrscher. Im Gegensatz zu heute, wo Englisch die meistgesprochene Sprache ist, beherrschten viele Adlige damals vor allem das Französische, das so zur Sprache der Diplomatie wurde. Die Verhandlungen waren oft langwierig und zäh. Um die Diplomaten zu unterhalten, wurden in den Pausen aufwendige Festessen und glanzvolle Bälle veranstaltet. Hier konnten sie oft auch persönliche Kontakte knüpfen, die die Verhandlungen dann positiv beeinflussten.

Die **Großmächte** kämpften auch um Kolonien. Der englische General James Woolfe starb 1759 bei der Eroberung des französischen Quebec.

Blick in eine französische **Spielkartenmanufaktur**: In den Manufakturen wurde die Produktion zum ersten Mal in Arbeitsschritte zergliedert - eine frühe Form der Fließbandarbeit.

Merkantilismus

Die aufwendige Hofhaltung der absolutistischen Fürsten und ihre vielen Kriege waren extrem kostspielig. Um diese zu finanzieren, mischten sich die Herrscher und ihre Berater stark in die Wirtschaft ein.

Der französische Finanzminister Jean-Baptiste Colbert verglich den Staat mit einem Wirtschaftsunternehmen: Je mehr Geld ein Betrieb von außen einnahm, desto besser. Je mehr Geld der Betrieb ausgab, desto schlechter. Gleiches galt für den absolutistischen Staat: Sein Hauptziel war es, Rohstoffe wie Baumwolle billig in den eigenen ▶Kolonien einzukaufen und daraus viele und gute Waren herzustellen, die man teuer ins Ausland verkaufen konnte. Diese Waren mussten schnell, günstig und ohne Unterbrechung produziert werden, das ermöglichten neue Betriebsformen wie die Manufakturen.

Mit den anderen Staaten sah man sich im Wettbewerb, Colbert verglich den internationalen Handel sogar mit einem Krieg: Nur wer viel ins Ausland verkaufte und möglichst wenig von dort einführte, konnte gewinnen. Deshalb baute man Straßen und Häfen, um die Waren leicht zu verschiffen, die Zölle auf die ausgehenden Lieferungen wurden gesenkt, während auf eingeführte Waren hohe Steuern gezahlt werden mussten. Diese Wirtschaftspolitik des ▶Absolutismus im 16. bis 18. Jh. nennt man »Merkantilismus«. ■

Türkenkriege

»Prinz Eugenius, der edle Ritter, wollt' dem Kaiser wiedrum kriegen Stadt und Festung Belgerad …« Mit diesem Lied wurden die Taten des kaiserlichen Feldherren Prinz Eugen von Savoyen im Kampf gegen das Osmanische Reich der Türken besungen. Jahrhunderte lang hatte die ▶Osmanen Europa bedroht. 1354 erreichten sie zum ersten Mal europäischen Boden und eroberten 1453 ▶Konstantinopel. Allein die Seerepublik Venedig führte zwischen 1423 und 1718 sechs Kriege gegen die Osmanen. 1521 stieß Sultan Süleiman, der Prächtige, auf den Balkan vor und kam dadurch in unmittelbaren Kontakt zum Habsburgerreich. 1526 eroberten die Osmanen Ungarn. Zweimal, 1529 und 1683, belagerten sie die Stadt Wien vergeblich. Im großen Türkenkrieg 1683–99 schließlich wurden die Osmanen aus Europa vertrieben. ■

LEBEN DAMALS

Der Kaffee erobert Europa

Man erzählt, dass die Osmanen auf ihrem Rückzug aus Wien einige Säcke Kaffee zurückließen. Die Wiener entdeckten das wach haltende Getränk und folgten in den später berühmten Kaffeehäusern der osmanischen Tradition. Bis heute wird dort »türkischer Kaffee« serviert. Bald war es in ganz Europa »chic«, Kaffee zu trinken. Anders als die Europäer, die den Kaffee gern mit Milch mischen, trinken die Türken ihn »pur«.

BIOGRAFIE

Süleiman I., der Prächtige

Süleiman war der bedeutendste osmanische Sultan. Unter ihm erreichte das Osmanische Reich seine größte Ausdehnung. Seine Flotte beherrschte das Mittelmeer und das Rote Meer. Durch Reformen festigte er den Zusammenhalt des Osmanischen Reiches. Süleiman ließ viele Prachtbauten errichten, u. a. eine riesige Moschee in Istanbul, und schrieb nebenbei auch noch Gedichte.

TALL SHIPS YOUTH TRUST

16. bis 18. Jahrhundert

Europäer in aller Welt

Wer an der Küste bleibt,
kann keine neuen Ozeane
entdecken.

Fernão de Magalhães,
portugiesischer Seefahrer (1480–1521)

16. bis 18. Jahrhundert

Europäer in aller Welt

Zu Recht gilt das 16. Jh. als das Jahrhundert der Entdeckungen. Neue Instrumente ermöglichten es den Seefahrern, ihre Position genauer zu bestimmen, und ermutigten sie dazu, sich bei ihren Reisen immer weiter aufs offene Meer hinauszuwagen. Zuerst wurden neue Handelswege entdeckt, dann sogar eine ganz neue Welt mit bisher unbekannten Kulturen: Amerika. Von hier gelangten neue Früchte und Getreidesorten nach Europa. Die Europäer führten ihrerseits Pferde und Feuerwaffen nach Amerika ein. Die Ureinwohner wurden von ihnen oft ausgebeutet, Hochkulturen wie die Inka und Maya wurden ausgerottet. Um ihre Plantagen in der Neuen Welt zu bewirtschaften, verschleppten die europäischen Kolonialherren Zehntausende Afrikaner auf den fremden Kontinent, wo sie in Unfreiheit zwangsarbeiten mussten. Handelskompanien erhielten vom Staat Sonderrechte, damit sie begehrte Waren einführten und Kolonien aufbauten und verwalteten. Viele verließen die Alte Welt, um in der Neuen Welt ihr Glück zu versuchen: Spanische Eroberer suchten nach Gold und Reichtum, englische Siedler nach Land oder religiösem Frieden. Längst nicht alle fanden, was sie suchten. Aber eines war sicher: Europas Blick öffnete sich auf die Welt.

Atlas
Dreieckshandel
Handelskompanie
Kolonialwaren
Konquistadoren
Neue Welt
Seefahrer
Siedler
Sklaverei
Ureinwohner

Christoph Kolumbus sucht einen westlichen Seeweg nach Indien. Stattdessen entdeckt er Amerika	1492
Vasco da Gama findet den Seeweg nach Indien	1497–1499
Hernán Cortés erobert das Aztekenreich	1519
Der Expedition von Fernão de Magalhães gelingt die erste Weltumsegelung	1519–1521
Francisco Pizarro zerstört das Reich der Inka	1531–1533
Francis Drake gelingt die zweite Weltumsegelung	1577–1580
Erste englische Siedlung in Nordamerika	1584
Gründung der englischen East India Company	1600
Niederländische Kaufleute gründen die Vereinigte Ostindische Kompanie	1602
Willem Jansz stößt auf die australische Nordwestküste	1606
Die »Indianerprinzessin« Pocahontas stirbt in London	1617
Die ersten Afrikaner werden als Sklaven nach Nordamerika verschifft	1619
Die Pilgerväter landen an der amerikanischen Ostküste	1620
Erster Krieg zwischen weißen Siedlern und Indianern	1637
England erlässt die Navigationsakte	1651
In einem Londoner Kaffeehaus wird der erste Tee ausgeschenkt	1658
Gründung der Hudson's Bay Company	1670
James Cook umsegelt dreimal die Welt	1769–1779

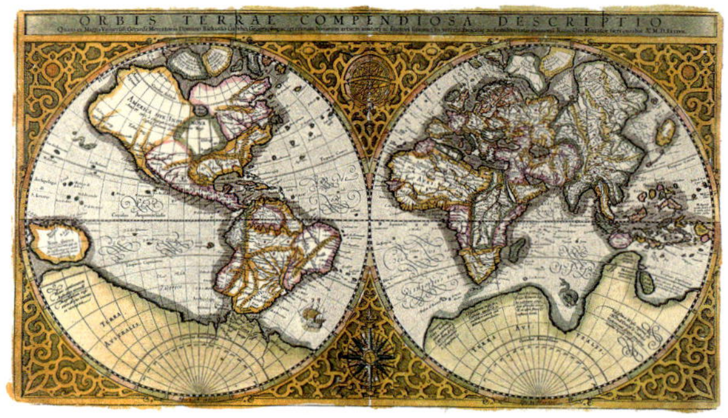

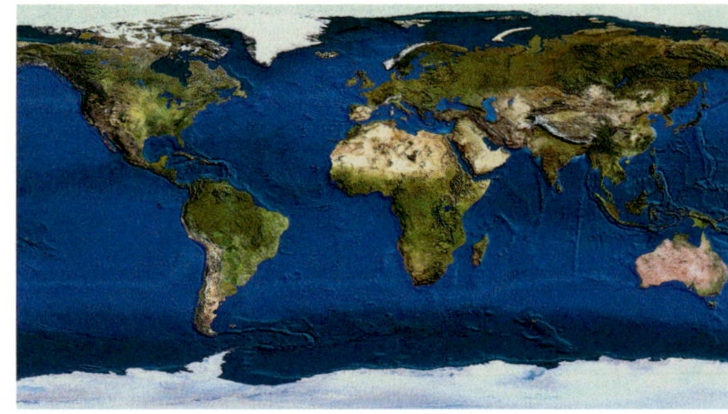

Die Erde, so wie **Mercator** sie im 16. Jh. sah (links), und ein **modernes Satellitenbild** (rechts) zum Vergleich: Seine Welt sah der unseren schon ziemlich ähnlich.

Atlas

Die traditionelle Seefahrt beruhte darauf, dass sich der Kapitän möglichst nahe an der Küste hielt, sich an bestimmten Landmarken wie Bergen orientierte und auf seine Erfahrung mit Strömung, Winden und Gestirnen vertraute. Technische Neuerungen in der Schifffahrt und verbesserte Weltkarten ermöglichten den ▶Seefahrern, sich auf das offene Meer hinauszuwagen und die Länder in der ▶Neuen Welt zu erkunden. Der niederländische Geograf Gerhard Mercator benannte seine Kartensammlung nach einer Gestalt der griechischen Mythologie – dem Riesen Atlas, der auf seinen Schultern das Himmelsgewölbe tragen muss. In seinem Atlas bot Mercator eine neuartige, geometrische Darstellung der Erde, die die Übertragung der Erdkrümmung auf das flache Papier ermöglichte. Seine Weltkarte stellte die Proportionen der Erde viel genauer dar und war die Erste, die sich als tauglich für die Seefahrt erwies. ■

INFOBOX

Lissabon, die größte und schönste Stadt der Alten Welt

Zur Zeit der portugiesischen Expansion war die Hauptstadt Lissabon eine der prächtigsten Städte Europas und mit ihren 350 000 Einwohnern auch die größte Stadt der damals bekannten Welt. Reich verzierte Wohnhäuser und Handelskontore zeugten vom Wohlstand der Bürger. Lissabon war auch der wichtigste Hafen Portugals und das Zentrum des europäischen Gewürzhandels. Von hier aus stachen Schiffe in See, um sich auf die monatelange Reise nach Westafrika, Süd- und Südostasien sowie Brasilien zu machen. Die prächtige Stadt wurde 1755 von einem schweren Erdbeben und einer Flutwelle des Flusses Tejo zu großen Teilen zerstört – und wurde noch schöner wiederaufgebaut.

Dreieckshandel

Zwischen Europa, Afrika und Amerika hatte sich im 18. Jh. ein blühender Handel entwickelt, der sogenannte transatlantische Dreieckshandel: Die Kolonialmächte schafften in Europa hergestellte Waren wie Waffen und andere Metallgegenstände in ihre Stützpunkte in Afrika. Als Tauschware beluden sie dort ihre Schiffe mit Sklaven aus dem afrikanischen Inland. Nach einer monatelangen und beschwerlichen Reise wurden die Sklaven in Amerika, auf den Westindischen Inseln, gegen die von den Europäern heiß begehrten ▶Handelswaren aus den karibischen Plantagen eingetauscht: Zucker, Kaffee, Baumwolle, Reis und Tabak. Von hier aus wurden sie durch Zwischenhändler nach Nordamerika »weiterverhandelt«.

Erst die wirtschaftlichen Veränderungen im Zuge der ▶industriellen Revolution sorgten für ein Ende des Sklavenhandels. Die ▶Sklaverei in den USA wurde 1865 abgeschafft. ■

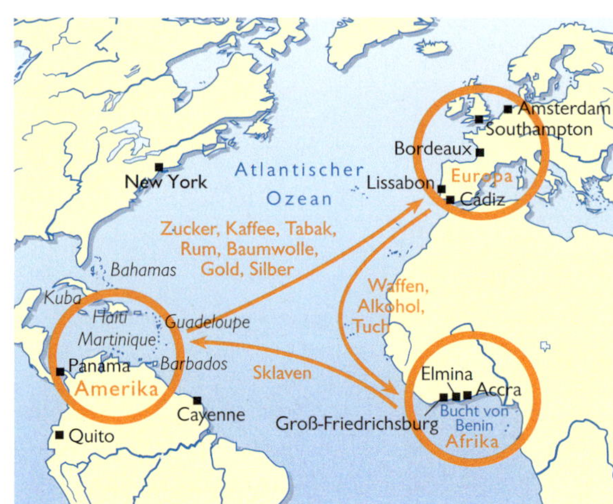

Beim **transatlantischen Dreieckshandel** tauschte man Waren aus Europa gegen Sklaven, die in Amerika für Zucker und Baumwolle verkauft wurden.

LEBEN DAMALS

Groß in Mode: das Teetrinken

»Er macht den Körper aktiv und munter. Er hilft gegen Kopfschmerz ...« hieß es 1660 in einer Anzeige über den Tee. 1658 war in London erstmals Tee angeboten worden. Rund fünfzig Jahre später hatte er sich in Europa als Volksgetränk durchgesetzt. Besonders beliebt war er in England, wo die High Society sogar Teepartys veranstaltete.

In den Handelskompaniestädten wie **Batavia** (heute Jakarta, Indonesien) zeugten imposante Bauten vom Reichtum der Kolonialherren.

Handelskompanie

Fernkaufleute waren schon immer wagemutige Unternehmer (▶Seidenstraße, ▶Hanse). Mit der Entdeckung der ▶Neuen Welt und des Seewegs nach Indien erhielt der Fernhandel großen Auftrieb. Verstärkt seit dem 16. Jh. gründeten die Kaufleute Gesellschaften für die Geschäfte in Übersee, die sogenannten Handelskompanien. Durch die Beteiligung verschiedener Geldgeber wollten sie das wirtschaftliche Risiko, das der Besitz von Handelsschiffen bedeutete, auf mehrere Personen verteilen. Die absolutistischen Staaten (▶Absolutismus) nutzten die Kenntnisse der Kaufleute, um eine Verwaltung in den fernen und fremden Gebieten aufzubauen und den eigenen Einfluss dort zu verstärken (▶Merkantilismus). Die Handelskompanien dienten ihnen als eine Art Botschafter und als Vorhut bei der Eroberung. Deshalb erhielten diese, gegen die Zahlung von Abgaben, Vorrechte vom Staat: Sie durften ihre Schiffe bewaffnen und bei Bedarf Krieg führen (vor allem gegen die europäischen Konkurrenten), sie sollten Land kaufen, durften Münzen prägen und Recht sprechen.

1602 gründeten niederländische Kaufleute die Vereinigte Ostindische Kompanie (VOC) und 1621 die Westindische Kompanie (WIC) zur Ausbeutung Ost- und Westindiens. Während sich die VOC mit dem Gewürzhandel und dem Handel von asiatischen Luxusgütern befasste, verdiente die WIC am Goldhandel und am transatlantischen ▶Dreieckshandel. Auch englische Kaufleute gründeten Handelskompanien, z. B. 1600 die East India Company, die besonders mit indischen Waren handelte, und 1670 die Hudson's Bay Company, die ihr Geld mit Pelzen aus Kanada verdiente. ■

Die »Duyfken« (hier ein Nachbau) gehörte zur großen **Handelsflotte** der Vereinigten Ostindischen Kompanie, die 1606 Australien entdeckte.

INFOBOX

Der Kampf um das Gewürzmonopol

Die VOC (siehe oben) wollte Alleinhändler für Gewürze aus Asien werden. Dabei ging sie oft mit brutaler Härte vor: Auf den Bandainseln wurde die kostbare Muskatnuss angebaut. Als sich die Bewohner gegen die Niederländer wehrten, ließ diese ihre Anführer köpfen und vierteilen. Die restlichen Bewohner wurden deportiert und als Sklaven verkauft. Anschließend ließ die Kompanie alle Muskatnussbäume auf den Nachbarinseln abholzen – nun gab es nur noch »niederländische« Muskatnüsse.

Ein **holländischer Händler** prüft die Qualität des angebotenen chinesischen Tees. Von 1610 bis 1669 waren die Holländer Europas einzige Tee-Importeure.

Zwei Welten begegnen sich: Die europäischen Eroberer landen in Südamerika.

QUIZBOX

Woher stammt der Tabak?

1. Aus Amerika
2. Aus Afrika
3. Aus Asien

Antwort 1: Die Europäer beobachteten in Amerika, wie die Indianer die zusammengerollten Blätter der Tabakpflanze anzündeten, den Rauch einsogen und auspusteten. Der Diener Sir Walter Raleighs soll über seinen rauchenden Herrn so irritiert gewesen sein, dass er ihn mit Wasser übergoss, weil er glaubte, Raleigh brenne.

Handelswaren

Auf den alten Handelswegen wie der ▶Seidenstraße gelangten kostbare Stoffe und Gewürze an die europäischen Höfe. Im 16. Jh. brachten erstmals die Araber den Kaffee nach Europa, aus Ostasien kam der Tee. Mit der Entdeckung Amerikas lernten die Europäer viele neue Pflanzen kennen und nutzen, u. a. Kakao, Mais, Ananas, Chili, die Tomate und die Kartoffel. Einige davon, z. B. die Kartoffel und der Mais, konnten in Europa gezüchtet und angebaut werden. Die Kolonialwaren, wie man die Produkte aus den Kolonien wie Kaffee, Tee oder Zucker bezeichnete, waren in den europäischen Ländern begehrt. Im transatlantischen ▶Dreieckshandel wurden sogar Menschen zur Handelsware. Die amerikanische Baumwolle revolutionierte die Tuchherstellung, weil sie leicht zu verarbeiten war und sich für die Massenproduktion eignete. Fast ausschließlich über den Seeweg wurde der Getreidehandel betrieben, größter Importeur war Großbritannien. ■

Konquistadoren

Schon bald nach der ▶Entdeckung Amerikas wurde der Kontinent erobert und unterworfen. Diese Aufgabe übernahmen die Konquistadoren (spanisch für »Eroberer«). Sie handelten meist im Dienst der spanischen oder portugiesischen Krone und wurden vom König für ihre Dienste mit Adelstiteln, Landbesitz oder Hoheitsrechten belohnt. Oft waren es Abenteurer, die ihre Heimat zurückließen und in der ▶Neuen Welt große Reichtümer suchten. Hier lockte das sagenhafte Goldland »Eldorado«, nach dem die Eroberer wie besessen suchten.

Die Konquistadoren lieferten sich bei ihren Eroberungszügen blutige Kämpfe mit den indianischen ▶Ureinwohnern und zeigten wenig Respekt für deren ▶Hochkulturen. Ab 1519 eroberte Hernán Cortés das Aztekenreich im heutigen Mexiko. In den folgenden Jahren unterwarf er weite Teile Mittelamerikas. 1531–33 zerstörte Francisco Pizarro das Inkareich. ■

Pizza ohne Tomaten, Tacos ohne Mais? Unser Speiseplan wäre ohne die **pflanzlichen Einwanderer** ärmer. Bis zur Entdeckung der Neuen Welt waren sie, wie viele andere Gemüse- und Obstsorten, in Europa unbekannt.

INFOBOX

Eldorado – Land aus Gold und Silber

»Goldland« war die Bezeichnung für ein sagenhaftes Land, das die Konquistadoren im Innern von Südamerika wähnten. Die Legende von »Eldorado« beruhte auf einem Ritus des Muisca-Stammes in Kolumbien. Die Indianer bedeckten dabei ihren Häuptling mit Goldstaub, der anschließend bei einem zeremoniellen Seebad wieder abgewaschen wurde. Dieser uralte Brauch bestärkte die Eroberer in ihrer Hoffnung auf große Reichtümer und ließ sie nach weiteren Schätzen in Südamerika fahnden.

BIOGRAFIE

Christoph Kolumbus

Durch seine Heirat war Kolumbus zu Ansehen und Reichtum gekommen. Jahrelang warb er erst am portugiesischen Hof, dann bei den spanischen Königen für eine Idee, die ihn schon lange umtrieb: von Portugal aus in Richtung Westen nach Indien zu reisen. Da die Gelehrten bei der Berechnung des Erdumfangs zu unterschiedlichsten Ergebnissen kamen, verschätzte sich Kolumbus ganz gewaltig: Die Entfernung zwischen Japan und den Kanarischen Inseln bestimmte er mit 4445 Kilometern, tatsächlich beträgt sie fast 20 000 Kilometer. Zum Glück verhinderte 1492 ein zufällig gefundener, neuer Kontinent auf dem Weg nach Indien, dass die Westfahrt des Kolumbus in einem Desaster endete! Das war Amerika.

Neue Welt

1493, ein Jahr nach Kolumbus' erster erfolgreicher Überfahrt nach »Westindien«, verlieh der spanische König Ferdinand V. dem ▶Seefahrer einen Wappenspruch: »Für Kastilien und Léon fand Kolumbus eine neue Welt«. Dies zeigt, dass er sich der Tragweite von Kolumbus' Entdeckung und ihrer Bedeutung für Europa durchaus bewusst war.

Nur fünf Jahre später erreichten die Entdecker auch Südamerika, 1502 landeten sie dann in Mittelamerika: Das Zeitalter der großen ▶Entdeckungen war angebrochen, und die beiden führenden Mächte der Zeit, Portugal und Spanien, stritten sich um die Herrschaft über die neuen Gebiete.

Unter der Bezeichnung »Alte Welt« fasste man die Kontinente zusammen, die seit der Antike bekannt waren: Europa, Afrika und Asien. Sie waren bekannt, wenn auch in weiten Teilen noch nicht erforscht. In Amerika entdeckten die Eroberer nun einen bis dahin völlig unbekannten Teil der Erde mit fremden Pflanzen, Tieren und Kulturen. Wer hierher zog, wollte Neues finden und das Alte hinter sich lassen. Den Kaufleuten boten sich neue Handelsmöglichkeiten und viele Menschen fanden hier eine neue Freiheit, z. B. die des Glaubens. Australien, das erst im 18. Jh. als weiterer Kontinent erkannt wurde, blieb bei dieser Einteilung noch unberücksichtigt. ■

Erste Messfeier auf amerikanischem Boden: Die europäischen Entdecker wurden immer von Geistlichen begleitet, die die »verlorenen Seelen« der Ureinwohner zum Christentum bekehren sollten.

INFOBOX

Die »Indianerprinzessin« Pocahontas

Anfänglich begegneten sich die ▶Siedler und die Indianer oft freundlich: Die ersten Kolonisten in Virginia hätten vermutlich sogar ohne die Hilfe der Powhatanindianer nicht überlebt. Die Ureinwohner heilten ihre Krankheiten und versorgten sie mit Gemüse aus ihren Gärten. Dafür aßen die Indianer öfters am Tisch der Siedler mit. Dann kam es zu Streit und Kämpfen um Land. Die Häuptlingstochter Pocahontas wurde entführt, mit dem englischen Siedler John Rolfe verheiratet und in England sogar am Hofe vorgestellt. Pocahontas wurde als glückliche »Indianerprinzessin« bestaunt, in Wirklichkeit wollte man mit ihr aber wohl nur neue Siedler für die Kolonie anwerben.

Seefahrer

»Mitten im Leben sind wir vom Tod umgeben ...« Mit diesem Choral zum Abschluss des Gottesdienstes nahmen die portugiesischen Seefahrer des 15./16. Jhs. Abschied, wenn sie in See stachen. Sie wussten, dass sie lange Zeit unterwegs sein würden, auf See zahlreiche Gefahren drohten und ihre gesunde Heimkehr ungewiss war. Von Vasco da Gamas Fahrt nach Indien kehrten z.B. 1499 nur noch 55 von 160 Männern zurück. In den zwei Jahren ihrer Reise hatten sie 24 000 Seemeilen zurückgelegt.

Die Schiffsbesatzungen waren meist bunt »zusammengewürfelt«: Abenteurer, Glücksritter, Verbannte und Sträflinge bildeten oft den Kern der Mannschaft. Das Leben an Bord der Schiffe war hart, mit brutalen Strafen hielt der Schiffskapitän die Disziplin aufrecht: Beim sogenannten Kielholen z.B. band man den zu Bestrafenden fest und warf ihn dann ins Wasser. Ein- oder mehrmals wurde er vom Bug zum Heck unter dem fahrenden Schiff durchgezogen. Der Schiffsboden war mit Muscheln bewachsen, die die Haut abschabten, das Salzwasser führte zu Entzündungen der Wunden. Nur wenige überlebten diese Tortur. Trotzdem kam es immer wieder zu Meutereien, wenn die Reisen zu lange dauerten oder die Kapitäne ihre Mannschaft schikanierten. Einseitige Ernährung, Wassermangel und verdorbene Lebensmittel führten zu Mangelerkrankungen wie dem Skorbut. Erst James Cook erkannte im 18. Jh. den Zusammenhang zwischen Ernährung und Krankheit und sorgte dafür, dass seine Mannschaft auch frisches, vitaminreiches Gemüse und Obst erhielt.

Seit 1418 hatten die Portugiesen unter Prinz Heinrich dem Seefahrer Erkundungsfahrten entlang der afrikanischen Westküste unternommen. Bartolomeu Diaz entdeckte 1488 auf einer dieser Fahrten durch Zufall die Südspitze Afrikas, das »Kap der Guten Hoffnung«. Von dort aus wollte er nach Indien weiterfahren, doch das scheiterte an der Meuterei seiner Mannschaft. Erst Vasco da Gama fand 1497/98 den Seeweg nach Indien. 1492 hatte Christoph Kolumbus im Auftrag der spanischen Krone Amerika entdeckt (▶ Entdeckun-

Der Turm im Lissaboner Stadtteil Belém gehört zu einer Reihe von Prachtbauten, die am Ufer des Tejo liegen. Von hier aus brachen die **Seefahrer** zu ihren Reisen auf.

INFOBOX

Freibeuter und Piraten

Im Kampf um die Vorherrschaft auf dem Meer arbeiteten die Staaten oft mit Freibeutern zusammen, die sie mit Kaperbriefen ausstatteten. Die Kaperbriefe berechtigten die Freibeuter dazu, fremde Schiffe auf See zu überfallen und in das Land abzuschleppen, das den Kaperbrief ausgestellt hatte. Dafür durften sie einen Teil der Beute behalten. Das war bei den mit Silber beladenen spanischen Schiffen ein lohnendes Geschäft!

Piraten dagegen arbeiteten »auf eigene Rechnung« und wurden von allen Staaten verfolgt.

INFOBOX

Was suchten die Seefahrer in Afrika?

Neben ihrer Abenteuerlust und der großen Neugier waren die portugiesischen Seefahrer und ihr königlicher Auftraggeber auch von handfesten wirtschaftlichen Interessen angetrieben: Im eigenen Land wurden Rohstoffe wie Getreide und Zucker, aber auch Fisch und Fleisch wegen der wachsenden Bevölkerung knapp. Man wollte deshalb neue Anbaugebiete erschließen. Vorrangig aber lockten die Gold- und Silbervorräte in Afrika.

Königin Elisabeth I. schlägt **Francis Drake** zum Ritter. Der Freibeuter hatte in ihrem Auftrag Kaperfahrten gegen die Spanier unternommen und die Erde umsegelt.

gen). Diese Erfolge führten zu weiteren Fahrten, auf denen die Navigationstechniken verbessert, die Karten genauer (▶Atlas) und die Kenntnisse über die fremden Länder immer größer wurden. 1508 erreichten die Seefahrer Malakka, 1512 die Molukken, 1517 Südchina und 1542 Japan. Mit Willem Barents begann die Erforschung des Kanadisch-Arktischen Archipels. Sir Francis Drake gelang 1577–80 die zweite Weltumsegelung. Gegen Ende des 16. Jhs. war das Wissen über die Erde enorm gewachsen.

Ab 1600 unterstützten die europäischen Könige Fernkaufleute bei der Gründung von ▶Handelskompanien in den neuen Gebieten. Damit begann die Erschließung der fernen Länder und ihre wirtschaftliche Eroberung als ▶Kolonien. Viele Gebiete wurden aber auch gewaltsam durch die goldgierigen ▶Konquistadoren erobert. 1606 entdeckte der Niederländer Willem Jansz die australische Nordwestküste. Der letzte große Entdecker zur See war James Cook, dessen drei Weltumsegelungen zwischen 1769 und 1779 nicht nur seefahrerische, sondern auch wissenschaftliche Leistungen waren. ■

INFOBOX

Auf der Fahrt ins Ungewisse: Männer mit Mut und Fantasie

Einige Seefahrer wurden besonders berühmt. Der Portugiese Vasco da Gama (1) lebte 1469–1524. Er fand 1497–99 den Seeweg nach Indien und legte die Grundlagen für die portugiesische Kolonialmacht. Der neue Kontinent wurde nach Amerigo Vespucci (2) Amerika genannt. Er lebte 1451–1512 und begleitete Kolumbus auf dessen zweiter Fahrt. Vespucci erkannte, dass ein neuer Kontinent entdeckt worden war. Die erste Weltumsegelung gelang 1519–1521 dem Portugiesen Fernão Magalhães (3), der 1480–1521 lebte. Er fand den Weg um die Südspitze Südamerikas zu den Philippinen, wo er im Kampf gegen Eingeborene fiel. Sein Nachfolger Juan Elcano setzte die Reise fort und vollendete die Weltumsegelung. Drei weitere Weltumsegelungen unternahm der Brite James Cook (4). Er lebte 1728–79, seine Reisen wurden von Wissenschaftlern begleitet, die als Erste über die Menschen und Inseln des Pazifik berichteten. Cook wurde auf Hawaii erschlagen.

1

2

3

4

Die **»Pilgrim Fathers«** gehen im englischen Plymouth an Bord der »Mayflower«. Von hier aus überquerten sie den Atlantik, um nach Nordamerika auszuwandern.

Siedler

1492 war Amerika entdeckt worden, die eigentliche Besiedlung des Kontinents erfolgte jedoch erst rund 100 Jahre später. Unter Königin Elisabeth I. legten ▶Seefahrer wie Sir Francis Drake, Sir Walter Raleigh oder John Hawkins den Grundstein für die Kolonisierung der Gebiete unter britischer Flagge.

1603 kamen die ersten Siedler nach Amerika. Die berühmten »Pilgrim Fathers« erreichten 1620 auf ihrem Schiff »Mayflower« die Bucht von Massachusetts und ließen sich an der nordamerikanischen Ostküste nieder. Die »Pilgerväter« waren Puritaner, eine Glaubensrichtung, die in England verfolgt wurde. In Amerika hofften sie auf religiöse Freiheit. Die Einwanderer arbeiteten hart, um sich eine neue Existenz aufzubauen. Sie errichteten Dörfer, fällten ganze Wälder und bearbeiteten den Boden, um daraus Ackerland zu machen. Andere Einwanderer wie Kleinbauern, Landpächter und Landarbeiter, die in England keine Lebensgrundlage mehr hatten, folgten ihrem Beispiel. Wie schon in England schotteten sich die Puritaner von den anderen ab, denn sie sahen sich als »Gottes auserwähltes Volk«. Die indianischen ▶Ureinwohner empfanden sie als ständige Bedrohung, die man mit »Feuer und Schwert ausrotten« musste. In einem ersten Indianerkrieg, dem »Peqot War«, massakrierten sie 1637 rund 600 Angehörige der Peqot, die Überlebenden wurden versklavt, die Nation der Peqot 1638 für aufgelöst erklärt.

Neben diesen nördlichen Siedlerkolonien, in denen die Menschen vorwiegend von Landwirtschaft und Handwerk lebten, gab es auch Kolonien weiter im Süden des Landes (▶Amerikanische Kolonien). ■

In Cape Cod betraten die Puritaner erstmals amerikanischen Boden. Sie glaubten, dass **»Gottes eigenes Land«** ihnen versprochen war.

LEBEN DAMALS

Colonial Williamsburg

Eine Zeitreise in die amerikanische Kolonialzeit kann man in Williamsburg, der ehemaligen Hauptstadt Virginias, unternehmen. Die Siedler, die die Stadt 1633 gründeten, waren von Heimweh geplagt: Deswegen bauten sie ihre Gebäude wie im barocken Europa. Heute kann man hier Händlern und Handwerkern über die Schulter sehen und sich ein Bild von Amerika vor der ▶Amerikanischen Revolution machen.

LEBEN DAMALS

Die Insel der Sklaven

Die Menschen für den Sklavenhandel wurden im afrikanischen Landesinnern gefangen und in Fesseln an die Westküste gebracht. Wichtigster Umschlagplatz war die Insel Gorée vor Dakar. Dort mussten die Sklaven in Lagern auf den nächsten Transporter nach Amerika warten. Die Schiffe wurden bis in den allerletzten Winkel belegt (im Bild ein Belegplan). Tausende starben schon auf der Reise.

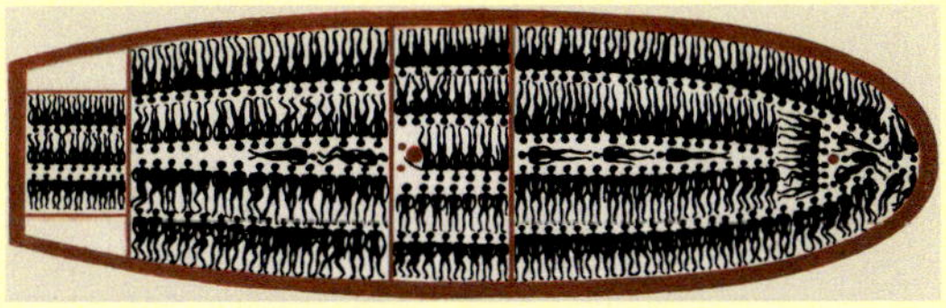

Machu Picchu, die Inkastadt in den Anden, wurde erst 1911 wieder entdeckt.

Sklaverei

Bereits bei den ersten ▶Hochkulturen gab es Sklaverei, auch in der Antike spielte sie eine große Rolle. Meist waren es Kriegsgefangene, die zur Sklavenarbeit gezwungen wurden. ▶Sklaven konnten verkauft, aber auch freigelassen werden. Mit der ▶Entdeckung Amerikas erreichte die Sklaverei ganz neue Ausmaße: In Westafrika gingen die Zwischenhändler der Kolonialmächte gezielt auf Menschenjagd, um die große »Nachfrage« in den amerikanischen Plantagen zu befriedigen. Neu war auch, dass die Sklaven mit organisierten Transporten nach Übersee verschifft wurden (▶Dreieckshandel). Man schätzt, dass zwischen 10 und 12 Mio. Afrikaner nach Amerika gebracht wurden. Die amerikanischen Sklaven verloren alle Rechte, jeglicher Widerstand wurde streng, oft mit der Prügelstrafe geahndet. ■

Ureinwohner

Bei der Begegnung der europäischen Eroberer und der einheimischen Bevölkerung trafen zwei Welten aufeinander. Die Europäer fühlten sich den Ureinwohnern meistens religiös und moralisch überlegen – dabei stießen sie auf hoch entwickelte Kulturen und komplexe Staatswesen (▶Hochkulturen). Die Azteken gründeten 1325 die Stadt Tenochtitlán und vergrößerten bis 1515 ihren Staat, den die ▶Konquistadoren zerstörten. Im Tropenwald Ostmexikos, Guatemalas und Belizes lebten die Maya, deren Städte nur teilweise von den Eroberern gefunden wurden. Nach 1438 bauten die Inka den bestorganisierten und flächengrößten Staat Altamerikas auf. Auch die Indianer Nordamerikas wurden durch die europäischen ▶Siedler aus ihrem Lebensraum vertrieben und großteils vernichtet. ■

Montezuma war der Herrscher der Azteken. Der üppige Federschmuck symbolisiert seine Macht.

Sklaven in Amerika hatten keinerlei Rechte. Auch nach Abschaffung der Sklaverei mussten viele ihrer Nachkommen in den USA bis weit ins 20. Jh. unter der Rassentrennung leiden.

QUELLE

Tenochtitlán, die prächtige Hauptstadt der Azteken

Hernán Cortés war bei der Entdeckung Tenochtitláns begeistert von dem Reichtum der Stadt und berichtete dem spanischen König: »Die große Stadt Tenochtitlán liegt in einem Salzsee. Ihre Hauptstraßen sind sehr breit und geradlinig; sie sind zur einen Hälfte feste Wege und zur anderen Hälfte Kanäle, auf denen die Kähne fahren …
Die Stadt hat viele öffentliche Plätze, auf denen beständig Markt gehalten wird … Es gibt Apotheken, wo man zubereitete Arzneien verkauft, Tränke und auch Salben und Pflaster. Es gibt Häuser, wo man für Geld Essen und Trinken verabreicht … Es gibt in dieser Stadt viele sehr gute und sehr große Häuser …, weil alle großen Herren des Landes und Vasallen des Montezuma ihre Häuser in der Stadt haben und dort eine gewisse Zeit des Jahres residieren; …«

Wandel um 1800:

Zeitalter der Revolutionen

Wir halten diese Wahrheiten
für selbstverständlich,
dass alle Menschen gleich
geschaffen wurden ...

Unabhängigkeitserklärung der
Vereinigten Staaten von Amerika, 4. Juli 1776

Wandel um 1800:

Zeitalter der Revolutionen

Der geistigen Revolution der Aufklärung folgten politische Revolutionen, in denen die aufklärerischen Ideen umgesetzt wurden. In Nordamerika schlossen sich 13 britische Kolonien zusammen und gründeten einen neuen Bundesstaat, die Vereinigten Staaten von Amerika. Zwischen 1776 und 1781 erkämpfte dieser seine Unabhängigkeit vom britischen Mutterland. Die Ideen der amerikanischen Verfassung erreichten auch Europa: »Freiheit, Gleichheit, Brüderlichkeit!« Die Französische Revolution von 1789 fegte mit ihren neuen Gedanken die alte Ordnung der Ständegesellschaft hinweg. An der Stelle des Königs sollten nun gewählte Vertreter des Volkes das Land regieren. Aber die Revolution mündete in eine neue Alleinherrschaft: Napoleon Bonaparte krönte sich selbst zum Kaiser und eroberte mit seinen Kriegen große Teile Europas. Nachdem die europäischen Großmächte das Napoleonische Kaiserreich endgültig besiegt hatten, versuchten sie auf dem Wiener Kongress von 1815, die althergebrachte europäische Staatenordnung wiederherzustellen. Die revolutionären Ideen waren aber durch diese »Restauration« nicht aufzuhalten: Schon 1830 und 1848 kam es zu neuen Revolutionen in vielen Ländern Europas.

Amerikanische Kolonien

Amerikanische Revolution

Französische Revolution

Liberalismus

Menschen- und Bürgerrechte

Napoleonisches Kaiserreich

Wiener Kongress

Boston Tea Party	**16. Dezember 1773**
Annahme der Unabhängigkeitserklärung im amerikanischen Kontinentalkongress	**4. Juli 1776**
Der amerikanische Kongress verabschiedet die erste Unionsverfassung	**1777**
Washington besiegt die Briten bei Yorktown	**1781**
Ludwig XVI. beruft die französischen Generalstände ein	**5. Mai 1789**
Sturm auf die Bastille	**14. Juli 1789**
Erklärung der Menschen- und Bürgerrechte	**26. August 1789**
Olympe de Gouges fordert die Gleichberechtigung der Frau	**1791**
Frankreich führt vier Koalitionskriege	**1792–1807**
Hinrichtung von König Ludwig XVI.	**21. Januar 1793**
Maximilien de Robespierre errichtet sein Schreckensregime	**1793/1794**
George Danton wird durch die Guillotine hingerichtet	**Frühjahr 1794**
Maximilien de Robespierre wird durch die Guillotine hingerichtet	**28. Juli 1794**
Napoleon Bonaparte krönt sich selbst zum Kaiser	**1804**
Auflösung des Heiligen Römischen Reiches	**1806**
Russlandfeldzug Napoleons	**1812**
Völkerschlacht bei Leipzig	**16.–19. Oktober 1813**
Napoleon wird nach Elba verbannt	**1813**
Simón Bolívar zieht in Caracas ein	**1813**
Wiener Kongress	**1814–1815**
Napoleon wird bei Waterloo endgültig geschlagen	**18. Juni 1815**
Die Kolonien in Spanisch-Amerika werden unabhängig	**1817–1824**
Brasilien wird zum unabhängigen Kaiserreich	**1822**

Die **Sklaven** arbeiteten auf den Baumwollfeldern der großen Plantagen oft bis zur Erschöpfung. Fehlverhalten wurde mit der Peitsche bestraft.

Amerikanische Kolonien

Anfang des 17. Jhs. wurde zuerst »Neuengland«, das Gebiet im Nordosten der heutigen USA besiedelt. Immer mehr ▸Siedler – anfangs fast nur Engländer, dann auch Iren, Schotten, Deutsche und Franzosen – suchten hier ihr Glück, weil das Land billiger und einfacher zu erwerben war als in ihrer Heimat und weil sie auf religiöse und politische Freiheit hofften. Mit Fleiß und harter Arbeit erschlossen sie das Land und machten es urbar. Zahlreiche wirtschaftlich und kulturell blühende Siedlungen und Städte entstanden.

Die nördlichen und die südlichen Kolonien entwickelten sich ganz unterschiedlich: Im Norden des Landes betrieben die meisten Siedler Farmen, die sich nicht wesentlich von den Bauernhöfen in Europa unterschieden. Es entstanden auch wichtige Handelsstädte wie Boston, New York und Philadelphia. Die Landwirtschaft der südlichen Kolonien war dagegen vom Plantagenanbau geprägt. Zuckerrohr und vor allem Baumwolle wuchsen hier wegen des tropischen Klimas besonders gut. Eine reiche Oberschicht betrieb riesige Plantagen, auf denen schwarze Sklaven arbeiteten. Weil Baumwolle in Europa so gefragt war, waren die Kolonien im Süden wirtschaftlich erfolgreicher und reicher als die im Norden. Schon 1702 bildeten die englischen Kolonien eine geschlossene Kette entlang der Ostküste zwischen den französischen Kolonien Kanada im Norden und Louisiana im Süden sowie dem spanischen Florida. Auch der Bevölkerungszuwachs war beträchtlich. Von 2000 Siedlern im Jahre 1620 stieg die Zahl bis 1763 auf 2,5 Mio., davon waren rund 20 Prozent schwarze Sklaven.

Nach und nach wanderten die Siedler immer weiter in Richtung Westen. Mit Freibriefen des Königs zur weiteren Kolonisierung des Landes bewappnet, den »Charters«, besetzten sie, was ihnen gefiel. Die ▸Ureinwohner des Landes, die nordamerikanischen Indianer, mussten weichen. ■

»Bin ich nicht ein Mensch und Bruder?« Die Medaille aus dem 18. Jh. dokumentiert den wachsenden **Widerstand gegen die Sklaverei**.

LEBEN DAMALS

»Halb Mensch, halb Tier« – die Sklaven auf den Plantagen

Der Reichtum der Besitzer der großen Baumwollplantagen im Süden beruhte zum großen Teil auf ihren billigen Zwangsarbeitern, den afrikanischen Sklaven (▸Sklaverei). Diese blieben ein Leben lang Eigentum ihres Herren und nach ihnen ihre Kinder und Enkel. Häufig wurden Sklaven auch ohne Rücksicht auf den Familienverband an andere Pflanzer weiterverkauft und die Ehepartner und Kinder dabei auseinandergerissen. Die Sklaven lebten in einfachsten Holzhütten. Misshandlungen waren allgemein üblich, Fluchtversuche wurden hart bestraft. Nur wenige Sklaven wurden von ihren Herren in die Freiheit entlassen.

BIOGRAFIE

Benjamin Franklin

Einer der bedeutendsten Politiker des jungen amerikanischen Staates war Benjamin Franklin. Schon früh engagierte er sich politisch und vertrat auf seinen Reisen nach London die Interessen der Kolonien gegenüber der britischen Krone. 1776 gehörte er zu den Unterzeichnern der Unabhängigkeitserklärung.

Franklin war nicht nur Politiker, sondern auch Zeitungsverleger und Erfinder: Er konstruierte den ersten Blitzableiter und wies mithilfe von Drachen die elektrische Natur der Gewitter nach. Sein Porträt ziert heute den Hundert-Dollar-Schein.

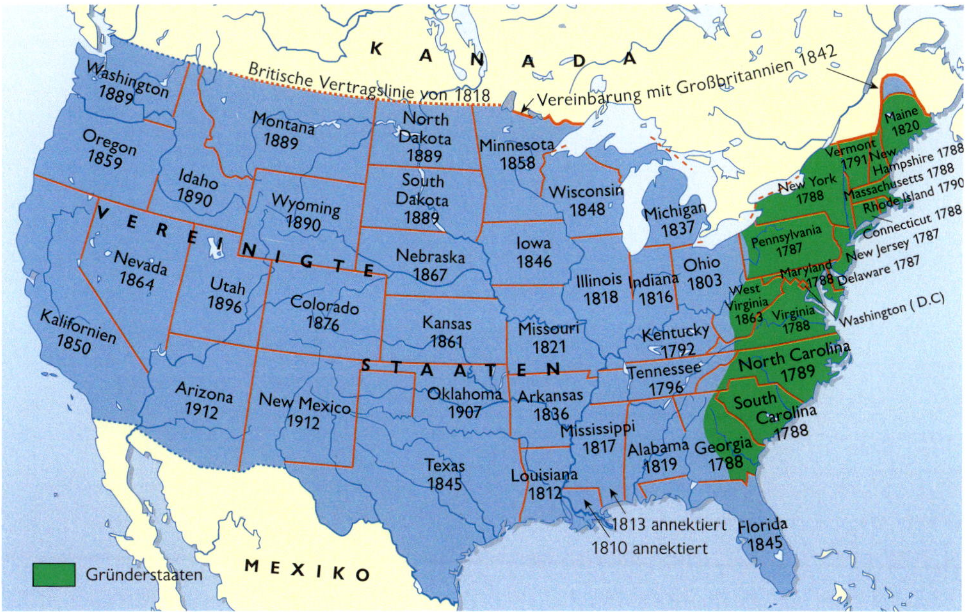

13 Staaten der Ostküste gründeten die **Vereinigten Staaten von Amerika.** Mit der Besiedlung des Kontinents von Ost nach West wuchs ihre Zahl stetig.

Amerikanische Revolution

Ungeheuerliches geschah am 16. Dezember 1773 in Hafen von Boston: Indianer stürmten ein Schiff und kippten dessen Ladung, kostbaren Tee, ins Meer. Der Vorfall ging als »Boston Tea Party« in die Geschichte ein – die Indianer waren in Wirklichkeit verkleidete weiße ▸Siedler, die so gegen die britischen Steuer- und Zollgesetze protestierten. Sie fragten sich, warum sie immer höhere Steuern und Zölle an ihr Mutterland zahlen sollten, ohne im englischen Parlament vertreten zu sein. Stimmen wurden laut, die die Freiheit der ▸amerikanischen Kolonien und ihre Abtrennung vom britischen Königreich forderten.

QUELLE

Die amerikanische Unabhängigkeitserklärung

Mit der Erklärung besiegelten die Kolonien nicht einfach nur ihre Unabhängigkeit. Es handelt sich vielmehr um die erste Verfassung, die sich auf das Selbstbestimmungsrecht der Menschen und ihre unveräußerlichen Menschenrechte berief.

»Wir halten diese Wahrheiten für selbstverständlich, dass alle Menschen gleich geschaffen wurden, dass sie von ihrem Schöpfer mit gewissen unveräußerlichen Rechten ausgestattet sind, darunter Leben, Freiheit und Streben nach Glück; dass zur Sicherung dieser Rechte Regierungen eingesetzt sind, die ihre gerechten Vollmachten von der Einwilligung der Regierten herleiten.«

Der Rechtsanwalt Thomas Jefferson verfasste mit anderen eine Unabhängigkeitserklärung, die von 13 britischen Kolonien am 4. Juli 1776 angenommen wurde. Damit trennten sie sich offiziell von Großbritannien. Jefferson hob darin die Gleichheit der Menschen und ihr Recht auf Leben, Freiheit und Glück hervor. Die Staatsgewalt müsse diese Rechte schützen und bedürfe der Zustimmung der Bürger. Eine Regierung, die ihre Aufgaben nicht erfülle, dürfe durch eine neue ersetzt werden. Die Idee der ▸Aufklärung, dass sich das Volk selbst regieren könne, nahmen die Kolonisten in ihre Verfassungen auf.

Im November 1777 schlossen sich die 13 amerikanischen Staaten zu einem Freundschaftsbund zusammen, den »United States«. Sie entsandten ihre Abgeordneten in einen gemeinsamen Kongress, der über übergeordnete Fragen wie Krieg und Frieden entschied und den Präsidenten wählte. Die Staaten gaben sich auch eine Bundesverfassung, die mit wenigen Ausnahmen bis heute Bestand hat.

Bis 1781 führten die Kolonien unter der Führung von George Washington einen Unabhängigkeitskrieg – die Amerikanische Revolution – gegen ihr Mutterland. 1783 schließlich erkannte Großbritannien sie als »United States of America« (USA), als Vereinigte Staaten von Amerika an. ■

BIOGRAFIE

George Washington

George Washington war nach Ausbruch der Feindseligkeiten zwischen England und den Kolonien Oberkommandierender der kolonialen Armee und erzwang 1781 die Kapitulation

der englischen Truppen. 1789 wählte ihn der Verfassungskonvent zum ersten Präsidenten der USA.

Französische Revolution

Seit der Mitte des 18. Jhs. schlitterte Frankreich von einer Krise in die nächste. Der Staat war in finanziellen Nöten, u.a. wegen der enormen Ausgaben des Hofes (▶Absolutismus) und weil der Adel und die Geistlichen keine Steuern zahlen mussten. 1788 hatte eine Missernte die Wirtschaftskrise und die Not des Volkes verschärft. König Ludwig XVI. sah sich gezwungen, neue Abgaben zu erheben. Um hierfür Unterstützung zu erhalten, berief er eine alte Institution ein, die 1614 zuletzt getagt hatte, die »Generalstände«. Diese Versammlung war traditionell nach Ständen gegliedert: die Geistlichkeit als erster Stand, der Adel als zweiter Stand, Bürger und Bauern als dritter Stand. Seit ihrer letzten Zusammenkunft hatten sich die Zeiten verändert: Der dritte Stand, der zahlenmäßig der größte war, beanspruchte gegenüber dem Adel und dem Klerus mehr Einfluss und forderte selbstbewusst eine Abstimmung nach Köpfen. Auf dem Höhepunkt des Streits erschien im Januar 1789 die Flugschrift »Was ist der dritte Stand?« des Geistlichen Abbé Sieyès. Darin rechtfertigte er den Anspruch des dritten Standes, die gesamte Nation zu repräsentieren.

INFOBOX

Der Sturm auf die Bastille

Auf der Suche nach Waffen und Pulver, um städtische Getreidelager zu plündern, zog eine aufgebrachte, hungernde Menge am 14. Juli morgens vor das Staatsgefängnis, die Bastille, und erstürmte es. Die kleine Besatzung wurde massakriert, die wenigen Gefangenen befreit und die Festung niedergerissen. Die Nachricht von den Vorgängen in der Hauptstadt ging wie ein Lauffeuer durch das Land. Die Zerstörung des verhassten Staatsgefängnisses hatte vor allem symbolischen Wert. Deswegen ist der 14. Juli bis heute der französische Nationalfeiertag.

Am 5. Mai 1789 eröffnete der König in Versailles die Versammlung der Generalstände. Er überging die vorhergegangenen Forderungen nach Gleichberechtigung und hielt sich an die traditionelle Sitz- und Kleiderordnung, was die 585 Vertreter des dritten Standes als demütigend empfanden. Schließlich erklärten sich die Abgeordneten des dritten Standes – unterstützt durch einige Geistliche wie Abbé Sieyès und Adlige wie Graf Mirabeau – am 17. Juni zur Nationalversammlung und damit praktisch zum neuen Herrscher. Am 20. Juni versammelte sich die Nationalversammlung

Der **»Sturm auf die Bastille«** durch bewaffnete Volksmassen am 14. Juli 1789 gilt als Beginn der Französischen Revolution.

INFOBOX

Berühmte Revolutionäre

Ein Revolutionär der ersten Stunde war Graf Mirabeau (1). Er hatte sich dem dritten Stand angeschlossen und beherrschte mit überlegener Beredsamkeit die Nationalversammlung. Sein plötzlicher Tod begünstigte die radikale Entwicklung der Revolution. George Danton (2) gehörte zu den Führern des Sturms auf die Tuilerien. 1792 organisierte er als Justizminister den Terror und schuf das Revolutionsgericht. Weil er 1794 für den Abbau des Terrors eintrat, wurde er von Robespierre (3) gestürzt und guillotiniert. Maximilien de Robespierre konnte sich unumschränkte Macht sichern und 1793/94 eine Schreckensherrschaft ausüben, bis auch er gestürzt und hingerichtet wurde.

1

2

3

Die vielen öffentlichen **Hinrichtungen** durch die Guillotine auf dem Platz der Revolution in Paris waren ein öffentliches Ereignis und lockten zahlreiche Schaulustige an.

im Ballhaus von Versailles und schwor feierlich, dass sie nicht eher auseinandergehen werde, bis Frankreich eine Verfassung habe.

Die Kunde von den Vorgängen in Versailles und die katastrophale Ernährungslage ließen die Stimmung in Paris kochen. Als sich herumsprach, dass der König die Nationalversammlung mit Gewalt auflösen wollte, stürmte eine aufgebrachte Menge das Staatsgefängnis, die Bastille. Dies löste im ganzen Land Massenstürme auf die Paläste der Adligen aus.

Mit den »Augustdekreten« schaffte die Nationalversammlung die Leibeigenschaft und alle Vorrechte für Adlige und Geistliche ab. Am 26. August beschloss sie die »Erklärung der ▶ Menschen- und Bürgerrechte«. Als sich der König weigerte, die Dekrete zu unterschreiben, zogen aufgebrachte Fischweiber an der Spitze einer Volksmenge am 5. Oktober nach Versailles und erzwangen die Rückkehr des Königs nach Paris.

Die Nationalversammlung beschloss tiefgreifende Änderungen: 1790 erhielt das Land eine neue Verwaltungsstruktur und die Gerichte wurden unabhängig. Die Verfassung vom 3. September 1791 machte Frankreich zu einer »konstitutionellen Monarchie«: Der König regierte zwar weiterhin das Land, aber die politische Macht lag bei der Nationalversammlung. Für manche war der König aber nicht mehr akzeptabel, seitdem er im Juni 1791 einen Fluchtversuch nach Österreich unternommen hatte. Die radikalen Revolutionäre, v. a. die Jakobiner, forderten seine Absetzung und riefen am 21. September 1792 die Republik aus. Ludwig XVI. und Königin Marie-Antoinette wurden 1793 durch die Guillotine hingerichtet. Die Jakobiner übten unter Maximilien de Robespierre bis 1794 eine blutige Schreckensherrschaft aus, der Zehntausende zum Opfer fielen. Ihre rote Mütze wurde zum Symbol der Revolution. Nach ihrem Sturz wurde eine neue Verfassung erlassen, die als oberstes Staatsorgan ein fünfköpfiges Direktorium vorsah. 1799 entmachtete Napoleon Bonaparte (▶ Napoleonisches Kaiserreich) dieses Direktorium. Damit endete nach zehn Jahren die Revolution. ■

LEBEN DAMALS

Schmuck für die Revolution

An der Französischen Revolution waren auch die Frauen beteiligt. Auf der Tribüne der Nationalversammlung kommentierten sie lautstark das Geschehen im Saal und erreichten so manche Änderungen. Auf dem Markt kämpften die Frauen aus Sorge um ihre Familien gegen überhöhte Brotpreise. 1789 marschierten Marktfrauen nach Versailles und holten den König nach Paris. Als überzeugte Patriotinnen spendeten viele ihren Schmuck für die Revolution (Bild).

QUELLE

»Was ist der dritte Stand?«

Der Geistliche Abbé Sieyès beschrieb die Lage des dritten Standes, der Bürger und Bauern, und forderte eine Nation gleichberechtigter Bürger.

1. Was ist der dritte Stand? Alles.
2. Was war er bis heute in der politischen Ordnung? Nichts.
3. Was fordert er? Etwas zu sein.

»Freiheit, Gleichheit, Brüderlichkeit« war der Wahlspruch der Revolutionäre. Um zu zeigen, dass sie es ernst meinten, wurde dem oft »ou la Mort« (oder Tod) hinzugefügt.

Im Ballhaus schworen sich die Abgeordneten des dritten Standes, so lange zusammen zu bleiben, bis allen Franzosen durch eine Verfassung die **Bürgerrechte** garantiert waren.

QUELLE

Menschenrechte

1. Die Menschen werden frei und gleich an Rechten geboren und bleiben es.
2. Das Ziel jeder staatlichen Vereinigung ist die Bewahrung der natürlichen und unantastbaren Rechte der Menschen. Dies sind Freiheit, Eigentum, Sicherheit und Widerstand gegen Unterdrückung.
3. Der Ursprung jeder Herrschaft liegt seinem Wesen nach beim Volk.
4. Die Freiheit besteht darin, alles tun zu können, was einem anderen nicht schadet.
5. Das Gesetz darf nur Handlungen verfolgen, die schädlich für die Gesellschaft sind. Was nicht gesetzlich verboten ist, darf nicht behindert, was nicht gesetzlich geboten ist, nicht erzwungen werden.

INFOBOX

Galten die Menschenrechte auch für Frauen?

Die Erklärung der Menschenrechte bezog sich eigentlich ... nur auf die Männer! Deshalb veröffentlichte die politische Publizistin Olympe de Gouges kämpferisch eine »Erklärung der Rechte der Frau und Bürgerin«. Hierin forderte sie die Gleichberechtigung der Geschlechter: »Mann, bist du fähig gerecht zu sein? ... Sage mir, wer hat dir die selbstherrliche Macht verliehen, mein Geschlecht zu unterdrücken?«

Liberalismus

Der Liberalismus sieht in der Freiheit des Einzelnen die grundlegende und natürliche Voraussetzung für das menschliche Zusammenleben. Die Würde des einzelnen Menschen, sein unverzichtbares Recht auf Freiheit, Menschlichkeit und Toleranz stehen im Mittelpunkt dieser Denkrichtung.

Ausgehend vom aufklärerischen Prinzip der Vernunft (▶Aufklärung) ist die liberale Vorstellung von Staat, Wirtschaft und Gesellschaft stark vom Glauben an Wissenschaft und Fortschritt bestimmt: Das »freie Spiel der Kräfte« soll zu einer harmonischen Entwicklung der Gesellschaft führen, die Freiheit des Einzelnen die bestmögliche Entfaltung des Menschen garantieren. Um dieses zu gewährleisten, forderte der Liberalismus die Anerkennung der allgemeinen Menschenrechte und eine geschriebene Verfassung. Die Grenzen der Staatsgewalt sollten umschrieben und die Regierungsorgane kontrollierbar werden. Die Bürger wollte man an der Machtausübung beteiligen.

Die »Bill of Rights« in England 1689 (▶Englische Revolutionen), die amerikanische Verfassung 1787 (▶Amerikanische Revolution) und die Erklärung der ▶Menschen- und Bürgerrechte in der ▶Französischen Revolution 1789 gelten als erste Verwirklichung der liberalen Ideen in den jeweiligen Ländern. ■

Menschen- und Bürgerrechte

Menschenrechte sind von der Natur vorgegebene, überstaatliche Rechte. Schon in der antiken ▶Philosophie lässt sich die Idee der Menschenrechte nachweisen. In Verfassungen aufgenommen wurden sie jedoch erst seit dem 18. Jh. Die Erklärung der Menschen- und Bürgerrechte 1789 in der ▶Französischen Revolution forderte Freiheit und Gleichheit in den Rechten für alle Menschen. Eigentum, Sicherheit und Widerstand gegen Unterdrückung gehören demnach zu den »natürlichen und unantastbaren Menschenrechten«. Andere Artikel betreffen so grundlegende rechtsstaatliche Garantien wie den Schutz vor willkürlicher Verhaftung, Toleranz, die Meinungs- und Pressefreiheit und die Gewaltenteilung zwischen Parlament, Regierung und Rechtsprechung.

Die Erklärung der Nationalversammlung wurde zum Vorbild für viele Verfassungen. International verankert sind die Menschenrechte heute in der »Allgemeinen Erklärung der Menschenrechte« der ▶Vereinten Nationen, die am 10. Dezember 1948 verkündet wurde. Während die Menschenrechte dem Menschen von Natur aus als unantastbare Grundrechte zustehen, werden die Bürgerrechte durch die Verfassung verliehen. Das Wahlrecht, die Berufsfreiheit oder das Versammlungsrecht sind z. B. Bürgerrechte. ■

BIOGRAFIE

Napoleon Bonaparte

Napoleon Bonaparte verband die Ideen der Französischen Revolution mit einem absolutistischen Herrscherwillen. Als Zeichen dafür krönte er sich selbst zum »Kaiser der Franzosen« (Bild). Napoleons militärisches Genie sicherte Frankreich eine Vorrangstellung in Europa. Bei den Deutschen und Italienern löste seine Herrschaft den Drang nach Freiheit und ein Gefühl von nationaler Zusammengehörigkeit aus.

1812 erreichte das **Napoleonische Kaiserreich** seine größte Ausdehnung: Napoleon kontrollierte Frankreich, Spanien, Italien, den deutschen Rheinbund und das Herzogtum Warschau.

Napoleonisches Kaiserreich

Zehn Jahre dauerte es, bis die ▶Französische Revolution abgeschlossen war. Entscheidenden Anteil an ihrem Ende hatte Napoleon Bonaparte. Am 9./10. November 1799 stürzte er das herrschende Direktorium und ersetzte es durch drei Konsuln – einer von ihnen war er selbst. Schon 1802 machte er sich zum Konsul auf Lebenszeit und wandelte 1804 nach einer inszenierten Volksbefragung die Republik in ein Kaiserreich um.

Offiziell trat Napoleon an, um in Europa die Ideen der Revolution »Freiheit, Gleichheit, Brüderlichkeit« zu verbreiten. Bei seinen ersten Feldzügen wurde er deswegen von den meisten europäischen Völkern begeistert begrüßt. Tatsächlich wollte er jedoch seinen Machtbereich ausweiten. Seine Brüder erhob er zu Königen: Joseph in Spanien, Louis in Holland, Jerôme in Westfalen, seinen Schwager Murat in Neapel. Bald war Frankreich die entscheidende ▶Großmacht in Europa: Das Heilige Römische Reich Deutscher Nation löste sich auf, ein Teil wurde zum Rheinbund, Preußen wurde 1806 besetzt, Österreich 1809 besiegt. Einziger Gegner blieb Großbritannien, das Napoleon mit einer Wirtschaftsblockade in die Knie zwingen wollte. 1812 begann er seinen Russlandfeldzug, der direkt in die Katastrophe führte. Zwar gelangte die französische Armee bis Moskau, doch musste sie sich nach starken Verlusten im harten russischen Winter zurückziehen. Das ermutigte die besetzten Länder zu den »Befreiungskriegen«. In der Völkerschlacht bei Leipzig wurde Napoleons Armee 1813 vernichtend geschlagen. Napoleon wurde auf die Mittelmeerinsel Elba verbannt, in Frankreich wurde das Königtum wieder errichtet. ■

INFOBOX

Ein Buch voller Errungenschaften: der Code civil

Napoleon ließ ein neues französisches Zivilgesetzbuch erarbeiten, das 1804 veröffentlicht wurde. Der »Code Napoléon«, wie es bald genannt wurde, übernahm die Grundgedanken der Französischen Revolution: Gleichheit vor dem Gesetz, Trennung von Staat und Kirche, Anerkennung der Freiheit des Individuums und des Eigentums. Überkommene Gewohnheitsrechte wurden beseitigt und das Verhältnis von Bürger und Staat neu geregelt. Der Code civil beeinflusste stark das europäische Recht und prägt die französische Gesellschaft bis heute.

Napoleon ließ sich gern und oft als heldenhafter **Heerführer** malen (links). Versorgungsnot und eisige Kälte zwangen Napoleons Truppen zum **Rückzug aus Russland** (rechts).

QUIZBOX

Welches Land ist nach einem Befreier benannt?

1. Kolumbien
2. Bolivien
3. Argentinien

Antwort 2: Das Land Hochperu benannte sich zu Ehren von Simón Bolívar in »Bolivien« um. Kolumbien wurde nach Christoph Kolumbus benannt. Der Name Argentinien enthält das lateinische Wort argentum (»Silber«), was auf den wichtigen Silberhandel hindeutet.

Unabhängigkeitskriege in Südamerika

Spanien und Portugal hatten Lateinamerika unter sich aufgeteilt und kolonisiert: Portugal gehörte in etwa das Gebiet des heutigen Brasilien, Spanien beherrschte den Rest von Mittel- und Südamerika. Der wirtschaftliche Druck Spaniens auf seine Kolonien verbitterte die dort herrschende Oberschicht.

Als die USA 1776 ihre Unabhängigkeit von Großbritannien erklärten (▶Amerikanische Revolution) und die Erklärung der ▶Menschen- und Bürgerrechte aus Frankreich nach Südamerika vordrang, regte sich auch hier der Widerstand gegen die Kolonialmächte. Weil Spanien und Portugal beide gegen das ▶Napoleonische Kaiserreich kämpften und ihre Truppen somit gebunden waren, sahen die Kolonien ihre Chance gekommen: Zwischen 1810 und 1815 versuchten sie erstmals, sich vom Mutterland zu lösen.

Simón Bolívar und José de San Martín trugen den Befreiungskampf in alle südamerikanischen Länder. Bolívar vereinigte Venezuela, Neugranada (das heutige Kolumbien) und Ecuador zur Republik Großkolumbien. Nach dem Sturz der spanischen Herrschaft erhielt der neue Staat eine zentralistische Verfassung mit einem Präsidenten auf Lebenszeit. Großkolumbien hatte aber nur wenige Jahre unter der Präsidentschaft von Bolívar Bestand. Bolívars Hoffnungen auf einen großen südamerikanischen Bundesstaat scheiterten vor allem an den Rivalitäten innerhalb der verschiedenen Oberschichten.

1822 waren mit Ausnahme des heutigen Bolivien alle ehemaligen spanischen Kolonien frei. Brasilien erlangte im selben Jahr als einziges Land seine Unabhängigkeit auf friedlichem Wege und wurde zum Kaiserreich. 1825 erreichte auch Bolivien die Unabhängigkeit. Nun gab es die neuen Republiken La Plata (Argentinien), Chile, Peru, Bolivien, Kolumbien und Mexiko. Zur Krönung seines Werks berief Bolívar einen Kongress in Panama ein, auf dem er alle amerikanischen Staaten einschließlich der USA als eine amerikanische Konföderation vereinigen wollte. Mit diesem Anliegen aber scheiterte er. ■

Simón Bolívar, »El Libertador« (der Befreier) wurde zur Schlüsselfigur des südamerikanischen Freiheitskampfs. Bei seinen Befreiungszügen wurde er von der Bevölkerung begeistert begrüßt.

BIOGRAFIE

Simón Bolívar

Simón Bolívar entstammte einer reichen Familie. Auf Reisen nach Europa und Amerika lernte er die Ideen der ▶Französischen Revolution und des nordamerikanischen Freiheitskampfes kennen. Ihm gelang es, zwischen 1816 und 1824 die spanische Herrschaft in Südamerika zu beenden. Sein Ziel war es, alle lateinamerikanischen Staaten zu einer einzigen großen Republik zu vereinen.

Die Botschafter der Großmächte beraten auf dem **Wiener Kongress** die Neuordnung Europas.

Wiener Kongress

Nach dem Sieg über Napoleon (▶Napoleonisches Kaiserreich) trafen sich im Herbst 1814 die europäischen Monarchen und Staatsmänner in Wien, um über die politische Neuordnung Europas zu verhandeln. Geleitet wurde der Kongress vom österreichischen Außenminister Fürst Metternich. Dank des Verhandlungsgeschicks seines Vertreters Talleyrand vermochte Frankreich – trotz seiner Position als Verlierer – eine nahezu gleichberechtigte Position zu bewahren. Ziel des Kongresses war es, die vorrevolutionären Zustände in Europa wiederherzustellen. Durch ein stabiles Gleichgewicht der europäischen Staaten sollten alle politischen Bewegungen unterbunden werden, die die Errichtung eines ▶Nationalstaats anstrebten. Die von Napoleon vorübergehend aufgelöste Macht der Fürsten in den europäischen Staaten wurde wiederhergestellt. Man spricht deshalb auch von der Restauration (=Wiederherstellung).

Anstelle des von Napoleon aufgelösten ▶Heiligen Römischen Reiches Deutscher Nation trat der Deutsche Bund, in dem die deutschen Einzelstaaten zusammengeschlossen wurden. Fünf Großmächte beherrschten ab nun Europa: das russische Zarenreich, das österreichische Kaiserreich sowie die Königreiche Preußen, Frankreich und Großbritannien. Die Ideen der ▶Französischen Revolution, dass die Menschen Bürger, nicht Untertanen sind und das Recht auf Freiheit und politische Mitbestimmung haben, wurden von den Regenten auf dem Wiener Kongress zurückgewiesen. Das war für viele eine bittere Enttäuschung. ■

QUELLE

Freiheit!

Viele Menschen hatten darauf gehofft, dass die Befreiung von der napoleonischen Herrschaft ihnen mehr politische Rechte bringen werde. Sie empfanden die Beschlüsse des Wiener Kongresses als Rückschritt. So forderten österreichische Studenten 1816: »Das Gesetz des Volkes soll der Wille des Fürsten sein ... Freiheit und Gleichheit ist das Höchste, wonach wir zu streben haben ... Das Recht, in freier Rede und Schrift seine Meinung über öffentliche Angelegenheiten zu äußern, ist ein unveräußerliches Recht jedes Staatsbürgers.«

BIOGRAFIE

Fürst Metternich

Klemens Wenzel Fürst Metternich war ab 1809 Außenminister und wurde 1821 Staatskanzler von Österreich. Er prägte die Entscheidungen des Wiener Kongresses maßgeblich, deshalb spricht man auch vom »System Metternich«. In Österreich ließ er alle nationalen und liberalen Bewegungen (▶Liberalismus) mit äußerster Härte verfolgen. Bei der ▶Revolution von 1848 wurde er gestürzt und musste nach Großbritannien fliehen.

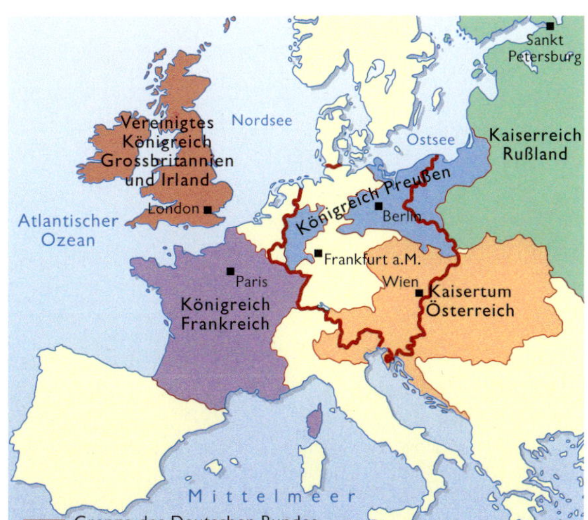

Der Wiener Kongress tagte vom 18. September 1814 bis zum 9. Juni 1815. Seine Beschlüsse veränderten die **europäische Landkarte**.

19. Jahrhundert

Industrielles Zeitalter

In der Tat wurde ein allgemeiner Aufstieg zu Ende dieses friedlichen Jahrhunderts immer sichtbarer, immer geschwinder, immer vielfältiger.

Stefan Zweig, deutscher Schriftsteller, 1941

19. Jahrhundert

Industrielles Zeitalter

Die Industrialisierung begann Ende des 18. Jhs. in England und setzte sich in Deutschland und vielen anderen europäischen Ländern nach 1840 durch. In einem kurzen Zeitraum wandelten sich die landwirtschaftlich geprägten Länder zu Industrieländern. Nachdem mit der Dampfmaschine nun Energie maschinell erzeugt werden konnte, entstanden überall in Westeuropa neue Fabriken. Die Maschinen produzierten rund um die Uhr – viel schneller und genauer, als es von Menschenhand möglich gewesen wäre. Die Eisenbahn und die Dampfschifffahrt garantierten die schnelle Lieferung der nötigen Rohstoffe und die flächendeckende Verbreitung der hergestellten Waren. Großbritannien entwickelte sich zur führenden Wirtschaftsmacht auf dem Weltmarkt.

Neben einer kleinen Schicht wohlhabender Fabrikbesitzer und Unternehmer stand ein Millionenheer von finanziell nicht abgesicherten Fabrikarbeitern: Mit ihrem Einkommen bewegten sie sich oft am Rande des Existenzminimums, allein ihre Arbeitskraft konnte ihnen und ihren Familien das Auskommen sichern.

Mit der Gründung von Arbeiterparteien und Gewerkschaften reagierten die Arbeiter auf ihre deprimierende Lage.

Amerikanischer Bürgerkrieg
Antisemitismus
Arbeiter
Arbeiterbewegung
Bevölkerungswachstum
Börse
Deutsches Kaiserreich
Evolutionslehre
Frauenbewegung
Großstadt
Industrielle Revolution
Kapitalismus
Kolonien
Nationalstaat
Revolutionen von 1848
Schulpflicht
Wissenschaft und Forschung

Erfindung einer leistungsfähigen Dampfmaschine durch James Watt	1769/1782
Erfindung des Kunstdüngers	1841
Bürgerliche Revolutionen in fast allen europäischen Ländern	1848
Viktor Emanuel II. wird König des vereinten Italiens	1861
Amerikanischer Bürgerkrieg	1861–1865
Deutsch-Französischer Krieg	1870/71
Gründung des Deutschen Kaiserreichs	18. Januar 1871
Gründung der »Sozialistischen Arbeiterpartei Deutschlands«, der späteren »Sozialdemokratischen Partei Deutschlands« (SPD)	1875
Erfindung des Benzinmotors und des Telefons	1876
Gültigkeit des »Sozialistengesetzes«	1878–1890
Thomas Alva Edison entwickelt die Glühlampe	1879
Einführung der Sozialversicherungen in Deutschland	1883–1889
Wilhelm II. wird König von Preußen und Deutscher Kaiser	1888
Bertha Benz unternimmt mit einem pferdelosen Automobil die erste Fernfahrt der Welt von Mannheim nach Pforzheim	1888
Entlassung Bismarcks	1890
Hochkonjunktur in Deutschland	1895–1913
Übergang Deutschlands zur »Weltpolitik« und Beginn des Flottenbaus	1897/98
Erster Flug des Luftschiffs »Zeppelin«	1900
Deutschland stellt ein Viertel aller europäischen Industrieprodukte her	1900
Gustav Weißkopf gelingt der erste Motorflug	1901
Die Einwohnerzahl von Berlin erreicht die 2-Millionen-Grenze	um 1904
Bündnis zwischen Großbritannien und Frankreich (»Entente Cordiale«)	1904
Deutschland ist nach den USA die zweitwichtigste Industrienation der Welt	1913

Die erste große **Schlacht** des Bürgerkriegs fand in Virginia statt (hier in einer Nachstellung). Die Armee der Nordstaaten trägt rote Uniformen.

INFOBOX

Wanderung nach Westen

Nach dem Unabhängigkeitskrieg (▶Amerikanische Revolution) und der Gründung der USA zogen Tausende von Pionieren in ihren Planwagen Richtung Westen. Dort suchten sie neues Land und Wohlstand. Um 1850 wurden viele auch vom »Goldrausch« erfasst: Durch den Fund eines Goldklumpens in Kalifornien wurde so mancher Pionier »über Nacht« zum reichen Mann. Die ▶Siedler bemächtigten sich des Bodens meist ohne Rücksicht auf die ▶Ureinwohner. Viele Indianer wurden umgebracht, die verbleibenden in Reservate zurückgedrängt.

Amerikanischer Bürgerkrieg

1860 bestanden die USA aus einem Verbund von 34 Staaten. In den Südstaaten besaß eine wohlhabende Oberschicht riesige Baumwollplantagen, auf denen Sklaven arbeiteten. In den Nordstaaten lebten viel mehr Menschen in Städten und es gab schon eine weit entwickelte Industrie. Im Norden wurde immer wieder die Abschaffung der ▶Sklaverei gefordert, weil sie menschenunwürdig sei. Die Südstaaten verweigerten dies.

Als sie sich von den USA lossagten und in einer eigenen Konföderation zusammenschlossen, kam es 1861 zum Bürgerkrieg: Präsident Abraham Lincoln wollte eine Spaltung der USA verhindern. Der Amerikanische Bürgerkrieg war der modernste Krieg des Jahrhunderts. Erstmals wurden auch technische Neuerungen wie der Telegraf und die Eisenbahn eingesetzt. Als die Südstaaten 1865 kapitulierten, hatten über 600 000 Menschen ihr Leben verloren. Die Einheit der USA blieb erhalten. ■

Der **Amerikanische Bürgerkrieg** hinterließ auch in vielen Städten schwere Schäden.

Antisemitismus

Bereits im Mittelalter gab es ▶Judenverfolgungen, die religiös begründet wurden: Die Juden (▶Judentum) galten damals als die »Mörder Christi«. Die Antisemiten des späten 19. Jhs. wollten dem alten Judenhass eine wissenschaftliche Begründung geben. Sie erklärten die Juden zu einer Rasse, die wegen ihres »angeborenen« Geschäftssinns den »ausbeuterischen Weltkapitalismus« lenken werde. Die Antisemiten in Deutschland reagierten mit dieser Schreckensvision auf den gesellschaftlichen Aufstieg der Juden, die von dem Wandel des ▶Deutschen Kaiserreichs zu einem modernen Industriestaat profitiert hatten. ■

Diese antisemitische **Karikatur** zeigt den »Weltgriff« der jüdischen Bankiersfamilie Rothschild.

Schwere körperliche Arbeit unter harten Bedingungen: Arbeiter stellen in einem Metall verarbeitenden **Industriebetrieb** Schienen her.

LEBEN DAMALS

Leben in beengten Verhältnissen

In Deutschland lebte um 1870 im Durchschnitt eine Arbeiterfamilie mit fünf Kindern in einer Zweizimmerwohnung. Es gab zwei Betten, die man sich zu Mehreren teilen musste, und nur ein Zimmer war beheizbar. Hier wurde gekocht, gegessen, Wäsche gewaschen und aufgehängt. Auch Heimarbeiten wie Spinnen oder Weben wurden zur Aufbesserung des Arbeitslohns in dem Zimmer erledigt.

Arbeiter

Im Zuge der ▶Industriellen Revolution bildete sich eine neue Klasse, die Industriearbeiterschaft. Denn um die Maschinen in den Fabriken bedienen zu können, bedurfte es vor allem zahlreicher Arbeitskräfte. Diese kamen zu Tausenden vom Land, weil das Leben in der Stadt attraktiver erschien: Hier lockten höhere Löhne und man konnte insgesamt auf bessere Lebenschancen hoffen. Durch diese »Landflucht« wurden kleine Provinzstädte wie Liverpool oder Manchester schlagartig zu Industriestädten.

Die Fabrikarbeit und das Leben in der Stadt bedeuteten für viele eine große Umstellung. Die Arbeitszeiten waren lang: 13 Stunden an 6 Tagen in der Woche stellten keine Seltenheit dar und manch einer musste wegen der kurzen Pausen sogar in der Fabrik übernachten. Die Arbeit selbst war oft monoton und durch den Rhythmus der Maschine bestimmt. Die meisten Arbeiter lebten äußerst beengt, oft in einfachen Massenunterkünften. Trotzdem verschlang die Miete einen Großteil ihres Lohns. Viele wurden wegen der schlechten Luft und des verseuchten Wassers krank. Wer arbeitsunfähig wurde, erhielt noch in den 1850er-Jahren keinen Lohnausgleich. Dadurch gerieten zahlreiche Arbeiterfamilien in große Not. Das Gefühl der Ohnmacht weckte bei vielen Arbeitern aber auch ein starkes Solidaritätsbewusstsein und Protestbereitschaft. Das enge Zusammenleben in Fabrik und Wohnviertel ließ sie am Schicksal der Kollegen und Nachbarn unmittelbar teilnehmen. So wurde man sich in der ▶Großstadt viel eher der gemeinsamen Interessen bewusst als auf dem Land: Die Arbeiter gründeten daher zahlreiche Vereine, um ihr hartes Dasein zu erleichtern. Aus ihnen entstand die ▶Arbeiterbewegung. ■

LEBEN DAMALS

Auch Kinder mussten arbeiten

Kinder mussten früher oft arbeiten, um das Familieneinkommen aufzubessern. Auf dem Land war es normal, dass sie auf dem Feld und bei der Heimarbeit mithalfen oder in einer Werkstatt zur Hand gingen. Mit der Industrialisierung in England wurden Kinder nun auch für extrem harte Arbeiten eingesetzt: Viele mussten z.B. unter Tage in den Bergwerken arbeiten – oft von morgens bis abends. Mitte des 19. Jhs. wurde die Kinderarbeit gesetzlich geregelt: Ab 1833 durften in England Neun- bis Zwölfjährige nicht länger als 9 Stunden täglich arbeiten. In Deutschland war das Arbeiten 1891 erst ab 13 erlaubt und auf 6 Stunden begrenzt. Auf dem Land hingegen blieb die Kinderarbeit ungeregelt.

Die **Bergarbeiter** und ihre Lastentiere arbeiteten oft vierzehn Stunden »unter Tage« (hier in einem Kohlenbergwerk des Ruhrgebiets).

Das **sozialdemokratische Banner** zeugt vom Selbstbewusstsein der Arbeiterschaft.

Arbeiterbewegung

»Mögen die herrschenden Klassen vor einer kommunistischen Revolution zittern. Die Proletarier haben nichts in ihr zu verlieren als ihre Ketten. Sie haben eine Welt zu gewinnen. Proletarier aller Länder, vereinigt euch!« Mit ihrem Aufruf reagierten Karl Marx und Friedrich Engels 1848 auf das Elend der ▶ Arbeiter in den europäischen Industrieländern. Ihr »Manifest der Kommunistischen Partei« formulierte die Lehre des ▶ Kommunismus und war einer der Auslöser für die Beteiligung vieler Arbeiter an der Arbeiterbewegung.

Ab Mitte des 19. Jhs. organisierten sich die Arbeiter in vielen europäischen Ländern zunehmend in politischen Vereinen, Gewerkschaften und Parteien. Als Fernziel verfolgten sie in Anlehnung an Marx und Engels die »proletarische Weltrevolution«, die eine »klassenlose Gesellschaft« nach sich ziehen sollte. Im politischen Alltag ging es ihnen eher darum, erste sichtbare Fortschritte durch soziale Reformen zu erzielen: Wie konnte man die Arbeitszeit verkürzen, die Löhne anheben, finanzielle Not bei Krankheit oder Arbeitsunfällen vermeiden und die Kinderarbeit wenigstens einschränken?

Innerhalb der Betriebe organisierten sich die Arbeiter in Gewerkschaften. Ihr wichtigstes Druckmittel war die Arbeitsniederlegung, der Massenstreik. Es gab auch eine liberale Arbeiterbewegung, die die Lage der Arbeiter durch Selbsthilfe verbessern wollte, und eine christliche Arbeiterbewegung, die den Gedanken des Klassenkampfs ablehnte. Die wichtigste Partei der deutschen Arbeiterbewegung war die »Sozialdemokratische Arbeiterpartei Deutschlands«, die 1875 gegründet und 1890 in »Sozialdemokratische Partei Deutschlands«, kurz SPD, umbenannt wurde. Die Partei erhielt großen Zulauf und verzeichnete steigende Wahlerfolge. Das beunruhigte die Regierung. Mit dem »Sozialistengesetz« vom 21. Oktober 1878 wurden alle sozialistischen Vereine – aber nicht die Partei – verboten, ebenso ihre Umzüge, Feste und Zeitungen. Viele Sozialdemokraten wurden verfolgt, kamen ins Gefängnis oder wurden sogar des Landes verwiesen. Trotz aller Verbote und Verhaftungen waren die Partei und die Gewerkschaften mit dem Gesetz nicht mehr zu zerschlagen. Die Solidarität der Arbeiter führte dazu, dass mehr und mehr Menschen die SPD wählten: Von 1878 bis 1890 stieg die Anzahl der SPD-Wähler von 415 000 auf 1 427 000. 1912 wurde die SPD mit 110 Abgeordneten zur stärksten Fraktion im Reichstag. ■

BIOGRAFIE

Karl Marx und Friedrich Engels

Karl Marx (rechts) war Philosoph und Jurist, Friedrich Engels (links) der Sohn eines wohlhabenden Fabrikanten. In ihren Schriften beschrieben sie die sozialen Ungerechtigkeiten des frühen ▶ Kapitalismus im 18. Jh.: Die arbeitende Bevölkerung lebe und schufte unter unmenschlichen Bedingungen, und nur wenige Unternehmer verdienten daran. Sie prophezeiten, dass die Arbeiterklasse, das sogenannte »Proletariat«, zunehmend verelenden und dies zwangsweise zu einer weltweiten Revolution führen werde. Marx und Engels riefen die Arbeiter dazu auf, eine Diktatur zu errichten, um eine klassenlose, gerechte Gesellschaft zu schaffen.

Das Proletariat auf dem Vormarsch: In der Öffentlichkeit wurde die **Arbeiterschaft** zunehmend als gesellschaftliche Kraft anerkannt.

Bevölkerungswachstum

Um 1800 lebten in Europa etwa 187 Mio. Menschen, hundert Jahre später – vor dem Ersten ▶Weltkrieg – waren es bereits 468 Mio. Dieses extreme Bevölkerungswachstum wurde außer durch die ▶Industrielle Revolution auch durch Entwicklungen in der Landwirtschaft und den medizinischen Fortschritt ermöglicht: Die Erfindung des Kunstdüngers durch Justus Liebig 1841 steigerte die Ernteerträge und garantierte so eine bessere Ernährung der Menschen und Tiere. Die Erkenntnis, dass die Hygiene eine wichtige Voraussetzung für die Gesundheit ist, brachte die medizinische Forschung ein großes Stück voran: Krankheiten und Seuchen konnten nun besser bekämpft werden und auch die Sterblichkeitsrate wurde drastisch gesenkt. Seit dieser ersten sprunghaften Zunahme ist die Weltbevölkerung immer weiter gewachsen. Für das 20. Jh. spricht man sogar von einer ▶Bevölkerungsexplosion. ■

BIOGRAFIE

Robert Koch

Koch war Arzt und begründete die moderne Bakteriologie. Er erkannte, dass Erkrankungen wie Cholera und die Lungenkrankheit Tuberkulose durch einzellige Lebewesen, die Bakterien, hervorgerufen werden. Seine Entdeckung bedeutete einen enormen Fortschritt in der Seuchenbekämpfung.

Tausende von Arbeitern lebten in riesigen **Mietskasernen** an den Stadträndern, wie hier in Sankt Petersburg.

Börse

Durch die ▶Industrielle Revolution boten sich für findige Menschen mit dem nötigen Startkapital unzählige Möglichkeiten, um schnell reich zu werden. Viele Unternehmen vergrößerten sich, zahlreiche neue Firmen entstanden. Dazu benötigten die Unternehmer (▶Kapitalismus) oft mehr Geld, als sie selbst aufbringen konnten. Sie mussten deswegen mithilfe der Banken (▶Bankwesen) nach Geldgebern suchen, die bereit waren, ihr Geld auszuleihen. Zu diesem Zweck gründete man »Aktiengesellschaften« (AG). Aktien werden an der Börse gehandelt: Wer diese Wertpapiere kauft und damit sein Geld einem Unternehmen zur Verfügung stellt, wird am Geschäftserfolg beteiligt. Wenn das Unternehmen Gewinne erzielt, gibt es einen Teil davon an seine Aktionäre weiter. Man sagt, es werden »Dividenden ausgeschüttet«. Arbeitet das Unternehmen erfolgreich, steigt auch der Wert der Aktien. Wer nun seine Aktien zu einem erhöhten Preis an der Börse wieder verkauft, kann nochmals einen Gewinn erzielen. ■

QUIZBOX

Wie viele Menschen leben heute auf der Erde?

1. 600 000
2. 6 Millionen
3. 6 Milliarden

Antwort 3: Heute leben auf der Erde über 6 Milliarden Menschen. Während in den reichen Industrieländern die Zahl der Menschen nur langsam zunimmt oder teilweise sogar zurückgeht, wachsen die Bevölkerungen in den weniger entwickelten Ländern explosionsartig.

Hektisches Treiben an der **Börse:** Aktionäre kaufen und verkaufen ihre Wertpapiere, im Hintergrund werden die neuesten Kurse angeschlagen.

Am 18. Januar 1871 wird das **Deutsche Kaiserreich** im Spiegelsaal von Versailles ausgerufen (links). **Kaiser Wilhelm II.** trat gern in Uniform auf (rechts auf einer Postkarte).

INFOBOX

Der moderne Wohlfahrtsstaat

Wer heute krank wird, geht zum Arzt oder ins Krankenhaus. Die Kosten für Arztbehandlung und Medikamente übernimmt meist die Krankenkasse. Außerdem wird der Lohn fortgezahlt. Ältere Menschen erhalten eine Rente, wenn sie zuvor lange genug Beiträge in die Rentenkasse eingezahlt haben. Auch gegen Arbeitslosigkeit und im Pflegefall ist man versichert. Das Deutsche Kaiserreich war weltweit das erste Land, das ein umfassendes Sozialversicherungssystem für Arbeiter und Angestellte einführte.

Deutsches Kaiserreich

Im Jahre 1871, nach dem Sieg gegen Frankreich, vereinigten sich unter der Führung Preußens 22 monarchische Staaten und drei Stadtrepubliken zum Deutschen Reich. Aus dem beschaulichen Agrarland Deutschland entwickelte sich rasch eine der modernsten Industrienationen der Welt – an Wirtschaftskraft bald nur noch mit den USA und England vergleichbar. Unternehmen von Weltgeltung entstanden: die Krupp-Werke, Siemens und die AEG, die BASF und der Bayer-Konzern. Deutschland war zu dieser Zeit ein Land der Ideen: Bruchsichere Eisenbahnräder, Straßenbahnen und Osram-Glühlampen, heilendes Aspirin und wasserfeste Farbstoffe – all dies wurde im Kaiserreich erstmals hergestellt. Solche Pionierleistungen machten den Forschungsstandort Deutschland (▶Wissenschaft und Forschung) nicht nur weltberühmt, sondern brachten auch viel Geld ins Land. Die Lebensqualität stieg. Die Löhne stiegen, die Arbeitszeit sank und nirgendwo sonst in der Welt waren die Sozialversicherungen besser

LEBEN DAMALS

Porträt der deutschen Gesellschaft

Die deutsche Gesellschaft war streng in soziale Schichten aufgegliedert und stark militärisch geprägt. Vor allem Offizieren **(3)** wurde großer Respekt entgegengebracht. Es galt als wichtig, »gedient zu haben«. Hohes Ansehen genossen auch die Unternehmer **(1)** und Universitätsprofessoren **(2)**. Die Menschen lebten in streng voneinander getrennten Klassen, in die man hineingeboren wurde: Ein Dienstmädchen **(4)** oder ein Arbeiter **(5)** hatte nur geringe Chancen, sozial aufzusteigen.

INFOBOX

Allgemeines und gleiches Wahlrecht

Das deutsche Wahlrecht war im weltweiten Vergleich fortschrittlich. Bei Reichstagswahlen hatten seit 1871 alle Männer über 25 Jahren das allgemeine, gleiche, direkte und geheime Stimmrecht. Frauen waren davon ausgeschlossen. Der Reichstag hatte eine starke Vetomacht: Ohne seine Zustimmung konnten keine neuen Gesetze erlassen und keine Steuern erhoben werden. Allerdings konnte der Reichstag nicht den Reichskanzler stürzen. Dessen Auswahl war das Vorrecht des Kaisers.

Die wilhelminische Gesellschaft war stark durch das **Militär** geprägt: Soldatenaufmärsche gehörten zum Alltag (links).
Der neue **Reichstag** wurde 1884 bis 1894 in Berlin erbaut (rechts).

ausgebaut. Ob Universitäten, Schulen oder Krankenhäuser – die öffentlichen Einrichtungen genossen einen hervorragenden Ruf und die Verwaltung und das Rechtssystem wurden für ihre Unbestechlichkeit gerühmt. Kein Wunder, wenn das Kaiserreich manchem Betrachter im Rückblick als »Welt der Sicherheit« (Stefan Zweig) erschien.

Doch der Aufstieg zur ▶Großmacht barg große politische Gefahren. Nach Bismarcks Entlassung 1890 wollten seine Nachfolger Weltmachtpolitik betreiben: Die Erwerbung von ▶Kolonien und eine kostspielige Kriegsflotte sollten Deutschland einen »Platz an der Sonne« sichern. Auch der politisch naive und sprunghafte Kaiser stand hinter dieser Forderung. Doch die Welt war um 1890 schon verteilt. So musste die deutsche Diplomatie schon mit dem Säbel rasseln und Kanonenboote entsenden, um unnütze Landstreifen in Afrika und einige Südseeatolle erwerben zu können. Der Reichstag, der politisch ohnehin tief gespalten war, schaute diesem Treiben weitgehend tatenlos zu. Denn der Reichskanzler, der den politischen Kurs bestimmte, konnte nur vom Kaiser abgesetzt werden. Außenpolitisch geriet Deutschland immer mehr in die Isolation. Im Juli 1914 (▶Kriegsausbruch) riskierte seine politische Führungsschicht äußerst fahrlässig einen ▶Weltkrieg, in dem das wirtschaftlich und kulturell blühende Land nichts gewinnen, aber sehr viel verlieren konnte. ■

Die Karte zeigt das **Deutsche Kaiserreich** in den Grenzen von 1871.

BIOGRAFIE

Otto von Bismarck

Bismarck war der wichtigste deutsche Politiker des 19. Jhs. In drei Kriegen vereinte er die deutschen Länder »mit Blut und Eisen« zum Kaiserreich. Dafür wurde er von seinen Anhängern tief verehrt. Der »eiserne Reichskanzler« prägte

die deutsche Außenpolitik: Mit den anderen ▶Großmächten schloss er Abkommen, in denen sich beide Seiten dazu verpflichteten, einander nicht anzugreifen. Diese Bündnispolitik sicherte eine lange Friedenszeit und wurde erst durch seine Nachfolger beendet.

Amerikanerinnen demonstrieren für das **Frauenwahlrecht** (links). Für die Unterstützung der Frauenfrage rief **Emmeline Pankhurst** öffentlich zum Steuerboykott und zivilen Ungehorsam auf (rechts).

Evolutionslehre

Charles Darwin behauptete in seiner Evolutionslehre, dass die Lebewesen auf der Erde sich in einem langsamen Anpassungsprozess zu ihrer heutigen Form entwickelt hätten. Nur die jeweils Bestangepassten einer Art hätten auf die Dauer den »Kampf ums Dasein« bestehen können (»survival of the fittest«). Auch der Mensch sei Teil dieser natürlichen Auslese. Diese Theorie stand in krassem Widerspruch zu der Lehre der Kirche, die vertrat, dass Menschen, Tiere und Pflanzen seit der Schöpfung gleich geblieben seien. Missbraucht wurde Darwins Lehre von denjenigen, die seine Erkenntnisse auf die menschliche Gesellschaft übertrugen: Vertreter des sogenannten Sozialdarwinismus glaubten, zwischen »wertvollen« und »minderwertigen« Rassen (▶Rassenlehre) unterscheiden zu können. ■

BIOGRAFIE

Charles Darwin und die Finken

Auf seiner Forschungsreise im Pazifik beobachtete Darwin auf den Galápagosinseln verschiedene Varianten von Finken.

Die Ammern oder »Darwinfinken« leben nur auf diesen Inseln und sind sich in vielerlei Hinsicht sehr ähnlich. Darwin stellte aber auch charakteristische Unterschiede fest: Die Finken hatten sich an die Gegebenheiten »ihrer« Insel angepasst. Je nachdem, ob sie dort vorrangig Körner oder Insekten vorfanden, hatten sie einen mehr oder minder gebogenen Schnabel. Aufgrund dieser Beobachtung stellte Darwin die Hypothese auf, dass die Finken eine gemeinsame Abstammung hätten. Ihr Aussehen habe sich allmählich verändert, weil die Vögel sich an ihre Umwelt anpassten: So hätten die Finken, die zufälligerweise einen besonders gebogenen Schnabel besaßen, die besten Voraussetzungen auf der »insektenreichen« Insel gehabt. Sie hätten sich im Kampf ums Überleben langfristig durchgesetzt.

Frauenbewegung

»Was die Frauen brauchen, sind gleiche Rechte, gleiche Chancen in allen gesellschaftlichen Möglichkeiten« schrieb die englische Frauenrechtlerin Harriet Taylor Mill 1851. Denn die ▶Menschen- und Bürgerrechte, die die Revolutionäre während der ▶Französischen Revolution und der ▶Amerikanischen Revolution erkämpft hatten, waren in Wirklichkeit vorrangig «Männerrechte«.

Ab den 1850er-Jahren entstand in Nordamerika und Großbritannien eine organisierte Frauenbewegung. Ihr wichtigstes Ziel war die Durchsetzung des Wahlrechts für Frauen. Außerdem versuchte sie, die Gleichberechtigung in allen Bereichen zu erreichen: Mädchen sollten an höheren Schulen, junge Frauen zum Studium zugelassen werden. Die Frauen sollten jeden Beruf ergreifen können. Solche Forderungen stießen bei vielen Männern, aber auch Frauen, auf Unverständnis. Demonstrierende Frauenrechtlerinnen wurden von der Polizei geschlagen und verhaftet.

In Großbritannien radikalisierte sich um 1900 die Frauenbewegung: Die »Suffragetten« (von lateinisch suffragium = Stimmrecht) unter der Führung der britischen Frauenrechtlerin Emmeline Pankhurst organisierten Massendemonstrationen und Hungerstreiks, sie ketteten sich zum Zeichen des Protests an und forderten die Frauen zum zivilen Ungehorsam auf. Die Frauenbewegung erhielt zu Beginn des 20. Jhs. großen Zulauf. Ihr größter Erfolg war sicherlich nach dem Ersten ▶Weltkrieg die Einführung des aktiven und passiven Wahlrechts für Frauen in vielen Ländern. ■

Wohlhabende Pariserinnen genießen den Luxus der **Straßencafés** auf den Pariser Boulevards (links). Auf der Friedrichstraße in der **Berliner Innenstadt** herrscht reges Treiben (rechts).

Großstadt

»Stadtluft macht frei!« – diese Hoffnung lockte seit der ▶Industriellen Revolution Millionen von Menschen vom Land in die Städte. Die Einwohnerzahlen stiegen wegen der Zuwanderer und des allgemeinen ▶Bevölkerungswachstums rasant an: In der Hauptstadt Berlin z. B. lebten im Jahre 1875 etwa 966 000 Menschen, 1910 waren es über 2 Mio.

In den neuen Großstädten pulsierte das Leben: Die Schaufenster der großen Kaufhäuser lockten mit ihren Waren, Kinosäle, Gaststätten und Theater zogen abends und am Sonntag die Menschenmengen an. Viele neue öffentliche Gebäude wurden errichtet: Die prächtigen Postämter, Gerichtsgebäude, Banken, Bahnhöfe, Schulen, Krankenhäuser und Museen aus dieser Zeit zeugen von dem Stolz und dem Reichtum der wachsenden Städte. Die Verwaltungen standen vor einer großen Herausforderung: Binnen weniger Jahre musste man die neuen Einwohner mit Wohnraum, Strom, Gas und Wasser versorgen, ihren Müll und die Abwässer entsorgen und ein öffentliches Verkehrsnetz aufbauen.

Viele Zugezogene gingen als ▶Arbeiter in die Fabriken. Sie lebten in den oftmals tristen Vorstädten in der Nähe der Industrieanlagen. Hier trafen sie viele andere, die ihr Schicksal teilten, und hörten erstmals von den Zielen der ▶Arbeiterbewegung. ■

Die erste **Litfaßsäule** wurde 1855 in Berlin aufgestellt.

LEBEN DAMALS

Das Leben wird bequemer

Besonders in den Städten wurde das Leben für viele Menschen angenehmer. Um die Jahrhundertwende verfügten viele schon über etwas Freizeit, und der Sonntag war in der Regel ein arbeitsfreier Tag. Die elektrische Straßenbahn löste die rumpeligen, von Pferden gezogenen Omnibusse ab. In London, Paris und Berlin wurden U-Bahnen eingeweiht, nach dem französischen Vorbild auch »Metro« genannt. Durch die Straßen fuhren die ersten Automobile, Fahrräder wurden das beliebteste Fortbewegungsmittel der »einfachen Leute«. Auch das Telefon hielt seinen Einzug in die Häuser begüterter Bürger und großer Firmen. Die meisten privaten Gespräche wurden aber noch über ein Amt vermittelt.

Bei der **Dampfmaschine** trieb der Wasserdampf das Schwungrad an, dessen Kraft wiederum auf unterschiedliche Maschinen übertragen wurde (links). Der **Dampfhammer** (rechts) funktionierte nach dem gleichen Prinzip.

Industrielle Revolution

Als der Schotte James Watt 1769 eine Dampfmaschine entwickelte und diese 1782 nochmals verbesserte, schuf er damit die Grundlage für eine überaus leistungsfähige und beliebig einsetzbare Form der Energieerzeugung. Für alle möglichen Tätigkeiten konnten nun Maschinen entwickelt werden, die die menschliche Arbeitskraft weitgehend ersetzten. Die mit dem Maschinenzeitalter verbundene Veränderung des Wirtschaftslebens und der Produktionsweisen hatte so grundlegende Auswirkungen auf alle Lebensbereiche, dass man von der »Industriellen Revolution« spricht. Seit der Sesshaftwerdung der Menschen (▶Ackerbau und Viehzucht) war dies die tiefgreifendste und folgenschwerste Veränderung in der Geschichte der Menschheit.

Bisher waren Waren wie Baumwolltuch in mühevoller Handarbeit am Webstuhl gefertigt worden. Nun verlagerte sich der Herstellungsprozess vom Menschen auf die Maschine: Mit höherer Geschwindigkeit, größter Genauigkeit und ohne Pausen ersetzten dampfgetriebene Spinnmaschinen und Webstühle die Handarbeit – die Herstellung wurde mechanisiert. Dank Watts Dampfmaschine konnte bald ein großer Teil der Produktion weitgehend unabhängig von natürlichen Energiequellen wie Wasser und Wind ablaufen. Dies erlaubte den herstellenden Betrieben eine freiere Ortswahl, viele verlegten ihre Produktionsstätten von den kleinen Manufakturen auf dem Land in die Stadt. Auch der Arbeitsalltag der Menschen änderte sich. Viele Arbeitssuchende strömten in die Städte. Die großen Maschinen in den Fabriken mussten ständig in Betrieb sein, ihr Tempo bestimmte den Arbeitsrhythmus der ▶Arbeiter.

Bald wurden die Maschinen nicht mehr größtenteils aus Holz hergestellt. Man benötigte härteres und dauerhaftes Material, das der stärkeren Belastung gewachsen war: das Eisen. Zu seiner Gewinnung und Erhitzung waren riesige Mengen an Kohle erforderlich. Die konnte nun mithilfe neuer Dampfpum-

INFOBOX

Produktion in Massen

Maschinen ermöglichten es, Gegenstände des alltäglichen Gebrauchs tausendfach schnell und billig zu produzieren. Das Handwerk, das einzelne Gegenstände mühevoll und teuer in einer Werkstatt herstellte, konnte mit dieser Art der Produktion kaum konkurrieren und verlor dadurch rasch an Bedeutung. Ein in Massenproduktion gewebtes Tuch (im Bild eine Weberei) kostete nur einen Bruchteil dessen, was ein Weber dafür verlangen musste.

Dank der Dampfschiffe (links ein Nachbau) konnten Waren schnell befördert werden. Zahlreiche **Schifffahrtslinien** wurden gegründet. Die **»Rocket«** von George und Robert Stephenson war die »Mutter« aller Dampflokomotiven (rechts).

pen erheblich schneller abgebaut werden. Der Bergbau und das Hüttenwesen, die Produktion von Eisen und Stahl wurden revolutioniert.

Parallel dazu gab es rasante Veränderungen im Verkehrswesen: 1807 fuhr auf dem Hudson River in Amerika das erste Dampfschiff und neun Jahre später konnte man erstmals einen Dampfer auf dem Rhein sehen. Das Schienennetz für die Eisenbahn wurde in England rasch ausgebaut, um die großen Mengen an benötigten Rohstoffen zu den Fabriken zu befördern und die fertigen Waren innerhalb des Landes zu verteilen und ins Ausland zu transportieren.

Der technische Fortschritt war nicht mehr aufzuhalten. Man schätzt, dass in dem halben Jahrhundert nach James Watts Verbesserung der Dampfmaschine, also zwischen 1770 und 1820, in England die Produktion von Baumwolltuchen um das Zwanzigfache, die Kohleproduktion um das Doppelte und die Eisenproduktion um das Siebenfache gesteigert werden konnten.

Dank der Industriellen Revolution wurde England im 19. Jh. zur führenden Weltmacht. An ihrem Vorbild orientierten sich die anderen ▶ Großmächte bei der Industrialisierung im eigenen Land. ■

INFOBOX

Achtung, Lebensgefahr! Fahren mit der Eisenbahn

»Es ist dem Menschen unmöglich, die hohen Geschwindigkeiten der Eisenbahn zu ertragen. Sein Atmungssystem wird zusammenbrechen; Tod durch Lungenbluten wird die Regel sein.« Diese Prophezeiung eines englischen Arztes spiegelt wider, wie unheimlich vielen Menschen das neue Transportmittel war. 1825 nahm die erste Dampflokomotive mit einer Geschwindigkeit von 15 km/h in Großbritannien den Betrieb auf. Mit der »Rocket« begann das Eisenbahnzeitalter: 1830 umfasste das Eisenbahnnetz in England 152 Kilometer, 20 Jahre später war es auf 10 653 Kilometer angewachsen. Als 1835 die erste Lokomotive aus England nach Deutschland importiert wurde, wurde der Lokführer gleich »mitgeliefert«, um den Zusammenbau der über 100 Einzelteile zu überwachen. Später stellte jedes Land seine eigenen Lokomotiven her und baute sein Schienennetz aus. Als Zeichen des Fortschritts wurden in allen ▶ Großstädten prächtige Bahnhofsgebäude gebaut.

Die **Krupp-Werke** in Essen waren mit ihren Zechen, Erzgruben und Hüttenbetrieben einer der führenden deutschen Konzerne.

QUELLE

Adam Smith: »Der Wohlstand der Nationen«

Adam Smith gilt als Begründer der liberalen Marktwirtschaft. Er erklärte, wie durch Tausch in einer arbeitsteiligen Gesellschaft aus eigennützigem Verhalten allseitige Vorteile entstehen: »Gib mir, was ich wünsche, und du bekommst, was du benötigst«. Er forderte, dass der Staat sich aus der Wirtschaft heraushalten solle, damit sich die »freien Kräfte des Marktes« entfalten könnten.

Kapitalismus

Mit Kapitalismus bezeichnet man eine moderne Wirtschaftsform, in der das Kapital, also das Geld, eine Schlüsselrolle spielt. Diese setzte sich mit der ▶Industriellen Revolution zunächst in Westeuropa, dann auch weltweit durch. Vor allem durch die Eisenbahn entstand in Deutschland seit 1850 ein immenser Bedarf an Industriegütern. Für den Bau großer Fabrikanlagen musste der Unternehmer nach Geldgebern suchen und Aktiengesellschaften gründen, deren Aktien an der ▶Börse gehandelt wurden. Er hatte für seine Geldgeber einen möglichst großen Gewinn zu erwirtschaften und konnte auch nicht mehr uneingeschränkt über seine Firma verfügen: Aus dem Eigentümer wurde schrittweise ein von seinen Aktionären kontrollierter Manager.

Der Zwang, das geliehene Kapital gewinnbringend einzusetzen, führte zu steten Verbesserungen in den Produktionsabläufen. Bereits früh erkannte man die Vorteile einer Massenherstellung, die auf wenige Produkte spezialisiert war. Damit stellte sich auch die Aufgabe, entsprechende Absatzmärkte in der Welt zu erschließen. Deutschlands Karriere als »Exportweltmeister« begann und einige Firmen wie die AEG erkannten bereits die Bedeutung von Werbung. Die enormen Vermögen, die einzelne Unternehmer und Kapitalbesitzer anhäuften, standen in scharfem Kontrast zu der wirtschaftlich ungesicherten Lage der Massen von ▶Arbeitern in den Fabriken. Die von Karl Marx und Friedrich Engels formulierte Erwartung, die Arbeiterschaft werde im Kapitalismus unaufhaltsam verelenden (▶Arbeiterbewegung), erfüllte sich jedoch nicht. Heute steht fest, dass der moderne Kapitalismus überhaupt erst die Möglichkeit schuf, eine ständig wachsende Erdbevölkerung zu ernähren. ■

BIOGRAFIE

Albert Ballin

Der jüdische Unternehmer verkörperte mit seinen bewunderten Schnelldampfern die neue Wirtschaftsmacht Deutschland. Er machte die altehrwürdige Hamburg-Amerika-Linie (HAPAG) zur größten Reederei der Welt und konnte sich rühmen, mit dem Kaiser befreundet zu sein. Den Ersten ▶Weltkrieg versuchte er verzweifelt zu verhindern. Am 9. November 1918, dem Tag, an dem die ▶Weimarer Republik ausgerufen wurde, vergiftete er sich.

INFOBOX

Arbeit am Fließband

1913 lief bei Henry Ford das erste Auto vom Fließband. Der Herstellungsprozess wurde durch das Fließband in immer gleich bleibende Einzeltätigkeiten zerlegt und damit beschleunigt; die Autos wurden dadurch billiger und Ford konnte seinen Arbeitern höhere Löhne bezahlen. Die Arbeit war allerdings monoton und wurde von vielen als zermürbend empfunden. Für die wenigen Handgriffe, die der einzelne Arbeiter nur noch durchzuführen hatte, war eine Ausbildung kaum mehr nötig. In Deutschland wurde das erste Fließband 1924 bei Opel eingeweiht.

INFOBOX

Der Wettlauf um die letzten Kolonien

Die bedeutendste moderne Kolonialmacht war Großbritannien. An ihrer Spitze stand Queen Victoria, die das Land und seine Kolonien 64 Jahre lang regierte. Das britische Kolonialreich umfasste vor dem Ersten Weltkrieg 28,5 Mio. Quadratkilometer mit 397 Mio. Einwohnern. Es war somit 90-mal so groß wie das Mutterland! Der Kolonialbesitz der Briten weckte den Neid anderer europäischer Mächte, sodass es ab 1880 zu einem Wettlauf um die Aufteilung der letzten freien Gebiete in Afrika kam. Anders als erwartet brachte aber vor allem der afrikanische Kolonialbesitz nur wirtschaftliche Nachteile und führte überdies meist zu schweren Konflikten mit den Beherrschten.

Um 1900 war fast die ganze Welt unter den **Kolonialmächten** aufgeteilt.

Kolonien

Als Kolonien wurden jene Länder in Übersee bezeichnet, die die Europäer seit dem 16. Jh. entdeckten und in Besitz nahmen. Während die Spanier das Azteken- und das Inkareich in blutigen Feldzügen eroberten (▶Konquistadoren), errichteten die Portugiesen an den Küsten des Indischen Ozeans befestigte Hafenstützpunkte. Die Spanier suchten Land und Leute zu beherrschen, da sie zur Goldsuche einheimische Arbeiter benötigten. Die Portugiesen hingegen beschränkten sich darauf, die Seehandelsrouten zu kontrollieren.

Auch die modernen Kolonialherren gingen ganz unterschiedlich vor: In Indien gelang es den Engländern, ihren wirtschaftlichen Einfluss dank militärischer Überlegenheit auch in politische Macht umzuwandeln. Sie regierten das 340-Millionen-Volk mit einer kleinen Gruppe von Spitzenbeamten. Reformen im Bildungssystem und der Bau eines Eisenbahnnetzes förderten den wirtschaftlichen Wohlstand. In den Kolonien der englischen ▶Siedler in Nordamerika und Australien herrschten dagegen ganz andere Verhältnisse: Massen von landsuchenden Farmern wanderten hier ein und vertrieben die einheimischen Indianer und Aborigines. Innerhalb weniger Jahrzehnte wurden die ▶Ureinwohner nahezu ausgerottet. ■

LEBEN DAMALS

»Zoo-Menschen«

Seit 1874 zeigte der Tierhändler Carl Hagenbeck in seinen »Völkerausstellungen« Menschen aus aller Welt. Er ließ über Agenturen Menschen anwerben, die für einige Monate in Europa umherreisten und dem Publikum gezeigt wurden. So wurde im Berliner Zoo eine Familie von Schwarzafrikanern mitsamt ihrer Strohhütte ausgestellt, um das Dorfleben in Afrika zu zeigen. Lappländer fertigten vor der staunenden Menge exotische Schneeschuhe an und fingen Rentiere mit Lassos.

Der Einsatz von **Zwangsarbeitern** war für viele Kolonialherren ganz selbstverständlich (links).
Der Bahnhof im indischen **Bombay** wurde nach britischem Vorbild erbaut und »Victoria Terminus« genannt (rechts).

Nationalstaat

Es ist für uns heute selbstverständlich, wenn wir uns im Ausland als Deutsche ausweisen. Wir bekennen uns damit zu einer gemeinsamen Geschichte und Kultur, die uns als Deutsche besonders verbindet und zugleich nach außen abgrenzt. Das Bewusstsein, einer bestimmten Nation anzugehören, existierte jedoch keineswegs schon immer. Vor 1800 dachte man in Europa mehr in Herrscherfamilien als in Nationen. Der Adel (▶ Fürsten und Könige) konnte durch Heirat die verschiedensten Völker zu immer neuen Staatsgebilden verbinden. So regierten die Habsburger schließlich über ein Gebiet, in dem mehr als zehn Sprachen gebräuchlich waren. Je mehr jedoch den einzelnen Völkern ihre eigene Geschichte und Kultur zu Bewusstsein kam und sie sich damit als Nation zu begreifen lernten, desto entschiedener lehnten sie fremde, nicht dem eigenen Volk angehörende Herrscher ab. Seit Beginn des 19. Jhs. forderten vor allem die Völker Mittel- und Osteuropas ihren eigenen nationalen Staat.

In Deutschland waren es zuerst Schriftsteller und Gelehrte, die im Widerstand gegen Napoleon (▶ Napoleonisches Kaiserreich) nach nationaler Einheit verlangten. In der ▶ Revolution von 1848 forderten Liberale und Demokraten die Wahl eines ersten gesamtdeutschen Parlaments. Durch die besondere Identifikation der Nation mit »ihrem Staat«, die auch durch Schul- und Wehrpflicht hergestellt wurde, ergab sich eine immense Stärkung der Staatsgewalt. Mehr als jeder andere Staat zuvor griff der Nationalstaat unmittelbar in das Leben jedes einzelnen Bürgers ein. Als Wohlfahrtsstaat schuf er ein umfassendes System der sozialen Sicherheit, als Machtstaat vermochte er Kriege zu entfesseln, deren Opfer nur noch in Millionen zu zählen waren. Auch in einem vereinigten Europa (▶ Europäische Einigung) stellt der Nationalstaat weiterhin das entscheidende Zentrum der politischen Willensbildung dar. ■

BIOGRAFIE

Giuseppe Garibaldi

Garibaldi war eine der Hauptfiguren der italienischen Freiheitsbewegung, des »Risorgimento«. 1848 kämpfte er in Norditalien gegen die Österreicher und war 1849 an der Ausrufung der Republik in Rom beteiligt. Nachdem er zwischenzeitlich ins Exil hatte fliehen müssen, zog er mit rund 30 000 bewaffneten Männern im »Zug der Tausend«, nach Sizilien, um das Königreich von den bourbonischen Herrschern zu befreien. Von hier ging 1860 die Einigung Gesamtitaliens aus.

In der Schlacht von Calatafimi auf Sizilien errangen **Garibaldis Truppen** einen entscheidenden Sieg gegen die königliche Armee (links). **Nationalfiguren** sollen den Geist des Nationalstaats versinnbildlichen: Die »Marianne« (rechts) steht für die Werte der Französischen Republik.

LEBEN DAMALS

Warum wanderten viele Menschen aus?

Zwischen 1850 und 1914 wanderten mindestens 50 Mio. Europäer nach Übersee, vor allem in die USA, aus. Viele Iren, Deutsche und Italiener verließen ihre Heimat, weil sie zu Hause unter Arbeitslosigkeit oder Hungersnöten litten. Die Entscheidung, die Heimat zu verlassen, war viel folgenschwerer als heute, denn an eine Rückkehr war kaum zu denken. Die Menschen mussten oft ihren ganzen Besitz verkaufen und sogar Kredite aufnehmen, um sich die Reise über den Atlantik leisten zu können. Bis heute verraten viele amerikanische Städtenamen, woher die Einwanderer kamen. Solche großen Auswanderungswellen gibt es auch in unserer Zeit: Für viele Afrikaner sind die USA und Europa das Ziel ihrer Träume (▶ Bevölkerungswanderung).

Auf den **Barrikaden** errichteten die Revolutionäre die Flagge in Schwarz-Rot-Gold, den deutschen Farben. Damit wollten sie ihre Forderung nach einem deutschen Nationalstaat bekräftigen.

Revolutionen von 1848

Seit dem ▶ Wiener Kongress waren viele Bürger in Europa mit den politischen Verhältnissen unzufrieden. Sie forderten Reformen und politisches Mitspracherecht in ihren Ländern oder auch, wie in Deutschland und Italien, die Schaffung eines einheitlichen ▶ Nationalstaats. Als der französische König versuchte, die Reformbewegung zu unterdrücken, zwangen Aufständische ihn zum Rücktritt. Eine Revolutionswelle erfasste daraufhin fast alle großen europäischen Staaten außer England und Russland. Bei Straßenschlachten und Barrikadenkämpfen in den europäischen Großstädten gab es viele Tote. Anfangs verzeichneten die Aufständischen Erfolge. Doch schließlich siegte die Staatsgewalt. Viele Revolutionäre wurden festgenommen und hingerichtet, andere flüchteten ins Ausland. ■

QUELLE

Die Grundrechte des deutschen Volkes

In der Frankfurter Paulskirche entwarf die Nationalversammlung 1849 eine Verfassung. Die »Grundrechte des deutschen Volkes« formulierten weitreichende Freiheitsgarantien und bildeten das Vorbild für spätere Verfassungen:
»Die Deutschen sind vor dem Gesetz gleich.«
»Die Freiheit der Person ist unverletzlich.«
»Jeder Deutsche hat das Recht, ... seine Meinung frei zu äußern.«

Schulpflicht

Heute gehen in Deutschland alle Kinder mindestens neun Jahre zur Schule – diese allgemeine Schulpflicht gibt es aber noch gar nicht so lange: In Europa und in den meisten Staaten der USA setzte sie sich erst im 19. Jh. durch. Als Erster führte Friedrich der Große 1763 die Schulpflicht in Preußen ein. Damit löste er eine der grundlegenden Forderungen der ▶ Aufklärung ein. England und Frankreich folgten erst über hundert Jahre später. Im vergleichsweise fortschrittlichen ▶ Deutschen Kaiserreich musste man von sechs bis vierzehn Jahren die Schule besuchen. Doch nur der Besuch der Volksschule, wo mehrere Klassen gleichzeitig unterrichtet wurden, war unentgeltlich. Auf die Mittelschule oder das Gymnasium gingen in der Regel nur die Kinder reicher Familien. ■

Foto einer **Schulklasse**: In der Volksschule wurden oft Kinder unterschiedlichen Alters gleichzeitig von einem Lehrer unterrichtet.

Blick in das große **Versuchslabor** von Thomas Alva Edison: Neben der Glühlampe meldete der Erfinder über 1000 weitere Patente an.

INFOBOX

Wettlauf zu den Polen

Zwischen den Nationen kam es zum Wettlauf, welche Expedition als erste das ewige Polareis erreichen würde. Lange Zeit beanspruchte der Amerikaner Peary den Rekord, 1909 als erster Mensch den Nordpol erreicht zu haben. Er war aber wahrscheinlich ein Betrüger. Den Südpol erreichte in einem dramatischen Wettlauf der Norweger Amundsen am 14. Dezember 1911. Nur einen Monat später gelang dies auch seinem Konkurrenten, dem Engländer Scott. Auf dem Rückweg kamen er und seine Begleiter ums Leben.

Wissenschaft und Forschung

Die ▶ Industrielle Revolution war nur möglich geworden, weil viele Tüftler und Erfinder immerzu neue Verfahren entwickelten und unzählige Erfindungen machten. Mit ihren Beobachtungen und Experimenten versuchten sie, die Kräfte der Natur zu verstehen und technisch nutzbar zu machen. James Watt war nur einer von vielen. Im Laufe des 19. Jhs. gewann die Forschungstätigkeit von staatlich geförderten Institutionen wie den ▶ Universitäten und den neuen Technischen Hochschulen rasch an Bedeutung. Geforscht wurde nun in großem Stil, man förderte den Nachwuchs und richtete akademische Ausbildungsgänge ein. Auch die Privatwirtschaft investierte kräftig: In den großen Forschungslaboren der Industrie arbeiteten die größten Chemiker und Physiker der Zeit. Viele Menschen blickten voller Optimismus in die Zukunft. Die Entdeckung der Naturgesetze und die Erfindung

INFOBOX

Kluge Köpfe und bahnbrechende Erfindungen

Um die Jahrhundertwende wurden zahlreiche Erfindungen gemacht, die unser Leben heute noch prägen. George Eastman **(1)** entwickelte in den 1880er-Jahren den Rollfilm zur Abspeicherung von Fotos und die Kodak-Rollfilmkamera. Die Brüder Auguste und Louis Lumière **(2)** zeigten 1895 einen einminütigen Kinofilm – die ersten bewegten Bilder! Carl Benz **(3)** baute 1885 den ersten Kraftwagen. Die Physikerin und Chemikerin Marie Curie **(4)** brachte die Erforschung der Radioaktivität entscheidend voran. 1903 erhielt sie den Nobelpreis für Physik, acht Jahre später den Nobelpreis für Chemie. Wilhelm Conrad Röntgen **(5)** entdeckte 1895 die nach ihm benannten Röntgenstrahlen.

1

2

3

4

5

INFOBOX

Die Welt wird ausgestellt

Seit 1851 finden in unregelmäßigen Abständen Weltausstellungen statt. Auf ihnen wird die Öffentlichkeit mit den neuesten Entdeckungen und Erfindungen bekannt gemacht. Die erste Weltausstellung war ein gesellschaftliches Ereignis: Tausende von Neugierigen strömten in den eigens dafür geschaffenen Londoner Kristallpalast, um die letzten Errungenschaften in Technik und Wissenschaft zu bestaunen und fremde, exotische Welten kennenzulernen. Das gewaltige Gebäude aus Stahl, Eisen und Glas wurde zum Vorbild für zahlreiche Bahnhofsgebäude dieser Zeit. Als technisches Weltwunder feierte man auch den Eiffelturm, der 1889 zur Weltausstellung in Paris eingeweiht wurde. Der 300 Meter hohe Turm aus Eisen ist heute noch das Wahrzeichen der Stadt.

Otto Lilienthal war ein deutscher Ingenieur mit großen Visionen: Der Flugpionier flog mit seinen selbst gebauten Gleitflugzeugen bis zu 250 Meter weit.

neuer Technologien machten die Welt immer mehr dem Menschen Untertan.

1828 gelang die künstliche Herstellung eines natürlichen Stoffes, die Harnsäuresynthese. Aus Harnsäure konnte nun Kunstdünger hergestellt werden, dessen Einsatz die Erträge in der Landwirtschaft erheblich steigerte (▶Bevölkerungswachstum). Die chemische Industrie entwickelte Verfahren, um große Mengen von Bleichmitteln und Farben für die wachsende Textilindustrie künstlich herzustellen. Einen Riesenschritt bedeutete die Konstruktion der Dynamomaschine 1866 durch Werner von Siemens: Nun konnte man Elektrizität als Energiequelle nutzen, das war ähnlich revolutionär wie hundert Jahre zuvor die Erfindung der Dampfmaschine. Elektrische Geräte und Maschinen wurden gebaut und kamen ab den 1890er-Jahren in weiten Teilen der Industrie zum Einsatz. Für den Alltag erwies sich die Erfindung der Glühlampe durch Joseph Wilson Swan und Thomas Alva Edison 1879 als bahnbrechend: Die Zeit der flackernden Gaslampen war vorüber!

1876 entwickelte Nikolaus Otto den Viertaktmotor, auch »Ottomotor« genannt, für den Benzin als Treibstoff gebraucht wurde. Damit war die Grundlage für den Kraftfahrzeugbau geschaffen. Im gleichen Jahr wurde das Telefon erfunden. Bald wurden Kilometer von Telefonleitungen neben den Eisenbahngleisen verlegt: Sie symbolisierten neben der Revolution im Verkehrswesen auch die gewaltigen Fortschritte in der Kommunikation. 1900 staunten die Menschen, als das nach Ferdinand Graf Zeppelin benannte Luftschiff zum ersten Mal über ihre Köpfe hinwegflog. 1901 stieg Gustav Weißkopf mit der ersten motorisierten Flugmaschine in die Lüfte. 1903 flogen die Brüder Wright dann 255 Meter weit und wurden dafür weltberühmt. Grenzen des Fortschritts schien es keine mehr zu geben. ■

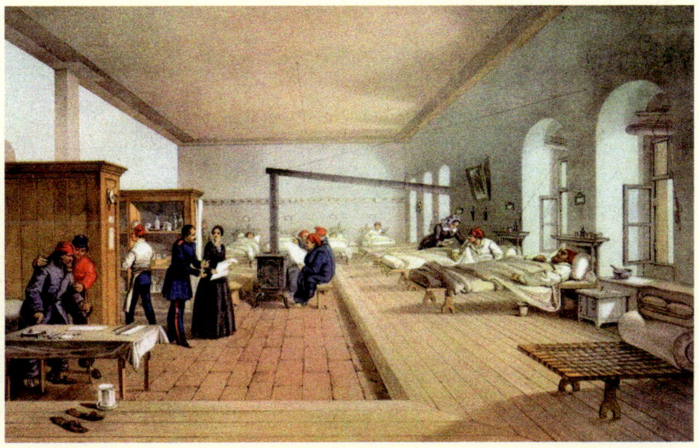

Das **Britische Museum** in London (links) ist das erste öffentliche Museum. Auch in den **Krankenhäusern** äußert sich der Fortschritt: Die Sterblichkeitsrate sinkt, vor allem wegen der verbesserten Hygieneverhältnisse (rechts ein Militärhospital).

Erster Weltkrieg und Zwanzigerjahre

In ganz Europa gehen die Lichter aus; zu unseren Lebzeiten werden wir sie nicht wieder angehen sehen.

Sir Edward Grey,
britischer Außenminister, 3. August 1914

Erster Weltkrieg und Zwanzigerjahre

Nach dem Rücktritt Bismarcks versuchte auch das Deutsche Kaiserreich, die letzten noch freien Gebiete in Übersee zu erwerben und sich so neben den großen Kolonialmächten wie Frankreich und Großbritannien einen »Platz an der Sonne« zu sichern. Dadurch machte man sich viele Feinde. Überdies kam es zwischen den Deutschen und den Briten zu einem Wettstreit darum, wer die stärkste Flotte hatte.

Die Ermordung des österreichischen Thronfolgers war schließlich der Auslöser für einen Krieg, den so niemand erwartet hatte. Der Erste Weltkrieg dauerte über vier Jahre und kostete mehr als 10 Millionen Menschen das Leben. Er wird als die »Urkatastrophe des 20. Jahrhunderts« bezeichnet. Nach Kriegsende sah die europäische Landkarte ganz anders aus: Deutschland hatte große Gebiete verloren, Österreich-Ungarn war aufgelöst, neue Staaten wie Jugoslawien und die Türkei waren entstanden. Das Russische Zarenreich wurde beseitigt. Es entstand der erste kommunistische Staat der Welt. Wirtschaftliche und politische Krisen erschwerten den demokratischen Neuanfang in den Nachkriegsgesellschaften und führten schließlich in einigen Ländern zur Errichtung von Diktaturen.

Imperialismus
Kriegsausbruch
Novemberrevolution
Oktoberrevolution
Versailler Vertrag
Weimarer Republik
Weltkrieg
Weltwirtschaftskrise
Zwanzigerjahre

Die europäischen Kolonialmächte haben fast die ganze Welt unter sich aufgeteilt	**um 1900**
Ermordung des österreichischen Thronfolgers und seiner Frau (Auslöser des Ersten Weltkriegs)	**28. Juni 1914**
Beginn des Ersten Weltkriegs	**28. Juli 1914**
Februarrevolution in Russland, Zar Nikolaus II. dankt ab	**1917**
Kriegseintritt der USA	**6. April 1917**
Oktoberrevolution in Russland	**25./26. Oktober 1917**
Ausrufung der Republik in Deutschland, Ende des Kaiserreichs	**9. November 1918**
Unterzeichnung des Waffenstillstands, Ende des Ersten Weltkriegs	**11. November 1918**
Weimarer Republik	**1918/19–1933**
Einführung des Frauenwahlrechts in Deutschland	**1918**

Friedrich Ebert wird zum Reichspräsidenten gewählt	**11. Februar 1919**
Gründung des Völkerbunds	**28. April 1919**
Unterzeichnung des Versailler Vertrages	**28. Juni 1919**
Kapp-Putsch: fehlgeschlagener Putschversuch gegen die Berliner Regierung	**13.–17. März 1920**
Inflation in Deutschland	**1923**

Putschversuch unter der Führung von Hitler und General Ludendorff	**8./9. November 1923**
Lenin stirbt, Stalin festigt seine Macht	**1924**
Die Locarnoverträge führen zur Integration Deutschlands in den Völkerbund und zur deutsch-französischen Entspannung	**5.–16. Oktober 1925**
Ein Börsenkrach in New York löst die Weltwirtschaftskrise aus	**24./25. Oktober 1929**
Sturz der letzten vom Parlament getragenen Regierung	**27. März 1930**
Höhepunkt der Weltwirtschaftskrise	**1932**

Der **Kaiser** spricht nach Kriegsausbruch zur Menge: »Wenn es zum Kampf kommt, hört jede Partei auf, wir sind nur noch deutsche Brüder.«

INFOBOX

Warum verhinderte man den Krieg nicht?

Alle Seiten schätzten die Risiken eines Krieges falsch ein und bemühten sich kaum, ihn zu verhindern: Nach 50 Jahren Frieden dachte man, ein kurzer Feldzug würde ausreichen, um zu gewinnen. Deshalb legte man im Kaiserreich auch keinerlei Kriegsvorräte an: So gingen z. B. schon kurz nach Kriegsbeginn die Salpetervorräte aus, mit denen man Munition herstellte.

Imperialismus

Im späten 19. und frühen 20. Jh. versuchten die europäischen ▶Großmächte, die USA und Japan, ihr Territorium zu einem Großreich, einem »Imperium«, zu erweitern: Sie vereinnahmten andere Teile der Erde und beuteten diese ohne Rücksicht auf die einheimische Bevölkerung aus. Zwar waren die europäischen Staaten schon lange auf diesen Kontinenten vertreten, sie hatten ▶Handelskompanien eröffnet und ▶Kolonien gegründet, aber nun gingen sie noch weiter: Die Gebiete wurden dem jeweiligen Mutterland »einverleibt«, ihre Bewohner »zivilisiert«. In den Überseegebieten wollte man Rohstoffe abbauen und dafür später eigene Produkte dorthin verkaufen. Die Menschen in den »Mutterländern« waren fest davon überzeugt, dass man die »Wilden« erziehen müsse. Die Kolonialherren hielten die Einheimischen für minderwertig und erwarteten von ihnen absoluten Gehorsam. Wie selbstverständlich ließ man Afrikaner für sich arbeiten und schlug Widerstände mit Gewalt nieder. Um 1900 hatten die Imperialmächte im Wettlauf fast alle Gebiete Asiens und Afrikas unter sich aufgeteilt und kolonisiert. Der Anspruch des ▶Deutschen Kaiserreichs auf einen gleichberechtigten »Platz an der Sonne« konnte deshalb nicht mehr verwirklicht werden. ■

Kriegsausbruch

Seit 1900 war die Lage in Europa angespannt: Die europäischen ▶Großmächte rivalisierten um die Vormacht in Europa und in der Welt, sie rüsteten ihre Flotten und Heere auf und vertraten lauthals ihre Ansprüche. Als am 28. Juni 1914 ein serbischer Attentäter in Sarajevo den Thronfolger Österreich-Ungarns ermordete, verschärfte sich die Lage: Deutschland sicherte seinem Bündnispartner Österreich-Ungarn Unterstützung für einen Krieg gegen Serbien zu und löste damit die »Julikrise« aus, denn Serbien wurde von Russland unterstützt, das wiederum mit Frankreich und Großbritannien verbündet war. Als Österreich-Ungarn Serbien am 28. Juli tatsächlich den Krieg erklärte, löste dies eine Kettenreaktion von Kriegserklärungen aus. Der Krieg erfasste zum ersten Mal in der Geschichte fast alle Kontinente und Weltmeere und wurde zu einem ▶Weltkrieg, der über vier lange Jahre dauerte. ■

Schüler und Studenten kannten die Schrecken des Krieges nicht aus eigener Erfahrung und meldeten sich begeistert zur Front (links). Die **ältere Generation** reagierte verhaltener. Ein Junge trägt die Ausrüstung seines einberufenen Vaters (rechts).

Novemberrevolution

Als der Krieg aussichtslos geworden war, forderte die deutsche Oberste Heeresleitung am 29. September 1918 die sofortigen Waffenstillstandsverhandlungen mit den Kriegsgegnern. Damit wollte sie der politischen Führung die Schuld für die Niederlage geben. Doch die Verhandlungen mit den USA zogen sich in die Länge und die Kämpfe gingen weiter. Am 28. Oktober erhielten die Matrosen den unsinnigen Befehl, die englische Flotte anzugreifen. Daraufhin kam es zur Meuterei auf den Schiffen: »Totschießen lassen wir uns nicht mehr«, schrieb einer von ihnen.

In den Betrieben solidarisierten sich die ▶ Arbeiter mit den Matrosen und streikten, es kam zu Massendemonstrationen. Die Menschen wollten endlich Frieden! In allen großen Städten bildeten sich sogenannte Arbeiter- und Soldatenräte. Der Aufstand entwickelte sich zur Revolution und erreichte die Hauptstadt. Selbst die Flucht des Kaisers nach Holland vermochte die Demonstranten nicht zu befrieden. Am 9. November rief der sozialdemokratische Reichstagsabgeordnete Philipp Scheidemann die erste »Deutsche Republik« aus und zwei Tage später, am 11. November, wurde der Waffenstillstand erklärt.

Überall im Deutschen Reich bilden sich **Arbeiter- und Soldatenräte**. Das Schild »Brüder! Nicht schießen!« gilt den Soldaten, die eigentlich die Menge mit Gewalt auseinandertreiben sollen.

Ein Teil der Aufständischen, die Spartakisten wollten jedoch eine Diktatur der Räte nach dem Vorbild der Bolschewiki (▶ Kommunismus) errichten. Sie zettelten einen Aufstand an, der die Wahlen zur Nationalversammlung verhindern sollte. Doch die neue sozialdemokratische Übergangsregierung ließ den Aufstand durch rechte Truppen, die »Freikorps«, niederschlagen. Die Wahlen zur Nationalversammlung fanden am 19. Januar statt. Die Abgeordneten verabschiedeten eine neue parlamentarische Verfassung und begründeten damit die ▶ Weimarer Republik. ■

BIOGRAFIE

Friedrich Ebert

Der langjährige Vorsitzende der SPD stammte aus einer einfachen Handwerkerfamilie. In der Revolutionsregierung nahm er eine führende Rolle ein. Dann war er von 1919 bis 1925 der erste Reichspräsident der Weimarer Republik. Während der Novemberrevolution trat Ebert entschieden für Wahlen zu einer Nationalversammlung ein, die dann über die Zukunft des Landes entscheiden sollte. Ebert war ein politischer Realist, der versuchte die verschiedenen Interessen von Arbeiterschaft und Bürgertum zu vereinbaren. Die linken SPD-Mitglieder lehnten diese Kompromisshaltung ab, weil für sie der Sozialismus wichtiger war als die Demokratie. Viele warfen ihm vor, dass er in der Novemberrevolution mit dem Militär einen Pakt eingegangen war, um die Ordnung im Land wiederherzustellen. Viele Konservative akzeptierten aus Arroganz nicht, dass jemand, der aus einfachen Verhältnissen stammte, das höchste Staatsamt bekleidete.

Hunderte von **Matrosen** verlassen nach der Befehlsverweigerung die Schiffe und demonstrieren im Hafen von Wilhelmshafen.

In Russland galt ein anderer Kalender. Deshalb fand der **Sturm auf den Regierungssitz** – das Winterpalais, hier in einer Filmszene – nach unserer Zeitrechnung am 7. November statt und nicht am 25. Oktober.

Oktoberrevolution

Das Russische Zarenreich war ein sehr rückständiges Land. 80 Prozent der Bevölkerung waren besitzlose ▶Bauern, die für Großgrundbesitzer arbeiteten oder Arbeit in den neuen Industriezentren Petrograd und Moskau suchten. Der dritte Kriegswinter (▶Weltkrieg) war besonders hart, die Menschen litten unter den Entbehrungen des Krieges, vor allem unter Hunger. Im Februar 1917 kam es deswegen zu Streiks und Massendemonstrationen in den großen Städten. Die Massen stürmten die Waffenlager und den Sitz der gefürchteten Geheimpolizei – Zar Nikolaus II. dankte ab. Diese »Februarrevolution« beendete das jahrhundertealte Zarenreich.

Danach kam es zu einer Doppelherrschaft: Die »Duma«, das russische Parlament, setzte eine »Provisorische Regierung« ein, die eine parlamentarische Demokratie einführen und den Krieg fortsetzen wollte. Aber auch eine andere Gruppierung beanspruchte die Macht für sich: die »Sowjets« waren Arbeiter, Bauern- und Soldatenräte, die sich während der Unruhen gebildet hatten. Ihre Anhänger demonstrierten gegen den Krieg und lieferten sich Straßenschlachten mit den Regierungstruppen. Zu ihnen gehörte auch die Partei der radikalen Bolschewiki, die unter ihrem Anführer Lenin eine sozialistische Diktatur errichten wollte. Es kam zur zweiten Revolution, der Oktoberrevolution: In der Nacht vom 25. zum 26. Oktober verhafteten die Revolutionäre die Regierung. Schon am nächsten Tag wurden per Gesetz die Großgrundbesitzer enteignet. Dem deutschen Kriegsgegner bot man gegen Gebietsabtritte den sofortigen Friedensschluss an. In Russland – ab nun »Sowjetrepublik« – fand in den darauffolgenden Jahrzehnten eine fundamentale gesellschaftliche Umwälzung statt, die die Besitzverhältnisse und die Produktionsweisen revolutionierte und Millionen Menschen das Leben kostete (▶Kommunismus). ■

BIOGRAFIE

Lenin

Lenin war der führende Theoretiker der Revolution. In Anlehnung an Marx und Engels (▶Arbeiterbewegung) wollte er einen von den Räten geführten Staat errichten. In diesem Sowjetstaat sollten die Großgrundbesitzer enteignet, der Boden an die Bauern verteilt werden. Alle politischen und wirtschaftlichen Entscheidungen fällte eine kleine Führungsgruppe, ganz Russland sollte in einem Kraftakt modernisiert werden. Auf die Frage, was Kommunismus sei, antwortete Lenin: »Das ist Sowjetmacht plus Elektrifizierung des ganzen Landes.« Sein Regierungssystem konnte sich von Anfang an nur mit Gewalt und Terror behaupten.

BIOGRAFIE

Zar Nikolaus II.

Der russische ▶Kaiser, Zar Nikolaus II., war für die meisten Russen bis zum »Petersburger Blutsonntag« am 9. Januar 1905 ein fast väterlicher Herrscher. An diesem Tag wollten ▶Arbeiter ihm eine Bittschrift übergeben, in der sie ihre Lage beklagten. Der Zar ließ auf die Demonstranten schießen, etwa 1000 Menschen starben. Daraufhin kam es zum Aufstand und Nikolaus II. sah sich gezwungen, erstmalig eine – wenn auch schwache – Volksvertretung, die »Duma«, zuzulassen. Er behielt dennoch das Sagen in Russland. In der Oktoberrevolution nahmen die Bolschewiki den Zaren (im Bild mit der Zarin) und seine Familie gefangen. Während des Bürgerkriegs ermordeten sie sie.

Angehörige aller sozialen Schichten und Gruppen demonstrierten gegen den »ungerechten **Versailler Vertrag**« (links). Im Rahmen der **Reparationsleistungen** musste Deutschland riesige Maschinen abbauen und an Frankreich liefern.

Versailler Vertrag

Nach dem Ende des Ersten ▶ Weltkriegs wurde am 28. Juni 1919 in Versailles bei Paris ein Vertrag zwischen den Siegern und den Besiegten geschlossen. Eigentlich kann man von einem Vertrag aber gar nicht sprechen: Die Verlierer mussten unterschreiben, was die Sieger ihnen vorlegten. Die Konditionen des 440 Artikel langen Vertrages waren hart: Deutschland musste große Gebiets- und Bevölkerungsverluste hinnehmen. Im Heer durften höchstens 100 000 Soldaten verbleiben. Vor allem aber wurde Deutschland dazu verpflichtet, enorme Reparationen zu zahlen: Die Siegermächte verlangten, dass der Verlierer für alle ihre Kriegskosten aufkommen sollte. Dass die Reparationsforderungen in dieser Höhe schlichtweg unerfüllbar waren, sagte selbst einer der führenden englischen Wirtschaftsexperten dieser Zeit. Außerdem – und das war moralisch schwer erträglich – sollte Deutschland die alleinige Schuld für den Krieg auf sich nehmen.

Der Versailler Vertrag wurde von fast allen Deutschen und allen Parteien als große Ungerechtigkeit und als Schmach empfunden: »Welche Hand müsste nicht verdorren, die sich und uns in diese Fesseln legt?«, so formulierte es der Reichskanzler Philipp Scheidemann. Aber die Lage war ausweglos, es gab keinen Verhandlungsspielraum für die sozialdemokratische Regierung, weil Deutschland sonst möglicherweise von feindlichen Truppen besetzt worden wäre. Für die ▶ Weimarer Republik wurde der Versailler Vertrag zu einer schweren Belastung. ■

INFOBOX

Die »Dolchstoßlegende«

Die »Dolchstoßlegende« wurde vom Militär verbreitet: Es behauptete wider besseres Wissen, die Armee sei »von hinten erdolcht« worden (Bild): Der Krieg sei verloren gegangen, weil die Sozialdemokraten in der Heimat zu Streiks aufgerufen und dadurch die Versorgung an der Front unterbrochen hätten.

So sah **Deutschland nach dem Ersten Weltkrieg** aus. Insgesamt wurden vom Reichsgebiet rund 70 000 km² mit 7,3 Mio. Menschen abgetrennt.

INFOBOX

Aus dem Krieg lernen: der Völkerbund

Während des Ersten ▶ Weltkriegs griff der amerikanische Präsident Wilson die alte Idee eines »Weltgerichts« auf: Anstatt blutige Krieg zu führen, sollten die Länder sich zur Sicherung des Weltfriedens in einem Völkerbund zusammenschließen und Konflikte friedlich verhandeln. Der Völkerbund existierte von 1919/20 bis 1946. Deutschland trat ihm 1926 bei. Die USA selbst wurden allerdings nicht Mitglied. Auch der Zweite Weltkrieg konnte nicht verhindert werden. Heute sind die ▶ Vereinten Nationen (UNO) der Nachfolger des Völkerbunds.

Die Abgeordneten der **Nationalversammlung** tagten im Februar 1919 im Weimarer Nationaltheater.

Weimarer Republik

Die Weimarer Republik war die erste ▶Demokratie in Deutschland. Sie existierte nur 14 Jahre und ihr Scheitern im Jahr 1933 gehört zu den weltbewegenden Katastrophen der Geschichte. Ohne dieses Scheitern hätte es keinen Hitler als Reichskanzler, keinen Zweiten Weltkrieg und auch keinen ▶Holocaust gegeben. Millionen Menschen wären am Leben geblieben. Das Schicksal der Weimarer Republik hat daher bis heute immer wieder die ▶Geschichtsschreibung beschäftigt.

Schon die Ausarbeitung der Verfassung, die wegen der Unruhen (▶Novemberrevolution) nicht in Berlin, sondern in der Kleinstadt Weimar stattfand, stand unter keinem guten Stern: Die SPD verfolgte das Ziel, Deutschland die freiheitlichste Verfassung der Welt zu geben. Die Macht wurde daher bei den Verfassungsorganen konzentriert, die vom Volk direkt gewählt wurden – beim Reichstag und beim Reichspräsidenten. Zusätzlich waren Volksabstimmungen vorgesehen und das Wahlrecht wurde so demokratisch gestaltet, dass auch kleine Splitterparteien Sitz und Stimme im Parlament erhielten. Der alte Obrigkeitsstaat sollte so restlos überwunden werden. Dies war zwar gut gemeint, konnte aber in Krisenzeiten gewaltige Probleme heraufbeschwören. Denn was sollte geschehen, wenn sich das Volk als politisch »unreif« erwies und das Parlament handlungsunfähig wurde? 1919 hatte man diese Frage verdrängt und vertraute ganz einfach darauf, dass das deutsche Volk mit seinen Freiheitsrechten vernünftig umgehen werde.

Solcher Optimismus schien zunächst nicht unbegründet: Bei den Wahlen zur Nationalversammlung erhielten 1919 die drei wichtigsten demokratischen Parteien, SPD, Zentrum und Deutsche Demokratische Partei (DDP), eine deutliche Mehrheit. Doch bereits 1923 erfolgte der erste große Schock: Angesichts eines hoffnungslos verschuldeten Reichshaushalts kam es zur Inflation – der Kurs der Mark fiel ins Bodenlose. Da die Bauern ihre Waren nicht mehr verkaufen wollten, gerieten vor allem die Städte in eine ernste Versorgungskrise. Jedes zweite Kind war unterernährt.

LEBEN DAMALS

Endlich dürfen auch die Frauen wählen

Jahrelang hatten sie dafür in der ▶Frauenbewegung gekämpft. Nun durften die Frauen endlich, was uns heute normal erscheint: wählen und gewählt werden. Für viele Männer – und Frauen! – war die Einführung des Frauenwahlrechts eine Zumutung. Manche behaupteten sogar, Frauen seien schlichtweg »zu dumm«, um eine politische Meinung zu haben.

BIOGRAFIE

Gustav Stresemann

Stresemann war nach einer kurzen Zeit als Reichskanzler von 1923 bis 1929 deutscher Außenminister. Er prägte die Politik dieser Jahre so stark, dass man von der »Ära Stresemann« spricht. Es gelang ihm weitgehend, Deutschland wieder zu einem gleichberechtigten Land in Europa zu machen und die Beziehungen zu den Nachbarn zu verbessern. Gekrönt wurde seine Außenpolitik durch die Aufnahme Deutschlands in den Völkerbund 1926. Im gleichen Jahr wurde ihm der Friedensnobelpreis verliehen.

INFOBOX

Anschläge auf die junge Demokratie

Attentate, Putschversuche und kommunistische Arbeiteraufstände belasteten die Anfangsjahre: Bis 1922 gab es über 350 politische Morde, meist von rechtsradikalen Organisationen verübt. 1919 töteten Freikorpssoldaten die Anführer des Spartakusbundes Karl Liebknecht **(1)** und Rosa Luxemburg **(2)**. Auch Matthias Erzberger **(3)**, der den verhassten Waffenstillstand unterschrieben hatte, und der jüdische Außenminister Walther Rathenau **(4)** wurden ermordet. 1920 und 1923 scheiterten zwei Putschversuche von Rechtsradikalen.

Menschen warten vor einem Kaufhaus: Während der **Inflation** musste man sein Geld so schnell wie möglich in Sachwerten anlegen.

Die größten Opfer hatte der Mittelstand zu beklagen. Wer sein Leben lang gespart hatte, wurde nun über Nacht bettelarm. Die ungeheure Summe von 200 Milliarden Goldmark ging in der Inflation unwiderruflich verloren. dass es gerade die »Anständigen« waren, die in der Demokratie unter die Räder kommen, darin bestand für viele Zeitgenossen die traurige Lehre der Inflation.

Je mehr Wähler sich enttäuscht von der politischen Mitte abwandten, desto instabiler wurde das politische System. In den zehn Jahren zwischen 1919 und 1929 erlebte man das Kommen und Gehen von 15 Regierungen. Nur fünf davon besaßen das von der Verfassung eigentlich vorgeschriebene Vertrauensvotum. Stabile Regierungen blieben in Deutschland auch in den ▶Zwanzigerjahren die Ausnahme. Vielen erschien die Republik wie ein Tollhaus. Wer von der Politik nichts mehr erwartete, gab sich lieber den Vergnügungen des Tages hin: Besonders das Leben im »lasterhaften Berlin« mit Kabaretts und Tanzlokalen, Nacktrevuen und Glücksspiel war berüchtigt. Doch die neuen Freiheiten bildeten nur die Kehrseite einer Zukunftsangst, die alle Schichten erfasste und die sich auch in Geburtenrückgang und hohen Selbstmordraten niederschlug.

Als die ▶Weltwirtschaftskrise 1932 jeden dritten erwerbsfähigen Deutschen arbeitslos machte und die alltägliche Sorge um die eigene Existenz das Denken beherrschte, schlug das Gefühl der Hoffnungslosigkeit in eine radikale Proteststimmung um. Bei den »Katastrophenwahlen« vom 31. Juli 1932 gelang der Partei Hitlers ein beispielloser Erdrutschsieg. Als mit Abstand stärkste Partei (37,3 %) war sie fortan bei der Suche nach einer parlamentarischen Mehrheitsbildung nicht mehr zu umgehen. Als Ausweg aus der Staatskrise blieb am Ende nur noch eine auf den Reichspräsidenten gestützte Diktatur der Reichswehr. Aus Furcht vor einem dann möglichen Bürgerkrieg entschied man sich jedoch für das vermeintlich kleinere Übel: die Beteiligung der NSDAP an der Macht am ▶30. Januar 1933 (▶Nationalsozialismus). ■

LEBEN DAMALS

Bitterarme Milliardäre: die Inflation

Die Republik war schwer verschuldet und ließ ständig neues Geld drucken. Dadurch wurde die Mark immer weniger wert. Auf dem Höhepunkt der Inflation, im November 1923, kostete ein Brot 201 000 000 000 Mark. Kurz darauf wurde die alte Mark durch die neue Reichsmark abgelöst. Die Inflation war für die Menschen eine traumatische Erfahrung: Das Geld, das man über Jahre gespart hatte, war von heute auf morgen wertlos geworden.

George Grosz malte in seinem Bild die **»Stützen der Gesellschaft«**: Militärs, Richter und Journalisten zeigte er als dumpfe Antidemokraten, getragen vom Segen eines Geistlichen.

In der französischen Stadt **Verdun** (links) fand eine der größten »Materialschlachten« des Ersten Weltkriegs statt. Besondere Angst hatten die Soldaten davor, durch **Giftgas** zu erblinden oder zu ersticken (rechts).

Weltkrieg

Der Erste Weltkrieg von 1914 bis 1918 war ein Krieg, wie ihn die Menschen noch nicht erlebt hatten. Er gilt als die »Urkatastrophe des 20. Jahrhunderts«. Im Gegensatz zu den früheren militärischen Auseinandersetzungen standen sich Millionenheere an kilometerlangen Fronten jahrelang gegenüber. Auf der einen Seite kämpften das ▶Deutsche Kaiserreich und Österreich-Ungarn – auch »Mittelmächte« genannt – auf der anderen Frankreich, England, Russland und später auch die USA. Die sogenannte Entente war den »Mittelmächten« an Menschen und Material weit überlegen. Dafür hielten die Truppen des Kaiserreichs erstaunlich lange durch: Der Verlauf der Fronten veränderte sich während des gesamten Krieges nur wenig. Die »Mittelmächte« stießen zwar zu Beginn weit nach Westen vor, blieben dann aber stecken. Je länger der Krieg dauerte, umso deutlicher wurde, dass nicht Mut oder Tapferkeit der Soldaten über Sieg und Niederlage entschieden, sondern die Wirtschaftskraft der jeweiligen Seite. Alle am Krieg beteiligten Länder stellten fast ihre gesamte Produktion auf Kriegswirtschaft um. Siegen konnte nur die Seite, die die andere an Waffen- und Munitionsproduktion übertraf.

Neue Waffen kamen zum Einsatz: Die Soldaten verschanzten sich in Laufgräben, die dank der neuen Maschinengewehre für Angreifer nahezu unüberwindbar wurden. Flugzeuge kundschafteten die gegnerische Front aus und bombardierten feindliche Linien, Industrieanlagen und auch schon zivile Ziele. Gegen Ende des Krieges kamen erstmals Panzer zum Einsatz. Große Gebiete in Nordfrankreich wurden vollkommen verwüstet. Mit dem Kriegseintritt der USA im April 1917 verfügte die »Entente« über riesige Materialvorräte und eine Wirtschaftskraft, die die »Mittelmächte« nicht mehr erreichen konnten. Im November 1918 schwiegen endlich die Waffen an allen Fronten. Etwa 10 Mio. Menschen hatten ihr Leben verloren, 13 Mio. wurden verletzt.

Der Krieg brachte einschneidende politische Veränderungen mit sich: Die USA begannen mit ihrem Kriegseintritt, in Europa Einfluss zu nehmen und Weltpolitik zu betreiben. Das russische Zarenreich verschwand und Russland wurde zum ersten kommunis-

LEBEN DAMALS

Die Grauen des Stellungskriegs

Während der Somme-Schlacht starben innerhalb eines Sommers insgesamt 1 Mio. Menschen. Die Soldaten verharrten über Monate in den schlammigen Schützengräben, wo sie auch kochten und schliefen. Wenn die eine Seite ihr »Trommelfeuer« mit Maschinengewehren und Granaten begann, musste sich die andere in den unsicheren Bunkern verschanzen. Dann folgten Sturmangriffe, die Tausende das Leben kosteten, aber nichts bewirkten, weil das gewonnene Gebiet nach kurzer Zeit wieder zurückerobert wurde. Besonders zermürbend waren die langen Pausen zwischen den Angriffen und die quälende Frage, ob das Grauen je ein Ende finden würde.

1914 meldeten sich viele Abiturienten als **Kriegsfreiwillige**, weil sie in dem Einsatz an der Front ein großes Abenteuer erblickten.

Im Ersten Weltkrieg setzte man erstmals **Flugzeuge** ein.

tischen Land der Welt (▶Oktoberrevolution, ▶Kommunismus). Aus der deutschen Monarchie wurde eine ▶Demokratie, die allerdings von Anbeginn mit großen Problemen zu kämpfen hatte (▶Weimarer Republik), die Doppelmonarchie Österreich-Ungarn zerfiel.

Sieger und Besiegte waren vom Krieg traumatisiert. Viele Deutsche wurden nach vier Kriegsjahren von der Niederlage überrascht, weil ihre Truppen immer noch weit im »Feindesland« standen. Die Franzosen gehörten zwar zu den Siegern, waren sich aber bewusst, dass sie ohne fremde Unterstützung früher oder später wahrscheinlich von Deutschland besiegt worden wären. Diese erschreckende Erfahrung war ein wichtiger Grund dafür, dass Frankreich versuchte, Deutschland mithilfe der extremen Bestimmungen des ▶Versailler Vertrags militärisch und wirtschaftlich zu schwächen. Die harten Vertragsbedingungen wiederum stärkten die Kräfte in Deutschland, die schon immer gesagt hatten, dass man sich nur mit militärischer Kraft als Großmacht behaupten könne. Liberale Stimmen, die einen Verständigungsfrieden befürwortet hatten, mussten sich als widerlegt betrachten. Das politische Programm der NSDAP (▶Nationalsozialismus) stellte in großen Teilen eine Reaktion auf die Erfahrungen des Ersten Weltkriegs dar. ■

Die **Friedhofskirche** von Verdun gleicht einer Handgranate. Tausende von Gefallenen ruhen hier.

QUELLE

Ein Feldpostbrief

Im August 1918 schrieb ein Soldat an seine Frau: »Mein Essnapf ist eine alte Konservenbüchse, meinen Trinkbecher habe ich auf dem Müllhaufen, meinen Löffel auf der Landstraße gefunden ... Es sind dieses meine ersten Kriegserlebnisse. Aber was es auf der Welt Schreckliches gibt, habe ich gesehen und gekostet. Ich bin durch Artillerie-Sperrfeuer gelaufen, habe Gas geschluckt, bin durch Trommelfeuer zermürbt worden. Maschinengewehrkugeln sausten um mich und mancher Infanterist hat mich aufs Korn gehabt. Ich habe Verwundete gesehen, Tote, die zur Unkenntlichkeit verstümmelt waren. Schreckliches, abermals Schreckliches. (...) Glaube mir, diese wenigen Worte können nichts sagen von den wahren, furchtbaren Leiden.«

An der unwegsamen **Alpenfront** kam es zu erbitterten Kämpfen zwischen den italienischen und den österreichischen Truppen.

INFOBOX

Die USA greifen ein

Die USA unterstützten die »Entente« zunächst nur mit Geld und Kriegsmaterial. Als deutsche U-Boote im Februar 1917 auch unbewaffnete Handelsschiffe aus neutralen Staaten angriffen, betrachteten die USA dies als Bruch des Völkerrechts und erklärten Deutschland am 6. April 1917 den Krieg. Damit war der Krieg für Deutschland und seine Verbündeten verloren.

Weltwirtschaftskrise

In den ▶Zwanzigerjahren waren die USA die weltweit führende Wirtschaftsmacht. Nach den Kriegsjahren (▶Weltkrieg) hatten die Menschen viel aufzuholen und konsumierten in Massen. Die Firmen konnten ihre Produktion für den amerikanischen Markt und für das Ausland fast verdoppeln. Aber dann kam es 1928 zu Absatzschwierigkeiten: Viele Produkte wurden nun nicht mehr gekauft, weil die Menschen sie nicht mehr brauchten – der Markt war nach dem Wirtschaftsboom gesättigt. Zahlreiche Firmen produzierten weniger und mussten Arbeiter entlassen; etliche Betriebe wurden ganz geschlossen. Weil die Firmen weniger verkauften und weniger verdienten, sanken auch ihre Aktienkurse. Am 24. Oktober folgte ein dramatischer Einbruch an der ▶Börse, ein »Börsenkrach«, der weitere nach sich zog und aus der amerikanischen eine weltweite Wirtschaftskrise machte.

Deutschland traf es besonders schwer: Die deutsche Wirtschaft war in den vorangegangenen Jahren mithilfe amerikanischer Kredite kräftig angekurbelt worden. Diese Kredite wurden nun zurückgezogen. Tausende von Firmen gingen bankrott und viele Menschen verloren ihre Arbeit. In den Städten bildeten sich lange Warteschlangen vor den Arbeitsämtern und auch vor öffentlichen Küchen, die Essen an Bedürftige ausgaben. Zu der plötzlichen Armut kam für viele Menschen das noch schlimmere Gefühl hinzu, die eigene Familie nicht mehr selbst ernähren zu können.

Im Januar 1932 war die Krise auf ihrem Höhepunkt. Überall ging die Angst um, arbeitslos zu werden. Die Weltwirtschaftskrise, die Massenarbeitslosigkeit und die allgemeine Verunsicherung waren in Deutschland ein wichtiger Grund dafür, dass die Menschen sich radikalen Bewegungen wie der NSDAP zuwandten, die versprachen, dass mit ihnen wieder »Ordnung« einkehren werde (▶Nationalsozialismus). ■

Berliner Schulkinder bei der **Essensausgabe**.

In Australien durften die Menschen wöchentlich nur winzige Mengen ihres eigenen Geldes abheben: Eine **Schlange** von Sparern wartet vor einer Bank.

LEBEN DAMALS

Der »Schwarze Freitag«

Nach sechs Jahren ständiger neuer Höchstkurse kam es am Donnerstag, dem 24. Oktober 1929 zu einem heftigen Kursrutsch an der New Yorker ▶Börse. Die Aktienbesitzer wurden nervös und versuchten, ihre Papiere so schnell wie möglich zu verkaufen, um ihre enormen Gewinne zu sichern. Das führte zu einer Kette von Kursstürzen, durch die viele Menschen ihr gesamtes Vermögen verloren. Wer im September 1929 Aktien gekauft hatte, musste 25 Jahre warten, bis seine Verluste ausgeglichen waren! Da der Börsenkrach Europa erst am nächsten Tag erschütterte, ging er als »Schwarzer Freitag« in die Geschichte ein.

Seine Überquerung des Atlantiks war eine Sensation: Allein und ohne Zwischenstopp flog **Charles Lindbergh** mit der »Spirit of Saint Louis« in 33 ½ Stunden von New York bis nach Paris.

QUIZBOX

Was wurde in den USA ab 1919 ausgiebig geschmuggelt?

1. Diamanten
2. Alkohol
3. Seidenkrawatten

Antwort 2: In den USA wurden Herstellung, Transport und Verkauf von Alkohol verboten. Diese »Prohibition« diente dem Schutz der Bevölkerung und galt bis 1933, in manchen Bundesstaaten auch länger.

Zwanzigerjahre

Nach den Entbehrungen und Verlusten des Ersten ▶ Weltkriegs sehnten sich die Menschen vor allem nach Wohlstand und Normalität. In den USA gab es direkt nach Kriegsende einen rasanten Aufschwung der Wirtschaft. Die New Yorker ▶ Börse »boomte«. Die meisten Amerikaner verdienten gut und konnten ihr Geld direkt investieren: Waschmaschine, Staubsauger und Kühlschrank wurden nun für viele erschwinglich. Insbesondere ein Gegenstand wurde zum Symbol des neuen Wohlstands: Dank der neuen Produktion am Fließband und der günstigen Preise konnten sich zahlreiche amerikanische Familien ihr erstes Auto kaufen. Zum ersten Mal hatte man auch das Geld und die Muße, um seine Freizeit zu genießen: Die Menschen gingen viel aus und vergnügten sich am Wochenende in den ersten Kinos, Tanzlokalen und Theatern. Hollywood entwickelte sich zur Traumfabrik. Man machte Urlaub und trieb Sport. Diese Zeit des Wohlstands und des ungezügelten Optimismus wird als die »Goldenen« oder »Wilden« Zwanziger bezeichnet. Bedingt durch die wirtschaftliche Lage setzte dieser Trend in Europa etwas später ein: Berlin, London, Paris und andere europäische ▶ Großstädte wurden zu schillernden Kulturmetropolen mit einem regen Nachtleben in Filmpalästen, Kabaretts und Jazzlokalen. Die »Goldenen Zwanziger« fanden 1929 mit der ▶ Weltwirtschaftskrise ein abruptes Ende. ■

Blick in ein **Tanzlokal** (links). **»Die tolle Lola«** war ein beliebter Film der Zeit (Mitte). Hollywoodstars wie die »Dodge-Sisters« verkörperten mit ihrem selbstbewussten Auftreten die **moderne Frau** (rechts).

Dreißigerjahre und Zweiter Weltkrieg

Wider meinen Willen bin ich Zeuge geworden der furchtbarsten Niederlage der Vernunft und des wildesten Triumphes der Brutalität innerhalb der Chronik der Zeiten ...

Stefan Zweig,
deutscher Schriftsteller, 1941

Dreißigerjahre und Zweiter Weltkrieg

Nach dem Ersten Weltkrieg hatte man in Europa große Hoffnungen in die Demokratie gesetzt. Diese aber blieben unerfüllt: Politische und wirtschaftliche Krisen prägten die 20er-Jahre. Die Bevölkerung verlor nach und nach das Vertrauen in die demokratischen Parteien. Dagegen erhielten Bewegungen wie der Kommunismus und der Nationalsozialismus starken Zulauf, da sie ihren Anhängern eindeutige Feindbilder anboten und einen radikalen Neubau von Staat und Gesellschaft versprachen. In den 30er-Jahren gewannen die totalitär regierten Diktaturen rasch an Macht. Viele Deutsche nahmen zuerst gar nicht wahr, wie radikal das neue nationalsozialistische Regime die Freiheit und Rechtssicherheit beschnitt, weil seine Wirtschafts- und Außenpolitik zunächst sehr erfolgreich war.
Die nationalsozialistische Forderung nach neuem »Lebensraum im Osten«, die man mit radikalen Rassenlehren begründete, führte schließlich in den Zweiten Weltkrieg. Den grausamen Höhepunkt der deutschen Gewalttaten bildete die Vernichtung der europäischen Juden, der Holocaust. Erst durch das »unnatürliche« Bündnis der Westmächte mit der Sowjetunion konnte das nationalsozialistische Deutschland nach großen Opfern zur Kapitulation gezwungen werden.

Die NSDAP wird bei den Reichstagswahlen stärkste Partei	**Juli 1932**
Machtübernahme Hitlers	**30. Januar 1933**
»Anschluss« Österreichs	**13. März 1938**
Reichspogromnacht (»Reichskristallnacht«): Tausende von deutschen Juden werden verhaftet, Synagogen und jüdische Geschäfte zerstört	**9./10. November 1938**
Deutsch-sowjetischer Nichtangriffspakt	**23. August 1939**
Das Deutsche Reich überfällt Polen, Beginn des Zweiten Weltkriegs	**1. September 1939**
Hitler ordnet die »Vernichtung lebensunwerten Lebens« an	**Oktober 1939**
Erste Deportationen deutscher Juden nach Polen	**Februar 1940**
Beginn des Westfeldzugs in den Niederlanden, Belgien, Luxemburg und Frankreich	**10. Mai 1940**
Kapitulation Frankreichs (Hitler ist auf dem Höhepunkt seiner Macht)	**22. Juni 1940**
Die Luftschlacht um England wird abgebrochen	**Herbst 1940**
Beginn des Vernichtungskriegs gegen die Sowjetunion	**22. Juni 1941**
Überfall Japans auf Pearl Harbor, Kriegseintritt der USA	**7./8. Dezember 1941**
Hitler erklärt den USA den Krieg	**11. Dezember 1941**
Hitler beschließt die Ermordung der europäischen Juden	**12. Dezember 1941**
Beginn der Massenvergasungen in den Konzentrationslagern	**Sommer 1942**
Kapitulation der deutschen Armee in Stalingrad	**31. Januar/ 2. Februar 1943**
Aufstand der Juden im Warschauer Getto	**19. April bis 16. Mai 1943**
»D-Day«, die Alliierten landen in der Normandie	**6. Juni 1944**
Das Attentat von Graf Stauffenberg auf Hitler schlägt fehl	**20. Juli 1944**
Bedingungslose Kapitulation Deutschlands	**7. Mai 1945**
Die USA werfen Atombomben über Hiroshima und Nagasaki ab	**6. und 9. August 1945**
Kapitulation Japans, Ende des Zweiten Weltkriegs	**2. September 1945**

Am 30. Januar 1933 marschierten NSDAP-Mitglieder in einem **Fackelzug** bis zum Brandenburger Tor. Dieser Aufmarsch wurde für einen Propagandafilm nachgestellt.

BIOGRAFIE

Adolf Hitler

Hitler verließ mit 16 die Realschule und lebte in Wien von Gelegenheitsmalerei. Dort wohnte er in Männerheimen und fiel durch stundenlange Monologe auf, in denen er obskure Welterklärungen vortrug. Im Ersten ▶ Weltkrieg meldete er sich als Freiwilliger, 1921 wurde er Anführer der noch unbekannten NSDAP. In seinem Buch »Mein Kampf« begründete er die antisemitische Weltanschauung des ▶ Nationalsozialismus.

Als »Führer« des Deutschen Reiches war er für den größten Krieg aller Zeiten verantwortlich.

30. Januar 1933

Der 30. Januar 1933 ist ein Schlüsseldatum der Geschichte: An diesem Tag setzte Reichspräsident von Hindenburg Hitler als Reichskanzler ein. Die ▶ Weltwirtschaftskrise hatte auch die ▶ Weimarer Republik erschüttert: Die demokratischen Parteien hatten keine Mehrheit mehr und waren untereinander zerstritten. Seit den Reichstagswahlen vom Juli 1932 besaßen die Kommunistische Partei Deutschlands (KPD) und die Nationalsozialistische Deutsche Arbeiterpartei (NSDAP) zusammen eine absolute Mehrheit, mit der sie den Reichstag handlungsunfähig machten. Daraufhin drängten einige seiner engsten Vertrauten den Reichspräsidenten dazu, Hitler als Kanzler einzusetzen – er führte mit 33,1 Prozent die stärkste Partei, die NSDAP. Viele dachten, auch Hitler werde wie seine Vorgänger bald scheitern. Aber Hitler war entschlossen, die Macht nicht wieder aus den Händen zu geben. Beim Betreten der Reichskanzlei sagte er zu Goebbels: »Hier bringt mich lebend niemand mehr heraus.«

In der Rückschau benutzten die ▶ Nationalsozialisten für den 30. Januar 1933 den propagandistischen Begriff »Machtergreifung«. Damit wollten sie ausdrücken, dass sie mit einem Male die Macht an sich gerissen hätten. In Wirklichkeit erhielten sie sie aus den Händen des Reichspräsidenten. ■

BIOGRAFIE

Franklin Roosevelt

Roosevelt war von 1933 bis 1945 Präsident der USA. Er wurde von vielen Amerikanern sehr

geschätzt, weil sich das Land durch sein Reformprogramm des »New Deal« von der ▶ Weltwirtschaftskrise erholte. Mit der Parole »Deutschland zuerst« setzte sich Roosevelt entschieden für einen Krieg gegen das NS-Deutschland ein.

Alliierte

»Alliierte« bedeutet soviel wie »Verbündete«. Im Zweiten Weltkrieg war dies die Sammelbezeichnung für die Gegner der Krieg führenden »Achsenmächte« Deutschland, Italien und Japan. Die Alliierten des Zweiten Weltkriegs – nämlich Großbritannien, die USA, die Sowjetunion (UdSSR) und Frankreich – fanden schrittweise zusammen. Nach dem Überfall Hitlers auf Polen am 1. September 1939 erklärten Großbritannien und Frankreich Deutschland den Krieg. Frankreich wurde dann jedoch von Deutschland teilweise militärisch besetzt (▶ Kollaboration) und schied als Kriegsgegner aus. Eine Zeit lang leistete Großbritannien allein Widerstand gegen die ▶ Nationalsozialisten, wobei es von den USA materiell unterstützt wurde.

Die Sowjetunion hatte mit Deutschland zunächst einen Nichtangriffspakt geschlossen. Im »Hitler-Stalin-Pakt« verpflichteten sich beide Seiten dazu, im Kriegsfall »stillzuhalten« und militärisch nicht gegeneinander vorzugehen. Als das Deutsche Reich am 22. Juni 1941 die Sowjetunion überfiel, wurde diese zur Kriegsteilnahme gezwungen. Am 8. Dezember 1941, nach dem japanischen Angriff auf den amerikanischen Hafen Pearl Harbor traten auch die USA – die die Kriegführung schon länger mit großen Krediten unterstützten – offiziell in den Krieg ein: Zum Kriegsende wurde der Krieg tatsächlich weltweit geführt: 28 Länder kämpften mit den Alliierten gegen das nationalsozialistische Deutschland, unter anderen auch so weit entfernte wie Australien und Neuseeland. ■

Deutsche Soldaten ziehen mit Panzern durch eine **französische Ortschaft** (links). Ein Soldat blickt auf ein erobertes **polnisches Dorf** (rechts).

Blitzkrieg

Das deutsche Wort »Blitzkrieg« ist bis heute in vielen Ländern bekannt. Es bezeichnet eine militärische Strategie, die die deutsche Armee im Zweiten Weltkrieg einführte. Aus der Erfahrung des Ersten ▶ Weltkriegs wusste der deutsche Generalstab, dass ein »Zweifrontenkrieg« im Westen und im Osten für die deutsche Armee nicht zu gewinnen war. Ein militärischer Erfolg konnte nur durch schnelle Entscheidungsschlachten erreicht werden. Und hierfür bedurfte es des kombinierten massiven Einsatzes von Boden-, Luft- und Seestreitkräften: Während die Luftwaffe vernichtende Bombenangriffe flog, preschten Panzer weit ins Land vor. Stellungskriege wie im Ersten Weltkrieg gab es keine. Innerhalb weniger Wochen gelang es Deutschland so, weite Gebiete in Europa zu erobern. Polen wurde in knapp fünf Wochen besiegt, Dänemark und Norwegen wurden binnen kürzester Zeit besetzt. Auch auf dem Balkan und in Frankreich gelang die »Blitzkriegstrategie«, ebenso wie anfänglich beim Angriff auf die Sowjetunion. Doch dann im Kampf gegen England scheiterten die Deutschen schließlich. Ihre Luftangriffe im Sommer und Herbst 1940 wurden erfolgreich von den Briten abgewehrt. Auf dem europäischen Kontinent kennzeichnet die Schlacht von Stalingrad den Wendepunkt des Krieges an der Ostfront. ■

INFOBOX

Die Wende in Stalingrad

Am 2. Februar 1943 kapitulierte in Stalingrad nach 14 Monaten die eingekesselte deutsche 6. Armee. Hitler hatte eine mögliche Rettung durch einen Rückzug mehrfach abgelehnt. Von den 250 000 deutschen Soldaten waren 150 000 gestorben. Der Rest geriet in Kriegsgefangenschaft, nur 6000 kehrten später nach Deutschland zurück. Auf sowjetischer Seite gab es insgesamt 1 Mio. Tote.

Im **Winter 1942/43** dehnte sich der nationalsozialistische Machtbereich fast über ganz Europa aus.

Bombenkrieg

Ein Junge sitzt nach einem **Bombenangriff auf London** vor den Trümmern seines Elternhauses.

Im Rahmen ihres ▶»Blitzkriegs« planten die ▶Nationalsozialisten auch, in Großbritannien einzufallen und das Land zu besetzen. Aber die Bombardierung der britischen Flughäfen brachte nicht den gewünschten schnellen Erfolg, die englische Abwehr war der deutschen Luftwaffe überlegen. So verlegte Hitler das Angriffsziel: Nun sollten Versorgungs- und Rüstungsbetriebe in den Städten getroffen werden – das Opfer dieser ungenauen Angriffe war aber die Bevölkerung. Zwischen August 1940 und Mai 1941 wurden zahlreiche englische Städte wie London, Coventry, Bristol und Liverpool bombardiert, über 40 000 Menschen starben. Aber der britische Widerstandsgeist blieb ungebrochen, und die Deutschen mussten die »Luftschlacht um England« schließlich aufgeben.

Später, ab März 1942, traf der Bombenkrieg Deutschland selbst mit vielfach stärkerer Wucht. Das britische Kabinett hatte die systematische Bombardierung dicht besiedelter deutscher Wohnviertel beschlossen. Lübeck wurde als Erstes bombardiert, dann Hamburg, Köln und viele andere deutsche Großstädte. Die Menschen flüchteten bei Sirenenalarm in Bunker oder halbwegs sichere Keller und warteten voller Angst die Angriffe ab. Danach stellten sie fest, welche Verluste sie erlitten hatten: Waren Angehörige oder Freunde ums Leben gekommen? Stand das eigene Haus noch oder war es nur noch ein Trümmerhaufen? In den letzten Kriegsmonaten entflammten die Bomben in den deutschen Städten orkanartige »Feuerstürme«; für viele Menschen gab es keine Rettung. Auch als die deutsche Niederlage klar war, bombardierten die Alliierten noch Städte wie Dresden und zerstörten sie völlig. Allein in Dresden kamen an zwei Tagen ungefähr 40 000 Menschen, darunter sehr viele Flüchtlinge (▶Vertreibung und Flucht), ums Leben.

Mit dem Bombenkrieg gab es keine klare Trennung mehr zwischen der Front und der Heimat. Die Zivilbevölkerung wurde stark in Mitleidenschaft gezogen, insgesamt gab es noch mehr Opfer unter den Zivilisten als unter den Soldaten. Die ▶Alliierten wollten durch die Zerstörung der Städte und die hohen Verluste vor allem die Bevölkerung demoralisieren.

Am Tag danach: So sahen viele **deutsche Städte** nach den verheerenden Bombenangriffen aus.

BIOGRAFIE

Winston Churchill

Churchill wurde 1940, mitten im Krieg, britischer Premierminister. Bei seiner Antrittsrede forderte er den »Sieg um jeden Preis« und versprach den Briten nichts als »Blut, Mühsal, Tränen und Schweiß«. In der kritischen Zeit der »Luftschlacht um England« verkörperte Churchill den britischen Widerstandsgeist. Immer wieder formte er mit seinen Fingern ein »V« für »Victory« (Sieg), um seine Landsleute zum Durchhalten anzuspornen.

Nur den Dom sparten die Alliierten bei der Bombardierung von **Köln** aus (links). Ein Jahr lang bombardierten die Deutschen **London**. Die Bevölkerung suchte Schutz in den U-Bahn-Stationen (rechts).

LEBEN DAMALS

»Blitzmädchen«

Rund 500 000 junge Frauen arbeiteten bei der Wehrmachtsverwaltung als Helferinnen wie Funkerinnen oder Sekretärinnen. Über die Hälfte bewarb sich freiwillig, die anderen wurden dienstverpflichtet. So manche Stelle schien attraktiv: Viele gingen ins besetzte Ausland, nach Frankreich oder Griechenland. Das Ende der »Blitzmädchen« war bitter: Viele starben oder gerieten in Kriegsgefangenschaft.

Den Alliierten gelang die **Invasion** mit einem riesigen Aufgebot an Menschen und Material.

D-Day

Am 6. Juni 1944 tauchte im Morgengrauen an der Atlantikküste der Normandie die größte Kriegsflotte aller Zeiten auf: fast 7000 Schiffe und 13 000 Flugzeuge mit 200 000 amerikanischen, kanadischen und britischen Soldaten. Mit der »Operation Overlord« begann die Invasion der ▶Alliierten auf dem europäischen Festland. Ziel der Operation war es, neben der Kriegsfront in Russland eine zweite Front in Westeuropa zu errichten. Das gelang dank des gigantischen Einsatzes.

Viele Menschen schöpften ab diesem »D-Day« die Hoffnung, dass das nationalsozialistische Deutschland doch besiegbar sei und der Krieg nun bald ein Ende finden möge. Es musste jedoch noch ein knappes Jahr vergehen, bis der Krieg in Europa beendet war (▶Kriegsende). Das »D« steht dabei nicht, wie oft behauptet, für das englische Wort »decision« (Entscheidung). »D-Day« ist vielmehr die englische Codierung für den Tag des Beginns einer militärischen Operation. ■

INFOBOX

Die USA treten in den Krieg ein

Der überwiegende Teil der Bevölkerung der USA war keineswegs daran interessiert, in den europäischen Krieg einzugreifen. Erst als Deutschlands Verbündeter Japan am 7. Dezember 1941 den Flottenstützpunkt Pearl Harbor auf Hawaii ohne vorherige Kriegserklärung bombardierte und dabei etwa 2500 amerikanische Soldaten tötete, wechselte die Stimmung. Die USA zogen gegen Japan in den Krieg und Deutschland erklärte seinerseits am 11. Dezember 1941 den USA den Krieg.

Deutsche Besatzung

1942 erstreckte sich der Machtbereich der deutschen Truppen über Tausende von Kilometern: Er reichte von der französischen Hafenstadt Brest im Westen bis ins russische Stalingrad im Osten. So wie die ▶Nationalsozialisten die Menschen nach ihrer angeblichen »rassischen Wertigkeit« unterschiedlich behandelten (▶Rassenlehre), so verfolgten sie auch in den besetzten Ländern eine unterschiedliche Besatzungspolitik. Zwei Ziele aber waren überall gleich: Die Erfassung und Deportation aller ortansässigen Juden (▶Holocaust) sowie die wirtschaftliche Ausbeutung der eroberten Gebiete.

Während Frankreich und Norwegen ihre eigene Verwaltung unter deutscher Kontrolle beibehielten, kam es in Osteuropa zu grundlegenden Umgestaltungen. Das Hinterland der Front war militärisch verwaltet, die Gebiete, die weiter westlich lagen (Baltikum, Ukraine) wurden von zwei »Reichskommissariaten« mit deutschen Beamten regiert. Die mobilen Einsatzgruppen der Waffen-SS waren mit der rücksichtslosen Ausrottung der Führungsschichten in den eroberten Gebieten beauftragt: Mit rund 3000 Männern folgten sie dem Frontverlauf und verübten planmäßige Massaker insbesondere an katholischen Priestern, kommunistischen Funktionären und Intellektuellen, aber auch an allen als »rassisch minderwertig« angesehenen Menschen wie Juden, »Zigeunern« und »Asiaten«. ■

Die **deutschen Besatzer** traten im Osten als »Herren« auf und demütigten die Bevölkerung: Polnische Juden warten auf den Befehl zum »Arbeitseinsatz« mit Reisigbesen.

INFOBOX

Kampf zwischen »links« und »rechts«: der Spanische Bürgerkrieg

Von 1936 bis 1939 bekämpften sich in Spanien die Truppen der linken »Volksfront«-Regierung und rechts gerichtete Truppen unter General Franco. Der von beiden

Seiten mit äußerster Brutalität geführte Bürgerkrieg erregte in ganz Europa starke Anteilnahme: In einer Zeit, wo rechtsradikale Regime in ganz Europa an der Macht waren, schien sich hier eine linksgerichtete Bewegung durchzusetzen. Viele Intellektuelle und Künstler wie Ernest Hemingway zogen nach Spanien, um die Regierungstruppen im Kampf zu unterstützen. Insgesamt kämpften etwa 35 000 Männer aus 54 Staaten in diesen »Internationalen Brigaden« (Bild). Schließlich siegten die Truppen Francos.

Dies war eine Großstadt: das Zentrum von **Hiroshima** nach dem Abwurf der Atombombe.

Faschismus

Nach dem Ersten ▸Weltkrieg fanden viele demokratische Regierungen auf tief greifende soziale Konflikte wie die Arbeitslosigkeit keine befriedigenden Antworten. Insbesondere die bäuerliche Landbevölkerung und die Mittelschichten, die den sozialen Abstieg fürchteten, wandten sich von der ▸Demokratie ab. Sie forderten einen starken Staat, der für »Recht und Ordnung« sorgen sollte. In zahlreichen europäischen Ländern kam es daher seit den 20er-Jahren zur Bildung faschistischer Bewegungen. Sie vertraten einen extremen Nationalismus und wollten an die Stelle der liberalen Demokratie einen Einparteienstaat setzen. Dieser sollte von einer starken Führerpersönlichkeit geleitet werden. Politisch suchte man in der Regel das Bündnis mit alten Eliten wie dem Militär, dem Adel und der Kirche. Erfolgreich war der Faschismus in Italien unter Mussolini, in Spanien unter Franco und in Portugal unter Salazar. Auch Ungarn, Polen, Österreich und Argentinien wurden unter der Herrschaft von Horthy, Pilsudski, Dollfuß und Perón faschistisch geführt.

Der deutsche ▸Nationalsozialismus unterschied sich von diesen Diktaturen durch die Radikalität seiner Kriegs- und Vernichtungspolitik (▸Holocaust). Er war auch viel mehr in allen gesellschaftlichen Schichten verwurzelt als die faschistischen Regime Südeuropas und vermochte es, als »Volksstaat« die gesamte Bevölkerung politisch zu vereinnahmen und zu mobilisieren. ■

Hiroshima und Nagasaki

Während in Europa am 8. Mai 1945 der Krieg endlich vorbei war (▸Kriegsende), ging er in Asien weiter. Am 6. und 9. August 1945 warfen die Amerikaner Atombomben über den japanischen Städten Hiroshima und Nagasaki ab. Etwa 130 000 Menschen starben, viele Tausende wurden schwer verletzt oder starben später an den Folgen. Japan kapitulierte. Warum nahmen die Amerikaner die Tötung so vieler Zivilisten in Kauf? Der Krieg hätte noch Monate, vielleicht Jahre dauern können. Die Amerikaner hatten lange an der Entwicklung der Atombombe gearbeitet. Nun galt es, den Krieg zu beenden und dies mit einer möglichst geringen Anzahl amerikanischer Toter. Hinzu kam die sich abzeichnende Konfrontation zwischen der Sowjetunion einerseits und den USA und Großbritannien, die in den ▸Kalten Krieg führte. Durch den Abwurf der Atombombe demonstrierten die USA ihren Führungsanspruch als Weltmacht. ■

BIOGRAFIE

Benito Mussolini

Mussolini errichtete bereits 1922 ein faschistisches Regime in Italien. Der selbsternannte »Duce« (»Führer«) wurde zum Vorbild für viele rechtsgerichtete Diktatoren, anfangs auch für Hitler. Unter Mussolini zog Italien 1940 an Deutschlands Seite in den Krieg.

INFOBOX

Was ist eine Deportation?

Bei Deportationen werden Menschen gegen ihren Willen verschickt oder verschleppt. Zwangsverschickungen gab es auch schon früher. Im ▶Nationalsozialismus aber erreichten sie bis dahin unbekannte Ausmaße: Ab Oktober 1941 führten die Nationalsozialisten organisierte Massendeportationen von deutschen Juden aus dem Reichsgebiet nach Osteuropa durch. Daneben hatten sie noch weit größere Umsiedlungsprojekte: Die in Polen ansässige Bevölkerung – 7,8 Mio. Menschen – sollte vertrieben und durch Deutsche ersetzt werden, die im Machtbereich der Sowjetunion lebten.

Als die alliierten Soldaten die **Konzentrationslager** befreiten, bot sich ihnen ein Bild des Grauens. Um zu zeigen, zu welcher Unmenschlichkeit der Mensch fähig ist, fotografierten sie die ausgemergelten Körper der Überlebenden.

Holocaust (Schoah)

Der Begriff »Holocaust« stammt aus dem Griechischen, »Schoah« aus dem Hebräischen, der Sprache der Juden (▶Judentum). Beides bezeichnet den Völkermord an den Juden während des Zweiten Weltkriegs. In Deutschland lebte 1933 knapp eine halbe Million Juden. Sofort nach der Machtübernahme begannen die ▶Nationalsozialisten damit, den Juden ihre wirtschaftliche Existenzgrundlage immer mehr zu beschneiden und sie gesellschaftlich auszugrenzen. Am 1. April 1933 wurde ein Boykott jüdischer Geschäfte, Rechtsanwälte und Ärzte erzwungen. Jüdische Lehrer und Professoren verloren durch das Berufsbeamtengesetz ihre Stellung. Eine Unzahl von Gesetzen und Erlassen degradierte die Juden zu Menschen »zweiter Klasse«: Sie durften nicht mehr Auto fahren, waren in Bibliotheken, Schwimmbädern und im Theater unerwünscht, erhielten ein nächtliches Ausgehverbot und konnten ihre Wohnorte nur noch mit polizeilicher Erlaubnis verlassen.

Wer trotz dieser bedrückenden Lebensumstände bis Kriegsbeginn nicht ausgewandert war, den erwartete das Schicksal der Deportation. Im Februar 1940 begann man damit, die noch im Reich verbliebenen Juden in die großen Gettos Polens zu verschleppen. Durch die Aufnahme ständig neuer Transporte – zunehmend auch aus den besetzten Gebieten – waren die dort errichteten Sammellager bald heillos überfüllt. Unterernährung und Krankheiten schufen in Verbindung mit dem harten Klima grauenhafte Lebensbedingungen. Als im Sommer 1941 absehbar war, dass die dahinsiechenden Menschen nicht wie geplant noch weiter nach Osten abzuschieben waren, forderten örtliche SS-Dienststellen erstmals für die nicht mehr arbeitsfähigen Menschen eine »Endlösung« durch Massentötungen. Nachdem sich die Lage an allen Fronten zuspitzte und ein deutscher Sieg immer fragwürdiger schien, entschied Hitler am 12. Dezember 1941 die Vernichtung aller Juden im deutschen Machtbereich. In Polen kam es nun zum Bau von Vernichtungslagern, die einen industriemäßig organisierten Massenmord mit dem Giftgas Zyklon B ermöglichten. Im Sommer 1942 wurden an jedem Tag über 10 000 Menschen ermordet. Insgesamt fielen ungefähr sechs Millionen und damit zwei Drittel aller in Europa lebenden Juden dem nationalsozialistischen Rassenwahn zum Opfer.

BIOGRAFIE

Anne Frank

1933 flüchtete die deutsch-jüdische Familie Frank nach Holland. Als die Deutschen 1940 Holland besetzten, mussten die Franks sich verstecken, denn nun waren sie auch hier in Lebensgefahr. In ihrem Versteck schrieb die dreizehnjährige Anne Frank ein erschütterndes Tagebuch. 1944 wurde sie entdeckt und in das Konzentrationslager Bergen-Belsen verschleppt. Hier starb sie einen Monat vor der Befreiung des Lagers.

In den **jüdischen Gettos** lebten Tausende von Menschen auf engstem Raum zusammen. Viele starben an Hunger und Seuchen – oder vor Erschöpfung.

Der Handschlag zwischen Pétain und Hitler besiegelte den Beginn der **Kollaboration**.

Kollaboration

Wer mit der feindlichen Besatzungsmacht zusammenarbeitet, ist ein »Kollaborateur«. Für sein Verhalten kann es verschiedenste Gründe geben – niederträchtige bis respektable –, sodass eine Bewertung im Rückblick oft kaum möglich ist. Prominentester Kollaborateur war der Staatschef des unbesetzten Teiles Frankreichs Marschall Pétain, der die Franzosen am 30. Oktober 1940 zur »collaboration« mit den Deutschen aufrief. Aufgrund seiner politischen Nähe zum ▶Nationalsozialismus stellte er sich als Chef einer Regierung zur Verfügung, die unter deutscher Kontrolle stand. Zahlreiche bekannte französische Politiker, unter ihnen auch der spätere Präsident Mitterrand, unterhielten Kontakte zur Pétain-Regierung.

Die Vernichtung der europäischen Juden konnte in diesem Ausmaß nur gelingen, weil sich die Verwaltungen West- und Nordeuropas den Befehlen der ▶deutschen Besatzer nicht widersetzten. So halfen sie auch bei der Erfassung und Deportation der einheimischen Juden (▶Holocaust). In Osteuropa ließen sich vor allem Ukrainer und Litauer als Wachpersonal für Konzentrationslager anwerben und dienten in Wehrmachtsverbänden. Unmittelbar nach ▶Kriegsende übte die Bevölkerung vor allem an den »kleinen« Kollaborateuren blutige Rache: In Frankreich fielen mehr als 10 000 Menschen der Lynchjustiz zum Opfer. Tatsächliche oder vermeintliche Kollaborateure wurden ohne Gerichtsverfahren erhängt oder erschossen. Frauen, die mit deutschen Soldaten ein Liebesverhältnis unterhalten hatten, wurden kahl geschoren und nackt durch die Straßen getrieben. ■

Die Sowjetunion demonstrierte nach außen Einigkeit und Stärke. Zum **Jahrestag der Oktoberrevolution** fanden gigantische Militärparaden auf dem Roten Platz in Moskau statt.

BIOGRAFIE

Josef Stalin

Stalin errichtete eine Weltmacht: ein großrussisches Imperium, das er von Moskau aus lenkte. Er unterdrückte nationale Minderheiten wie die Wolgadeutschen und Tschetschenen. Tausende wurden deportiert. Gegner und solche, die es hätten werden können, ließ er in Schauprozessen verurteilen und umbringen. Millionen von Menschen starben unter Stalins Terrorregime.

Kommunismus

Der Kommunismus beruft sich auf die Vordenker der ▶Arbeiterbewegung, Karl Marx und Friedrich Engels, die eine Revolution der verelendeten Arbeiterklasse gegen den ▶Kapitalismus prophezeit hatten. Die kommunistische Lehre vertritt die Vorstellung von einer klassenlosen Gesellschaft, von der »Diktatur des Proletariats«. Alles Privateigentum wie Grund und Boden, Maschinen oder Geschäfte wird enteignet und geht in den Besitz des Staates über. Gegensätze zwischen Reich und Arm sollen dadurch abgeschafft werden.

Kurioserweise hat man den Kommunismus vor allem in Bauernstaaten erprobt, die gar keine große Arbeiterschicht hatten – wie in der Sowjetunion (▶Oktoberrevolution) und in China (▶Maoismus und China). Die kommunistischen Ideologen wie Lenin, Stalin und Mao wollten aus den Bauern ▶Arbeiter machen und die Gesellschaft innerhalb kurzer Zeit modernisieren. Um ihr Ziel zu erreichen, ordneten sie eine »Revolution von oben« an: In der Sowjetunion wurden den Bauern ihre Höfe weggenommen, um landwirtschaftliche Großbetriebe, die »Kolchosen« zu schaffen. Um die Industrialisierung voranzutreiben, erbaute man innerhalb kürzester Zeit riesige Industriestädte. Hier wurde nach den Vorgaben der Planwirtschaft produziert: Der Staat legte Güter, Mengen und Ausstattung in »Fünfjahresplänen« fest. Wer sich gegen die »Kollektivierung« und die harten Arbeitsbedingungen wehrte oder das System kritisierte, wurde in Arbeitslager deportiert, nach Sibirien verbannt oder erschossen. ■

INFOBOX

Die Potsdamer Konferenz

Im Juli/August 1945 befanden die amerikanischen, britischen und sowjetischen Staatschefs Truman, Churchill (später Attlee) und Stalin über die Zukunft Deutschlands. Das Land wurde in vier Besatzungszonen aufgeteilt, die Bevölkerung sollte »entnazifiziert« werden (▶ Wiederaufbau) und die deutschen Ostgebiete wurden polnischer bzw. sowjetischer Verwaltung unterstellt. In diesem Zusammenhang wurde auch die Vertreibung der Deutschen aus den Ostgebieten beschlossen.

Dieses nachgestellte Bild ging um die Welt: Russische Soldaten hissen auf der Ruine des **Berliner Reichstags** die Sowjetflagge.

Kriegsende

In den letzten Kriegswochen herrschte in Deutschland das Chaos: Kaum jemand glaubte noch an die Durchhalteparolen der Führung, jeder kämpfte ums eigene Überleben. Tausende von Menschen wurden von fanatischen Nationalsozialisten, die das nahende Ende nicht wahrhaben wollten, erschossen oder gehängt – nur weil sie aus Angst vor dem heranrückenden Feind geflüchtet waren.

Ein amerikanischer Soldat wandert nach der Einnahme durch die **Trümmerlandschaft** der Kölner Innenstadt. Der Wiederaufbau der deutschen Städte sollte Jahrzehnte dauern.

Im Osten wurden die Menschen Opfer von Vergewaltigungen und willkürlichen Tötungen durch die Rote Armee. Millionen Menschen aus den Ostgebieten machten sich in großen Flüchtlingstrecks auf den Weg nach Westen (▶ Vertreibung). Hier lagen viele Städte nach den Bombenangriffen der ▶ Alliierten in Schutt und Asche (▶ Bombenkrieg), Hunderttausende waren obdachlos.

Hitler und ein Teil der nationalsozialistischen Führung entzogen sich der Verantwortung und begingen Selbstmord. Deutschland kapitulierte am 7. Mai 1945. Der Krieg war nun endlich nach sechs langen Jahren vorbei, darüber empfanden die Menschen in Europa tiefe Erleichterung. Auch die deutsche Bevölkerung sehnte sich nach Frieden und Normalität. Im Pazifik ging der Krieg noch weiter, bis der Abwurf von zwei Atombomben auf ▶ Hiroshima und Nagasaki auch die Japaner zur Kapitulation zwang. ■

LEBEN DAMALS

In Kriegsgefangenschaft

Millionen deutscher Soldaten wurden von den Alliierten gefangen genommen. Anfangs konnten sie kaum mit Lebensmitteln und Medikamenten versorgt werden. Viele mussten unter offenem Himmel in Erdlöchern schlafen, Seuchen brachen aus und Tausende starben. Bald sprach sich herum, dass die amerikanische Kriegsgefangenschaft in der Regel humaner war – den »Russen« wollte niemand in die Hände fallen. Ingesamt gab es 11 Mio. deutsche Kriegsgefangene; rund 8 Mio. im Westen und 3 Mio. sowjetische. Die letzten Gefangenen kehrten erst 1955 aus der Sowjetunion zurück.

Die japanische **Kapitulation** wurde überall auf der Welt ausgelassen gefeiert. Wildfremde Menschen lagen sich in den Armen, wie hier bei der Siegesparade auf dem Times Square in New York.

Die **»Hitler-Jugend«** (HJ) war die Nachwuchsorganisation der NSDAP. Möglichst alle deutschen Jungen und Mädchen sollten ab 10 Jahren Mitglied werden.

Nationalsozialismus

Die »Nationalsozialistische Deutsche Arbeiterpartei« (NSDAP), seit 1921 von dem berufslosen Volksredner Adolf Hitler diktatorisch geführt, war nur eine von vielen rechtsextremen Gruppierungen, die sich im Schatten von Kriegsniederlage und Revolution gebildet hatten. In ihrer Propaganda dominierten Schlagwörter wie »Großdeutschland« und »völkische Erneuerung«. Wirre Zukunftsvisionen und ein fanatischer Judenhass (▶ Antisemitismus) ersetzten ein schlüssiges Programm. Das Hauptziel der Partei – Deutschland zur Großmacht zu machen – wurde von der gesamten politischen Rechten geteilt. Was die Partei jedoch unterschied, war die uneingeschränkte Radikalität, mit der sie ihre Ziele vertrat. Der deutsche Wähler fühlte sich indes von solchem Fanatismus über zehn Jahre hinweg mehr abgeschreckt als angezogen. Erst mit dem Ausbruch der ▶ Weltwirtschaftskrise und vor dem Hintergrund einer handlungsunfähigen ▶ Demokratie wurde die bedeutungslose Splitterpartei 1930 »über Nacht« zum Sammelbecken aller Protestwähler.

Nach der Ernennung Hitlers zum Reichskanzler am ▶ 30. Januar 1933 gelang es der nationalsozialistischen Partei, mit Terror, Gewaltandrohung und scheinbar rechtmäßigen Verordnungen alle politischen Gegner auszuschalten. Im August 1934 wurde Hitler Reichspräsident und nannte sich von nun an »Führer des Deutschen Reiches und Volkes«. Nach nur anderthalb Jahren war aus Deutschland so ein Einparteienstaat und totalitärer »Führerstaat« geworden. Durch ein Netz von Organisationen wie die »Hitlerjugend«, die »NS-Frauenschaft« oder das »NS-Kraftfahrer-Korps« wurde die Bevölkerung politisch erfasst. Während Zweifler und Kritiker durch den allgemeinen Anpassungsdruck diszipliniert wur-

QUELLE

»Was konnte man tun?«

Der Publizist Sebastian Haffner emigrierte mit seiner jüdischen Frau 1938 nach Großbritannien. Er erinnert sich an das Jahr 1933:
»Ein jüdischer Anwalt war verprügelt worden. (...) Inzwischen erschienen die Eindringlinge auch bei uns. Die Tür wurde aufgerissen, braune Uniformen quollen herein, und einer, offenbar der Anführer, rief mit schallender, strammer Ausruferstimme: ›Nichtarier haben sofort das Lokal zu verlassen!‹ (...) Mir schlug das Herz. Was konnte man tun, wie wahrte man seine Haltung? (In dem Moment) kam eine braune Uniform auf mich zu und machte Front vor mir: ›Sind Sie arisch?‹ Ehe ich mich besinnen konnte, hatte ich geantwortet: ›Ja.‹ (...) Ich hätte mich ohrfeigen können.«

Jedes Jahr veranstaltete die NSDAP einen **Reichsparteitag** für Hunderttausende von Zuschauern.

LEBEN DAMALS

Spitzel und Denunzianten

Die NSDAP drang in alle gesellschaftlichen Bereiche ein. Wichtige Posten in der Justiz, an den Universitäten, in der Verwaltung oder in den Zeitungsredaktionen besetzten die Nationalsozialisten mit treuen Parteifreunden. Die Kontrolle und Erfassung reichte bis in die deutschen Hinterhöfe: 200 000 von der Partei eingesetzte »Blockwarte« – im Volksmund höhnisch »Treppenterrier« genannt – überwachten die politische Linientreue jedes einzelnen »Volksgenossen«. Das reichte bis in die Privatsphäre hinein: Wer am »Führergeburtstag« nicht wie angeordnet die Hakenkreuzfahne hisste, wer den Hitler-Gruß nicht praktizierte oder zu Juden freundschaftliche Kontakte pflegte – nichts blieb unbemerkt.
Neben den vielen beauftragten Spitzeln musste man sich aber auch vor Nachbarn und Bekannten hüten: Viele Gegner des Regimes, aber vor allem auch viele Unschuldige und politisch Unbeteiligte, kamen ins Gefängnis, weil sie jemand aus ihrem privaten Umfeld denunzierte, d. h. anzeigte.

INFOBOX

»Kraft durch Freude«

Unter diesem Schlagwort wurde die Freizeit der deutschen Arbeiter als Massenveranstaltung organisiert: Schwimmunterricht, Nähkurse und Gymnastik (Bild) wurden angeboten, aber auch Gemeinschaftsferien in Seebädern oder auf Kreuzfahrtschiffen.

Die Arbeiter sollten sich entspannen. Gesunde und »nervenstarke« Deutsche wollte Hitler so erzielen, die motivierter arbeiten und gegebenenfalls gestählt in den Krieg ziehen würden.

Hitler verlangte von den Deutschen den absoluten Gehorsam: »Führer befiehl, wir folgen!« war eine der Leitparolen, die uns heute nicht mehr nachvollziehbar erscheint.

den, gewann Hitler in den Jahren nach 1933 rasch an Popularität. Die Beseitigung des Marxismus, die Überwindung der Arbeitslosigkeit, die Aufrüstung und vor allem die außenpolitischen Erfolge waren auch in den Augen von Nichtnationalsozialisten glänzende Leistungen. Alles andere, auch die Verfolgung der jüdischen Mitbürger (▶Holocaust), rückte demgegenüber in den Hintergrund.

Der verbrecherische Charakter des Regimes äußerte sich nach Kriegsbeginn in einem unglaublichen Vernichtungswillen. Bei der Ermordung hilfloser Geisteskranker (▶Rassenlehre), den Tötungsaktionen der »Einsatzkommandos« in Polen und der Sowjetunion sowie der Ende 1941 beschlossenen »Endlösung der Judenfrage« verloren insgesamt mehr als sieben Mio. Zivilisten ihr Leben. Für den irrwitzigen Versuch, Osteuropa als Siedlungsraum für deutsche Bauern zu erobern, wurden allein auf deutscher Seite weit mehr als drei Mio. Soldaten geopfert. ■

Am 9. November 1938 setzten die Nationalsozialisten in einer Nacht über 1000 **Synagogen** in Brand.

INFOBOX

Macht durch Propaganda

Alle Länder, die am Krieg beteiligt waren, setzten ▶Massenmedien ein, um die Bevölkerung auf ihre Politik einzustimmen. Im deutschen Radio, dem »Volksempfänger«, wurden die Reden von Hitler in Millionen Haushalte übertragen. Die NS-Propaganda pflegte den »Hitlerkult«: Die Bevölkerung sollte davon überzeugt werden, dass der »Führer« immer zu ihrem Besten entschied, und seinen Befehlen blind folgen. Auch Plakate (Bild) und spektakuläre Massenveranstaltungen dienten der Propaganda.

In kilometerlangen Trecks zogen **Flüchtlinge und Vertriebene** aus den Ostgebieten in den Westen. Viele besaßen nichts außer der Kleidung an ihrem Körper.

Rassenlehre

In den Rassenlehren, die Ende des 19. Jhs. entstanden, wurde behauptet, dass in der äußerlich feststellbaren Mannigfaltigkeit der Menschen (z. B. Hautfarbe) auch unterschiedliche geistige Begabungen zum Ausdruck kämen. Es gab folglich höher- und minderwertige Rassen wie »Neger«, »Mongolen« oder »Juden«. Die jeweiligen Rasseeigenschaften wurden angeblich von Generation zu Generation vererbt; sie waren also unveränderbar. Die Geschichte deutete man als einen ewigen Kampf der Rassen um Lebensraum. Der nordischen, »arischen« Rasse, die als die Trägerin aller schöpferischen Kultur galt, wurde der höchste Rang zugesprochen. Sie war daher auch zur Herrschaft über die anderen Rassen berufen. Die pseudowissenschaftliche Rassenlehre bildete den Kern der ▸nationalsozialistischen Weltanschauung und diente dazu, den Massenmord an Juden, Sinti und Roma zu begründen. ■

Vertreibung und Flucht

Als die Niederlage immer wahrscheinlicher wurde, begannen die Menschen in den deutschen Ostgebieten aus Angst vor der Roten Armee zu flüchten. Auf der Konferenz von Potsdam im Juli/August 1945 sprachen die Siegermächte der Sowjetunion Teile des polnischen Territoriums zu. Dafür erhielt Polen Gebiete im Osten des Deutschen Reiches. Nun setzte eine gigantische Massenwanderung ein: 14 Mio. Deutsche, die in den Gebieten lebten, die polnisch wurden, flüchteten oder wurden vertrieben. Die Polen wiederum, die in den sowjetisch gewordenen Gebieten lebten, wurden in die »frei werdenden« deutschen Gebiete zwangsumgesiedelt. Die deutschen Flüchtlinge erlitten ein grausames Schicksal: Sie mussten ihre Häuser und ihr gesamtes Eigentum zurücklassen, Hunderttausende Frauen wurden vergewaltigt. Insgesamt zwei Mio. Menschen starben auf der Flucht in den Westen. ■

Die Nationalsozialisten arbeiteten mit zahlreichen **Feindbildern**. Den amerikanischen Jazz definierten sie als schädliche, »entartete« Musik (im Bild das Plakat einer propagandistischen Ausstellung).

INFOBOX

»Lebensunwertes Leben«

Nach dem Ersten ▸Weltkrieg betrachtete man das staatliche Fürsorgewesen vermehrt unter wirtschaftlichen Gesichtspunkten. Bereits 1920 bezeichneten angesehene Professoren die Pflege von unheilbar Geisteskranken als kostspieligen Luxus. Die Nationalsozialisten radikalisierten diesen Gedanken, indem sie zur »Reinhaltung der arischen Rasse« die Vernichtung »unwerten Lebens« verlangten. Das Verständnis vom kranken Menschen als einem Wesen, das der Zuwendung und Hilfe bedarf, verschwand nach 1933 aus der deutschen Medizin. Unter größter Geheimhaltung wurden seit dem Kriegsbeginn missgebildete Neugeborene und erwachsene Behinderte umgebracht. Im Dienste der »Volksgesundheit« wurden über 200 000 Behinderte von Ärzten durch Vergasung und Nahrungsentzug ermordet.

LEBEN DAMALS

Stille Helden: der Widerstand des »kleinen Mannes«

Auch im normalen Alltagsleben konnte man Widerstand leisten und die Ablehnung des Systems demonstrieren. Wer den Hitlergruß vermied, bei den Geldsammlungen der Partei nicht spendete oder weiterhin mit Personen verkehrte, die vom Regime verfolgt wurden, ließ seine innere Distanz erkennen. Viele zeigten ihren politischen Protest durch betonte Kirchentreue, indem sie die kirchlichen Festtage feierten und an Wallfahrten und Prozessionen teilnahmen. Immer wieder gab es Menschen, die sich nicht von der Arroganz der Macht einschüchtern ließen: Polizeibeamte in der Provinz, die auch gegen die örtliche Parteiprominenz ermittelten; Pfarrer, die in ihren Predigten kritisch zur Tagespolitik Stellung bezogen; Staatsanwälte, die Prozesse verschleppten, um so Sand in das Räderwerk der Vernichtungsjustiz zu streuen. Vielfach belegt sind schließlich die Fälle, in denen Deutsche ihre von der Deportation bedrohten jüdischen Mitbürger mit Heizmaterial, Lebensmitteln und Kleidung versorgten, sie vor der Polizei versteckten oder mit falschen Papieren außer Landes brachten.

Widerstand

Mit der Ausschaltung der Parteien und Gewerkschaften und der Kontrolle aller Vereine hatten die Nationalsozialisten der Herausbildung einer gegnerischen politischen Kraft enge Grenzen gesetzt. Dennoch gab es auch im Deutschen Reich Menschen, die sich nicht mit der ▶nationalsozialistischen Herrschaft abfinden wollten. Sie handelten als Einzelpersonen oder in Gruppen, aber keine von ihnen war stark genug, um das Regime tatsächlich zu stürzen. Insgesamt gab es mindestens 42 Attentatsversuche auf Hitler. Das aussichtsreichste wurde am 20. Juli 1944 von einer Gruppe deutscher Offiziere unter Graf Stauffenberg verübt. Der Sprengstoffanschlag im Führerbunker missglückte, die Attentäter wurden hingerichtet. Es gab auch Widerstandsbewegungen von Studenten, so wie die »Weiße Rose«. Ihre Mitglieder verschickten anonym Tausende von Flugblättern, in denen sie zum Widerstand aufriefen, und schrieben Parolen wie »Nieder mit Hitler« an die Universitätswände. Dafür wurden sie hingerichtet. Auch Teile der Kirchen wie die protestantische »Bekennende Kirche« widersetzten sich dem totalitären Regime und seinem unchristlichen ▶Antisemitismus.

Mit anderen Studenten gründeten Hans (rechts) und Sophie (Mitte) Scholl die **»Weiße Rose«**.

Bei der Befreiung von Paris schießen **Widerständler** aus einer Wohnung auf deutsche Soldaten.

In den besetzten Gebieten war der Widerstand besser organisiert. In Frankreich arbeitete die »Résistance« im Untergrund gegen die ▶deutsche Besatzung. Ähnliche Widerstandsgruppen gab es in allen besetzten Ländern, vor allem in Italien, in der Sowjetunion und auf dem Balkan. Die Partisanen verübten Attentate auf Soldaten und sprengten Eisenbahnlinien, Munitions- und Versorgungslager in die Luft. Wer sich dem Widerstand anschloss, riskierte sein Leben und das der Menschen in seinem Umfeld: Widerstandskämpfer kamen ins Gefängnis oder wurden umgebracht. Zur Strafe für Sabotageakte, bei denen sie die Urheber nicht ermitteln konnten, brachten die Nationalsozialisten »Geiseln« aus der Zivilbevölkerung um. ■

BIOGRAFIE

Charles de Gaulle

De Gaulle war gegen die ▶Kollaboration. Aus seinem Londoner Exil organisierte er den französischen Widerstand gegen die deutschen Besatzer. Zuerst ein unbekannter General, wurde er innerhalb kurzer Zeit zum Hoffnungsträger vieler Franzosen. Nach Frankreichs Befreiung 1944 wurde er Chef der provisorischen Regierung. Ab 1958 förderte er als französischer Staatspräsident die deutsch-französische Versöhnung.

NAD
RESTAURACE

Nach 1945

Die Welt unserer Großeltern und Eltern

Von Stettin an der Ostsee
bis Triest an der Adria hat sich
ein Eiserner Vorhang
über den Kontinent gesenkt.

Winston Churchill, britischer
Premierminister, 5. März 1946

Nach 1945

Die Welt unserer Eltern und Großeltern

Nach dem Zweiten Weltkrieg lagen weite Teile Europas in Trümmern. Der Krieg hatte die Länder wirtschaftlich ruiniert. Die USA unterstützten die westlich orientierten Länder, insbesondere die Bundesrepublik, mit Krediten für den Wiederaufbau. Dieser führte erstaunlich rasch zu neuem Wohlstand. In Osteuropa dagegen beherrschte die Sowjetunion eine Gruppe von Staaten wie Polen und die DDR, ihre sogenannten Satellitenstaaten. Damit standen sich zwei Blöcke mit unterschiedlichen gesellschaftlichen, politischen und wirtschaftlichen Systemen gegenüber. Die Konfrontation zwischen Ost und West mündete in einen »Kalten Krieg«, der die Welt zeitweise an den Rand eines neuen Krieges brachte. In der Nachkriegszeit erlangten zahlreiche ehemalige Kolonien ihre Unabhängigkeit. Für viele brachte die Loslösung von den alten Kolonialmächten nicht nur die ersehnte Freiheit, sondern neue politische Probleme mit sich.
In den 60er-Jahren wuchs in den westlichen Demokratien eine junge Generation heran, die ein neues Lebensgefühl verkörperte und sich von den Werten und Traditionen der Eltern radikal lösen wollte.

Gründung der Vereinten Nationen (UNO)	**26. Juni 1945**
Besatzungszeit in der ostdeutschen und den westdeutschen Zonen	**1945–1949**
Gründung des Staates Israel; Beginn des Nahostkonflikts	**14. Mai 1948**
Berliner Blockade: Die Sowjetunion sperrt alle Zugänge von Westdeutschland nach Berlin	**24. Juni 1948 bis 12. Mai 1949**
Gründung der Bundesrepublik Deutschland (BRD)	**23. Mai 1949**
Gründung der Volksrepublik China	**1. Oktober 1949**
Gründung der Deutschen Demokratischen Republik (DDR)	**7. Oktober 1949**
Koreakrieg	**1950–1953**
Gründung der Europäischen Gemeinschaft	**10. August 1952**
Arbeiteraufstand in der DDR	**17. Juni 1953**
Beitritt der Bundesrepublik in die NATO	**1955**
Beitritt der DDR zum Warschauer Pakt	**1955**
Vietnamkrieg (vorher seit 1945 Indochinakrieg)	**1957/58–1975**
Bau der Berliner Mauer	**13. August 1961**
Kubakrise	**1962**
Abschaffung der Rassentrennung in den USA	**1964–1966**
»Große Proletarische Kulturrevolution« in China	**1966–1976**
Prager Frühling	**Januar – August 1968**
Höhepunkt der Studentenunruhen	**Mai 1968**
Erste bemannte Mondlandung	**20. Juli 1969**
Erste und zweite Ölkrise	**1973/74; 1979**
Streikwelle in Polen; Gründung der Gewerkschaft Solidarność	**1980**
Beginn der Reformpolitik in der Sowjetunion (»Perestroika«) unter Michail Gorbatschow	**ab 1985**
Erste »Intifada« (Aufstand) der arabischen Palästinenser	**1987**

Ein amerikanischer **Hubschrauberangriff** auf ein vietnamesisches Dorf (links). Im rechten Bild **demonstrieren** der Studentenführer Rudi Dutschke (Bildmitte) und der Dichter Erich Fried (mit Helm) gegen den Vietnamkrieg.

1968 und der Generationenkonflikt

1968 ist als Jahr der Studentenunruhen in die Geschichte eingegangen. Erste Proteste gab es bereits 1964 in den USA, als die Amerikaner massiv in den Vietnamkrieg eingriffen. Die Demonstranten forderten den Abzug der Truppen und, allgemeiner, die Abschaffung der ▶Rassentrennung in den USA. Auch in der Bundesrepublik kam es zu Studentenprotesten, als 1966 eine Große Koalition von CDU und SPD an die Regierung kam, in der sich viele politisch nicht vertreten sahen.

Besonders in den USA, Frankreich und der Bundesrepublik gingen 1968 Tausende von Menschen auf die Straße, als amerikanische ▶Massenmedien von Kriegsverbrechen der US-Soldaten berichteten. Zehntausende Studenten und Schüler lieferten sich heftige Straßenschlachten mit der Polizei. Ihre Kritik zielte auch auf die westliche Gesellschaft: Die Demonstranten lehnten mehr oder weniger deutlich das herrschende System ab, sie wollten die Gesellschaft umgestalten und forderten mehr politische Mitbestimmung. Viele unterstützten die Befreiungsbewegungen in der Dritten Welt (▶Entkolonialisierung).

Es wurde deutlich, dass es sich nicht nur um Antikriegsproteste handelte, sondern um einen grundlegenden Konflikt zwischen den Generationen. Auch äußerlich setzten die Demonstranten Zeichen: Sie trugen lange Haare

BIOGRAFIE

John F. Kennedy

Kennedy wurde 1960 Präsident der USA. Wegen seines fortschrittlichen Programms setzten vor allem junge Amerikaner große Hoffnung in ihn. In seiner Amtszeit gerieten die USA während der Kubakrise im ▶Kalten Krieg an den Rand eines 3. Weltkriegs und verstrickten sich weiter in den Vietnamkrieg. Kennedy wurde 1963 unter nicht ganz geklärten Umständen ermordet.

Für die Eltern noch undenkbar: Die **junge Generation** tanzte zu Rockmusik, die Frauen trugen Miniröcke und rauchten öffentlich.

LEBEN DAMALS

»Love and Peace«

Unter diesem Motto entstand in den 60er-Jahren die Hippiebewegung der »Blumenkinder«. Ihre Musik und Lebensform provozierten bewusst: Mit langen Haaren und ausgefallener Kleidung war ihr Name (»Hippie« von hip = angesagt) Programm. In die Geschichte eingegangen ist das Woodstock-Konzert von 1969 (im Bild ein Filmplakat), wo Bands wie »Santana« und »The Who« drei Tage lang spielten. Das Konzert wurde zu einem friedlichen Massen-»Happening« vor 500 000 Zuhörern – so etwas hatte es bis dahin noch nicht gegeben.

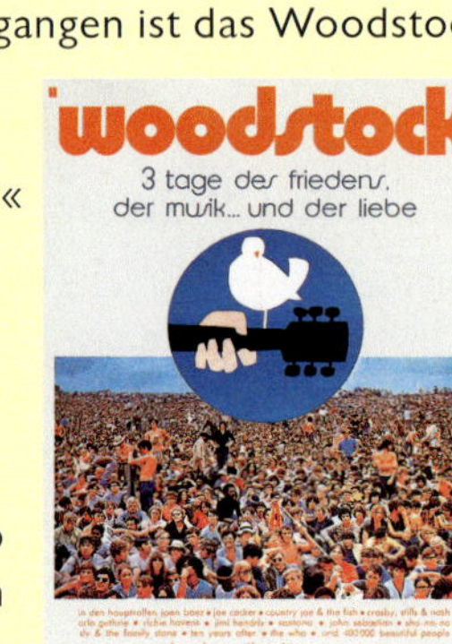

INFOBOX

Krieg im Vietnam

In Nordvietnam herrschte das kommunistische Regime der Vietcong, der Süden war westlich orientiert und kapitalistisch. 1957 drangen die Nordvietnamesen in den Süden ein. Die USA sandten darauf erste Truppen zum Kampf gegen die Vietcong. Anfangs erhielt Südvietnam lediglich militärische Beratung und finanzielle Hilfe. Als die USA ab 1965 verstärkt die Zivilbevölkerung bombardierten (im Bild vietnamesische Kinder nach einem Angriff) und ganze Wälder mit dem hochgiftigen Stoff »Agent Orange« entlaubten, wurde der Protest in den westlichen Ländern immer lauter. Letztlich vermochten die USA nicht, die Vietcong zu schlagen. 1975 zogen sie sich vollständig zurück. Ganz Vietnam wurde kommunistisch.

und auffällige Kleidung. Die Traditionen und Gewohnheiten der älteren Generation erschienen ihnen »muffig« und spießig. Mit der bürgerlichen Gesellschaft, dem »Establishment«, wie sie es nannten, konnten sie sich nicht identifizieren. Warum sollte man genauso leben wie die Eltern, warum nicht ganz andere Wege gehen? Die Studenten lebten zum ersten Mal in Wohngemeinschaften zusammen, damals »Kommunen« genannt. Viele experimentierten mit Drogen. Manche glaubten sogar, der Drogenkonsum schärfe das Bewusstsein und könne dabei helfen, die Gesellschaft zu verändern.

In der Bundesrepublik richtete sich der politische Protest auch gegen die neuen »Notstandsgesetze«, die in Krisenmomenten die ▶Menschenrechte kurzfristig außer Kraft setzen konnten. Besonders erboste die junge Generation, dass Persönlichkeiten, die bekennende Nationalsozialisten (▶Nationalsozialismus) gewesen waren, nun in der Justiz und an den Universitäten ihre Karriere fortsetzen konnten. Sie warfen der bundesrepublikanischen Gesellschaft vor, ihre NS-Vergangenheit zu verdrängen. Schließlich griffen die Demonstranten die parlamentarische ▶Demokratie selbst an. Sie wollten mehr politische Vollmachten als nur alle vier Jahre zur Wahl gehen.

Die Demonstrationen verebbten bereits gegen Ende 1969, der Mentalitätswandel aber prägte die westlichen Gesellschaften nachhaltig: An den Schulen und Universitäten kam es zu einer Reform des Unterrichts, der nun offener und kritischer wurde. In vielen Familien setzte sich ein neuer, weniger autoritärer Erziehungsstil durch. ■

INFOBOX

Terror als Politikersatz

Die »Rote-Armee-Fraktion« (RAF) war eine linksextremistische Gruppe in der Bundesrepublik, die gesellschaftliche Veränderungen durch Gewalt durchsetzen wollte (▶Terrorismus). Sie verübte Banküberfälle, Entführungen und Erpressungen. Bis 1977 starben bei den Attentaten und Morden 47 Menschen, darunter 17 RAF-Aktivisten (im Bild ein Fahndungsplakat). Die Anschläge auf Vertreter der Wirtschaft und Politiker reichten bis in die 90er-Jahre.

Dringend gesuchte Terroristen

Im Zusammenhang mit dem
- dreifachen Mord an Generalbundesanwalt Buback und zwei seiner Begleiter am 7. 4. 1977 in Karlsruhe
- Mord an Jürgen Ponto am 30. 7. 1977 in Oberursel
- vierfachen Mord und der Entführung von Hanns-Martin Schleyer am 5. 9. 1977 in Köln

werden gesucht:

»All you need ist love«: Der Songtitel der Beatles wurde zum Motto einer ganzen Generation. Im Bild ekstatisch tanzende **Hippies** auf einem Musikfestival.

Die **Karte** zeigt die drei westlich besetzten Zonen, aus denen die Bundesrepublik Deutschland hervorging. Aus der Ostzone wurde die Deutsche Demokratische Republik. Am **17. Juni 1953** wurde ein Arbeiteraufstand in der DDR von sowjetischen Panzern niedergeschlagen (rechts).

BRD und DDR

Mit ▶Kriegsende hatte das Deutsche Reich aufgehört zu existieren. Deutschland wurde von den Siegermächten in vier Zonen aufgeteilt. Die drei Westzonen orientierten sich politisch, gesellschaftlich und wirtschaftlich an ihren drei Besatzungsmächten USA, Großbritannien, und Frankreich. 1949 wurde aus ihnen die Bundesrepublik Deutschland (BRD). Im gleichen Jahr entstand in der sowjetisch besetzten Ostzone die Deutsche Demokratische Republik (DDR). Jetzt existierten zwei deutsche Staaten, die sich 40 Jahre lang zeitweise feindlich gegenüberstehen sollten. Beide beanspruchten für sich, alle Deutschen zu vertreten und friedlich und demokratisch zu sein. Diese ▶Deutsche Teilung versinnbildlicht besser als alles andere den Konflikt zwischen Ost und West während des ▶Kalten Krieges.

INFOBOX

Opposition in der DDR

Eine Opposition, die die Politik der Regierung offen kritisierte, gab es in der DDR nicht. Kritik wurde im privaten Kreis geäußert oder im Schutz der Kirche, wo die Friedensbewegung unter dem Motto »Schwerter zu Pflugscharen« entstand. Offene Kritik an der Regierung wurde strafrechtlich verfolgt und sogar oft mit Gefängnis bestraft. Prominente Kritiker, die Reformen verlangten, wurden gegen ihren Willen ausgebürgert und mussten das Land verlassen.

Die DDR war ein sozialistischer Staat, der seine Wirtschaft zentral lenkte und plante – wie in der Sowjetunion. Es regierte nur eine einzige Partei, die Sozialistische Einheitspartei Deutschlands (SED). Bei einem Teil der Bevölkerung stieß sie auf Ablehnung, da sie nie frei gewählt wurde. Durch »Kollektivierung« wurden Großgrundbesitzer ohne eine Entschädigung enteignet. Es wurden sogenannte »volkseigene Betriebe« gegründet, kurz VEBs. Banken, Industrie- und Handelsunternehmen wurden ebenfalls verstaatlicht. Gleichzeitig versuchte die DDR-Regierung, die Bevölkerung für sich zu gewinnen und sie zu kontrollieren: In Organisationen wie der FDJ, der »Freien Deutschen Jugend«, bot der Staat

LEBEN DAMALS

Die »Stasi« hört mit

Der »Staatssicherheitsdienst« der DDR versuchte, jede Art von Kritik am Staat zu unterdrücken: Er hatte ein dichtes Überwachungsnetz aufgebaut. Gegner des Regimes kamen ins Gefängnis, wurden entführt, manche sogar ermordet. Viele Bürger hatten mit der »Stasi« zu tun: Entweder sie wurden von ihr bespitzelt – oder sie arbeiteten für sie als Spitzel, als »Informelle Mitarbeiter« (IM). Weil jeder ein Spitzel der »Stasi« sein konnte, selbst Familienangehörige oder Freunde, war das Zusammenleben oft durch starkes Misstrauen geprägt.

Ein Aufmarsch der staatlich gelenkten **»Freien Deutschen Jugend«** (FDJ) in Ostberlin.

BIOGRAFIE

Walter Ulbricht

Ulbricht lebte ab 1938 im Exil in der Sowjetunion. Im Mai 1945 kehrte er als Vertrauensmann Stalins in die »Ostzone« zurück und baute die Kommunistische Partei auf. Er war von 1950 bis 1971 Generalsekretär der SED, ab 1960 Staatsoberhaupt der DDR. Ulbricht stand für viele Menschen stellvertretend für die Unterdrückung und Unfreiheit in der DDR.

Auf den Bildern sieht man die **Volkskammer** der DDR bei einer Abstimmung (links) und den **Deutschen Bundestag** während einer Regierungserklärung von Bundeskanzler Helmut Schmidt (rechts).

Freizeitangebote für Jugendliche. Wer Mitglied der SED war, genoss auch Vorteile beispielsweise bei der Wohnungssuche. Als mehr und mehr DDR-Bürger dennoch in den wirtschaftlich besser gestellten Westen flüchteten, schottete das Regime die Grenzen ab.

In der Bundesrepublik entstand eine parlamentarische ▶Demokratie nach westlichem Vorbild. Der Bundestag und die Länderparlamente übernahmen unterschiedliche Aufgabenbereiche. Die finanzielle Unterstützung aus den USA mit dem »Marshallplan« verhalf ihr innerhalb weniger Jahre zum ▶Wiederaufbau der Wirtschaft (▶Wirtschaftswunder). Die Bundesrepublik trat 1955 dem westlichen Verteidigungsbündnis, der NATO, bei und begann mit der Wiederbewaffnung, dem Aufbau der Bundeswehr. In diesem Bündnis stand das Land an Seiten der ehemaligen Kriegsgegner USA, Großbritannien und Frankreich. Kurz darauf stellte die DDR die »Nationale Volksarmee« auf und verbündete sich im »Warschauer Pakt« mit anderen ▶sozialistischen Staaten unter Führung der Sowjetunion.

Die beiden deutschen Staaten standen sich jetzt auch noch in feindlichen Militärbündnissen gegenüber. Im Ernstfall hätten deutsche Soldaten auf Soldaten des »anderen Deutschland« schießen müssen. Dazu kam es zum Glück nicht. Ende der 1960er-Jahre näherten sich die DDR und die Bundesrepublik auf diplomatischem Weg an. ■

INFOBOX

Parteiensystem der BRD

Im Gegensatz zur DDR, wo die SED über 40 Jahre lang allein regierte, gab es in der BRD und dann im vereinten Deutschland ein Mehrparteiensystem: CDU/CSU, SPD und FDP repräsentieren die verschiedenen politischen Lager. Es regiert eine Partei oder Koalitionen aus zwei oder mehr Parteien. Dass das System relativ offen ist für neue politische Strömungen, zeigt der Aufstieg der ökologischen Bewegung zur Partei der Grünen in den 80er-Jahren. »Splitterparteien«, die weniger als 5 Prozent der Stimmen erhalten, dürfen nicht ins Parlament ziehen. Im Gegensatz zur ▶Weimarer Republik sind Parteien, die die ▶Demokratie bekämpfen, verboten.

BIOGRAFIE

Konrad Adenauer

Adenauer war 1917 bis 1933 Oberbürgermeister von Köln. Die Nationalsozialisten enthoben ihn seiner Ämter. Zweimal wurde er für mehrere Monate verhaftet. 1945 war er Mitbegründer der CDU. Für viele Deutsche verkörperte er als Bundeskanzler von 1949 bis 1966 die Werte des Wiederaufbaus. Er verankerte Deutschland politisch und wirtschaftlich in Westeuropa und militärisch in der NATO.

1962 krönten der französische Staatspräsident Charles de Gaulle und Bundeskanzler Konrad Adenauer mit dem »Élysée-Vertrag« ihr Bemühen um die **deutsch-französische Aussöhnung**.

Von einem Trümmerberg aus winken Kinder einem **»Rosinenbomber«** zu. So wurden die Flugzeuge genannt, die Berlin während der Blockade versorgten.

INFOBOX

Rosinenbomber über Berlin

Mitten in der sowjetisch besetzten Ostzone lag Berlin, das wie Deutschland in vier Sektoren aufgeteilt war. Die Sowjetunion versuchte, ganz Berlin unter ihre Kontrolle zu bringen, indem sie von Juni 1948 bis Mai 1949 alle Land- und Wasserwege von Westdeutschland nach Berlin blockierte. Die Rechnung ging nicht auf: Fast ein Jahr lang versorgten die Westmächte die Westberliner Bevölkerung durch eine Luftbrücke mit allem Lebensnotwendigen, bis die Russen ihr Vorhaben wieder aufgaben.

Deutsche Teilung

Von 1949 bis 1990 existierten zwei deutsche Staaten, die ▶BRD und die DDR. Beide Staaten hatten eine eigene Regierung, eine eigene Währung und eine eigene Flagge. Bei Fußballweltmeisterschaften traten zwei deutsche Fußballmannschaften an und spielten sogar einmal gegeneinander. Seit 1955 begann die DDR-Regierung damit, die innerdeutsche Grenze weiter auszubauen. Doch immer mehr Menschen flüchteten in den Westen. Hier fühlten sie sich freier, und auch wirtschaftlich ging es den Nachbarn in der kapitalistischen Bundesrepublik besser. Als mehr und mehr gut ausgebildete Facharbeiter und Akademiker das Land verließen, riegelte die DDR mit dem Bau der Berliner Mauer die Grenze zwischen den beiden deutschen Staaten nahezu undurchlässig ab.

LEBEN DAMALS

Eine Mauer durch Berlin

Als die Berliner am 13. August 1961 aufwachten, bot sich ihnen ein erschreckendes Bild: Straßensperren trennten ihre Stadt in einen Ost- und Westteil. Unter Bewachung hatten Handwerker damit begonnen, eine mannshohe Mauer zu errichten. Das letzte »Schlupfloch« zwischen DDR und BRD, der bisher noch offene Weg zwischen Ost- und Westberlin, war damit geschlossen.

Zeitweise war die Grenze durch Selbstschussanlagen gesichert und DDR-Grenzsoldaten hatten den Befehl, auf Flüchtlinge ohne Vorwarnung zu schießen, wenn diese sich auf 100 Meter der Grenze näherten. Mindestens 825 Menschen kamen bei dem Versuch, die deutsch-deutsche Grenze zu überwinden, ums Leben. Nur wenigen gelang die Flucht.

In den 80er-Jahren war die deutsche Teilung für viele Deutsche längst eine Realität geworden, die man mehr oder weniger akzeptiert hatte. Vom Fall der Mauer wurden die Menschen in Ost und West nach 40 Jahren Teilung überrascht. ■

Vom Potsdamer Platz aus konnte man einen **Blick über die Mauer** nach Osten werfen (links). DDR-Grenzsoldaten bergen einen **»Republikflüchtling«**: Der 18-jährige Peter Fechter wurde bei seinem Fluchtversuch 1961 erschossen (rechts).

Entkolonialisierung

Von 1945 bis in die 60er-Jahre erlangten die meisten ▶Kolonien in Asien und Afrika die Unabhängigkeit von ihren »Mutterländern«. In der westeuropäischen Öffentlichkeit wurde der Kolonialismus immer stärker kritisiert. Außerdem war der wirtschaftliche Nutzen der meisten Kolonien fragwürdig. Selbst die größte Kolonialmacht Großbritannien konnte den Besitz von Kolonien finanziell und auch politisch nicht länger vertreten. Die USA und die UdSSR drängten, die Kolonialzeit zu beenden, und in den Kolonien selbst wurde der Einfluss der Befreiungsbewegungen immer größer. Der Prozess der Entkolonialisierung verlief meistens gewaltsam: Im ehemals französisch beherrschten Vietnam oder der portugiesischen Kolonie Angola gab es Befreiungskriege. Großbritannien entließ seine Kronkolonie Indien mehr oder weniger freiwillig in die Unabhängigkeit.

INFOBOX

Welche Staaten sind »blockfrei«?

Als »blockfrei« bezeichnet man solche Länder, die sich im ▶Kalten Krieg für neutral erklärten und einen dritten Weg suchten. Vor allem Nationen, die aus Kolonien hervorgingen, oder Länder, die ihre Unabhängigkeit nach der Entkolonialisierung zurückerhielten, schlossen sich den Blockfreien an. Weil sie aber meistens unterschiedliche Interessen hatten, handelten sie nur selten geschlossen. Heute bekämpfen sie gemeinsam die Kluft zwischen den reichen Industrieländern und den armen Entwicklungsländern.

Julius Nyerere wird 1962 erster Staatspräsident von **Tansania**. Das Land war kurz zuvor von Großbritannien in die Unabhängigkeit entlassen worden.

Die Unabhängigkeit bedeutete jedoch für die Menschen in den ehemaligen Kolonien keinesfalls zwangsläufig eine Verbesserung: So sorgten von den Kolonialherren willkürlich gezogene Grenzen für Spannungen. Konflikte zwischen verschiedenen ethnischen oder religiösen Gruppen, die es schon vor der Kolonialisierung gegeben hatte, brachen wieder auf (▶ethnische Kriege). Als die ehemalige britische Kronkolonie Indien unabhängig wurde, kam es sofort zu Gewaltausbrüchen zwischen Hindus und Muslimen. Sie kosteten Tausende das Leben und führten zur Spaltung des Landes in Indien und Pakistan. Das Verhältnis der beiden Staaten ist bis heute schwer belastet.

Viele der ehemaligen Kolonien zählen zu den Staaten der Dritten Welt. Aufgrund ihrer wirtschaftlichen und industriellen Unterentwicklung sind sie von der Entwicklungshilfe reicher Industriestaaten abhängig (▶Nord-Süd-Konflikt). ■

BIOGRAFIE

Mahatma Gandhi

Gandhi führte seit den 20er-Jahren die Unabhängigkeitsbewegung in Indien an. Er vertrat eine Politik des gewaltlosen Widerstands und wollte die britische Kolonialherrschaft ohne Blutvergießen beenden. 1947 erklärte Indien seine Unabhängigkeit. Ein Jahr später wurde Gandhi von einem religiösen Fanatiker erschossen.

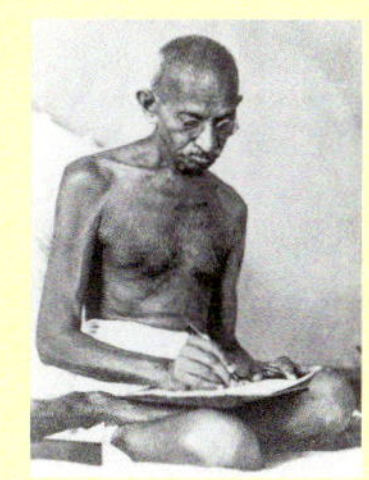

Die Menschen freuen sich über die Unabhängigkeit in **Eritrea** (links). In manchen Ländern begannen die internen Machtkämpfe noch vor der Unabhängigkeit: **Kindersoldaten** in der ehemaligen portugiesischen Kolonie Angola (rechts).

Die Karte zeigt die 27 Mitgliedstaaten der **Europäischen Union**.

INFOBOX

Das Europäische Parlament

Im Europäischen Parlament (Foto), häufig als »Europaparlament« bezeichnet, sitzen rund 730 Abgeordnete aus allen EU-Mitgliedstaaten. Die Kandidaten werden in ihren Ländern bei den Europawahlen direkt gewählt. Je mehr Einwohner ein Land hat, desto mehr Vertreter entsendet es ins Parlament. Vor allem kleinere Staaten sind mit dieser Regelung unzufrieden, weil sie dadurch leicht von den größeren Staaten überstimmt werden können. Das Parlament selbst entwirft keine Gesetze, es stimmt aber über die Gesetzesentwürfe der Europäischen Kommission ab bzw. verlangt Änderungen. An die verabschiedeten EU-Gesetze haben sich die EU-Mitglieder zu halten.

Europäische Einigung

Schon während des Zweiten Weltkriegs hatte es Überlegungen gegeben, wie Europa nach einem Sieg über den ▶Nationalsozialismus aussehen könne. 1946 forderte der britische Politiker Churchill die Gründung der »Vereinten Staaten von Europa«. Im Mittelpunkt dieser europäischen Staatenfamilie sollte eine deutsch-französische Partnerschaft stehen. Die Jahrzehnte alte »Erbfeindschaft« der beiden europäischen Mächte musste überwunden werden, wenn ein wirtschaftlicher Aufschwung gelingen und ein lang anhaltender Friede geschaffen werden sollte.

Den ersten Schritt in Richtung eines vereinigten Europas unternahmen sechs Staaten: Belgien, die Bundesrepublik Deutschland, Frankreich, Italien, Luxemburg und die Niederlande. Sie gründeten 1951 die »EGKS«, die »Europäische Gemeinschaft für Kohle und Stahl«, auch »Montanunion« genannt. Diese Länder wollten bei der Gewinnung von Kohle und Stahl zusammenarbeiten. In den folgenden Jahrzehnten schlossen sich weitere Staaten an, und man verabschiedete Regelungen für die Landwirtschaft, die gemeinsame Nutzung der Atomenergie oder die Abschaffung von Zöllen. Da seine Ziele lange Zeit rein wirtschaftlicher Natur waren, nannte sich der Staatenverbund »Europäische Wirtschaftsgemeinschaft«, kurz EWG.

1993 entstand schließlich mit dem Maastrichter Vertrag die »EU«, die »Europäische Union«. Die »EU« ist ein Staatenbund, in dem alle Einwohner Staatsangehörige ihres Landes und zugleich Unionsbürger sind. Der Warenverkehr ist innerhalb des EU-Gebiets unbeschränkt, d.h., jeder EU-Bürger kann ohne bürokratische Hürden Waren exportieren und importieren sowie Geschäfte führen. Die Bürger der EU können landesübergreifend arbeiten; europäische Firmen können europaweit Arbeitskräfte anwerben. Diese Regelungen bringen den europäischen Mitgliedstaaten große wirtschaftliche Vorteile und machen sie auf dem Weltmarkt konkurrenzfähig.

Die EU, die in den letzten Jahren weitere Mitgliedstaaten aufgenommen und eine gemeinsame Währung eingeführt hat (▶Europäische Erweiterung), ist aber kein reiner Wirtschaftsverband. Die Friedenssicherung sowie die Einhaltung der ▶Menschenrechte sind Anliegen der EU, ebenso der gemeinsame Kampf gegen die Umweltzerstörung und die organisierte Kriminalität. Ein weiteres Ziel ist eine gemeinsame europäische Verfassung. ■

BIOGRAFIE

Jean Monnet

Monnet gehörte zu den Gründervätern der Europäischen Idee, die 1950 im sogenannten »Schumanplan« formuliert wurde: Durch einen Zusammenschluss der wirtschaftlichen Interessen der europäischen Staaten wollte man langfristig und mit vielen kleinen Zwischenschritten ein politisch und kulturell vereinigtes Europa erreichen.

INFOBOX

Eine Geste berührt die Welt

Mit seinem Kniefall vor dem Mahnmal für die Opfer des Aufstands im Warschauer Getto (▶ Holocaust) setzte Bundeskanzler Willy Brandt 1970 ein Zeichen der Versöhnung: Er demonstrierte Deutschlands Reue für seine nationalsozialistische Vergangenheit und den Willen zum Frieden. Die Bundesrepublik gewann in der ganzen Welt an Ansehen. Gleichzeitig legte Brandt den Grundstein für seine »neue Ostpolitik«. In den darauffolgenden Jahren schloss die BRD mit der DDR, Polen und der Sowjetunion mehrere Verträge ab, in denen die bestehenden Grenzen anerkannt wurden. Die Bundesrepublik bestätigte damit auch die Existenz der DDR als Staat.

Kalter Krieg

Während des Zweiten Weltkriegs hatten die Sowjetunion, Großbritannien, Frankreich und die USA als ▶ Alliierte gemeinsam gegen den ▶ Nationalsozialismus gekämpft. Doch in der Endphase des Krieges begann die Sowjetunion, ihr Einflussgebiet gegenüber ihren Verbündeten abzuriegeln. Bald sprach man von einem »Eisernen Vorhang«, der West- und Osteuropa in zwei Blöcke trennte: Im Westen herrschte der ▶ Kapitalismus, im Osten der ▶ Kommunismus. Dieser Gegensatz wurde durch die sowjetische Machtpolitik ausgelöst. Aus Angst vor der »kommunistischen Bedrohung« schlossen die Staaten Westeuropas unter Führung der USA ein Militärbündnis, die NATO. Die Sowjetunion antwortete darauf mit der Gründung des Warschauer Paktes. In den USA wurden Menschen zeitweise angefeindet, weil sie angeblich mit dem Kommunismus sympathisierten. »Kalt« war der Krieg, weil er nicht mit Waffengewalt ausgetragen wurde. Stattdessen unterstützten beide Seiten in Stellvertreterkriegen wie dem Koreakrieg und dem Vietnamkrieg die Seite, die für die eigene Weltanschauung – Kapitalismus oder Kommunismus – kämpfte.

Als die Sowjetunion auf Kuba Abschussrampen für Atomraketen stationierte, mit denen sie die USA hätte erreichen können, wurde 1962 in letzter Minute eine militärische Auseinandersetzung vermieden. Dies hätte leicht zu einem Dritten Weltkrieg führen können! Seit dem Ende der 60er-Jahre näherten sich die Blöcke wieder an. ■

Der **»Eiserne Vorhang«** teilte Europa während des Kalten Krieges in einen West- und einen Ostblock (links). **Propaganda** wurde auf westdeutscher (Mitte) wie auf ostdeutscher Seite (rechts) betrieben.

Das Bild zeigt **Mao Zedong** während des Bürgerkriegs (links). Um sie zu demütigen, werden **»antirevolutionäre Elemente«** mit Eselshüten durch Pekings Straßen gefahren (rechts).

Maoismus und China

In China, dem bevölkerungsreichsten Land der Welt, herrschte nach dem Zweiten Weltkrieg eine Militärdiktatur. Als diese in einem Bürgerkrieg von chinesischen Kommunisten gestürzt wurde, rief deren Anführer Mao Zedong 1949 die Volkrepublik China aus. Die neue Regierung versuchte, das kaum industrialisierte Land zu modernisieren und die Lehren des ▶Kommunismus in einer spezifisch chinesischen Form anzuwenden, dem sogenannten Maoismus.

Die kommunistische Partei kontrollierte die ganze chinesische Gesellschaft und wollte sie grundlegend umgestalten. Landwirtschaft und Handel wurden verstaatlicht, aus dem Agrarstaat sollte mit sowjetischer Hilfe ein Industriestaat werden. Gegen Andersdenkende wurde erbarmungslos vorgegangen: Sogenannte Volksverräter – das konnten ehemalige Landbesitzer, aber auch jeder einfache, »verdächtige« Bürger sein – wurden öffentlich gedemütigt, in Lagern interniert oder getötet.

Als die Kritik an seiner Politik, wegen Fehlplanungen und Hungersnöten auch innerhalb der eigenen Partei wuchs, reagierte Mao auf diese angebliche Rückkehr zum ▶Kapitalismus mit brutaler Gewalt. In der »Großen Proletarischen Kulturrevolution« wurden erneut Hunderttausende durch groß angelegte »Säuberungswellen« umgebracht. Nach Schätzungen verloren unter der Herrschaft von Mao Zedong 70 Mio. Menschen ihr Leben.

Nach Maos Tod 1976 kamen Reformer an die Macht, aber ▶Menschenrechte wie das Recht auf Meinungsfreiheit sind auch heute in China nicht gewährleistet. ■

Zwei Vertreter der **Roten Garde** demonstrieren mit der chinesischen Flagge.

LEBEN DAMALS

Der Terror der Roten Garden

Während der »Großen Proletarischen Kulturrevolution« mobilisierte Mao Millionen von Schülern und Studenten, um Andersdenkende auszuschalten. Diese »Roten Garden« verehrten Mao fanatisch, er war das Idol vieler junger Chinesen.
Die Rotgardisten terrorisierten die Bevölkerung: Menschen wurden gedemütigt, misshandelt und getötet, weite Bereiche der altchinesischen Kultur, vor allem religiöse Einrichtungen, zerstört.
Schließlich gerieten die Exzesse der Roten Garden außer Kontrolle. Mit Billigung Maos griff das Militär gegen sie ein und stellte nach harten und blutigen Kämpfen die Ordnung wieder her.

Massenmedien

Radio, Fernsehen, Zeitungen und Zeitschriften, CDs und nicht zuletzt das ▸Internet – all dies sind Massenmedien, die uns täglich über das Weltgeschehen informieren. Massenmedien können die Meinungsbildung stark beeinflussen, denn keine Information ist neutral oder objektiv – alles ist eine Frage der Auslegung und Bewertung.

Der Einfluss, den z. B. die Radio- oder Fernsehansprache eines Staatsoberhaupts auf die Bevölkerung haben kann, wurde schon früh erkannt und besonders in Diktaturen zu Propagandazwecken genutzt (▸Nationalsozialismus). Die Massenmedien erfüllen aber auch eine wichtige Kontrollfunktion: Sie berichten kritisch über politische Entscheidungen und decken Menschenrechtsverletzungen, wirtschaftliche Skandale oder Umweltkatastrophen auf. So wurden z. B. die Proteste gegen den Vietnamkrieg (▸1968 und der Generationenkonflikt) erst durch Berichte in den Medien ausgelöst. Ohne diese Vielfalt an Informationen wäre eine Meinungsbildung in unserer ▸Demokratie heute kaum vorstellbar. Deshalb spricht man auch oft von den Medien als »vierter Gewalt« im Staat, die neben der Regierung, dem Parlament und der Justiz unsere Gesellschaft grundlegend mitprägt. ■

Während des Irakkriegs drängen sich **Journalisten** um einen amerikanischen Soldaten – ihr oberstes Ziel: ein gutes Bild zu ergattern.

Seattle in Nordamerika ist eine typische **Metropole:** Blick auf die Skyline im Abendlicht.

Metropole

New York, Paris, London, Berlin, Tokio, Kairo oder Mexiko sind Weltstädte. Viele Millionen Menschen leben und arbeiten hier, Verkehrsstaus gehören zum Alltag. Diese Riesenstädte, die sich kilometerweit strecken und oft Hunderte von Vororten mit einschließen, bezeichnet man als Metropolen. Sie bilden den wirtschaftlichen, gesellschaftlichen und kulturellen Mittelpunkt eines Landes.

Seit der ▸Industriellen Revolution fliehen viele Menschen vom Land und hoffen auf ein besseres Leben in der ▸Großstadt. Durch die ▸Bevölkerungsexplosion hat sich dieser Prozess der Verstädterung extrem beschleunigt: Vor allem in den ärmeren Ländern leben heute in den Außenbezirken der Städte Millionen Menschen in riesigen Elendsvierteln. ■

QUIZBOX

Welches ist die größte Stadt der Welt?

1. Berlin
2. New York
3. Tokio

Antwort 3: Mit etwa 34 Millionen Einwohnern ist Tokio in Japan die größte Metropole der Welt. New York hat rund 22 Millionen, Berlin zählt dagegen mit »nur« 4 Millionen zu den kleineren Metropolen.

»Dies ist ein kleiner Schritt für einen Menschen, ein riesiger Sprung für die Menschheit«, sagte Neil Armstrong, als er 1969 als **erster Mensch** den Mond betrat.

Mondlandung

Der Wettstreit der USA und der Sowjetunion um die Vorherrschaft in der Welt (▶Kalter Krieg) reichte bis in den Weltraum: Als Präsident Kennedy Anfang der 60er-Jahre erklärte, man wolle bis zum Ende des Jahrzehnts einen Amerikaner auf den Mond schicken, hielt die sowjetische Seite sofort dagegen. Der Wettkampf um die erste bemannte Mondlandung hatte begonnen. Nach mehreren Versuchen schossen die USA schließlich im Sommer 1969 das Raumschiff »Apollo 11« mit einer Rakete in die Mondumlaufbahn. In der Mondfähre »Eagle« landeten zwei Astronauten auf dem Mond. Etwa 500 Mio. Fernsehzuschauer in aller Welt verfolgten bei einer Liveübertragung gebannt, wie Neil Armstrong und Edwin Aldrin am 20. Juli als erste Menschen den Mond betraten. Die USA waren nun die Supermacht im Weltraum. ■

INFOBOX

Ein neues Bewusstsein für die Umwelt

Heute wird viel über die Belastung unserer Umwelt und Folgen wie die ▶Erderwärmung gesprochen. Fast jedes europäische Land hat ein Umweltministerium und eine »grüne« Partei (im Bild eines der ersten Wahlplakate der deutschen »Grünen«). Dieses Bewusstsein ist noch gar nicht alt: Erst in den 70er-Jahren begannen größere Gruppen von Menschen, sich mit der Umweltzerstörung, ihren Ursachen und Auswirkungen zu beschäftigen.

INFOBOX

»Atomkraft? – Nein, danke!«

Die verheerenden Auswirkungen in ▶Hiroshima und Nagasaki hatten gezeigt, wie gefährlich die Atombombe war – aber auch, wie viel Energie bei der Spaltung von Atomkernen freigesetzt wird. Ab den 70er-Jahren wurden zahlreiche Kernkraftwerke errichtet, um die preiswerte Atomenergie friedlich zu nutzen. Erst langsam wurde man sich auch der Gefahren der radioaktiven Strahlung bewusst. Seitdem fordern die Atomkraftgegner die Abschaltung der Atomkraftwerke.

Ölkrise

Lange Zeit war Erdöl weltweit billig zu haben. Weil die USA und andere Länder sich während des israelisch-arabischen »Jom-Kippur-Kriegs« (▶Palästina und Nahostkonflikt) auf die Seite Israels stellten, erhöhten die arabischen erdölfördernden Länder im Herbst 1973 drastisch den Ölpreis und drosselten die Förderung. Sie versuchten so, politischen Druck auf die westlichen Länder auszuüben. Innerhalb der folgenden Monate vervierfachte sich der Ölpreis auf dem Weltmarkt. Diese erste Ölkrise zeigte, wie sehr die modernen Industriestaaten vom Erdöl abhingen und wie wenig sie auf Lieferausfälle vorbereitet waren. Die hohen Energiekosten führten zu Konkursen zahlreicher Unternehmen, steigenden Staatsschulden und Inflation. Eine zweite Ölkrise wurde 1979 nach der iranischen Revolution und dem folgenden Ersten Golfkrieg ausgelöst. Die Ölkrisen führten zu einem sparsameren und bewussteren Umgang mit nicht erneuerbaren Rohstoffen. ■

Man muss nur einfallsreich sein! Eine Folge des **Fahrverbots** am Sonntag während der Ölkrise.

INFOBOX

Seit wann gibt es Israel?

Seit dem Ende des 19. Jhs. verfolgte die zionistische Bewegung, benannt nach dem Tempelberg Zion in Jerusalem, die Gründung eines jüdischen Staates in Palästina. Palästina gilt in der religiösen Tradition des ▶Judentums als das »Gelobte Land«. Nach dem Ersten Weltkrieg, besonders aber durch den ▶Holocaust wuchs die Zahl jüdischer Einwanderer. 1948 wurde nach dem Abzug der Briten, die Palästina verwaltet hatten, der Staat Israel in einem Teil des Landes gegründet.

Um sich vor Terroranschlägen zu schützen, errichten die Israelis eine **Sperrmauer**, die sie von den Palästinensern im Westjordanland abschottet.

Palästina und Nahostkonflikt

Unter dem Begriff Nahostkonflikt versteht man den bis heute ungelösten Streit zwischen Israelis und Palästinensern um dasselbe Gebiet in Palästina. Die arabischen Staaten erkannten den 1948 gegründeten Staat Israel nicht an – Ägypten, Syrien, Jordanien sowie der Irak erklärten ihm den Krieg. Doch die Angreifer erlitten eine Niederlage und etwa 700 000 Palästinenser flüchteten in die benachbarten Länder. Israel verweigerte ihnen die Rückkehr. Bis 1982 führte Israel mehrere Kriege mit den arabischen Nachbarn und ging daraus als Sieger hervor – Friede wurde dadurch aber nicht geschaffen.

INFOBOX

Hoffnung auf Frieden

1993 reichten sich der israelische Ministerpräsident Rabin (im Bild links) und PLO-Chef Arafat (rechts) im Beisein von US-Präsident Clinton die Hand. Viele Menschen nicht nur im Nahen Osten hofften nun auf eine Phase des Friedens. Doch schon zwei Jahre später wurde Rabin von einem fanatischen Israeli ermordet. Auf arabischer wie auf israelischer Seite stören radikale Gruppen immer wieder Versuche der Annäherung.

Die »Palästinensische Befreiungsorganisation« (PLO) verübte Anschläge und Flugzeugentführungen, um die Weltöffentlichkeit auf ihr Schicksal aufmerksam zu machen. Der gewaltsame, »Intifada« genannte Volksaufstand der Palästinenser führte wiederum zu israelischen Vergeltungsschlägen. Der Anführer der »PLO«, Jasir Arafat, beschritt schließlich den Verhandlungsweg. Er erkannte das Existenzrecht Israels an und im Gegenzug begann 1994 der Aufbau eines Palästinenserstaates. Doch der Nahostkonflikt findet kein Ende: Noch immer ist der Alltag geprägt von Anschlägen radikaler Gruppen, die Israel das Existenzrecht absprechen. Die Israelis reagieren mit Ausgangssperren, militärischen Vergeltungsschlägen und gezielten Tötungen von Anführern militanter Gruppen, zuletzt 2006 durch das Bombardement des Libanon. ■

INFOBOX

Jerusalem: drei Religionen in einer Stadt

Jerusalem gilt als »Heilige Stadt«, für Juden, Christen und Muslime gleichermaßen. Hohe geistliche Würdenträger aller drei Religionen haben hier ihren Sitz. Um 1000 v. Chr. war Jerusalem die Hauptstadt des Reiches Juda. Dem ▶Christentum gilt sie als Wirkungsort Jesu, hier steht die Grabeskirche über seinem Felsengrab. Die Al-Aksa-Moschee und der dazugehörige Felsendom als Ausgangspunkt für die Himmelfahrt Mohammeds sind religiöse Zentren des ▶Islam.

Ein Jugendlicher schwenkt die **palästinensische Flagge** und bewirft die heranrückenden israelischen Panzer mit Steinen.

Die **Rassentrennung** schürt den Hass zwischen Schwarz und Weiß: Der Bewohner einer Slumsiedlung diskutiert erregt mit einem bewaffneten Polizisten.

Rassentrennung

Mit dem Ende des ▶Amerikanischen Bürgerkriegs 1865 wurde in den USA auch die ▶Sklaverei abgeschafft. Im selben Jahr gründeten weiße Rassisten den Ku-Klux-Klan, eine kriminelle Organisation, die mit nächtlichen Lynchmorden die schwarze Bevölkerung terrorisierte. Dieser Geheimbund nahm Einfluss auf die Politik der Südstaaten, die 1896 die Rassentrennung in allen Lebensbereichen gesetzlich einführten.

Schon zu Beginn des 20. Jhs. kämpfte die amerikanische Bürgerrechtsbewegung für die Rechte der Schwarzen. Seit den 50er-Jahren verstärkte sich ihr Einfluss unter dem schwarzen Bürgerrechtler Martin Luther King, der für einen gewaltlosen Widerstand eintrat. Zwischen 1964 und 1966, also erst rund 100 Jahre nach der Abschaffung der Sklaverei, wurde die Rassentrennung in den USA endlich aufgehoben.

Die Gleichberechtigung von schwarzen und weißen Bürgern musste vom Staat zuweilen mit Waffengewalt durchgesetzt werden: Vor allem im Süden der USA wollten viele sich nicht damit abfinden, dass weiße und schwarze Kinder dieselben Schulen besuchten oder junge farbige Männer und Frauen nun an Universitäten studierten, die bisher weißen Studenten vorbehalten gewesen waren. Heute spricht man nicht mehr von »Schwarzen« oder »Farbigen«, sondern von Afroamerikanern: Viele haben Karriere in der amerikanischen Gesellschaft gemacht. Dennoch gehören die meisten Afroamerikaner den schlechter verdienenden Schichten an – und es gibt immer noch viele Menschen mit einer rassistischen Einstellung. ■

QUIZBOX

Womit erregte die Bürgerrechtlerin Rosa Parks weltweites Aufsehen?

1. Sie weigerte sich, ihren Sitzplatz im Bus abzutreten
2. Sie hielt eine wichtige Rede
3. Sie organisierte einen Protestmarsch

Antwort 1: Ihr Sitzplatz war nur für Weiße vorgesehen und Rosa Parks wurde als Schwarze wegen ihrer Weigerung aufzustehen verhaftet. Nach einem Boykott der öffentlichen Verkehrsmittel durch fast 50000 schwarze Bürger gab der oberste Gerichtshof der USA Rosa Parks recht.

LEBEN HEUTE

Die Apartheid in Südafrika

Der Begriff »Apartheid« kommt aus dem Afrikaans und bedeutet so viel wie »Trennung«. In Südafrika lebten Schwarze und Weiße bis Ende der 1980er-Jahre strikt getrennt: Wer schwarz war, durfte keine Ehe mit einer Weißen eingehen.
In öffentlichen Gebäuden mussten Schwarze und Weiße getrennte Eingänge benutzen. Angehörige der schwarzen Bantubevölkerung durften nur in rein schwarzen Vierteln leben, den »Townships«. Die Schwarzen besaßen keine oder nur sehr eingeschränkte politische Rechte. Proteste wurden mit Gewalt niedergeschlagen und gerichtlich verfolgt. Erst mit dem ▶demokratischen Umbruch wurde die Rassentrennung offiziell abgeschafft.

QUELLE

»I have a dream«

»Ich habe einen Traum, dass meine vier kleinen Kinder eines Tages in einem Land leben werden, in dem man sie nicht nach ihrer Hautfarbe, sondern nach ihrem Charakter beurteilt.« 1963, ein Jahr vor der Aufhebung der Rassentrennung, hielt Martin Luther King seine weltberühmte Rede, mit der er aussprach, wovon viele schwarze und auch weiße Amerikaner träumten. Er wurde wegen seines Engagements mehrfach verhaftet. King, der sich immer für ein gewaltloses Vorgehen ausgesprochen hatte, wurde 1968 von einem weißen fanatischen Rassisten erschossen.

Nur Weiße dürfen diesen Strand nutzen und im Meer schwimmen. Schwarze sind unerwünscht.

Die tschechoslowakische Bevölkerung leistete passiven Widerstand, als Panzer des Warschauer Paktes den **»Prager Frühling«** beendeten (links). Feier in der DDR zum **25. Jahrestag** der Errichtung der Berliner Mauer, des sogenannten antifaschistischen Schutzwalls (rechts).

Sozialistische Staaten

Nach der ▶Oktoberrevolution 1917 entstand in der Sowjetunion der erste sozialistische Staat der Welt. Mit dem Ende des Zweiten Weltkriegs (▶Kriegsende) gerieten auch die Staaten Mittel- und Osteuropas, Ungarn, Polen, die Tschechoslowakei, Bulgarien, Rumänien, Albanien und die DDR (▶BRD und DDR) unter sowjetischen Einfluss: Die Konfrontation zwischen Ost und West verschärfte sich und eskalierte zum ▶Kalten Krieg. 1955 schlossen die Staaten als Antwort auf den westlichen militärischen Nordatlantikpakt NATO (North Atlantic Treaty Organization) das sowjetisch geführte Militärbündnis des »Warschauer Paktes«. Jugoslawien unter Tito und China unter Mao (▶Maoismus und China) gingen nach anfänglicher Unterstützung durch Moskau eigene Wege des Sozialismus.

INFOBOX

Widerstand gegen den sowjetischen großen Bruder

Die sozialistischen »Bruderstaaten« waren abhängig von der Sowjetunion. Proteste oder Reformen wurden auf sowjetischer Seite nicht geduldet. Mit Waffengewalt ging die Sowjetführung 1953 in Deutschland und 1956 in Ungarn gegen Oppositionsbewegungen vor. Die Tschechoslowakei erlebte von Januar bis August 1968 voller Optimismus den »Prager Frühling«: Die Reformer wollten einen »Sozialismus mit menschlichem Antlitz« umsetzen. Auch dieser Versuch wurde gewaltsam durch Soldaten aus fünf Staaten des Warschauer Paktes beendet.

Die »sozialistischen Volksdemokratien« grenzten sich von den kapitalistischen westlichen Ländern ab. Ihr erklärtes Ziel war es, die Utopie des ▶Kommunismus in die Realität umzusetzen. Eine staatlich gelenkte Planwirtschaft sollte auf Dauer produktiver werden als die Marktwirtschaft des ▶Kapitalismus; die Bürger sollten sich aktiv am Aufbau des Sozialismus beteiligen und in einer klassenlosen Gesellschaft ein glückliches Leben führen.

Dies gelang nicht. Die Planwirtschaft entwickelte sich nur langsam oder scheiterte. Der wirtschaftliche Fortschritt konnte oft nur unter harten Bedingungen für die Bevölkerung erreicht werden, bis hin zu Zwangsarbeit in Arbeitslagern wie in der Sowjetunion.

Kritik an der sozialistischen Führung wurde bestraft und ▶Menschenrechte hatten keine oder nur eine sehr eingeschränkte Gültigkeit. Es gab keine Reisefreiheit: Reisen waren, wenn überhaupt, nur in wenige befreundete Nachbarstaaten möglich. Die Regierungen befürchteten, dass ihre Bürger im kapitalistischen Ausland bleiben würden. Ein großer Teil der Bevölkerung fühlte sich dadurch bevormundet und im eigenen Land gefangen.

Nachdem die Sowjetunion ab Mitte der 80er-Jahre den anderen sozialistischen Staaten mehr Freiheiten zugestand, näherten sich manche dieser Länder rasch der westlichen Welt an (▶demokratischer Umbruch). Heute gibt es neben China noch sozialistische Regierungen in Kuba, Vietnam und Nordkorea. ■

BIOGRAFIE

Lech Walesa

Walesa gründete im Jahr 1980 die unabhängige polnische Gewerkschaft »Solidarność« (»Solidarität«). Bei dem bis dahin undenkbaren Streik der Werftarbeiter gegen die Politik der sozialistischen Regierung wurde Walesa als Vorsitzender der Gewerkschaft verhaftet. Nachdem Polen sich zu einer parlamentarischen ▶Demokratie gewandelt hatte, war er von 1990 bis 1996 Staatspräsident.

»Trümmerfrauen« bei den schweren Aufräumarbeiten: Selbst Hochbetagte müssen mit anpacken.

LEBEN HEUTE

Heimkehrer und Flüchtlinge

Millionen von Flüchtlingen und Vertriebenen strömten gegen Ende des Zweiten Weltkriegs und in den darauffolgenden Monaten aus den ehemaligen deutschen Ostgebieten nach Westen. Diese Menschen mussten in der ohnehin schon schwierigen Lage untergebracht und versorgt werden. Deutsche Soldaten, die in sowjetische Gefangenschaft geraten waren, hatten es besonders schwer und wurden oft unzureichend mit Lebensmitteln und Medikamenten versorgt. Die letzten Kriegsgefangenen kehrten erst 10 Jahre später nach Deutschland zurück.

Wiederaufbau

Hunger, ▶Vertreibung und Flucht prägten die ersten Nachkriegsjahre (▶Kriegsende). In weiten Teilen Europas hatte der Krieg dramatische Zerstörungen hinterlassen. Besonders Polen und der westliche Teil der Sowjetunion hatten unter der nationalsozialistischen Eroberung und ▶deutschen Besatzung sowie der Rückeroberung durch die sowjetische Rote Armee schwer gelitten. In der »Stunde null« nach der Kapitulation war Deutschland vor allem infolge des ▶Bombenkriegs in weiten Teilen zerstört. Die Städte glichen einer Trümmerlandschaft.

In den USA dagegen hatte die Kriegswirtschaft zu Vollbeschäftigung geführt und die Friedenswirtschaft funktionierte gut: Im Vergleich zu den meisten Staaten Europas lebten die Menschen hier im Wohlstand. Die Hilfsorganisation »CARE« linderte die Not der Europäer in befreundeten Staaten mit Versorgungspaketen, die amerikanische Privatleute spendeten.

Die ▶Alliierten verpflichteten die Deutschen zur Beseitigung der Trümmer. In den zerstörten Städten begannen die Menschen oft mit bloßen Händen und vor Verletzungen und Unfällen kaum geschützt mit dem Wiederaufbau. »Trümmerfrauen« prägten das Bild dieser Zeit. Die Menschen suchten in den zerstörten Straßen und Gebäuden nach noch brauchbaren Steinen, die sie mit einfachen Werkzeugen von Mörtel- und Zementresten befreiten und dann erneut zum Häuserbau verwendeten. ■

INFOBOX

Entnazifizierung und Demokratisierung

Die wichtigsten Vertreter des NS-Regimes wurden als sogenannte Hauptkriegsverbrecher vor ein internationales Militärgericht gestellt. Während dieser Nürnberger Prozesse wurden zwischen 1945 bis 1949 22 mutmaßliche Kriegsverbrecher wegen »Verbrechen gegen den Frieden, Verbrechen gegen die Menschlichkeit, Kriegsverbrechen gegen Kriegsgefangene und Zivilpersonen« angeklagt. Zwölf der Angeklagten wurden hingerichtet, sieben zu langen Freiheitsstrafen verurteilt, drei freigesprochen. In den zwölf Nachfolgeprozessen wurden weitere Verbrechen verhandelt: medizinische Versuche an Kriegsgefangenen und KZ-Häftlingen, Raub und Zwangsarbeit, Geiselmord und die Verantwortung für die Konzentrationslager. Sehr viele Verbrechen blieben allerdings ungesühnt. Die Entnazifizierung war eine Voraussetzung für die Demokratisierung des durch zwölf Jahre Diktatur geprägten Deutschlands.

Wirtschaftswunder

Schon ab 1948 ging es der westdeutschen Wirtschaft trotz der schweren Kriegsschäden rapide besser. Von der Bevölkerung wurde dies als ein »Wirtschaftswunder« empfunden. Aber eigentlich war es gar kein »Wunder«, denn der unerwartet schnelle Aufschwung lässt sich erklären.

Nach dem verlorenen Krieg gab es 1945 in Deutschland weder eine funktionierende Währung noch eine Wirtschaft: Die Produktion war fast zum Erliegen gekommen und der Schwarzmarkthandel hatte die Geldwirtschaft abgelöst. Als Folge der nationalsozialistischen Kriegswirtschaft drohte eine Inflation. Aus Angst, dass das Geld schon bald nichts mehr wert sein könne, hielten viele Händler ihre Waren in Lagern zurück.

1948, noch vor der Gründung der Bundesrepublik (▶BRD und DDR), wurde in Westdeutschland die D-Mark eingeführt. Die Menschen konnten es kaum glauben: Über Nacht hatten sich die Schaufenster mit Waren gefüllt, die man schon lange nicht mehr gesehen hatte. Es lohnte sich wieder zu arbeiten, denn man konnte für sein Geld etwas kaufen. Mit dem »Marshallplan« halfen die USA befreundeten Staaten in Europa beim Aufbau ihrer Wirtschaft. Kredite brachten die deutsche Wirtschaft in Schwung; der Lebensstandard stieg schnell an. Vor allem in der Bundesrepublik hatte der »Marshallplan« Erfolg: Die Menschen sahen, dass es wieder aufwärts ging, und ließen die dunklen Jahre des ▶Nationalsozialismus hinter sich. Man schaute voller Optimismus nach vorn. Nach den Kriegsjahren und der schlechten Versorgung der ersten Nachkriegsjahre kamen nun die »Fresswelle« und der »Wohlstandsbauch«. ■

LEBEN DAMALS

»Aus! Aus! Aus! Das Spiel ist aus!«

Die Stimme des Reporters überschlug sich vor Begeisterung nach dem Schlusspfiff beim Endspiel der Fußballweltmeisterschaft 1954. Deutschland hatte in Bern mit 3 zu 2 Toren gegen Ungarn gesiegt. »Das Wunder von Bern« war nicht nur ein sportlicher Erfolg. Es gab den Deutschen nach der NS-Diktatur und dem verlorenen Krieg ein Stück Selbstvertrauen zurück.

LEBEN DAMALS

Die Jahre des »Babyboom«

Weil es wirtschaftlich bergauf ging und die Menschen zuversichtlicher wurden, bekamen sie auch wieder mehr Babys. Wenige Jahre später waren Kindergärten und Schulen voll ausgelastet: Es herrschte akuter Lehrermangel und die Schulklassen wurden immer größer. 1964 wurden so viele Kinder wie nie zuvor geboren. Dann folgte der »Pillenknick«: Nach der Zulassung der »Antibabypille« gingen die Geburten stark zurück.

Nach der Währungsunion füllen sich die **Schaufenster** wieder (links). Der millionste **»VW-Käfer«** fährt vom Fließband (rechts).

BIOGRAFIE

Ludwig Erhard

Erhard ist als »Vater« des Wirtschaftswunders in die Geschichte eingegangen. Er entwarf das Konzept der sozialen Marktwirtschaft und setzte es auch um. 1949 bis 1963 war er Wirtschaftsminister, 1963 bis 1966 Bundeskanzler. Er forderte früh die Schaffung eines gemeinsamen europäischen Marktes (▶Europäische Einigung).

Egon
Melde
vom Kudammb
Zurüc

seit 1989

Unsere Zeit und der Weg in die Zukunft

Jetzt wächst zusammen,
was zusammengehört.

Willy Brandt, deutscher Politiker,
10. November 1989

seit 1989

Unsere Zeit und der Weg in die Zukunft

Jahrzehntelang bestimmte der »Kalte Krieg« unser Weltbild – jetzt, gut 60 Jahre nach Kriegsende, gibt es die Konfrontation zwischen Ost und West nicht mehr und aus zwei deutschen Staaten ist wieder einer geworden. Aus der einstigen Sowjetunion haben sich seit 1991 zahlreiche neue Staaten gebildet. Dieser Prozess war und ist oft mit großen politischen Spannungen verbunden. Die Vereinten Nationen nehmen als internationale Organisation fast aller Staaten verstärkt Einfluss auf die Weltpolitik und setzen sich für den Schutz der Demokratie und Menschenrechte ein.

Die Gegenwart lässt ahnen, welche Probleme in Zukunft auf uns zukommen könnten. Die Weltbevölkerung wächst immer weiter und stellt eine große Herausforderung für die Gemeinschaft dar. Der Umgang des Menschen mit seiner Umwelt hat bereits zu Klimaveränderungen geführt, deren Folgen noch nicht absehbar sind.

Noch muss sich eine neue politische Weltordnung herausbilden. Dabei werden vermutlich neben den Industriestaaten auch neue Wirtschaftsmächte wie China und Indien an Einfluss gewinnen. Gefährdet ist das friedliche Zusammenwirken der Nationen durch internationale Terrornetzwerke und die schwer kontrollierbare Verbreitung von Massenvernichtungswaffen.

Bevölkerungsexplosion
Bevölkerungswanderung
Demokratischer Umbruch
Erderwärmung
Ethnische Kriege
Europäische Erweiterung
Globalisierung
Internet
Massentourismus
Nord-Süd-Konflikt
Terrorismus
Vereinte Nationen
Wiedervereinigung

Massaker auf dem »Platz des Himmlischen Friedens« in Peking	**3./4. Juni 1989**
Öffnung des Internets für weite Nutzerkreise	**Anfang der 90er-Jahre**
Demokratischer Umbruch in Mittel- und Osteuropa	**1989/90**
Fall der Berliner Mauer	**9. November 1989**
Wiedervereinigung der Bundesrepublik und der DDR	**3. Oktober 1990**

Golfkrieg zwischen dem Irak und alliierten Streitkräften unter Führung der USA	**17. Januar bis 28. Februar 1991**
Auflösung der Sowjetunion	**Ende 1991**
Gründung der Europäischen Union	**1. November 1993**
Offizielle Abschaffung der Apartheid in Südafrika	**18. November 1993**
Völkermord in Ruanda	**April–Juli 1994**
Ethnische Kriege im ehemaligen Jugoslawien	**90er-Jahre**
Symbolischer Geburtstag des sechsmilliardsten Erdenbürgers	**12. Oktober 1999**

Terroranschläge auf das World Trade Center in New York	**11. September 2001**
Der Euro wird gesetzliches Zahlungsmittel in 12 Mitgliedstaaten der EU	**1. Januar 2002**
Israel beschließt den Bau einer Sperrmauer an der Grenze zu den palästinensischen Gebieten	**April 2002**
Irak-Krieg, seit Kriegsende Bürgerkrieg	**20. März bis 1. Mai 2003**
10 neue Mitgliedstaaten der EU	**1. Mai 2004**
Weltweit benutzt über eine Milliarde Menschen das Internet	**2005**

Etwa 6,5 Milliarden Menschen bevölkern die Erde	**2006**
Bulgarien und Rumänien werden Mitglieder der EU	**1. Januar 2007**

Überfüllte Züge, wie dieser in Bangladesch, sind in der **»Dritten Welt«** ein alltäglicher Anblick. Nach Schätzungen werden im Jahr 2025 85 Prozent der Menschen in Entwicklungsländern leben.

Bevölkerungsexplosion

Heute leben etwa 6,5 Milliarden Menschen auf der Erde und jeden Tag werden es rund 200 000 mehr. Die Weltbevölkerung verdoppelt sich in immer kürzeren Abständen: Um 1 n. Chr. lebten ca. 400 Mio. Menschen auf der Erde. Es dauerte 1800 Jahre, bis die Weltbevölkerung auf eine Milliarde Menschen anwuchs (1804). Durch das starke ▶Bevölkerungswachstum während der ▶Industriellen Revolution dauerte es nur weitere 120 Jahre (1927) bis zwei Milliarden erreicht wurden. 1960 waren es bereits drei Milliarden Menschen, 1974 vier Milliarden und 1987 fünf Milliarden. Nach Schätzungen der Weltbank und der ▶Vereinten Nationen könnte die Weltbevölkerung bis zum Jahr 2050 auf neun Milliarden anwachsen.

Während in den reichen Industrieländern die Geburtenzahlen seit Jahrzehnten stark zurückgehen, werden in den ärmeren Ländern immer mehr Kinder geboren. Dort betrachtet man eine große Anzahl von Nachkommen als Sicherheitsvorsorge für das Alter. Doch gerade in diesen Ländern wird die Versorgung der Menschen immer schwieriger – es kommt zu einem Teufelskreis: Die Armut wächst wegen der hohen Geburtenzahlen und veranlasst die Menschen dazu, noch mehr Kinder zu zeugen – was wiederum die Armut weiter vergrößert. Die daraus folgenden Probleme sind akut: Schon jetzt verfügt weltweit jeder vierte Mensch nicht über die minimale Menge von 20 Litern sauberen Trinkwassers pro Tag. Und ohne ausreichend Wasser kann keiner gesund leben! ■

INFOBOX

Der Staat greift ein: Geburtenpolitik

In einigen Ländern versuchen die Regierungen Einfluss auf die Zahl der Geburten zu nehmen. So bieten die reichen Industriestaaten Anreize für Familien wie Steuervorteile, Betreuungsangebote oder Kindergeld, die Menschen dazu veranlassen sollen, mehr Kinder zu bekommen. Die Regierungen bevölkerungsreicher Länder wie China oder Indien hingegen versuchen, die Zahl der Geburten zu senken: Paare, die mehr als ein Kind haben, werden gesetzlich benachteiligt und müssen sogar mit Strafen rechnen. In beiden Fällen ist die Geburtenpolitik allerdings nur bedingt erfolgreich.

INFOBOX

Zu wenig für alle?

Die Bevölkerungsexplosion stellt uns vor dringende Fragen: Wie können die Erdbewohner in Zukunft alle versorgt werden? Die Ressourcen, d. h. die Rohstoffe der Natur, sind endlich. Manche Rohstoffe wie Erdöl, Kohle oder Gas werden in einigen Jahrzehnten aufgebraucht sein und durch andere ersetzt werden müssen (Solarenergie, Wasserkraft). Schon heute leiden manche Teile der Erde unter extremer Wassernot.

Viele Menschen besitzen nichts: Hier ein **Vietnamese** in seinem »Wohnzimmer« unter freiem Himmel.

Tagtäglich versuchen Hunderte von **Mexikanern** die Grenze zu den USA illegal zu überwinden.

Bevölkerungswanderung

Wenn viele Menschen ihre Heimat aufgeben und für länger oder für immer in ein anderes Land ziehen, spricht man von Bevölkerungswanderung. Meist verlassen die Auswanderer ihr Land nicht freiwillig, sondern aus wirtschaftlichen oder politischen Gründen. Solche Auswanderungswellen hat es schon immer gegeben: Bereits in der Antike mussten während der ▶Völkerwanderung ganze Volksstämme ihre Heimat aufgeben, nach der Entdeckung Amerikas besiedelten Hunderttausende von Europäern die ▶Neue Welt. Mehr als 10 Mio. Afrikaner wurden außerdem als Sklaven dorthin verschleppt (▶Dreieckshandel). ▶Bevölkerungswachstum, Not und Arbeitslosigkeit veranlassten im 19. und zu Beginn des 20. Jhs. Millionen von Menschen, Europa zu verlassen und vor allem in den USA eine neue Heimat zu suchen. Im Zweiten Weltkrieg wurden etwa 50 Mio. Menschen aus ihrem Lebensraum vertrieben oder verschleppt (▶Vertreibung und Flucht).

Heute suchen die meisten Auswanderer ihr Glück in den USA, Australien oder Europa. Zu einem kleinen Teil handelt es sich dabei um gut ausgebildete und gut verdienende Arbeitskräfte. Doch die meisten Menschen, die ihre Heimat verlassen, flüchten auch in unserer Zeit vor Kriegen (▶Ethnische Kriege), Hunger und Armut (▶Nord-Süd-Gefälle, ▶Bevölkerungsexplosion). Nie zuvor gab es so viele Menschen auf der Flucht wie in unserer Zeit, deshalb spricht man auch vom 20. Jh. als dem »Jahrhundert der Flüchtlinge«. Nur eine Verbesserung der wirtschaftlichen und politischen Verhältnisse in den Heimatländern könnte die Flüchtlingsströme begrenzen. ■

LEBEN HEUTE

Flucht nach Europa: Hoffnung auf ein besseres Leben

Die europäischen Einwanderer, die im 19. Jh. mit dem Schiff auf New York zufuhren, sahen als Erstes die Freiheitsstatue – ein Symbol für Freiheit und ein besseres Leben. Auf ein besseres Leben hoffen auch die Menschen, die heute ihre Heimat verlassen. Afrikanische Flüchtlinge z. B. fahren mit kleinen, überfüllten Booten (Bild) über das Meer, um zu den spanischen Kanarischen Inseln an der Westküste Afrikas zu gelangen. Viele sterben schon auf der tagelangen Reise, sie ertrinken im Meer oder verdursten. Alle wissen, dass sie bei der Flucht ihr Leben riskieren und wahrscheinlich als illegale Einwanderer in ihr Heimatland zurückgeschickt werden. Dennoch nehmen sie diese Gefahren auf sich, weil sie zuhause keine Chance auf Arbeit, Bildung und etwas Wohlstand sehen.

Viele europäische Länder sind heute **Einwanderungsländer**. Die Vermittlung zwischen den verschiedenen Kulturen und Religionen stellt für die Gesellschaften eine große Herausforderung dar.

Demokratischer Umbruch

BIOGRAFIE

Michail Gorbatschow

Der Staatschef der Sowjetunion leitete in seiner Amtszeit von 1985 bis 1991 Reformen ein, die den gesamten Ostblock grundlegend veränderten. Als die ostdeutsche Regierung 1989 anlässlich des 40-jährigen Bestehens der DDR Reformen im eigenen Land knapp und

deutlich ablehnte, rügte Gorbatschow diese starre Haltung mit den Worten: »Wer zu spät kommt, den bestraft das Leben.«

Fünfundvierzig Jahre nach Ende des Zweiten Weltkriegs (▶Kriegsende) und nach über vier Jahrzehnten Teilung in West- und Ostblock kam es in den Jahren 1989/90 in vielen ▶sozialistischen Staaten Mittel- und Osteuropas zu einer Welle von Demonstrationen und politischen Umsturzbewegungen. Dieser demokratische Umbruch führte zum Ende des ▶Kalten Krieges und der Auflösung des militärischen Bündnisses des »Warschauer Paktes«.

Mitte der 80er-Jahre stand die Wirtschaft der UDSSR kurz vor dem Zusammenbruch: Die staatlich gelenkte Planwirtschaft vermochte kaum noch, die Bevölkerung mit dem Notwendigsten zu versorgen. Ein schwerfälliger, bestechlicher Verwaltungsapparat verhinderte jegliche Neuerung. Das bewegte die neue Regierung unter Gorbatschow 1985 zum Umdenken. Mit den Schlagworten »Glasnost« (Offenheit) und »Perestroika« (Umbau) begannen demokratische Reformen: Anders als früher war Kritik nun ausdrücklich erwünscht. Die Planwirtschaft sollte die Bedürfnisse der Menschen berücksichtigen, um sie letztlich besser zu versorgen. Schließlich erlaubte die Regierung sogar die Privatwirtschaft, wie es sie im ▶Kapitalismus gibt. Betriebe konnten selbst entscheiden, was sie produzierten und womit sie ihr Geld verdienten.

Gleichzeitig ließ die sowjetische Regierung nach jahrzehntelanger strenger Führung den anderen sozialistischen Staaten mehr Freiheit. Sie gab zu erkennen, dass sie sich nicht wie früher in innerstaatliche Angelegenheiten einmischen oder gar Militär schicken werde, um Reformbestrebungen zu unterdrücken. In Ungarn und Polen zeigten die Regierungen ihren Willen zur Reform und ließen nun auch andere Parteien zu. Als Ungarn seine Grenze nach Österreich öffnete, flohen Hunderte von DDR-Bürgern in den Westen. Diese Vorfälle ermutigten die Menschen im »Ostblock«. Sie demonstrierten für ▶Demokratie und forderten den Rücktritt der alles beherrschenden kommunistischen Regierungen. Der Druck auf die Regierungen anderer sozialistischer Staaten, Reformen voranzutreiben, erhöhte sich: Polen tat als erstes Land den Schritt zu parlamentarischer Demokratie und Marktstwirtschaft. Die drei baltischen Staaten Litauen, Lettland und Estland lösten sich zügig von der Sowjetunion und suchten den Anschluss an den Westen. Auch in Bulgarien, der Tschechoslowakei und in der DDR verloren die kommunistischen Regierungen ihre bis dahin scheinbar unantastbare Machtposition in friedlichen Revolutionen.

INFOBOX

Massaker auf dem »Platz des Himmlischen Friedens«

Auch in China (▶Maoismus und China) hätte 1989 zu einem Jahr des Wandels werden können: In Peking demonstrierten Studenten und andere Bürgerrechtler friedlich für Reformen. Die Regierung reagierte mit äußerster Brutalität und ließ die Menschen mit Panzern überfahren. 5000 Demonstranten kamen ums Leben, rund 30 000 wurden verletzt – Tausende wurden verhaftet, manche zum Tode verurteilt.

Hunderttausende Ukrainer demonstrierten 2004 für mehr Demokratie. Die **»orange Revolution«** führte schließlich zum Machtwechsel im Land.

BIOGRAFIE

Václav Havel

Der Dramatiker Václav Havel war seit der Niederschlagung des Prager Frühlings (▶ Sozialistische Staaten) eine der führenden Persönlichkeiten der tschechoslowakischen Bürgerbewegung. Er wurde mehrfach inhaftiert und durfte nicht mehr veröffentlichen. 1989 führte er als Symbolfigur die »samtene Revolution« an und setzte sich für den demokratischen Umbau des Landes ein. 1989 wurde Havel Staatspräsident.

Die Chancen, die dieser Umbruch und die neugewonnene Freiheit beinhalteten, konnten jedoch nur von einer Minderheit in der Bevölkerung genutzt werden. Vor allem mit hoher Arbeitslosigkeit haben die meisten Staaten bis heute zu kämpfen. Die Kluft zwischen Arm und Reich geht oft weit auseinander. Manche Menschen wünschen sich sogar die Rückkehr zum Sozialismus. Der Zerfall der Sowjetunion 1991 ermöglichte vielen Staaten in Mittel- und Osteuropa die politische Unabhängigkeit. Der Verlust dieser zentralen Macht ließ aber auch neue Probleme entstehen: Als die ehemalige sowjetische Republik Tschetschenien sich unabhängig erklärte, wollte sie sich auch aus dem Bündnis mit Russland lösen. Dies mündete in einen bis heute mit außerster Härte geführten Krieg mit Russland um die dort lagernden Erdölvorkommen. Die tschetschenischen Rebellen führen einen brutalen Guerillakrieg für ihre Unabhängigkeit. Um auf sich aufmerksam zu machen und die russische Armee zu schwächen, verüben sie Anschläge und Geiselnahmen mit Hunderten von Opfern (▶ Terrorismus). Russland wiederum greift zu harten, international kritisierten Unterdrückungsmaßnahmen gegen die Widerstandskämpfer. Ein Ende des russisch-tschetschenischen Krieges ist nicht absehbar.

Einige der ehemals sozialistischen Staaten wie Russland und Weißrussland kämpfen weiterhin mit Korruption sowie teilweise mafiaähnlichen Wirtschaftsstrukturen und werden heute eher diktatorisch als demokratisch gelenkt. Anderen Staaten gelang die Wandlung zu Demokratie und wirtschaftlicher Stabilität. 2004 und 2007 wurden einige dieser Länder Mitglied der Europäischen Union (▶ Europäische Erweiterung). ■

INFOBOX

Die Apartheid wird abgeschafft

In Südafrika kamen nach über 40 Jahren Apartheid die Dinge in Bewegung: Die Leitfigur des Kampfes gegen die ▶ Rassentrennung, der Bürgerrechtler Nelson Mandela, der seit 1964 inhaftiert war, wurde nach einem jahrelangen internationalen Wirtschaftsboykott freigelassen. 1990 leitete er dann gemeinsam mit dem weißen Staatspräsidenten Frederik de Klerk das Ende der Apartheid ein – 1993 wurde sie offiziell abgeschafft.

Historisches Treffen vor der amerikanischen Freiheitsstatue: Michail Gorbatschow, UdSSR (rechts), und der amerikanische Präsident Ronald Reagan (Mitte) mit seinem Stellvertreter George Bush senior.

Hunderttausende forderten im November 1989 in **Ostberlin** mehr demokratische Rechte (links). Nach der Wende wurden viele **sozialistische Denkmäler** wie diese Leninstatue (rechts) abgerissen.

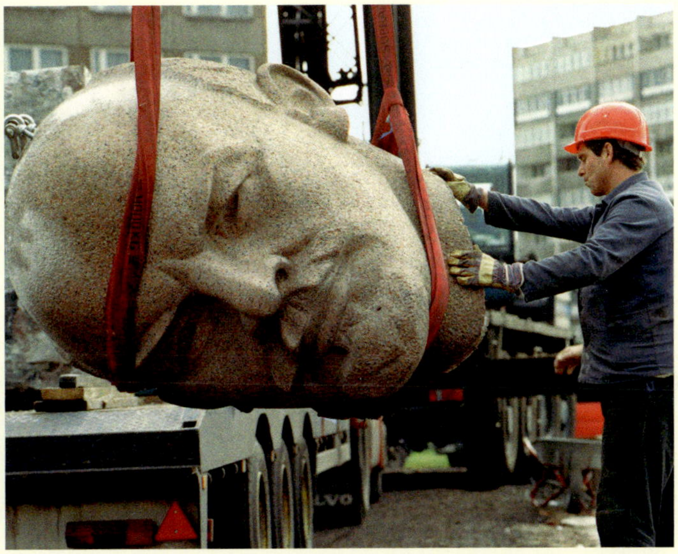

Erderwärmung

Eis- und Warmzeiten haben sich auf der Erde schon immer abgewechselt: Durch die extremen Temperaturveränderungen sind über die Jahrmillionen viele Tier- und Pflanzenarten ausgestorben, andere haben sich neu entwickelt. Entscheidend für eine konstante Erdtemperatur ist der sogenannte Treibhauseffekt: Die Erdatmosphäre, also die Hülle, die die Erdkugel umgibt, besteht aus verschiedenen Gasen, vor allem dem Kohlendioxid. Diese Gase verhindern, dass die Wärme der Sonne ungehindert ins Weltall zurückstrahlt und die Temperatur auf der Erdoberfläche auf −18 Grad Celsius sinkt. Seit der ▶Industriellen Revolution wird mehr und mehr Kohlendioxid in die Erdatmosphäre ausgestoßen, sodass sich die schützende Hülle verdichtet hat und der natürliche, lebensnotwendige Treibhauseffekt durch einen zusätzlichen, vom Menschen erzeugten verstärkt wird.

Als Folge ist in den vergangenen 100 Jahren die weltweite Durchschnittstemperatur um 0,5 bis 0,7 Grad Celsius angestiegen. Wenn dieser Trend sich fortsetzt, wird der Meeresspiegel in den nächsten 100 Jahren vermutlich um etwa 50 Zentimeter oder mehr steigen, denn unter anderem schmilzt auch das Eis der Pole und Gletscher. Viele Millionen Menschen, die in Küstennähe wohnen, wären dann regelmäßigen Sturmfluten ausgesetzt. Bereits heute gibt es vermehrt Wirbelstürme. Auch der Lebensraum der Eisbären an den Polen und anderer Tiere auf der Welt ist durch die Erderwärmung bereits bedroht. Um diese dramatische Entwicklung aufzuhalten, müssen weltweite Abkommen getroffen werden, die den Ausstoß von Kohlendioxid verringern. ■

LEBEN HEUTE

Im Einsatz für die Umwelt

Seit den 1970er-Jahren ist bei vielen Menschen das Bewusstsein gewachsen, dass jeder etwas für die Umwelt tun kann. Mancher ist Mitglied einer Umweltschutzorganisation. Als 1995 der Ölkonzern Shell eine ausgemusterte Ölbohrplattform im Atlantik versenken wollte, verhinderte die Organisation »Greenpeace« dies, indem sie die Weltöffentlichkeit auf das Vorhaben aufmerksam machte. Im Bild versuchen Aktivisten, die Plattform zu besetzen.

Der Klimawandel hat Folgen: In manchen Regionen bleibt der Regen schon seit Jahren aus. Die Menschen leiden unter dem **Wassermangel**, wie dieser Bauer auf seinem ausgetrockneten Reisfeld auf der Insel Java (links). Andernorts führen heftige **Wirbelstürme** wie der im August 2005 in New Orleans, USA, zur Überflutung und Zerstörung von ganzen Landstrichen (rechts).

Kosovo-Albaner flüchten während des Kosovo-Krieges vor serbischen Angriffen (links). Ein Mädchen sucht nach einem Angriff von **Tutsi-Rebellen** nach seinen Eltern (rechts).

Ethnische Kriege

Ethnische Kriege unterscheiden sich wesentlich von anderen Kriegen, die dann enden, wenn ihr Kriegsziel, wie die Eroberung eines Gebietes, mit militärischen Mitteln erreicht wurde. In ethnischen Kriegen dagegen bekämpfen sich die Parteien aufgrund ihrer Herkunft. Es geht ihnen dann nicht nur darum, den Gegner militärisch zu schlagen, sondern die andere Volksgruppe zu vertreiben und zu vernichten.

LEBEN HEUTE

Das Schicksal der Kindersoldaten

In einigen afrikanischen Staaten wie in Liberia, Sierra Leone oder im Kongo werden in Kriegen und Bürgerkriegen Kinder als Soldaten eingesetzt. Manche sind noch nicht einmal zehn Jahre alt. Für die Kinder gibt es oftmals keinen Weg zurück zu ihren Familien: Sie werden geraubt, ihre Eltern getötet und ihre Dörfer zerstört, um sie heimatlos zu machen. Unter strenger Bewachung werden die Kinder auf das Töten von Menschen gedrillt: Um sie gefügig zu machen, setzen die skrupellosen Kriegsherren sogar Drogen ein. So werden die sogenannten Kindersoldaten mit Maschinengewehren ausgerüstet zur gefährlichen und unberechenbaren Waffe. Ihr Leben zählt in den Augen derer, die sie missbrauchen, nichts.

In dem zentralafrikanischen Staat Ruanda kam es 1994 zum größten Völkermord seit dem nationalsozialistischen ▶Holocaust: Zwischen einer halben und einer Million Menschen wurden innerhalb weniger Monate systematisch umgebracht. Millionen mussten flüchten. Die internationale Staatengemeinschaft und die ▶Vereinten Nationen griffen dabei kaum ein. Konflikte zwischen der Minderheit der Tutsi und der Mehrheit der Hutu verschärften sich nach der Kolonialzeit und führten zu grausamen Kämpfen, die mal von der einen, mal von der anderen Seite ausgelöst wurden. Der Konflikt mündete in dem Massaker der Hutu an den Tutsi im Jahre 1994.

Auch in Europa wurden in der 90er-Jahren Menschen aus ethnischen und religiösen Gründen ermordet: Nachdem das kommunistische Jugoslawien (▶Demokratischer Umbruch) zerfallen war, erstarkten Ende der 80er-Jahre die verschiedenen nationalistischen Gruppen im Vielvölkerstaat. Kroaten, Bosnier, Mazedonier und Slowenen erklärten ihre Unabhängigkeit, gründeten eigene Staaten und beanspruchten zum Teil dieselben Gebiete. Bei den darauffolgenden Kriegen fielen mindestens 200 000 Menschen brutalen »ethnischen Säuberungen« zum Opfer: Sie wurden ermordet, weil sie einer anderen Volksgruppe angehörten. Millionen Menschen flüchteten und verloren ihre Heimat. Diesmal schritten die NATO und UNO ein: Ihre Truppen sorgen seitdem dafür, dass die Friedensabkommen eingehalten werden. Sie werden dort vermutlich lange im Einsatz bleiben: Ihr Abzug ist nicht absehbar. ■

INFOBOX

Verbrechen gegen die Menschheit

Nach den Massakern im früheren Jugoslawien und in Ruanda beschloss die UNO (▶Vereinte Nationen), ein internationales Gericht einzuberufen, das die Verantwortlichen verurteilen sollte. Das »Jugoslawientribunal« (1993 eingerichtet) und das »Ruandatribunal« (1994) wirken grenzübergreifend auf internationaler Ebene: Sie versuchen die Kriegsverbrecher zu überführen. Viele der Verantwortlichen sind noch nicht gefasst worden. In Ruanda sitzen rund 120 000 Menschen seit über zehn Jahren in Haft und warten auf ihr rechtskräftiges Urteil.

Viele Menschen in **Osteuropa** sehen die Mitgliedschaft in der EU als große Chance an. Sie hoffen auf eine Festigung der politischen Verhältnisse und den wirtschaftlichen Aufschwung in ihrem Land.

Europäische Erweiterung

Der Bund der europäischen Staaten hat sich im Laufe der letzten Jahre stark weiterentwickelt: Aus einer Gemeinschaft von ursprünglich sechs Staaten ist 1993 die »Europäische Union« (EU) geworden, die seit 2007 27 Mitgliedstaaten umfasst. Ihre größte Erweiterung erlebte die EU, als 2004 zehn Staaten gleichzeitig beitraten. Die Union öffnete sich damit auch in Richtung Osten: Bis auf Malta und Zypern gehören alle neuen Mitgliedsländer zu den ehemaligen ▸sozialistischen Staaten in Mittel- und Osteuropa. Und weitere Staaten werden hinzukommen. Durch die Erweiterung haben ihre Mitglieder – die Staaten wie die einzelnen EU-Bürger – viele wirtschaftliche Vorteile (▸Europäische Einigung).

Die EU mit den jüngsten zwölf **Mitgliedstaaten** seit 2004. Mit der Türkei und Kroatien führt die EU Beitrittsverhandlungen.

Um Mitglied der EU zu werden, müssen die Bewerber bestimmte Voraussetzungen erfüllen bzw. bereit sein, diese durch Reformen langfristig zu erreichen: Das Land muss wirtschaftlich stabil sein und sich zur Demokratie und zu rechtsstaatlichen Grundsätzen wie der Einhaltung der ▸Menschenrechte bekennen. Die Union prüft ihrerseits, ob sie in der Lage ist, den Staat in die Gemeinschaft aufzunehmen. Dieser Prozess kann sich über Jahre hinziehen. In der Zeit gelten die Bewerberstaaten als »Beitrittskandidaten«.

Wenn die Kandidaten die Voraussetzungen erfüllen, nimmt die EU mit ihnen Verhandlungen auf. Zurzeit wird mit Kroatien und der Türkei verhandelt. Bei der Türkei stellen sich manche grundlegende Probleme: Innerhalb weniger Jahre wäre das Land wegen des Geburtenrückgangs in Westeuropa (▸Bevölkerungswachstum) der bevölkerungsreichste Mitgliedstaat. Außerdem weckt die islamische Prägung (▸Islam) des Landes bei vielen der meist christlichen Europäer Ängste.

Einige wenige, sehr wohlhabende Staaten in Europa lehnen eine Zugehörigkeit zur EU bisher ab: Die neutrale Schweiz wird vermutlich nicht so bald ihre Aufnahme beantragen und die Bevölkerung Norwegens hat bereits zweimal bei Volksabstimmungen einen EU-Beitritt abgelehnt. ■

INFOBOX

Seit wann gibt es den Euro?

Am 1. Januar 2002 wurde der Euro Zahlungsmittel in 12 Ländern der Europäischen Union. Er löste die Deutsche Mark, den französischen Franc und andere Landeswährungen ab. Die Europäische Zentralbank in Frankfurt a. M. hat das alleinige Recht, Eurobanknoten drucken zu lassen. Ihr Ziel ist es, die Preise in der Union stabil zu halten. Deshalb wacht sie darüber, dass die Mitgliedstaaten bestimmte wirtschaftliche Anforderungen einhalten.

Globalisierung

Die »Globalisierung« ist ein schwer zu fassender Begriff: Grundsätzlich besagt er, dass Wirtschaft und Handel weltweit eng verflochten sind. So gibt es heute in jedem europäischen Haushalt Produkte aus den verschiedensten fernen Ländern: Küchengeräte aus China, T-Shirts aus Indien oder Kinderspielzeug aus Vietnam. Handel weit über die Ländergrenzen hinaus gab es auch schon früher, z. B. in der Antike zwischen Asien, Afrika und Europa (▶Kolonisation). Mit der Entdeckung Amerikas (▶Neue Welt) entstand dann im 16. Jh. ein nahezu weltweiter Handel.

Die »Globalisierung« des 21. Jhs. reicht im Vergleich hierzu aber viel weiter, denn sie betrifft alle Bereiche unseres Lebens: Umweltverschmutzung, Energieversorgung, Sicherheit oder auch Armut und ihre Folgen sowie der internationale ▶Terrorismus sind allesamt globale Probleme. Auch die Arbeitsteilung ist globalisiert. Aus Kostengründen zerlegen viele Firmen ihre Produktionen in Teilschritte und lassen diese an verschiedenen Orten ausführen: Die Bestandteile eines Computers stammen vielleicht aus Osteuropa, das Betriebsprogramm hat möglicherweise eine deutsche Firma von einem Informatiker aus Indien schreiben lassen.

Ein weiterer Aspekt der modernen Globalisierung ist ihr Tempo: Moderne Informationstechnologie wie das ▶Internet ermöglicht sekundenschnelle Nachrichtenübermittlung an fast jeden Ort der Erde.

Politische, wirtschaftliche, gesellschaftliche oder Umweltprobleme können heute kaum noch innerhalb eines einzelnen Landes gelöst werden. Die ▶Erderwärmung und der ▶Terrorismus z. B. sind globale Probleme, die sich auch nur global – also in weltweiter Zusammenarbeit der Staaten – lösen lassen. ■

Viele fürchten, dass die **Globalisierung** den Unterschied zwischen Arm und Reich noch verschärft.

Viele bekannte Markenfirmen lassen ihre Waren in **Billiglohnländern** produzieren. Auf dem Bild führen chinesische Arbeiterinnen Näharbeiten für einen deutschen Sportartikelhersteller aus.

INFOBOX

Ganz global: der Container

6,1 × 2,4 × 2,4 Meter: Das sind die Maße eines Schiffscontainers im Hafen von Hamburg – oder von Shanghai! Der Container ist für viele zum Inbegriff des globalen Warenhandels geworden: Dank seiner genormten Maße ist der Container weltweit gleich groß, lässt sich bequem stapeln und auf Flugzeug, Lkw oder Bahn umladen. Und man kann darin jeden Gegenstand transportieren – von Bananen aus Afrika bis zu Computern aus China.

INFOBOX

Wie sieht die Welt in 50 Jahren aus?

Natürlich kann niemand vorhersagen, wie sich die Welt weiterentwickeln wird. Es ist aber anzunehmen, dass sich in einem halben Jahrhundert die politischen und wirtschaftlichen Verhältnisse stark verändert haben werden: China und Indien könnten eine wichtige Rolle in der Weltwirtschaft spielen, weil sie schon heute die bevölkerungsreichsten Länder sind und über ein vergleichsweise gutes Bildungssystem verfügen.

Das **Internet** verbindet alle überall: Ein buddhistischer Mönch sitzt in einem Internetcafé in Laos (links). **Menschenmassen** belagern einen Strand auf der kleinen spanischen Insel Gran Canaria.

Internet

Als Johannes Gutenberg vor rund 500 Jahren den ▶Buchdruck mit beweglichen Lettern erfand, setzte er damit einen Meilenstein in der Geschichte: Schriften mussten nun nicht mehr mühsam von Hand kopiert, sondern konnten unbegrenzt vervielfältigt werden. In den 80er-Jahren des 20. Jhs. hatte eine Erfindung des amerikanischen Militärs eine ähnlich bahnbrechende Wirkung: Die Öffnung des Internets für die breite Öffentlichkeit löste eine »digitale Revolution« aus.

Mittlerweile nutzt schätzungsweise rund eine Milliarde Menschen das »world wide web« (englisch für »weltweites Netz«), kurz »www«. Ein großer Teil des menschlichen Wissens ist über dieses »Netz« verfügbar: Texte, Bilder, Musik oder Filme können dank des Internets innerhalb weniger Sekunden von Helsinki in Finnland nach Sydney in Australien geschickt werden. Kaum eine Firma verzichtet noch darauf, ihre Produkte auf diesem Weg anzubieten oder einzukaufen. Viele private Haushalte verfügen über einen Internetzugang. Dank »E-Mail«, der elektronischen Post, kann man heute weltweit kommunizieren. Für viele Menschen ist das Internet deswegen zum Inbegriff der ▶Globalisierung geworden. Doch die unbegrenzte Vernetzung von Informationen kann auch schnell betrügerisch und kriminell missbraucht werden. Wer das Internet sinnvoll nutzen will, muss deshalb wie bei den ▶Massenmedien seine Informationen kritisch prüfen. ■

Massentourismus

In der ersten Hälfte des 20. Jhs. verreisten nur wenige, begüterte Menschen außerhalb des eigenen Landes, meist auf Bildungsreise. Erst seit den 60er-Jahren fuhr man mit dem eigenen Auto in fremde Länder. Heute ist der Tourismus ein Massenphänomen: Millionen von Menschen fliegen in die entlegensten Winkel der Erde, um sich für einige Wochen, manchmal nur wenige Tage zu erholen. Dadurch werden viele Menschen mit fernen Ländern vertraut und können so manches Vorurteil gegenüber fremden Kulturen ablegen. Für die Urlaubsländer selbst ist der Tourismus zu einem wichtigen Wirtschaftsfaktor geworden. Allerdings hat er auch deutlich negative Auswirkungen: Kilometerlange Ferienanlagen verschandeln ganze Landschaften. Millionen Liter Trinkwasser werden verbraucht, auch dort, wo Wasser knapp ist. ■

QUIZBOX

Was ist ein »sanfter« Tourist?

1. Jemand, der nur zu Fuß reist
2. Jemand, der ohne Fotoapparat reist
3. Jemand, der möglichst umweltschonend reist

Antwort 3: Der »sanfte Tourismus« ist der Versuch mancher Länder, ihre wirtschaftlichen Interessen mit dem Schutz der Umwelt und dem Erhalt der Kulturschätze zu verbinden: Im Gegensatz zum Massentourismus wollen sie nur wenige, dafür aber möglichst zahlungskräftige Touristen anlocken.

Nord-Süd-Konflikt

Der Begriff »Nord-Süd-Konflikt« bezeichnet die Kluft zwischen den reichen Industrieländern »im Norden« (inklusive Australiens) und den armen Entwicklungsländern »im Süden«.

Die wirtschaftlich gut entwickelten Industrieländer Europas und Nordamerikas nannte man zur Zeit des ▶ Kalten Krieges »Erste Welt«. Zur »Zweiten Welt« zählten damals die ▶ sozialistischen Staaten des Ostblocks mit mittlerem Lebensstandard. Seit dem ▶ demokratischen Umbruch ist dieser Begriff überholt. Als Staaten der »Dritten Welt« bezeichnet man bis heute Entwicklungsländer mit schweren wirtschaftlichen, politischen und gesellschaftlichen Problemen. Hierzu gehören die meisten Staaten in Afrika sowie einige in Asien und Mittel- und Südamerika. Manchmal spricht man sogar von der »Vierten Welt«, wenn die am wenigsten entwickelten Länder auf der Erde gemeint sind.

Rund 140 von insgesamt 194 Staaten auf der Welt werden als Entwicklungsländer eingestuft. In ihnen leben drei Viertel der Weltbevölkerung! Diese Staaten haben mit zahlreichen Problemen zu kämpfen: Sie sind hoch verschuldet, es mangelt an Lebensmitteln und Wasser, ihre Bevölkerungen sind medizinisch schlecht versorgt, Hunderttausende sterben an Malaria oder Aids und sehr viele Menschen können nicht schreiben und lesen. ■

Ein typisches Bild für ein **Schwellenland**: Wohlhabende Passanten und Straßenkinder in Buenos Aires, der Hauptstadt von Argentinien.

Die Reste des **World Trade Centers** nach den Anschlägen vom 11. September 2001 (links). Eine Mutter trauert um ihren Sohn nach einer Massengeiselnahme durch **tschetschenische Terroristen** (rechts).

Terrorismus

Terroristen versuchen, durch gewaltsame Aktionen wie Bombenattentate, Entführungen und Erschießungen Schrecken unter der Bevölkerung zu verbreiten und so das politische System zu erschüttern. Die RAF bekämpfte die gesellschaftlichen und politischen Verhältnisse in der Bundesrepublik Deutschland mit terroristischen Mitteln (▶ 1968 und der Generationenkonflikt). Mit Morden und Attentaten, die bisher über 800 Menschen das Leben kosteten, verfolgt die Terrororganisation »ETA« im Norden Spaniens die Gründung eines selbstständigen Baskenstaates. Auch die Tschetschenen schrecken nicht davor zurück, Bomben zu legen und Zivilisten zu töten, um im Kampf gegen Russland die Unabhängigkeit zu erlangen (▶ Demokratischer Umbruch).

Mit dem 11. September 2001 bekam der Terrorismus eine neue Dimension: Um die freie Welt ins Herz zu treffen, steuerten fanatische Islamisten zwei entführte Flugzeuge in die Zwillingstürme des World Trade Centers in New York. Die über 500 Meter hohen Gebäude brachen in sich zusammen, etwa 3000 Menschen fanden den Tod. Mitglieder der »El Kaida« unter der Führung von Osama Bin Laden hatten die Anschläge geplant und ausgeführt. Dieses Terrornetzwerk verfügt über enorme finanzielle Mittel und wirkt weltweit (▶ Globalisierung). Nach dem Attentat erklärte der amerikanische Präsident George Bush (Junior) den Kampf gegen den Terrorismus zu seiner obersten Priorität. ■

INFOBOX

Was sind »Schwellenländer«?

Schwellenländer sind Entwicklungsländer, die dabei sind, sich wirtschaftlich in ein Industrieland zu verwandeln – sie befinden sich an der »Schwelle« dazu. Obwohl diese Staaten weiterhin mit einigen Problemen zu kämpfen haben, die für Entwicklungsländer typisch sind, führt die Industrialisierung zu bedeutendem wirtschaftlichen Fortschritt. Dabei steht das Wirtschaftswachstum oft in krassem Widerspruch zu den rückständigen Lebensverhältnissen in der Bevölkerung. Zu den Schwellenländern gehören Länder wie Südkorea, Taiwan, Argentinien, Chile, Saudi-Arabien und Kuwait.

Vereinte Nationen

Die Vereinten Nationen, auch UNO (United Nations Organization) genannt, wurden 1945 gegründet und traten die Nachfolge des Völkerbundes (▶Versailler Vertrag) an. Heute zählen 192 Staaten zur UNO – das sind bis auf die Vatikanstadt und Taiwan alle Staaten der Welt. Ihr Hauptsitz ist in New York. In gewisser Weise hat die UNO die Funktion einer Weltpolizei: Sie setzt sich für die Sicherung des Weltfriedens und die Förderung der Zusammenarbeit der Völker ein. Die UNO engagiert sich auch für die Durchsetzung der ▶Menschenrechte, für weltweiten sozialen Fortschritt, die Bekämpfung von Drogenhandel und Umweltverschmutzung sowie für die Abrüstung und Kontrolle von Massenvernichtungswaffen.

Ihr wichtigstes Organ ist der Sicherheitsrat, der bei internationalen Krisen oder im Kriegsfall zusammenkommt und über mögliche Maßnahmen gegen die Konfliktparteien berät. Im Extremfall kann der Rat ein militärisches Eingreifen anordnen. Im Sicherheitsrat sitzen neben den fünf ständigen Vertretern Großbritannien, den USA, Frankreich, China und Russland zehn nicht ständige Vertreter, die regelmäßig wechseln. Da die ständigen Mitglieder mit ihrem sogenannten Vetorecht, also dem Nichtzustimmungsrecht, die Beschlüsse boykottieren können, ist die Arbeit des Sicherheitsrats nicht einfach.

In Krisengebieten leistet die UNO Hilfe für die Menschen vor Ort. Um die ▶Demokratie und die Menschenrechte zu schützen und den Frieden zu sichern, kann sie bewaffnete Streitkräfte einsetzen, die sogenannten Blauhelme. Im Golfkrieg 1990/1991 zwischen dem Irak und alliierten Streitkräften unter Führung der USA beschloss die UNO zum zweiten Mal in ihrer Geschichte (nach dem Einsatz im Koreakrieg 1950–1953) gegen einen Staat militärisch vorzugehen. Die UNO verfügt über keine eigenen Truppen, sodass sie militärische Aufgaben beispielsweise auf die NATO übertragen kann. Auch wenn immer wieder Kriege entstehen (▶Palästina und Nahostkonflikt, ▶Ethnische Kriege), hat die UNO viele Kriegs- und Bürgerkriegsparteien an den Verhandlungstisch gebracht und durch den Einsatz von Blauhelmen Konflikte beendet und verhindert. ■

Ein kongolesischer Junge sucht Schutz bei einem **UN-Blauhelmsoldaten.** Die Friedenstruppen sollten bei ihrer Mission im Kongo 2003 Kämpfe zwischen verfeindeten Volksgruppen unterbinden.

INFOBOX

Einsatz für den Frieden: die Blauhelme

Seit 1948 führen die nach der Farbe ihrer Helme benannten Friedenstruppen Missionen im Auftrag des UN-Sicherheitsrates aus. In einigen Krisengebieten wie dem Nahen Osten sind sie seit Jahrzehnten vor Ort und verhindern jedenfalls zeitweise das Wiederaufflammen von Gewalt. Blauhelme sollen vor allem die Ruhe und Ordnung nach einem Konflikt wiederherstellen und friedliche Wahlen ermöglichen.

INFOBOX

Wie arbeitet die UNO?

In der Generalversammlung diskutieren Vertreter aller Nationen jedes Thema, das in Zusammenhang mit den Zielen der Vereinten Nationen steht. Verhandelt wird auf Englisch und Französisch. Der von der Generalversammlung gewählte Generalsekretär kann Angelegenheiten, die den Frieden bedrohen, vor den Sicherheitsrat bringen. Die Person des Generalsekretärs und der internationale Respekt, den er genießt, spielen eine wichtige Rolle, wenn die UNO Empfehlungen ausspricht oder Konfliktparteien zu bedachtem Handeln aufruft. Der Internationale Gerichtshof in Den Haag urteilt über Streitigkeiten zwischen den Staaten. Das Kinderhilfswerk UNICEF bekämpft Kinderarbeit und Kinderprostitution vor allem in den Entwicklungsländern und setzt sich für Fortschritt durch eine bessere Ausbildung ein.

Der **Sicherheitsrat** tagt im UN-Hauptquartier in New York. Seit einiger Zeit bemüht sich Deutschland um einen ständigen Sitz im Rat.

Etwa eine Million Menschen feiern nachts vor dem Reichstag die **Wiedervereinigung** der beiden deutschen Staaten.

Wiedervereinigung

Über vierzig Jahre lang, von 1949 bis 1990, gab es zwei deutsche Staaten (▶Deutsche Teilung, ▶BRD und DDR). Zwischen ihnen verlief lange Zeit eine Grenze, die gar nicht oder nur unter strenger Kontrolle durch die DDR überschritten werden konnte. 1989 wurde alles anders: Nachdem die Protestbewegungen in den ▶sozialistischen Staaten immer lauter wurden (▶Demokratischer Umbruch), führte dies am 9. November 1989 zum Fall der Berliner Mauer. Damit begann die deutsche Wiedervereinigung, doch vorerst existierten noch zwei deutsche Staaten!

Nach den ersten freien Wahlen in der DDR beschloss die Volkskammer im August 1990 den Beitritt zur Bundesrepublik. Die Vereinigung der beiden Staaten war aber keineswegs eine rein deutsch-deutsche Angelegenheit. Die Siegermächte des Zweiten Weltkriegs Großbritannien, USA, die Sowjetunion und Frankreich (▶Alliierte) hatten angesichts einer solch massiven Veränderung des politischen Gleichgewichts mitten in Europa zuerst große Bedenken. In den »Zwei plus Vier«-Verhandlungen (»zwei« Deutschland und »vier« Siegermächte) wurde diskutiert, ob eine Wiedervereinigung der beiden deutschen Staaten überhaupt wünschenswert sei und wie sie gegebenenfalls aussehen könnte: Konnte man einem wieder erstarkenden, neuen großen Deutschland trauen? Schließlich trug es doch wesentliche Schuld am Ersten ▶Weltkrieg, und im ▶Nationalsozialismus hatte es Europa und andere Teile der Welt in eine Katastrophe geführt (▶Bombenkrieg, ▶Holocaust).

Gemeinsam wurde beschlossen, dass ein vereintes Deutschland die bestehenden Grenzen anerkennt und keine Ansprüche auf die nach dem Zweiten Weltkrieg verlorenen Ostgebiete (▶Vertreibung) erhebt. Die Anzahl der Bundeswehrsoldaten wurde von 500 000 auf 370 000 gesenkt. Am 3. Oktober 1990 wurde der Anschluss der DDR an die Bundesrepublik offiziell vollzogen. Dieses Datum wird als »Tag der Deutschen Einheit« gefeiert. ■

LEBEN DAMALS

So »fiel« die Mauer

Als die »Montags-Demonstrationen« immer mehr Zulauf erhielten, trat die DDR-Regierung zurück. Um die Bevölkerung zu beruhigen, versprach die neue Regierung vage Reformen und Reisefreiheit. Nun waren die Menschen nicht mehr zu halten: In der Nacht vom 9. November 1989 versuchten Tausende, die Berliner Grenzanlagen zu durchschreiten. Die Situation war gefährlich. Da die DDR-Grenzsoldaten aber keine Handlungsanweisungen erhielten, ließen sie die Menschen schließlich über die Grenze. Die Kunde ging wie ein Lauffeuer durch beide Teile Berlins, bald schon saßen Tausende Ost- und Westdeutsche zusammen auf der Mauer.

BIOGRAFIE

Helmut Kohl

Von 1982 bis 1998 war Kohl christdemokratischer Bundeskanzler. Nach dem Fall der Mauer gelang es ihm, die Zustimmung der Siegermächte zur Wiedervereinigung der beiden deutschen Staaten zu gewinnen. So ist Kohl als »Architekt der Einheit« in die Geschichte eingegangen. Das Bild zeigt Kohl (Mitte) neben seiner Ehefrau. Rechts steht der damalige Bundespräsident Richard von Weizsäcker, links Außenminister Dietrich Genscher.

Verzeichnis der Themenboxen

Auf diesen Seiten sind alle **Infoboxen** und die Boxen **Leben damals/Leben heute** von A bis Z aufgelistet. Themen, die dich besonders interessieren, kannst du so mithilfe der angegebenen Seitenzahlen schnell nachschlagen. Das Sternchen hinter der Seitenzahl zeigt dir, welche Boxen vom Leben damals/Leben heute erzählen.

Auf dieser Seite findest du die Lebensdaten aller Persönlichkeiten, die im Buch in **Biografieboxen** vorgestellt werden, ...

... und eine Aufstellung aller **Quellentexte**.

Kapitel 1: **7 Millionen Jahre vor Christus**
(Seite 10/11) – Die Steinkreisanlage von Stonehenge in Südengland

Kapitel 2: **Das alte Ägypten und andere Hochkulturen**
(Seite 18/19) – Wandmalerei in der Grabkammer von König Haremhab, Luxor, Ägypten

Kapitel 3: **Griechenland**
(Seite 36/37) – Der Parthenon auf der Akropolis in Athen

Kapitel 4: **Die Römer und das Imperium Romanum**
(Seite 56/57) – Blick auf das Kolosseum in Rom

Kapitel 5: **Spätantike und Frühmittelalter**
(Seite 70/71) – Überreste einer riesigen Statue von Konstantin dem Großen in Rom

Kapitel 6: **Hochmittelalter**
(Seite 84/85) – Statuen der Stifter von St. Afra in Meißen, Kaiser Otto I. und Kaiserin Adelheid

Kapitel 7: **Spätmittelalter**
(Seite 102/103) – Blick auf die Festungsstadt Carcassonne

Kapitel 8: **Aufbrüche um 1500**
(Seite 114/115) – Fluggerät nach einem Entwurf von Leonardo da Vinci

Kapitel 9: **Die Geburt des modernen Europa**
(Seite 128/129) – Bibliothek des Augustinerstifts in St. Florian in Oberösterreich, 1744–1750

Kapitel 10: **Europäer in aller Welt**
(Seite 140/141) – Großsegler stechen in See.

Kapitel 11: **Zeitalter der Revolutionen**
(Seite 152/153) – Szene aus »Der Patriot«, einem Film über die Amerikanische Revolution

Kapitel 12: **Industrielles Zeitalter**
(Seite 164/165) – Dampflokomotiven auf dem Ribblehead Viadukt in England

Kapitel 13: **Erster Weltkrieg und Zwanzigerjahre**
(Seite 184/185) – Berliner mit Flugblättern, die im August 1914 den Kriegsausbruch verkünden

Kapitel 14: **Dreißigerjahre und Zweiter Weltkrieg**
(Seite 198/199) – Menschenmenge auf dem Reichsparteitag 1933

Kapitel 15: **Die Welt unserer Großeltern und Eltern**
(Seite 214/215) – Demonstration während des »Prager Frühlings« im Jahre 1968

Kapitel 16: **Unsere Zeit und der Weg in die Zukunft**
(Seite 234/235) – Ostberliner kommen am 10. November 1989 aus Westberlin zurück.

Alle Einträge im **Stichwortverzeichnis** findest du auch in diesem Buch.
Die Zahl dahinter gibt an, auf welcher Seite du Informationen zu den gesuchten Begriffen findest.
Fettgedruckte Zahlen bedeuten: Dieses Stichwort hat einen eigenen Lexikoneintrag.

R

S

Bildquellen

aisa, Archivo iconográfico, Barcelona 22, 25, 29, 34, 53, 57, 62, 74, 87, 88, 92, 118, 122, 124, 126, 127, 131, 132, 137, 151, 159, 160, 161, 170, 180, 206, 208, 224
akg-images, Berlin 3, 15, 17, 21, 26, 33, 35, 42, 61, 71, 90, 105, 108, 112, 117, 119, 120, 121, 132, 155, 163, 167, 169, 170, 172, 176–178, 181, 188, 194, 201, 209, 212
Archäologisches Freilichtmuseum e.V., Oerlinghausen 14
argum-Fotojournalismus, München 224
Prof. Dr. M. Bentz, Bonn 60
Technische Universität Bergakademie Freiberg, Sachsen/M. Knopfe 52
Bibliographisches Institut & F. A. Brockhaus, Mannheim 13, 17, 27, 33, 40, 43, 44, 46, 65, 66, 68, 70, 77, 80, 95, 121, 126, 134, 136, 137, 144, 146, 149, 157, 159, 161, 163, 171–173, 175, 178, 179, 182, 189, 191, 194, 202, 203, 208, 220, 225, 234, 242
Bibliothèque Nationale de France, Paris 76
Bildarchiv Preußischer Kulturbesitz, Berlin 46, 179, 206
C. Blenkle, Mannheim 68
Farb- und Schwarzweiß-Fotografie E. Böhm, Mainz 52, 60
Bridgeman Giraudon 122
Burgerbibliothek, Bern 76
A. Burkatovski, Rheinböllen 161
© CORBIS/Royalty-Free 14, 27, 34, 61, 73, 74, 136, 168, 207
© DeA Picture Library 49, 64, 69, 131, 137, 162
Deutsche Bundesbank, Geldmuseum 187, 193
Deutsches Historisches Museum, Berlin 210
Directmedia Publishing, Berlin 92, 138
École Nationale supérieure des Beaux-Arts, Paris 70
C. Elsler, Historisches Farbarchiv, Norderney 53
Photo- und Presseagentur Focus, Hamburg/E. Ferorelli 16
Gamma, Studio X, Limours 173, 223
GEOSPACE/World Sat International Corp. 2000 144
Dr. Georg Gerster, Zumikon, Schweiz 53
Greenpeace, Hamburg/Sims 242
Griechische Zentrale für Fremdenverkehr, Frankfurt am Main 40
Bildarchiv Hansmann, München 32
G. Helmes, Aachen 26
D. Heunemann, Starnberg 15
H. Kahnt, Naunhof 118
Kessler-Medien, Saarbrücken 113
Klassik Stiftung Weimar 125
J. Liepe, Berlin 25, 29
Lotos-Film, Kaufbeuren 45, 57, 66, 67
mgo/in-effigie.de 187, 195
Münchner Stadtmuseum, München 225
Musée Antoine Vivenel, Compiègne 39, 48
Museo-Tesoro Basilica di San Francesco/G. Ruf, Assisi 96
Nobelstiftelsen, The Nobel Foundation, Stockholm 182, 192
L. Pedicini, Archivio dell'arte, Neapel 45
picture-alliance/akg-images, Frankfurt am Main 13, 14, 21, 22, 24, 27–31, 39, 40, 42, 44–51, 53, 57, 60, 62–71, 73, 75–78, 80, 81, 87, 89, 91–93, 95, 97–99, 101, 108–110, 117, 119, 121, 122, 125, 126, 127, 133–135, 139, 143–145, 147, 149, 150, 151, 155, 157, 158, 160, 161, 163, 168, 169, 170, 171, 172, 174, 175, 176, 177, 180, 187, 189, 190–193, 195, 196–198, 201–205, 207, 208, 210–213, 217, 218, 220–223, 225, 228, 232, 233
picture-alliance/Bildagentur Huber, Frankfurt am Main 18, 22, 36, 71, 93, 100, 121, 125, 227
picture-alliance/dpa, Frankfurt am Main 15, 16, 21, 23, 24, 31–33, 51, 61, 63, 64, 70, 73, 78, 81–83, 87, 95, 99, 105–108, 111, 112, 114, 117, 118, 123, 124, 131, 136, 138, 140, 143, 145, 146, 148–152, 164, 168, 174, 175, 177, 182–184, 188, 190, 191, 193, 195, 203–206, 213, 216–223, 225–227, 229–231, 233, 234, 237–249
picture-alliance/epd, Frankfurt am Main 26
picture-alliance/Godong, Frankfurt am Main 69, 81, 93, 239
picture-alliance/HB-Verlag, Frankfurt am Main 10, 65, 79, 84, 99, 107
picture-alliance/IMAGNO/Austrian Archives, Frankfurt am Main 155, 163, 167, 169, 172, 173, 175, 194, 197, 211, 232
picture-alliance/IMAGNO/Schostal Archives, Frankfurt am Main 193
picture-alliance/IMAGNO/Austrian Archives/Gerhard Trumler, Frankfurt am Main 128
picture-alliance/IMAGNO/NB, Frankfurt am Main 134
picture-alliance/KANN 112
picture-alliance/Keystone Schweiz, Frankfurt am Main 193
picture-alliance/KNA, Frankfurt am Main 238
picture-alliance/kpa photo archive, Frankfurt am Main 23, 30, 33, 53, 61, 65, 68, 74, 89, 90, 94, 98, 102, 110, 127, 132, 144, 150, 156, 157, 158, 168, 174, 179, 181, 183, 201, 203, 204, 206
picture-alliance/Bildarchiv Okapia, Frankfurt am Main 17, 23, 56, 96
picture-alliance/Photoshot, Frankfurt am Main 101
picture-alliance/Picture Press/Camera Press, Frankfurt am Main 222
Presse- und Informationsamt des Landes Berlin/Landesbildstelle, Berlin 173
Rheinisches Bildarchiv, Köln 209
© 2006 Photo SCALA, Florenz 45, 60
Schlossmuseum, Jagsthausen 118
Bildarchiv Schneiders, Lindau am Bodensee 88
Staatliche Antikensammlungen, München 41, 44
Stadtarchiv Freiburg im Breisgau 100
Süddeutscher Verlag Bilderdienst, München 213
ullstein bild, Berlin 231
ullstein bild/Archiv Gerstenberg, Berlin 192
Uni-Dia-Verlag A. und M. Burges, Großhesselohe 23
Visit Florida, Frankfurt am Main 182
The Yorck Project, Berlin 180

© VG Bild-Kunst, Bonn 2007 193

Textquellen

Für die Quelle auf Seite 151: Manfred Mai, Weltgeschichte. Erzählt von Manfred Mai. Mit vielen farbigen Abbildungen. © 2002 Carl Hanser Verlag, München
Für die Quelle auf Seite 210: Sebastian Haffner, Geschichte eines Deutschen. Die Erinnerungen 1914–1933. © 2000 Deutsche Verlags-Anstalt, München in der Verlagsgruppe Random House GmbH